出版基金资助项目

美国国家情报一体化改革研究

谢海星◎著

A Study on U.S. National Intelligence Integration

时事出版社
北京

图书在版编目（CIP）数据

美国国家情报一体化改革研究/谢海星著．—北京：时事出版社，2019.1（2022.4重印）

ISBN 978-7-5195-0256-0

Ⅰ.①美… Ⅱ.①谢… Ⅲ.①情报工作—体制改革—研究—美国 Ⅳ.①D771.236

中国版本图书馆CIP数据核字（2018）第250485号

出版发行：时事出版社
地　　址：北京市海淀区彰化路138号西荣阁B座G2层
邮　　编：100097
发行热线：（010）88869831　88869832
传　　真：（010）88869875
电子邮箱：shishichubanshe@sina.com
网　　址：www.shishishe.com
印　　刷：北京建宏印刷有限公司

开本：787×1092　1/16　印张：25.5　字数：330字
2019年1月第1版　2022年4月第3次印刷
定价：150.00元

目　　录

绪　　论

"9·11"事件后，恐怖主义成为美国国家安全的头号威胁，此类威胁力量分散、结构复杂、行踪不定、信号模糊，对美国国家情报工作形成了异常严峻的挑战。经过全面的调研与反思，美国认为，恐怖主义威胁活动已经远远超出了单个情报机构的工作范围，而有效应对此类威胁的关键在于推动国家情报工作的一体化，即推动各部门情报机构在统一的协调下同步开展情报工作。因此，"一体化"（Integration）一词在《2004 年情报改革与防恐法》等情报改革蓝图中反复出现①，并被首版《国家情报战略》确定为国家情报改革必需坚持的根本原则。② 此后，一体化在国家情报改革中的地位得到了持续提升。2009 年版《国家情报战略》将其确定为情报界必须具备的首要特征。③ 2010 年，国家情报主任将其确定为国家情报工作的指导方针。2011 年，国家情报主任特别强调，击毙本·拉登行动是国家情报一体化工作取得阶段性成功的典范。④ 2013 年，据斯诺登

---

① 以名词、动词、形容词等形式出现的"一体化"在《2004 年情报改革与防恐法》中共出现 53 次，在 2005 年版《国家情报战略》中共出现 18 次，在 2009 年版《国家情报战略》中共出现 24 次，在 2014 年版《国家情报战略》中共出现 39 次，在《构想 2015：全球联网与一体化的情报业界》中共出现 46 次。

② Office of the Director of National Intelligence, *The National Intelligence Strategy of the United States of America: Transformation Through Integration and Innovation*, October 2005, p. 4. http://www.dni.gov/publications/NISOctober 2005.pdf.

③ Office of the Director of National Intelligence, *The National Intelligence Strategy of the United States of America*, August 2009, p. 2. http://www.dni.gov/reports/2009_ NIS.pdf.

④ Office of the Director of National Intelligence, *Statement from Director of National Intelligence James R. Clapper on the Death of Osama Bin Laden*, May 2, 2011. http://www.dni.gov/press_ releases/20110502_ release_ clapper.pdf.

披露，美国国家情报计划资助的首要任务就是“一体化”。[①] 2014 年版《国家情报战略》将一体化作为提供国家安全决策优势的最佳途径。[②] 2015 年，国家情报主任将过去的十年概括为“情报一体化的十年”。2018 年 3 月，国家情报主任宣布重组其办公室，首要目标就是进一步优化和完善整个情报界的情报一体化工作。[③] 目前，“情报一体化”已经被国家情报主任列为国家情报工作的“核心任务”（Core Mission）和情报界的“头等大事”（Highest Priority）[④]，“领导情报一体化”的口号更是以主标题的形式出现在国家情报主任办公室官方网站的显著位置。因此可以说，“一体化”是“9·11”以来美国国家情报改革的主旨，并将持续指引着未来国家情报工作的发展方向。

一、概念界定

（一）国家情报

在美国法律及其他官方文件中，“国家情报”（National Intelligence）等同于“与国家安全相关的情报”（Intelligence Related to Na-

① 2013 年 8 月 30 日，美国国家安全局技术承包商雇员、前中央情报局工作人员爱德华·斯诺登（Edward Snowden）向《华盛顿邮报》透露了国家情报主任向国会提交的 2013 财年“国家情报计划”预算申请书的部分电子文件。该文件显示，2013 财年美国“国家情报计划”重点支持四大任务：第一，集中关注一体化（Focusing on Integration）；第二，推动信息共享（Promoting Information Sharing）；第三，密切联系伙伴（Engaging Partners）；第四、适当调配资源（Aligning Resources）。Office of the Director of National Intelligence, *FY 2013 Congressional Budget Justification Volume I National Intelligence Program Summary*, February 2012, pp. 3 – 4. http://s3.documentcloud.org/documents/781537/cbjb – fy13 – v1 – extract.pdf.

② Office of the Director of National Intelligence, *The National Intelligence Strategy of the United States of America*, September 2014, p. 17. http://www.dni.gov/files/documents/2014_ NIS_ Publication.pdf.

③ Michael E. DeVine, *The Director of National Intelligence (DNI)*. Washington, D. C.: Congressional Research Service, May 1, 2018, p. 1. https://fas.org/sgp/crs/intel/IF10470.pdf.

④ Office of the Intelligence Community Chief Information Officer, *Intelligence Community Information Technology Enterprise Strategy* 2016 – 2020, Washington, D. C: Government Printing Office, 2014, p. 5.

tional Security）。

早在1948年，美国国家安全委员会就在第3号《国家安全委员会情报指令》中指出，国家情报是“对各类部门情报进行整合而得出的结果，其覆盖了国家政策与国家安全的多个方面，涉及到多个政府部门或机构”。①

1992年10月24日，美国通过《1992年情报组织法》② 修订了《1947年国家安全法》中的部分情报条款，并首次在法律文件中界定了“国家情报”“与国家安全相关的情报”的概念。该法规定，“国家情报”“与国家安全相关的情报”均指“与不止一个政府部门或机构的利益相关的情报，其不包括联邦调查局开展的反情报或执法活动，除非得到中央情报主任与司法部长的共同认可或是法律另有明确的规定”。③

2004年12月17日，美国通过《2004年情报改革与防恐法》重新修订了《1947年国家安全法》对“国家情报”“与国家安全相关的情报”的定义，认为两者均指：“所有情报，无论源自何种情报来源，包括在美国境内或境外搜集到的信息。前提一：符合总统发布的任何一份政策文件的规定，与不止一个政府机构相关；前提二：涉及对美国民众、财产或利益的威胁，大规模杀伤性武器的发展、扩散或使用，以及其他影响美国国家安全或国土安全的事务。”④

由此可见，“国家情报”的概念经历了一个内涵和外延持续扩大的过程，从不包括联邦调查局在国内开展的反情报或执法活动，到包括国内外搜集到的所有情报信息。然而，国家情报的本质内涵并

---

① National Security Council, *National Security Council Intelligence Directive No. 3: Coordination of Intelligence Production*, January 13, 1948. http://www.fas.org/irp/offdocs/nscid03.htm.

② 《1993财年情报授权法》的一部分。

③ Public Law 102 – 496: Intelligence Authorization Act for Fiscal Year 1993, October 24, 1992. http://www.intelligence.senate.gov/laws/pl102 – 496.pdf.

④ Public Law No. 108 – 458: Intelligence Reform and Terrorism Prevention Act of 2004, Sec. 1012. Revised Definition of National Intelligence.

未改变，即是指多个部门情报机构共同参与的、经过全面整合的、事关国家安全的情报，其超出了单个部门情报机构的工作范围，主要用于保障国家安全决策层的情报需求。

（二）一体化

“一体化”（Integration）一词广泛应用于多个领域，无论是工具书，还是各领域的专家，都从不同视角界定过该词的具体概念。

1. 工具书的相关定义

（1）《韦氏学院词典》的定义

建立、协调与混合为一个正常运作与统一的整体的过程。①

（2）《牛津高阶英汉双解词典》（第七版）》的定义

将两个或更多的事物结合起来以使它们能够在一起工作的行为或过程。②

（3）《朗文当代高级英语辞典》的定义

将两个或更多事物结合起来以使它们能够有效地在一起工作。③

2. 各领域专家的相关解释

（1）管理学研究学者查尔斯·萨维奇（Charles Savage）的解释

Integration 来自于 Integer 这个词根。一个整数是一个完整的数。它不是一个分数。而 Integer 这一词来自于拉丁语的词根 in = in（内部）和 tangere = to touch（联系）。一个整数意味着与它自己相联系。④

---

① 原文为“The forming, coordinating, and blending into a functioning and unified whole.” Merriam - Webster, *Merriam - Webster's Collegiate Dictionary*, Springfield, Massachusetts: Merriam - Webster, Inc., 2003, p. 650.

② 原文为“The act or process of combining two or more things so that they work together.” 霍恩比著：《牛津高阶英汉双解词典》（第七版），商务印书馆，2009 年版，第 1061 页。

③ 原文为“The combining of two or more things so that they work together effectively.” 英国培生教育出版有限公司编：《朗文当代高级英语辞典（英英·英汉双解）》，外语教学与研究出版社，2004 年版，第 1020 页。

④ 查尔斯·M·萨维奇：《第 5 代管理》，谢强华等译，珠海出版社，1998 年版，第 144 页。

（2）国际关系研究学者卡尔·多伊奇（Karl Deutsch）的解释

实行一体化通常意味着部分组成整体，即将原来相互分离的单位转变成为一个紧密系统的复合体。……一体化就是单位之间的一种关系，在这种关系中它们相互储存并共同产生出它们单独时所不具备的系统性能。但是“一体化”一词有时也被用来描述原先相互分离的单位达到这种关系或状态的一体化进程。①

（3）国际关系研究学者莫顿·卡普兰（Morton Kaplan）的解释

一体化过程是这样一种调节过程，它把具有各自机构和目标的系统或组织联合在一个共同的框架中，为的是共同实现至少是某些目标以及共同实施至少是某些政策。②

（4）国家情报主任丹尼斯·布莱尔（Dennis Blair）的解释

一体化并非一个时髦术语，是指确保我们各种专业化的情报任务能够协同运作，就像在同一家企业中运行一样。③

通过对比分析不同工具书给出的定义，以及各领域研究学者从不同视角做出的相关解释，我们可以发现，“一体化”的概念至少包含三个关键要素：首先，一体化的对象是分散的、彼此独立的个体；其次，一体化的目的是使彼此独立的个体形成一个高度协调、高效运作的整体，进而发挥“1+1>2”的整体效能；最后，一体化的本质是一个永无止境的发展过程，即一体化的结果和最终目标不是将多个独立个体合而为一，而是在保持个体独立性的基础上，使它们能够像一个密切联系的整体一样高效运作。因此，对于这一理想目标的追求永远在路上，永远没有终点。

---

① 卡尔·多伊奇：《国际关系分析》，周启朋等译，世界知识出版社，1992年版，第267页。

② 莫顿·A·卡普兰：《国际政治的系统和过程》，薄智跃译，中国人民公安大学出版社，1989年版，第100-101页。

③ 原文为“Far from being a buzz word, integration means ensuring that our various specialized intelligence missions operate as a single enterprise.” Office of the Director of National Intelligence, *ODNI Fact Sheet: Leading an integrated Intelligence Community that operates as a single enterprise*, January 2010, p. 7. http://www.dni.gov/press_releases/2010_Fact_Sheet.pdf.

综上所述，笔者认为“一体化”是指两个或更多个分散的、彼此独立的个体朝着形成一个高度协调、高效运作的整体的理想目标而不断推进的动态发展过程。

（三）国家情报一体化

国家情报主任认为，“情报一体化”（Intelligence Integration）是指同步推进情报搜集、分析和反情报工作，使它们能够融为一体，像一个团队一样有效运转。① 基于对“国家情报”“一体化”“情报一体化”概念的分析，笔者认为，“国家情报一体化”（National Intelligence Integration）是指在国家情报工作领域，推进多个独立的部门情报机构融为一体，协同、高效地开展情报工作的过程。

（四）改革

美国对“改革”一词的定义与其他国家的理解不尽相同，其所谓的“改革”更偏向于对发现的问题或不足之处的改正，也可理解为改良、纠偏、革新等。

1. 《韦氏高阶美语英汉双解词典》对“改革”的解释

（1）改进、改变或去除那些错误的、不好的、令人不满的事物；

（2）为了达到一个更好的形态、状态而做出改变。②

2. 《韦氏新世界大学词典》对“改革”的解释

（1）去除缺点和瑕疵，以使事物变得更好；

（2）制止权力滥用、玩忽职守或引进更好的程序，以改善情况；

---

① 原文为“Intelligence integration means synchronizing collection, analysis, and counter – intelligence so that they are fused—effectively operating as one team.” Office of the Director of National Intelligence, *U. S. National Intelligence An Overview* 2013, p. 2. http://www. dni. gov/files/documents/USNI%202013%20Overview_ web. pdf.

② 原文解释为“1. The improvement, changing, or removing of what is wrong, evil, unsatisfactory, etc. 2. To change to a better state, form, etc.”达尔吉什主编：《韦氏高阶美语英汉双解词典》，外语教学与研究出版社，2009 年版，第 1618 页。

（3）说服某人放弃错误行径，改过自新。[①]

综上所述，美国人眼中的“改革”本质上并不是一个一蹴而就的、激进式的短暂行为，而是一个渐进式的、对现有不足的改正的过程。由于改革的目的是使改革对象变得更好，改革本身也就成了一个永无止境的发展过程。

二、研究意义

紧扣“一体化”的主旨，研究“9·11”后美国国家情报改革工作，并从中提炼出一些规律性的认识，具有十分重要的理论和现实意义。

（一）深化国内在美国国家情报改革问题上的理论认识

“9·11”事件后，美国开始在多个领域全面推进国家情报改革工作，不同领域的改革举措始终在不断地推陈出新。然而，尽管改革举措在不断地变化，“一体化”的改革主旨却始终未变。因此，紧扣“一体化”的改革主旨，从宏观视角和历史发展维度深入探讨此次改革的历史背景，系统梳理其从调查研究到修订法律、从突破组织体制瓶颈到全面推进信息共享的改革历程，有助于厘清此次改革的内在逻辑，深化国内学术界在美国国家情报改革问题上的理论认识。

（二）为研判美国国家情报改革的未来走向提供重要依据

“9·11”事件后，美国依据“一体化”的原则对其国家情报工作进行了一次比较彻底的改革，不但重组了情报界的领导与管理体制，而且全面推动了长期以来难以落到实处的信息共享改革。从历

① 原文解释为“1. to make better by removing faults and defects; 2. to make better by putting a stop to abuses or malpractices or by introducing better procedures, etc. 3. to cause or persuade (a person) to give up misconduct and behave better.”阿格纳斯主编：《韦氏新世界大学词典》（英语版，第四版），辽宁教育出版社，2001年版，第1204页。

史发展的维度全面探析此次改革的背景原因，系统梳理改革的发展历程，客观评估改革的基本成效，有助于厘清美国为何改革、如何改革、改革取得了哪些进展、存在何种问题，进而为我们进一步预测和评估美国国家情报改革的未来发展走向提供重要的研判依据。

（三）为中国建立健全国家情报体制提供有益参考

“9·11”事件后，美国国家安全委员会迫切需要得到准确、及时的反恐情报，但过于分散的国家情报工作无法合力保障此类决策需求。为解决决策需求与情报能力之间的矛盾问题，美国开始大力推进国家情报一体化改革工作，并取得了阶段性进展。与美国相比，中国当前面临的国家安全形势更为复杂，国家安全委员会需要处理的矛盾问题更多。此外，2017 年 6 月 27 日，《中华人民共和国国家情报法》已由第十二届全国人民代表大会常务委员会第二十八次会议审议通过，并于 6 月 28 日起施行。该法第一章第三条明确指出：“国家建立健全集中统一、分工协作、科学高效的国家情报体制。”① 研究美国国家情报一体化改革的发展历程，探析美国解决相关问题的思路和方法，能够为我国建立健全国家情报体制提供有益参考。

三、研究现状

（一）国外研究现状

经过浏览美国国家情报主任办公室、国家情报大学、中央情报局情报研究中心、参众两院情报委员会②、“武装部队通信与电子协会”（Armed Forces Communications and Electronics Association，AF-CEA）情报委员会③、国会研究署、兰德公司、战略与国际问题研究

---

① 《中华人民共和国国家情报法》，北京：法律出版社，2017 年版，第 2 页。

② 参议院情报特别委员会（http：//www. intelligence. senate. gov/index. htm），众议院常设情报特别委员会（http：//www. intelligence. house. gov/index. htm）。

③ 官方网站的网址是 http：//www. afcea. org

中心、美国科学家联盟[①]等机构的官方网站，并分别以“National Intelligence”和“Integration”为关键词检索美国“数字国家安全档案”（Digital National Security Archive，DNSA）数据库[②]、“AD 报告”数据库[③]、海军研究生院的“卡尔霍恩”（Calhoun）数据库[④]，美国政府出版办公室的“联邦数字系统”（Federal Digital System）[⑤]、乔治·华盛顿大学的“国家安全电子档案馆”[⑥]、“国外国防科技信息资源快报”系统[⑦]等涉及美国情报工作的专业数据库，查阅《情报研究》（*Studies in Intelligence*）、《情报与国家安全》（*Intelligence and National Security*）、《国际情报与反情报杂志》（*International Journal of Intelligence and Counterintelligence*）、《地理空间情报论坛》（*Geospatial Intelligence Forum*）、《军事情报专业公告》（*Military Intelligence Professional Bulletin*）、《轨道》（*Trajectory*）等专业情报期刊，笔者发现，国外与美国国家情报一体化改革相关的研究成果大多散落于探讨国家情报改革工作的学术专著、论文集、期刊论文、情报调查委员会的调查报告、相关智库及研究机构的研究报告之中，而规范

---

① 主要查阅美国科学家联盟网站中的“情报资源项目”。（http：//www. fas. org/irp）

② 该数据库由 ProQuest 公司与美国国家安全档案馆合作出版，笔者主要查阅了其中三个与情报工作相关的子数据库：“‘9·11’后的美国情报界”（The U. S. Intelligence Community after 9/11）、“美国情报界：机构、行动与管理，1947－1989”（The U. S. Intelligence Community：Organization，Operations，and Management，1947－1989）、“美国间谍与情报，1947－1996”（U. S. Espionage and Intelligence，1947－1996）。

③ 该数据库由美国国防部国防技术信息中心（Defense Technical Information Center，DTIC）负责管理与维护，网址为 http：//www. dtic. mil

④ 官方网站的网址为 http：//calhoun. nps. edu，其中包括研究生论文、技术报告、学者文章、与海军研究生院相关的历史材料等资源。

⑤ 官方网站的网址为 http：//www. gpo. gov/fdsys/search/home. action

⑥ 官方网站的网址为 http：//www. gwu. edu/～nsarchiv

⑦ 《国外国防科技信息资源快报》是中国国防科技信息网（www. dsti. net）国防军工信息资源服务系统内的专业数据库，由国防工业专业情报研究机构于 2009 年创办，以中文题录和文摘形式报道（附 PDF 全文），采集国外国防军事文献资源（政府报告、智库报告、咨询和研究机构的文献资源等），选题涵盖国外国防政策、国家安全、军事战略、政策法规、装备规划和科技研发等方面。

与指导国家情报工作的各类法律、战略、指令、计划、构想、路线图，以及情报官员在国会听证会、学术研讨会、新闻发布会等公开场合的发言纪录，也为我们深入了解美国国家情报一体化改革工作提供了一手材料。就具体内容而言，国外与美国国家情报一体化改革工作相关的研究成果大致可分为三类：

1. 关于美国国家情报一体化改革历史背景的研究

美国历来十分重视根据外部安全环境的变化或情报失误暴露的问题来调整和改革国家情报工作，国内分别在冷战结束和“9·11”后的一段时间内，接连掀起了两次研究国家情报改革问题的学术热潮，一系列研究美国国家情报工作经验教训的著作及论文集陆续出版。这些研究成果对于理解美国当前的国家情报一体化改革工作提供了相对完整的背景资料。

（1）纵向梳理与分析美国情报界发展与改革历程的研究成果

梅勒妮·哥加尔（Melanie M. H. Gutjahr）在《情报群岛：全球化时代情报界的艰难改革》① 一书中将 1947 – 2005 年的美国情报改革历史分成了三个时期（情报界的初步成型期、改革停滞期、后“9·11”改革期），并对每个时期的改革主题进行了深入研究。中央情报局的麦克·华纳（Michael Warner）、肯尼思·麦克唐纳（Kenneth McDonald）两人也在名为《1947 年后美国情报界改革研究》② 的研究报告中对 1947 年以来情报界经历的 14 次官方改革调查进行了细致梳理，总结得出了美国情报改革的一般规律。蒂姆·韦纳（Tim Weiner）所著的《灰烬上的遗产：中央情报局的历史》③ 一书描述了中央情报局 60 余年的发展历程，全面揭示了美国情报界发

① Melanie M. H. Gutjahr, *The Intelligence Archipelago: the Community's Struggle to Reform in the Globalized Era*, Washington, D. C.: Joint Military Intelligence College, 2005.

② Michael Warner & J. Kenneth McDonald, *US Intelligence Community Reform Studies Since* 1947, Washington, D. C.: Central Intelligence Agency Center for the Study of Intelligence, 2005.

③ Tim Weiner, *Legacy of Ashes: the History of the Central Intelligence Agency*, New York: Doubleday Broadway Publishing Group, 2007.

展演变过程中的关键事件及历史背景。理查德·罗素（Richard L. Russell）所著的《磨砺战略情报：中央情报局为什么会出错，应做些什么来纠正》[①]一书具体论述了中央情报局在冷战、后冷战以及“9·11”后开展的战略情报工作，指出了其在搜集与分析等工作上存在的不足，并分析了失误背后的原因及后续情报改革的成效。马克·洛温塞尔（Mark M. Lowenthal）所著的《情报：从秘密到政策》（第四版）[②]的第二章“美国情报工作的发展”对不同时期美国情报工作调整与改革的历程、主题和关键词等进行了纵向梳理。美国空军情报、监视与侦察局副局长助理约翰·本斯默（John D. Bansemer）在《情报改革：一个平衡的问题》[③]一书的第三章“改革情报工作：50 年的努力”中详细论述了 50 年来情报界内部集权与分权式改革的发展历程。杰弗里·里彻逊（Jeffrey T. Richelson）撰写的《美国情报界》（The U. S. Intelligence Community）一书已出版了七版（1985 年、1989 年、1995 年、1999 年、2008 年、2011 年、2015 年），每版均会有相当篇幅论及美国情报界的基本情况，以及各情报机构自成立以来调整与改革相关情报工作的发展历程。凯莉·麦克拉罕（Kelly McClanahan）撰写的《对比研究情报界需要一种基于观察的模式：一个历史案例研究》[④]一文，从历史发展的视角将美国独立战争、第二次世界大战、海湾战争三个时期的美国情报界进行对比研究，总结得出不同时间情报界的相同与不同之处，以及背后的原因。

---

① Richard L. Russell, *Sharpening Strategic Intelligence: Why The CIA Gets It Wrong, And What Needs To Be Done To Get It Right*, New York: Cambridge University Press, 2007.

② Mark M. Lowenthal, *Intelligence: From Secrets to Policy (Fourth Edition)*, Washington, D. C.: Congressional Quarterly Press, 2009.

③ John D. Bansemer, *Intelligence Reform: A Question of Balance*, Maxwell Air Force Base, Alabama: Air University Press, 2006.

④ Kelly McClanahan, “The Need for a Perception – Based Model for Comparing Intelligence Communities: An Historical Case Study”, *American Intelligence Journal*, vol. 25, no. 2, winter 2007/2008.

（2）从国家安全环境变化层面研究美国国家情报一体化改革必要性的研究成果

罗伊·高德生（Roy Godson）等人编著的《站在十字路口的美国情报工作：改革日程表》① 一书全面分析了冷战结束后美国面临的国家安全环境和情报工作存在的问题，建议美国调整情报工作重点，并从组织、流程等方面改革情报工作。美国情报界角色与能力委员会发布的调查报告《为21世纪做准备：美国情报界评估》② 分析了冷战后美国外部安全威胁的变化，并在第四章“协调应对全球犯罪的必要性”中着重分析了中央情报局与联邦调查局加强沟通与合作的必要性。众议院常设情报特别委员会发布的调查报告《21世纪的美国情报界》③ 在第十二章“情报中心”中充分肯定了中央情报主任管辖下的7个情报中心在促进情报搜集与分析一体化方面取得的成绩，并在第十三章“情报与执法”中强调了情报界与执法界应加强合作的重要性和必要性。布鲁斯·伯尔考威茨（Bruce D. Berkowitz）与阿兰·古德曼（Allan E. Goodman）合著的《绝对真实：信息时代的情报工作》④ 从外部安全环境的变化、信息技术革命的影响、商业领域成功管理经验的刺激等视角分析了美国情报界加强沟通与合作的必要性。葛里高利·特勒沃顿（Gregory F. Treverton）所著的《重塑信息时代的国家情报系统》⑤ 具体分析了信息时

① Roy Godson, Ernest R. May, and Gary Schmitt (eds.), *U.S. Intelligence at the Crossroads: Agendas for Reform*, Washington, D.C.: Brassey's, Inc., 1995.

② Commission on the Roles and Capabilities of the United States Intelligence Community, *Preparing for the 21st Century: An Appraisal of U.S. Intelligence*, *Executive Summary*, Washington, D.C.: Government Printing Office, 1996.

③ House of Representatives Permanent Select Committee on Intelligence, *IC21: Intelligence Community in the 21st Century*, Washington, D.C.: Government Printing Office, April 9, 1996.

④ Bruce D. Berkowitz and Allan E. Goodman, *Best Truth: Intelligence in the Information Age*, New Haven: Yale University Press, 2000.

⑤ Gregory F. Treverton, *Reshaping National Intelligence for an Age of Information*, Cambridge: Cambridge University Press, 2001.

代美国情报界监控目标数量及性质的变化，进一步分析了各情报机构间加强合作的必要性。此后，葛里高利·特勒沃顿又在《恐怖时代的情报工作》① 一书中对比分析了冷战时期与恐怖时代情报工作的对象及国家安全环境的变化，并指出了情报界内部打破机构壁垒、推进一体化改革的必要性和紧迫性。德波拉·巴格（Deborah G. Barger）在《走向情报事务改革》② 的研究报告中具体分析了“9·11”后美国面临的威胁性质、战争性质、技术变革、情报用户需求等方面的变化，进而指出了通过大力推广和应用相关信息技术来推动国家情报一体化改革的必要性。埃里克·德内斯（Eric Denece）在《情报事务革命：1989－2003 年》③ 一文中分析了国际政治形势的变化、信息技术革命、社会政治背景等因素对情报工作的影响，进而回答了为什么情报事务革命必将到来的问题。文章指出，包括安全威胁的变化、情报获取手段的局限等在内的诸多因素使跨机构情报合作的必要性日益突出。

（3）研究美国国家情报一体化改革面临的主要困难与障碍的研究成果

美国著名情报改革理论专家艾米·萨格特（Amy B. Zegart）在《设计的缺陷：中央情报局、参联会、国家安全委员会的起源》④ 一书中借鉴新制度主义理论分析了情报界无法融合为一个整体的主要原因，即情报体制建立之初就存在设计缺陷。“9·11”后，她又在《失明的间谍：中央情报局、联邦调查局以及“9·11”事件的起

---

① Gregory F. Treverton, *Intelligence for an Age of Terror*, Cambridge University Press, 2009.

② Deborah G. Barger, *Toward a Revolution in Intelligence Affairs*, Santa Monica, CA: RAND Corporation, 2005.

③ Eric Denece, “The Revolution in Intelligence Affairs: 1989 - 2003”, *International Journal of Intelligence and Counterintelligence*, vol. 27, no. 1, 2014.

④ Amy B. Zegart, *Flawed by Design: The Evolution of the CIA, JCS and NSC*, Stanford, California: Stanford University Press, 1999.

源》① 一书中指出，在1991年1月至2001年9月之间，美国共进行了12次与情报工作相关的重要的调查研究，提出了340项情报改革建议。其中，28%的建议都强调应加强情报界内部各机构之间的合作与一体化，但受组织制度等方面的制约，这些建议均未得到落实。亚瑟·哈尼克（Auther Hulnick）所著的《修补间谍机器：为21世纪的美国情报工作做准备》② 一书具体分析了冷战后美国在情报流程、情报门类、情报获取手段、情报界管理等方面存在的漏洞与缺陷，并提出了应增加中央情报主任权力、加强跨机构情报合作等改革建议。前国家安全局局长威廉·奥多姆（William E. Odom）在《修补情报：为了一个更加安全的美国》③ 一书中，根据自己的工作体会，明确指出了"9·11"后的美国情报界仍然存在缺乏沟通与合作、重复建设等问题，并提出了改革建议。彼得·博考维茨（Peter Berkowitz）编著的《美国情报工作的未来》④ 一书从情报分析、情报界的机构重组、隐蔽行动和情报科技等方面介绍了"9·11"后美国情报工作的基本情况，并对国家情报主任缺乏协调权力的原因等问题进行了具体分析。阿里斯·帕普斯（Aris A. Pappas）和詹姆斯·西蒙（James M. Simon）共同撰写的《情报界：2001－2015》⑤ 一文指出，美国国家安全威胁的排名次序在持续发生变化，网络威胁日益突出，美国的技术优势正在弱化，而解决所有问题的关键在于"一体化"，美国应在研发和运行所有情报系统的过程中坚持"一体化"的原则。

---

① Amy B. Zegart, *Spying Blind: The CIA, the FBI, and the Origins of* 9/11, Princeton and Oxford: Princeton University Press, 2007.

② Arthur S. Hulnick, *Fixing the Spy Machine: Preparing American Intelligence for the Twenty – First Century*, Westport, CT: Praeger Publishers, 1999.

③ William E. Odom, *Fixing Intelligence: For A More Secure America*, New Haven: Yale University Press, 2003.

④ Peter Berkowitz (ed.), *The Future of American Intelligence*, Stanford: Hoover Institution Press, 2005.

⑤ Aris A. Pappas and James M. Simon, Jr., "The Intelligence Community: 2001 – 2015", *Studies in Intelligence*, vol. 46, no. 1, March 2002.

2. 关于美国国家情报一体化改革可行方案的研究

“9·11”后，国会联合情报调查委员会、“9·11”委员会、参议院情报特别委员会、美国关于大规模杀伤性武器情报能力委员会等官方组织的调查委员会先后细致分析了情报界存在的问题，并在各自公开发布的四份调查报告中明确提出了推动国家情报一体化改革的建议。与此同时，学术界也纷纷从不同视角提出了关于国家情报一体化改革工作的理论设想。

（1）从组织范畴研究改革可行方案的研究成果

理查德·珀斯纳（Richard A. Posner）在《不确定的防护：改革中挣扎的美国情报体系》① 一书中指出，情报界要想实现内部一体化，有两种模式可以选择：M 型和 U 型。前者的特点为多元分布、横向通联，后者的特点为完全统一、垂直管理。在对比两种模式优劣的基础上，作者认为 M 型更有助于提升情报工作效率。威廉·拉尼曼（William J. Lahneman）在《维持美国情报工作有效：推动情报事务改革的必要》② 一书中也提出了一种新的情报工作范式，该范式强调情报搜集与分析活动的全面一体化，即情报信息要在不同情报机构之间全面流通、时时更新，每个机构均可根据最新变化的情况做出“适应性解读”。拉里·坎德斯瓦特（Larry C. Kindsvater）在《重组情报界的必要》③ 一文中建议增加情报界的“联合性”（Jointness），他所提出的改革方案就是模仿美军的联合指挥架构建立起情报界的合作机制，其中中央情报常务副主任和负责情报界管理事务的中央情报副主任扮演参联会的角色，中央情报局内新成立的情报中心扮演地区联合作战司令部的角色，中央情报局的各处以

① Richard A. Posner, *Uncertain Shield: The U. S. Intelligence System in the Throes of Reform*, Lanham, Maryland: Rowman & Littlefield Publishers, Inc. 2006.

② William J. Lahneman, *Keeping U. S. Intelligence Effective: the Need for A Revolution in Intelligence Affairs*, Lanham, Maryland: Scarecrow Press, Inc., 2011.

③ Larry C. Kindsvater, “The Need to Reorganize the Intelligence Community”, *Studies in Intelligence*, vol. 47, no. 1, March 2003.

及情报界内的其他情报机构扮演各军种的角色。理查德·贝斯特（Richard A. Best）在《重组情报机构的建议：1949－2004年》[①] 的研究报告中详细梳理了1949－2004年期间主要情报调查委员会在情报组织体制改革方面的相关建议，其中包含诸多加强国家情报一体化的组织体制改革建议。朱迪斯·约翰逊（Judith A. Johnston）等人在《国家情报大学在跨机构研究中的角色：来自情报界的建议》[②] 的研究报告中建议，国家情报大学应扮演跨机构研究交流平台的角色，通过建立沟通交流机制等方式促使分散的情报研究力量实现全面一体化。安德鲁·雷尔斯（Andrew R. Ries）在其硕士学位论文《统一的国家情报中心：对美国国家情报界效率与效力的潜在影响》[③] 中建议，应根据国家安全威胁的变化建立地区性和功能性的国家情报中心，以更有效地促进对外情报搜集与分析能力的一体化。

（2）从技术范畴研究改革可行方案的研究成果

武装部队通信与电子协会情报委员会在《国家安全与横向一体化》[④] 的研究报告中指出，“9·11”后美国国防部强调要推动情报工作的“横向一体化”，而已经在推广应用的两种一体化模式并不能发挥很好的效果。因此，委员会建议学习商业公司的成功经验，推广应用第三种模式，即利用信息技术建设成覆盖整个情报工作流程的信息网络，以实现情报信息的自由流通。詹姆斯·廷德尔（James A. Tindall）在其硕士学位论文《将网络理论应用于研发一个国家情

---

① Richard A. Best Jr., *Proposals for Intelligence Reorganization*, 1949－2004, Washington, D. C.: Congressional Research Service, September 24, 2004.

② Judith A. Johnston, Natasha Lander, Brian McInnis, *National Intelligence University's Role in Interagency Research: Recommendations from the Intelligence Community*, RAND Corporation, 2013.

③ Andrew R. Ries, *Consolidated National Intelligence Centers: the Potential Impact on the Efficiency and Effectiveness of America's National Intelligence Community*, Fort Leavenworth: U. S. Army Command and General Staff College, 2011.

④ Armed Forces Communications and Electronics Association Intelligence Committee, *National Security and Horizontal Integration*, 2004. http://www.afcea.org/mission/intel/documents/HIWhite Paper.pdf.

报专用网络》[1] 中提出应建立联通全美情报机构的计算机网络，以使不同情报机构的情报搜集、分析与共享工作能在同一个网络中实现，从而促进国家情报工作的一体化。阿德里安娜·沃纳（Adrienne Werner）在其硕士学位论文《网络2.0技术可能对情报界产生的革命性影响》[2] 中指出，网络2.0技术将使跨机构情报合作更为方便，因此可在情报界内部建立"社交网络"，以促进不同机构和个人之间的沟通与合作。马修·扎安（Matthew A. Zahn）在其硕士学位论文《建立一个虚拟的文化情报业界》[3] 中指出，随着美国越发需要文化情报，掌握不同文化情报来源及获取手段的情报机构应通过网络建立联系，以形成一个虚拟的跨机构文化情报业界，从而促进美国在文化情报领域的一体化与共享。肯尼思·卡斯威尔（Kenneth L. Caswell）在其硕士学位论文《国家海上情报中心的建立：理解建立国土安全合作环境所需要的信任基础》[4] 中具体分析了国家海上情报中心的建立原因和过程，并以"南方联合跨机构特别工作组"（Joint Interagency Task Force－South）的成功实践和情报界在2008年孟买恐怖袭击案上失败的合作为案例，进行对比分析，并最终提出关于建立基于信任的一体化技术环境的改革建议。

3. 关于美国国家情报一体化改革具体实践过程的研究

自2005年美国首部《国家情报战略》明确将一体化作为国家情报改革必须坚持的根本原则以来，相关情报部门就开始从各个方面推进国家情报一体化改革工作。伴随着官方不定期发布的国家情报

① James A. Tindall, *Applying Network Theory to Develop a Dedicated National Intelligence Network*, Monterey, California: Naval Postgraduate School, September 2006.

② Adrienne Werner, *The Potential Transformative Impact of Web 2.0 Technology on the Intelligence Community*, Monterey, CA: Naval Postgraduate School, December 2008.

③ Matthew A. Zahn, Wayne R. Lacey, *Building a Virtual Cultural Intelligence Community*. Monterey, CA: Naval Postgraduate School, June 2007.

④ Kenneth L. Caswell Jr., *Establishment of the National Maritime Intelligence Center: Understanding the Foundations of Trust to Support a Collaborative Environment in Homeland Security*, Monterey, CA: Naval Postgraduate School, March 2010.

一体化改革工作指导文件，一些情报研究学者开始对部分领域的国家情报一体化改革进程进行专题研究。

（1）具体指导美国国家情报一体化改革工作的战略文件、指令及法规

国家情报主任推出了一系列与国家情报一体化改革相关的战略规划和指令，其中具有代表性的包括：2005 年的《国家情报战略》（National Intelligence Strategy）、《全球海上情报一体化计划》（Global Maritime Intelligence Integration Plan）、2007 年的《情报界一体化与协作 100 天计划》（United States Intelligence Community 100 Day Plan：Integration and Collaboration）及《情报界一体化与协作 500 天计划》（United States Intelligence Community 500 Day Plan：Integration and Collaboration）、2007 年的《空域监视与情报一体化计划》（Air Domain Surveillance and Intelligence Integration Plan）、2008 年的《美国情报界信息共享战略》（United States Intelligence Community Information Sharing Strategy）及《构想 2015：全球联网与一体化的情报业界》（Vision 2015：A Globally Networked and Integrated Intelligence Enterprise）、2009 年的第 902 号情报界指令《全球海空情报一体化》（Global Maritime and Air Intelligence Integration）、2011 年的《美国情报界信息技术业界战略 2012－2017》（Intelligence Community Information Technology Enterprise Strategy 2012－2017）、2015 年的《2016－2020 财年情报界科技战略计划：管控风险以确保情报优势》（FY2016－2020 Intelligence Community Science and Technology Strategic Plan：Managing Risk to Ensure Intelligence Advantage）等。此外，国家情报主任每年都会向国会提交“国会预算申请说明书”（Congressional Budget Justification），其中具体说明了下一财年国家情报计划中相关预算的使用计划及申请此类资金的目的。而国会两院每年也会讨论并通过年度《情报授权法》（Intelligence Authorization Act），为下一财年需要资金支持的大项情报工作提供授权。所有这些官方

推出的战略及指令性文件均为我们研究美国国家情报一体化改革进程提供了一手研究资料。

（2）论述部分领域内美国国家情报一体化改革进程的研究成果

道格拉斯·加索夫（Douglas F. Garthoff）在《作为美国情报界领导者的中央情报主任：1946－2005 年》[①] 一书中对 1946－2005 年期间历任中央情报主任的工作进行了一次比较全面的梳理和研究，其中有相当篇幅论及中央情报主任在部分国家情报工作领域推出的一体化改革举措。菲利普·泽里克（Philip Zelikow）在《情报改革的演变：2002－2004 年》[②] 一文中指出，40 余年来情报界的管理存在四种模式：以国防部为中心的模式（Pentagon－centered）、以中央情报局为中心的模式（Langley－centered）、以白宫为中心的模式（White House-centered）、独立的国家情报主任模式（A separate director of national intelligence）。在此基础上，作者具体分析了“9·11”后国家情报主任模式中的相关改革举措。帕特里克·内里（Patrick C. Neary）在《后“9·11”情报界：情报改革，2001－2009：步步祈祷?》[③] 一文中具体分析了美国情报界 2001－2009 年期间出台的改革举措，其着重分析了制定与推广联合任职计划、成立国家情报协调中心、以网络技术促进情报分析转型等一体化改革举措。丹尼尔·琼斯（Daniel B. Jones）在其硕士学位论文《为什么情报界内集权化的改革都失败了》[④] 中论述了二战结束到 2005 年期间美国情报界推行集权化改革的相关举措，其中有相当篇幅论及美国

---

① Douglas F. Garthoff, *Directors of Central Intelligence as Leaders of the U. S. Intelligence Community 1946－2005*, Washington, D. C.: Central Intelligence Agency Center for the Study of Intelligence, 2005.

② Philip Zelikow, “The Evolution of Intelligence Reform, 2002－2004”, *Studies in Intelligence*, vol. 56, no. 3, September 2012.

③ Patrick C. Neary, “The Post－9/11 Intelligence Community: Intelligence Reform, 2001－2009: Requiescat in Pace?”, *Studies in Intelligence*, vol. 54, no. 1, March 2010.

④ Daniel B. Jones, *Why Efforts to Centralize the U. S. Intelligence Community Fail*, Maxwell Air Force Base, Alabama: Air University School of Advanced Air and Space Studies, June 2005.

通过加强中央情报主任或国家情报主任权力的方式在部分领域推进国家情报一体化改革的发展历程。国家情报主任麦克·麦康奈尔（Mike McConnell）在《彻底修整情报工作》[①] 一文中对其所推进的打破机构壁垒、促进国家情报一体化改革等工作进行了阶段性的总结概括。国家情报委员会主席克里斯托弗·科吉姆（Christopher A. Kojm）在《改变与延续：国家情报委员会，2009－2014》[②] 一文中分析了2009年后国家情报委员会在国家情报主任詹姆斯·克拉珀（James Clapper）提出的"一体化"原则指导下所取得的成绩，其中特别论述了国家情报一体化改革对《国家情报评估》的生产工作及保障决策需求工作的影响。

4. 关于美国国家情报一体化改革成效的研究

随着美国在整个情报界的范围内大力推动国家情报一体化改革，相关智库、学者、情报机构对某一领域或某一任务中国家情报一体化改革的成效进行了客观评估，这为我们了解美国国家情报一体化改革的整体情况提供了重要参考。

（1）涉及特定领域内美国国家情报一体化改革成效的研究

2009年，国家情报主任办公室发布了《情报界一体化与协作500天计划的后续计划》[③]，其从创建合作文化、加速信息共享、推动情报搜集和分析工作转型、建立装备采购和技术领先优势、实现工作管理现代化、厘定国家情报主任的职权等六个方面对国家情报一体化改革的阶段性成效进行了评估。战略与国际问题研究中心发

① Mike McConnell, "Overhauling Intelligence", *Foreign Affairs*, vol. 86, no. 1, July /August 2007.

② Christopher A. Kojm, "Change and Continuity: The National Intelligence Council, 2009－2014", *Studies in Intelligence*, vol. 59, no. 2, 2015.

③ Office of the Director of National Intelligence, *500 Day Plan Follow Up Report: Part II*, January 16, 2009. http://www.fas.org/irp/dni/500－day－follow－pt2.pdf.

布的研究报告《合作的新工具：美国情报界的经验》[①] 对“9·11”后情报界研发的合作型信息技术应用进行了一次较为全面的梳理，具体评估了包括“情报百科”“分析空间”在内的多个信息技术的应用成效，并指出了这些合作型信息技术在使用过程中存在的诸多问题。兰德公司发布的研究报告《情报界的人力资源规划：一种回顾性研究》[②] 分析了“9·11”后美国情报界在人才建设方面存在的主要问题，并分阶段具体描述了情报界统一规划人才招募、培养及任职工作的做法及取得的成效。理查德·伊姆曼（Richard H. Immerman）在《分析转型：情报界严格保守的秘密》[③] 一文中重点论述了2008年以来美国情报界在情报分析领域推进的一体化改革举措，并评估了分析工作领导职位的设置、跨部门情报分析合作技术的应用、相关分析指令的落实等方面的具体成效。国家情报主任办公室发布的《全球海空利益共同体情报业界创立报告》[④] 对全球海空情报一体化的战略目标、基本现状等进行了全面评估，并提出了加强全球海空情报一体化的相关改革建议。自2007年起，国家情报主任办公室的信息共享环境项目主管每年都会发布一份关于信息共享环境建设进展情况的评估报告——《信息共享环境：致国会的年度报告》（Information Sharing Environment：Annual Report to the Congress），其中详细说明了过去一年信息共享环境在组织、训练、流程、技术等方面的进展，分析了取得的成绩及存在的问题。2012年，《地理空间情报论坛》发表了一篇关于国家情报一体化改革的专

① Gregory F. Treverton, *New Tools for Collaboration: The Experience of the U. S. Intelligence Community*, Washington, D. C.: Center for Strategic and International Studies, January 2016.

② RAND National Defense Research Institute, *Workforce Planning in the Intelligence Community: A Retrospective*, Santa Monica: RAND Corporation, 2013.

③ Richard H. Immerman, Transforming Analysis: The Intelligence Community's Best Kept Secret, *Intelligence and National Security*, vol. 26, no. 2, April 2011.

④ Office of the Director of National Intelligence, *The Inaugural Report of the Global Maritime and Air Communities of Interest Intelligence Enterprises*, Washington, D. C.: Government Printing Office, November 2009.

题采访报道稿，负责情报一体化事务的国家情报副主任在采访中解释了国家情报主管职位的设立初衷，以及此类职位如何向上对接国家安全委员会的决策需求，向下指导各部门情报机构工作的情况，并总结概括了其基本成效。①

（2）涉及特定事件中美国国家情报一体化改革成效的研究

2009 年 11 月 5 日，美军胡德堡军事基地发生枪击案，造成 13 人死亡、32 人受伤。2011 年 2 月，参议院国土安全与政府事务委员会发布了对该事件的调查报告《一个滴答作响的定时炸弹：从美国政府未能阻止胡德堡袭击中汲取的反恐教训》②。该报告将本次枪击案定性为恐怖袭击事件，并对事件前后国防部与联邦调查局在反恐领域的合作进行了一次较为全面的评估。报告认为，联合恐怖主义特遣组并没有成为国防部与联邦调查局之间开展合作与信息共享的有效协调机制，而联邦调查局以情报为中心的转型工作也存在诸多缺陷。2009 年 12 月 25 日，美国西北航空公司的 253 号班机险些遭受恐怖炸弹袭击。2010 年 5 月，参议院情报特别委员会发布对该事件的调查报告。③ 报告评估了事件发生前不同情报机构在反恐合作领域的工作成效，指出了情报工作存在的问题，并提出了相应的改革建议。2012 年 9 月 11 日，与“基地”组织等恐怖组织有联系的武装分子袭击了美国驻利比亚班加西领事馆。随后，参议院国土安全与政府事务委员会、参议院情报特别委员会、众议院常设情报特别委员会分别发布了对该事件的调查报告《红灯闪亮：班加西恐怖袭

① “Intelligence Integrator: Strategically Aligning the IC to the Nation's Highest Priorities”, *Geospatial Intelligence Forum*, vol. 10, iss. 5, 2012.

② United States Senate Committee on Homeland Security and Governmental Affairs, *A Ticking Time Bomb: Counterterrorism Lessons from the U. S. Government's Failure to Prevent the Fort Hood Attack*, Washington, D. C.: Government Printing Office, February 2011. http://fas.org:8080/irp/congress/2011_rpt/hsgac-hood.pdf.

③ Senate Select Committee on Intelligence, *Unclassified Executive Summary of the Committee Report on the Attempted Terrorist Attack on Northwest Flight 253*, May 24, 2010. http://intelligence.senate.gov/100518/1225report.pdf.

击案特别报告》[①]《对2012年9月11－12日美国在利比亚班加西的设施遭受恐怖袭击的调查》[②]《2012年9月11－12日美国在利比亚班加西的设施遭受恐怖袭击的调查报告》[③]。三份报告具体指出了该事件中美国反恐情报工作存在的问题，并提出了对策建议。2013年4月15日，美国波士顿第117届马拉松比赛遭遇炸弹袭击。2014年3月，众议院国土安全委员会发布了对该事件的调查报告《通往波士顿的路：从马拉松爆炸案中发现的反恐挑战与教训》[④]。报告认为联邦情报与执法机构并未与地方相关机构充分地共享情报信息，应从联邦与地方交流合作层面加强反恐情报共享。总之，“9·11”后只要美国遭受或险些遭受恐怖袭击，国会相关委员会就会对相关事件发生前后美国的反恐情报工作进行全面的调查与研究，以发现情报工作中存在的问题。虽然这些调查报告并没有全面评估美国国家情报一体化改革工作的成效，但却为我们了解美国在个别领域的反恐情报一体化改革工作成效提供了重要的佐证资料，有助于我们了解美国国家情报一体化改革工作取得的成绩和存在的问题。

（二）国内研究现状

经查阅中国国家图书馆，并对中国学术期刊网络出版总库等国内学术成果数据库进行检索，笔者发现，国内学术界对美国国家情报一体化改革工作的研究并不系统，多数研究成果散落于对美国国

① United States Senate Committee on Homeland Security and Governmental Affairs, *Flashing Red: A Special Report on the Terrorist Attack at Benghazi*, Washington, D. C.: Government Printing Office, December 30, 2012. http://www.fas.org/irp/congress/2012_rpt/benghazi.pdf.

② Senate Select Committee on Intelligence, *Review of the Terrorist Attacks on U. S. Facilities in Benghazi, Libya, September* 11－12, 2012, January 15, 2014. http://fas.org/irp/congress/2014_rpt/benghazi.pdf.

③ House Permanent Select Committee on Intelligence, *Investigative Report on the Terrorist Attacks on U. S. Facilities in Benghazi, Libya, September* 11－12, 2012, November 21, 2014. http://fas.org/irp/congress/2014_rpt/benghazi－hpsci.pdf.

④ House Homeland Security Committee, *The Road to Boston: Counterterrorism Challenges and Lessons from the Marathon Bombings*, March 2014. http://fas.org/irp/congress/2014_rpt/boston.pdf.

家情报改革工作进行全景式概述的著作与论文之中。

1. 涉及美国国家情报一体化改革部分技术应用的研究

任国军的《美军联合作战情报支援研究》① 的第七章具体论述了美军情报共享结构的技术基础、功能要求、标准与组成等内容，其中部分技术架构也是美国国家情报工作的重要技术支撑，故而为我们了解美国国家情报一体化改革的技术基础提供了重要参考。惠朝阳、蓝军的论文《情报融合：Web2.0 时代的美国情报百科》② 论述了“9·11”后美国利用 Web2.0 技术建设“情报百科”的基本情况，并分析了其核心理念、重要作用及在发展过程中遇到的困扰等问题。

2. 涉及部分领域内美国国家情报一体化改革举措的研究

申华的《美国国家情报管理制度研究》③ 一书的第二章从历史发展的视角详细梳理了美国国家情报一体化改革工作的主要推动者（中央情报主任及国家情报主任）管理权的调整与变化。张长军的《美国情报失误研究》④ 一书的第二章从组织制度视角分析了“9·11”后美国情报体制改革的举措，其中包括以一体化为原则而开展的组织机构调整。纪真的《总统与情报——从罗斯福到小布什》⑤ 一书的第十二章从情报业务工作视角论述了“9·11”后美国情报界从“烟囱”走向“一体化”的发展历程。石雯君、张艳的论文《美国情报“一体化”改革策略及其启示》⑥ 从情报共享、任务管理、工作流程等方面梳理了“9·11”后美国推动情报一体化改革的举措。

---

① 任国军：《美军联合作战情报支援研究》，军事科学出版社，2010 年版。

② 惠朝阳、蓝军：《情报融合：Web2.0 时代的美国情报百科》，《情报杂志》2010 年第 1 期。

③ 申华：《美国国家情报管理制度研究》，军事科学出版社，2010 年版。

④ 张长军：《美国情报失误研究》，军事科学出版社，2006 年版。

⑤ 纪真：《总统与情报：从罗斯福到小布什》，军事科学出版社，2008 年版。

⑥ 石雯君、张艳：《美国情报“一体化”改革策略及其启示》，《情报探索》2012 年第 8 期。

（三）对国内外研究现状的总结

国外与美国国家情报一体化改革工作相关的研究成果比较丰富。研究“9·11”后美国国家情报改革工作的部分著作、研究报告和期刊论文，具体论述了不同情报机构间加强一体化的必要性，并提出了自己的解决方案；评估“9·11”后美国国家情报改革工作成效的部分研究报告，分析了美国在个别领域推动国家情报一体化改革的具体成效。然而，无论是美国官方还是学术界，都未曾就“9·11”后美国国家情报一体化改革工作进行过专题研究。而国内的大部分相关研究成果要么仅关注国家情报一体化改革的技术基础，要么只是在对美国国家情报改革工作做出粗线条式梳理的过程中，论及美国在特定时间段、特定领域内所推出的国家情报一体化改革举措。截止目前，尚未发现公开出版的从纵向历史发展的维度系统研究美国国家情报一体化改革工作的著作、报告或论文。总之，国内外研究“9·11”后美国在个别领域所推动的国家情报一体化改革工作的研究成果比较丰富，但均缺乏系统而全面的研究。因此，笔者的研究具备一定程度上的可行性和必要性。

四、研究思路

（一）研究维度的选择

“9·11”后至今，“一体化”一词反复出现在指导美国国家情报工作的各类情报法规之中，始终被作为国家情报改革需要坚持的根本原则，以及国家情报主任需重点关注的核心任务。这也就是说，以一体化为主旨的美国国家情报改革是一个持续推进、不曾间断的动态发展过程。因此，从历史发展的维度考察“9·11”后的美国国家情报一体化改革工作，有助于客观还原本次改革的真实面貌，更准确地把握本次改革的发展脉络，进而总结得出改革的内在逻辑。

（二）研究重点的确定

通过纵向梳理“9·11”后美国国家情报一体化改革的发展历

程，并将其放到1947年以来（特别是冷战结束后）美国国家情报改革的历史背景下加以分析，我们可以发现，本次改革本质上是以组织体制改革为突破口、以信息共享改革为落脚点的国家情报改革。之所以做出这一判断，一方面是因为在如何推进国家情报工作融为一体的问题上，美国国内关于情报组织机制改革、信息共享改革的讨论最多、关注度最高、改革举措最集中，且改革进程不曾间断；另一方面是因为受外部威胁变化、情报调查报告的影响，美国客观上选择了最先突破组织体制瓶颈，进而重点改革信息共享工作。

首先，“9·11”后，恐怖主义成为美国面临的头号国家安全威胁，由于此类威胁力量分散、行踪不定、信号模糊，各情报机构仅能掌握部分蛛丝马迹，无法描绘出威胁的整体面貌。只有各部门情报机构融为一体，在统一地协调下开展全源情报搜集与分析，才能有效应对此类威胁。然而，长期以来，情报界在组织机构层面缺乏统一领导，不具备一体化的组织基础。因此，美国决策层认为，要想推动国家情报工作的一体化，就必须首先突破这一组织体制瓶颈。事实上，美国在“9·11”后全面开展情报调查，通过《2004年情报改革与防恐法》大幅修订《1947年国家安全法》，用国家情报主任取代中央情报主任，正是突破组织体制瓶颈的集中体现。

其次，调查显示，“9·11”事件前，参与国家情报工作的各部门情报机构各自为政，互不共享各自掌握的情报信息。这就导致没有任何一家情报机构能够掌握关于恐怖袭击的全部线索，无法开展全源情报分析，更无法做出准确的情报研判。由此可见，信息共享是开展全源情报分析和做出准确判断的基础，同时也是国家情报工作融为一体的前提和关键。因此，美国决策层认为，在突破组织体制瓶颈后，要想将国家情报一体化改革落到实处，就必须全面推动信息共享改革，打造统一的信息共享环境。事实上，《2004年情报改革与防恐法》出台后，美国专门设立了信息共享环境项目主管、信息共享委员会等机构，出台了多份关于信息共享改革的战略文件，即便是在连续出现多起重大失泄密事件的情况下，也从未停止信息共享改革工作。

综上所述，为使主观认知在最大程度上接近研究对象的客观实际，笔者将研究重点确定为：揭示“9·11”后美国如何克服重重阻力，进而突破组织体制瓶颈的过程，以及在突破组织体制瓶颈后，如何全面推进信息共享改革的过程。

（三）研究的基本框架

笔者主要从历史发展的维度对“9·11”后美国国家情报一体化改革工作进行系统而全面的考察，旨在回答4个问题：

一是为何改的问题，即为何会在“9·11”后推动改革；

二是如何改的问题，即改革以何种方式推行；

三是改得怎么样的问题，即改革已经取得何种成效；

四是未来怎么改的问题，即改革未来将走向何方。

其中，第二个问题是需要重点回答的问题。为了更加清晰地描绘出“9·11”后美国国家情报一体化改革的发展脉络，笔者将改革历程划分为“起步、全面推进、深入发展”三个阶段。之所以将此次改革划分为这三个阶段，是因为受其政治体制的影响，美国历史上的历次情报改革均会沿着相同的工作流程稳步推进，即“全面调查研究——修订情报法律——依法组建机构——颁布战略指令——细化规定落实”，本次改革也不例外。因此，将美国情报改革所必须经历的几个工作流程做一分类整理后，就得出了以下三个具体的发展阶段：

首先，“起步阶段”是指美国在全面调查研究的过程中达成一体化的改革共识，并将这一共识写入情报法律的过程。标志着本阶段开始的事件是“9·11”事件的发生，标志着本阶段结束的事件是《2004年情报改革与防恐法》的出台。

其次，“全面推进阶段”是指美国依法落实相关改革规定，尤其是依法组建统一的国家情报管理机构，并由该机构打造统一的国家情报战略体系的过程。标志着本阶段开始的事件是2005年首任国家情报主任上任，标志着本阶段结束的事件是2009年第三任国家情报主任确认辞职。

最后，“深入发展阶段”是指在统一的国家情报管理体制已经建立起来，相关改革工作已经取得阶段性进展的情况下，美国根据改革过程中发现的问题，进一步细化规定落实的过程，标志着本阶段开始的事件是2010年第四任国家情报主任上任，到目前为止，国家情报一体化改革工作仍处于持续推进过程中。

总之，笔者主要围绕上述4个问题开展研究，具体章节设计如下：

第一章详细阐述美国国家情报一体化改革的历史背景，重点探析冷战结束后，推动国家情报一体化改革的必要性日益突出，组织体制方面的瓶颈问题愈发明显，改革的迫切性到“9·11”事件发生时达到顶点。

第二章系统分析美国国家情报一体化改革的起步阶段，主要论述美国在全面组织调查研究的基础上，研讨以一体化为主旨的情报改革方案，修订情报法律，全面突破阻碍国家情报一体化改革的组织体制瓶颈。

第三章系统分析美国国家情报一体化改革的全面推进阶段，主要论述美国依据《2004年情报改革与防恐法》的相关规定，建设统一的国家情报管理机构和战略体系，推动情报信息的跨部门共享等改革工作。

第四章系统分析美国国家情报一体化改革的深入发展阶段，主要论述美国在前期落实法律及相关战略规定的基础上，进一步调整和完善统一的国家情报管理机构和战略体系，推动情报信息的跨部门安全共享，建设统一的情报界信息技术体系等改革工作。

第五章总结评估了美国国家情报一体化改革的路径选择，取得的基本成效，存在的主要问题以及未来发展趋势。

五、研究方法

（一）历史分析法

笔者主要从历史发展的维度探析美国国家情报一体化改革的发展进程，旨在更加客观而全面地把握美国国家情报一体化改革的发展脉络和内在逻辑。在具体的研究过程中，笔者先是全面考察了美国推动国家情报一体化改革的历史背景，继而将“9·11”后美国国家情报一体化改革的进程分为三个阶段，深入分析了每个阶段美国推出的主要改革举措，进而总结得出美国国家情报一体化改革的路径选择，取得的基本成效，存在的主要问题，以及未来发展趋势。

（二）比较研究法

为准确把握“9·11”后美国国家情报一体化改革的本质内涵，笔者主要从横纵两个向度开展对比研究。一方面，笔者从纵向上对“9·11”事件发生前后美国的国家情报改革工作进行比较研究，进而分析得出“9·11”后美国国家情报改革工作的突出特点是始终坚持以“一体化”为根本原则；另一方面，笔者从横向上对“9·11”后美国在国家情报改革领域推出的不同改革举措进行比较研究，进而分析得出改革着力破解的是组织体制层面的瓶颈性问题，而在突破组织体制瓶颈后，改革的主要落脚点是情报界的信息共享改革。

（三）文献分析法

“9·11”后，美国白宫、国会、情报调查委员会、情报界、学术界发布了大量与国家情报一体化改革工作相关的战略文件或学术研究成果，国内学者也针对美国相关领域的国家情报改革工作发表了大量学术论文，出版了多部专著。笔者需要从大量杂乱的英文和中文文献中找到与美国国家情报一体化改革工作直接相关的材料，并按照不同范畴、不同时间段对各类文献进行归类整理和系统分析，以在最大程度上客观呈现出美国国家情报一体化改革工作的真实面貌。

六、研究的难点与创新点

（一）研究的难点

1. 准确提炼资料的困难

“9·11”后，美国开始全面推进国家情报改革工作，并发布了一大批战略、计划、构想、指令、情况说明等官方文件，国内外的情报研究学者也出版了多部理论专著、发表了大量学术文章。在众多中英文文献资料中，与美国国家情报一体化改革工作直接相关的资料偏少，且非常零散。因此，如何系统整理大量不同类型、不同格式、不同时间、不同语种的文献资料，进而从中准确提炼出与美国国家情报一体化改革工作相关的信息比较困难。

2. 准确评估成效的困难

“9·11”后，美国国家情报一体化改革的最终目的是要实现国家情报工作的一体化。因此，评估改革成效的关键在于评估其国家情报工作的一体化程度。然而，一方面，出于保密考虑，美国并未披露直接涉及国家情报工作一体化的具体操作规范或工作流程等细节；另一方面，由于没有先例或成功范例作为参照，美国始终在不断地尝试和实验新的改革理念，同时根据内外形势的变化和发现的问题，调整与完善相关改革举措，这就决定了其国家情报工作的一体化程度始终处于动态变化的过程中。因此，我们很难根据有限的材料客观、准确地评估美国国家情报一体化改革所取得的成效。

（二）研究的创新点

1. 揭示了“9·11”后美国国家情报改革的主旨命题

“9·11”后，美国开始全面启动国家情报改革。改革期间，各方提出了多种改革方案，具体的改革举措更是层出不穷。通过系统梳理此次改革的发展历程，笔者发现，尽管各领域的改革举措各不相同，且在不断地推陈出新，但是改革的核心主题未曾改变。这个不变的主题就是“国家情报一体化”，即在国家情报层面推进情报工作融为一体。这既是应对恐怖主义等极端非对称威胁的必然要求，也是从根本上提升国家情报能力的有效手段。

2. 厘清了“9・11”后美国国家情报一体化改革的发展脉络

“9・11”后，美国的国家情报一体化改革工作是一个持续推进的动态发展过程。然而，国内外学者并未具体阐明这一改革过程的来龙去脉。笔者系统分析了此次改革的历史背景，厘清了改革的根本动因，并依据改革的一般工作流程，以及改革过程中出现的相关标志性事件和重大改革举措，将改革划分为发展程度不同、侧重点不同的三个阶段，进而总结得出了改革的重点突破口和主要落脚点，初步厘清了改革的基本发展脉络。

3. 总结提炼了“9・11”后美国国家情报一体化改革的路径选择

国内外学者在研究“9・11”后美国国家情报改革工作时，重在梳理部分领域的改革举措，很少有学者紧扣“一体化”的主旨系统分析美国推动国家情报改革的主要方式。通过系统梳理美国国家情报一体化改革的发展历程，对比分析其在不同发展阶段推出的改革举措，笔者总结得出了此次改革的路径选择，即以组织体制为突破口、以战略体系为支撑点、以信息技术为赋能器。

第一章　美国国家情报一体化改革的历史背景

冷战结束后，面对急剧变化的外部安全形势，美国逐渐意识到了国家情报一体化改革的必要性，国内各界更是在理论层面进行了多次研讨，分析了国家情报一体化改革面临的诸多问题，并针对组织体制层面的关键问题提出了多种国家情报改革方案。然而，整个20世纪90年代，美国朝着国家情报一体化方向所做出的改革努力可谓是“雷声大，雨点小”。多数改革建议最终停留在了理论探讨层面，真正落到实处的少之又少，从根本上制约国家情报一体化的组织体制问题并未得到彻底解决。而“9·11”事件的发生，以血淋淋的教训凸显了国家情报改革的紧迫性，迫使美国决策层全面启动了以“一体化”为主旨的国家情报改革进程。

第一节　国家情报一体化改革必要性的凸显

苏联解体后，原本遮蔽在两级对峙格局之下的地区、种族、民族、宗教等矛盾，继之活跃起来，地区性强国通过武力手段解决各类争端的几率上升，种族、民族、宗教冲突爆发的频度增加。恐怖袭击、跨国犯罪、毒品走私等，对美国国家安全的威胁，渐次凸显，作为国家安全第一道防线的情报工作，做出因应性调正和改革，势在必然。为了有针对性地推动国家情报改革工作，美国国内先后组织了多次情报调查，结果显示，各自为政的“烟囱式”情报工作体制已经无法有效应对非国家行为体所构成的安全威胁，各情报机构有必要加强协调与合作，形成一个有机整体，共同应对此类威胁，共同保障国家安全决策需求。

一、外部威胁发生显著变化

冷战时期，美国国家安全面临的主要威胁来自苏联，情报机构的主要工作对象也是苏联。1980 财年，情报界将近 60% 的预算资源投入到针对苏联目标的情报工作中。① 由于苏联是一个庞大的、容易观察的国家行为体，针对苏联的情报工作相对比较容易开展。正如美国情报研究学者布鲁斯·伯尔考威茨（Bruce Berkowitz）所言："冷战期间，我们很容易就能侦测到莫斯科向军队发布的进攻指令。因为，指令接收者很明确，不容易弄错——例如，部署在东德边界的第 8 守卫军。情报分析人员知道应该搜寻什么样的信息（第 8 守卫军和苏联其他的军事力量每年都会举行入侵西欧的演习），而且情报机构需要监控的通信线路也很少。"② 一位已退休的情报人员也曾表示："苏联有明确的地理界限，有固定不变的五年计划，一切都是可以预见的。"③ 1992 年，参议院情报特别委员会主席戴维·博伦（David L. Boren）更是直言不讳地指出："直到今天都还有情报及外交部门的人在怀念冷战时期，因为那时的威胁与挑战非常容易确认。"④ 冷战结束后，苏联这个庞大的、容易观察的、静态的威胁不复存在，其他国家行为体直接与美国发生大规模军事冲突的可能性

---

① Twentieth Century Fund, "Task Force on the Future of U. S. Intelligence", *In From the Cold: The Report of the Twentieth Century Fund Task Force on the Future of U. S. Intelligence*, New York: The Twentieth Century Press, 1996, p. 35.

② Bruce Berkowitz, *The New Face of War: How War Will Be Fought in the 21st Century*, New York: The Free Press, 2003, p. 200.

③ Amy B. Zegart, *Spying Blind: The CIA, the FBI, and the Origins of 9/11*, Princeton and Oxford: Princeton University Press, 2007, p. 66.

④ David L. Boren, "The Intelligence Community: How Crucial?", *Foreign Affairs*, vol. 71, no. 3, 1992, p. 52.

也逐渐变小。然而，以恐怖组织为代表的微小的、不易观察的安全威胁日益兴盛，并开始不断地侵害和挑战美国的国家安全利益。因此，无论是国家安全决策层，还是整个情报界，均开始将恐怖主义威胁列为重点监控对象。

（一）恐怖主义在美国国家安全威胁中的整体排名不断提前

从1994年至2001年，恐怖主义每年都出现在中央情报主任向国会提交的年度威胁评估报告中，并被视为国家安全面临的重要威胁。到1998年时，恐怖主义上升到了威胁目标排序的最高一层，与其提升到同样层次的还有大规模杀伤性武器扩散等跨国威胁。2001年2月，“9·11”事件前7个月，中央情报主任在听证会中表示，恐怖主义已经成为美国国家安全的最大威胁。[①] 此外，美国决策层也已获悉情报界的威胁评估，并将恐怖主义威胁列为重点威胁。自1994年起，克林顿总统在每年的国情咨文中都会强调恐怖主义对美国构成的威胁。1995年3月2日，克林顿总统还发布了第35号总统决策指令《情报需求》（Intelligence Requirements），指示情报界重点搜集与恐怖主义等跨国威胁相关的情报，其优先排序仅次于支援军事行动和关注敌对国家。[②] 6月21日，克林顿总统又发布了第39号总统决策指令《美国的反恐政策》（U. S. Policy on Counterterrorism），强调恐怖主义已对美国国家利益构成威胁，指示中央情报主任全力协调情报界以积极应对此类威胁。1998年，克林顿总统在联合国大会开幕式上发表演说，强调指出恐怖主义是“一种明确的、现实存在的威胁”，并称其处于“美国议事日程的首位，也应处于世

① Amy B. Zegart, *Spying Blind: The CIA, the FBI, and the Origins of* 9/11, Princeton and Oxford: Princeton University Press, 2007, pp. 21 – 22.

② *PDD – 35: Intelligence Requirements*, March 2, 1995. http://www.fas.org/irp/offdocs/pdd35.htm.

界议事日程的首位”。①

（二）美国的反恐情报经费投入逐年递增

调查显示，冷战后的大部分情报经费都被用于反恐领域。前国家安全事务助理塞缪尔·伯杰（Samuel Berger）在接受国会质询时就指出，冷战后虽然整个情报界的预算在逐年削减，但是反恐情报预算却在逐年增加。（参见图1-1）1995年到2000年期间，在整体预算持续缩紧的情况下，联邦调查局的反恐预算增加了350%。② 联邦调查局前局长路易斯·弗里（Louis Freeh）也证实，1993年，联邦调查局拥有600名反恐特工人员及500名辅助岗位人员；1999年，反恐特工人员及辅助岗位人员的数量双双增加到了1300人，即反恐工作人员的数量扩张了两倍还多。③ 中央情报主任特尼特在接受国会调查时也指出：“中央情报局的预算在20世纪90年代初受到极大削减，受此影响我们裁撤了将近四分之一的职位。然而，就是在如此困难的情况下，中央情报局仍把尽可能多的资源投入到反恐中心，从1997财年至‘9·11’前，反恐中心的经费投入增加了50%，人员增加了60%。”④

---

① Amy B. Zegart, “September 11 and the Adaptation Failure of U. S. Intelligence Agencies”, *International Security*, vol. 29, no. 4, 2005, p. 85.

② Samuel R. Berger, *Joint Intelligence Committee Testimony*, September 19, 2002, p. 3. http://www.fas.org/irp/congress/2002_hr/091902berger.pdf.

③ *Statement of Louis J. Freeh, Former FBI Director, before the Joint Intelligence Committees*, October 8, 2002, p. 14. http://www.fas.org/irp/congress/2002_hr/100802freeh.pdf.

④ Richard A. Best, *The Intelligence Community and 9/11: Congressional Hearings and the Status of the Investigation*, Washington, D. C.: Congressional Research Service, January 16, 2003, p. 15. http://www.fas.org/irp/crs/RL31650.pdf.

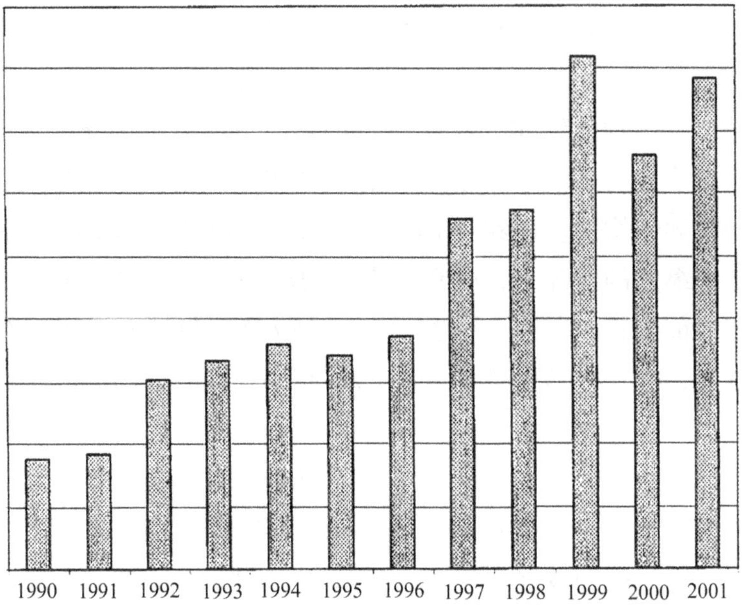

图1－1 “9·11”前美国情报界反恐情报开支示意图[①]

然而，尽管国家安全决策层及情报界均十分重视此类威胁，并为此投入了大量资金，但是此类重视和投入并未产生应有的效果。因为，恐怖组织往往选择避开与美国的正面交锋，实施“非对称作战”，凭借极度分散的组织结构、隐蔽诡异的行为方式、飘忽不定的攻击范围给美国造成沉重打击。面对难以监测的恐怖主义威胁，美国的情报工作无法有效开展工作。因此，在国家安全的第一道防线上失守后，美国发生了1993年的世贸中心大楼爆炸案[②]，以及1995

① U. S. Senate Select Committee on Intelligence and House Permanent Select Committee on Intelligence, *Report of the Joint Inquiry into the Terrorist Attacks of September* 11, 2001, Washington, D. C.: Government Printing Office, December 20, 2002, p. 257.

② 1993年2月26日，美国纽约市曼哈顿下城区的世界贸易中心北楼地下停车场遭遇汽车炸弹恐怖袭击，造成6人死亡，1042人受伤，并迫使世贸中心两座110层高的大楼关闭数周，经济损失达5.5亿美元，当时被称为“美国本土历史上最有破坏性的恐怖主义活动”。

年的俄克拉何马城联邦政府机构大楼爆炸案，损失惨重。[①]

二、情报工作暴露严重缺陷

冷战结束后，虽然情报界的重点工作对象发生了显著变化，从应对庞大的苏联威胁转变为应对零散的恐怖主义威胁，但是美国的情报组织体制却并没有随着工作对象的变化而变化。无论是官方组织的情报调查，还是学术界的分析研究，均发现了一个可怕的事实——1947 年为应对苏联威胁而打造的国家情报体制一直延续到了苏联解体，而这一组织体制存在严重的“设计缺陷”，即情报界首脑权力弱小，无力统筹协调分散的情报工作；中央情报机构放弃协调职能，全面参与情报竞争；部门情报机构各自为政，无法形成整体合力。

（一）中央情报主任深陷“双重头衔”困境

根据《1947 年国家安全法》及相关总统行政命令的规定，中央情报主任既是中央情报局的局长，又是整个情报界的首脑。也就是说，他一方面要以中央情报局局长的身份管理中央情报局的日常工作，另一方面还要以情报界首脑的身份从国家安全层面协调不同情报机构的工作。从《1947 年国家安全法》的立法初衷来看，美国更需要中央情报主任以情报界首脑的身份做好情报协调工作。

《1947 年国家安全法》出台后，许多调查委员会都建议中央情报主任在协调部门情报工作的问题上投入更多的时间和精力。1949 年，杜勒斯领导的情报调查小组就建议：“中央情报主任应该更多地

① 1995 年 4 月 19 日，美国俄克拉何马州首府俄克拉何马城的联邦政府机构大楼遭遇汽车炸弹袭击，造成 167 人死亡。死难者中包括 19 名儿童，另有 2 人失踪。美国政府随后表示，这是美国 75 年来最严重的一次恐怖主义制造的爆炸事件。1995 年 4 月 23 日，克林顿总统宣布该日为“全国哀悼日”。

关心如何协调各部门的情报活动，这是他的法定职责。”[①] 1955 年，前总统胡佛担任主席的“政府行政部门组织机构调查委员会”(Commission on Organization of the Executive Branch of the Government)[②] 下属的情报小组委员会在对美国的情报机构进行调查研究后建议，中央情报主任少花点时间管理中央情报局，而将更多的时间和精力投入到协调不同部门情报机构的工作中去。为此，中央情报主任应将中央情报局的管理事务移交给一位“执行官”(Executive Officer) 或“参谋长”(Chief of Staff)，以便其能集中精力管理整个情报界的事务。[③] 1956 年，总统对外情报活动咨询委员会(Board of Consultants on Foreign Intelligence Activities) 也建议，国家安全委员会应重新修订相关国家安全委员会情报指令，以敦促中央情报主任投入更多的精力在整合情报界、减少重复建设与资源浪费方面。此外，为确保中央情报主任拥有足够的时间开展跨部门情报协调工作，还应任命一个副职领导，由其负责中央情报局的具体管理事务。[④] 1962 年，肯尼迪总统在给刚上任的中央情报主任约翰·麦科恩的信中指出，“希望你将管理中央情报局具体事务的工作交给一位主要副手，以使你能够履行作为中央情报主任的主要职责”。[⑤] 1972 年，前副国务卿罗伯特·墨菲(Robert Murphy) 领导的“执行对外政策的政府组织机构调查委员会” (Commission on the Organization of the Government for the Conduct of Foreign Policy) 对美国的情报工作进行

---

① Michael Warner & J. Kenneth McDonald, *US Intelligence Community Reform Studies Since* 1947, Washington, D. C.: Central Intelligence Agency Center for the Study of Intelligence, 2005, p. 10.

② 又被称为“第二届胡佛委员会”。

③ Michael Warner & J. Kenneth McDonald, *US Intelligence Community Reform Studies Since* 1947, Washington, D. C.: Central Intelligence Agency Center for the Study of Intelligence, 2005, p. 17.

④ Douglas F. Garthoff, *Directors of Central Intelligence as Leaders of the U. S. Intelligence Community* 1946 – 2005, Washington, D. C.: Central Intelligence Agency Center for the Study of Intelligence, 2005, p. 33.

⑤ Harry Howe Ransom, *The Intelligence Establishment*, Cambridge, Massachusetts: Harvard University Press, 1970, p. 268.

了调查，委员会同样建议中央情报主任将管理中央情报局的工作交给一个副职领导，而将自己的主要精力投入到与整个情报界相关的协调事务中。[①]

然而，中央情报主任只是对中央情报局拥有全部管辖权，对其他部门情报机构则缺乏必要的协调权力。由于在协调部门情报工作时屡屡碰壁，在实际工作过程中，中央情报主任更倾向于做好更为容易的中央情报局局长的工作。例如，同时拥有第五任中央情报主任和第三任中央情报局局长两个头衔的艾伦·杜勒斯（Allen Dulles）就拒绝投入大量精力管理情报界的协调事务，反而专注于指导中央情报局开展秘密情报活动。1956 年，他虽然接受了总统对外情报活动咨询委员会关于任命一个副职领导的建议，但却坚持让这个副职领导帮助他管理情报界的事务，以使自己能够集中精力管理中央情报局。[②] 中央情报局情报处处长雷·克莱恩（Ray Cline）曾指出，在担任中央情报主任长达 8 年的时间里（1953 年至 1961 年），杜勒斯将自己 75% 的时间和精力都用在了指导中央情报局开展隐蔽行动方面。受此影响，中央情报局秘密行动处的年度预算占了该局 10 亿美元整体年度预算的 54%，人员编制更是额外增加了 2000 人。[③] 与杜勒斯类似，第十三任中央情报主任、兼第十一任中央情报局局长的威廉·凯西（William Casey）也不喜欢履行中央情报主任的职责。上任后，他就向中央情报局的工作人员表示，自己对人力情报搜集与分析特别感兴趣。而由于管理情报界的工作非常耗费时间，他决

① Commission on the Organization of the Government for the Conduct of Foreign Policy, *Chapter* 7: *The Organization of Intelligence* (*Unclassified Report*), June 1975, p. 98. http://www2.gwu.edu/~nsarchiv/NSAEBB/NSAEBB144/document%209.pdf.

② Douglas F. Garthoff, *Directors of Central Intelligence as Leaders of the U.S. Intelligence Community 1946-2005*, Washington, D.C.: Central Intelligence Agency Center for the Study of Intelligence, 2005, p. 33.

③ Nathan Miller, *Spying for America*: *The Hidden History of U.S. Intelligence*, New York: Paragon House, 1989, pp. 329-330.

定让中央情报副主任博比·英曼（Bobby Inman）代为负责管理。[①]

事实上，一旦中央情报主任将更多的精力投入到中央情报局的日常管理工作中，就会导致两种不利结果的出现：一是中央情报主任没有时间和精力去处理情报界的协调事务；二是各部门情报机构会认为，中央情报主任在处理情报界事务时会有意偏袒中央情报局，进而做出不公正的决定。正如前国家安全局局长威廉·奥多姆（William Odom）撰文所言："'双重头衔'使得中央情报主任很难从中央情报局的部门利益中摆脱出来，有效履行其作为情报界首脑的职责。'双重头衔'会给中央情报局以及其他情报机构造成这样的印象：是中央情报局，而不是中央情报主任及其参谋机构在管理整个情报界。"[②] 长期以来，中央情报主任始终受到"双重头衔"的困扰，而外界普遍认为问题症结在于中央情报主任缺乏对整个情报界的统筹协调权。1956 年，总统对外情报顾问委员会就曾指出："与中央情报主任这一头衔不相符的是，没有任何法律、行政命令或是其他规定委任其为美国政府所有情报活动的中央级总管。实际上，他对情报工作的掌握局限于中央情报局内部。"[③]

（二）中央情报局全面参与情报生产

美国建立中央情报局的初衷是使其成为一个独立于部门情报机构之外的情报协调者，而非另一个参与部门情报竞争的新的情报机构。杜鲁门总统就曾明确指出，"我从未想让中央情报局成为一个间谍组织，成立之初也从未有过这种想法"。[④] 然而，总统的这一愿望

---

① Douglas F. Garthoff, *Directors of Central Intelligence as Leaders of the U. S. Intelligence Community 1946 – 2005*, Washington, D. C.: Central Intelligence Agency Center for the Study of Intelligence, 2005, p. 154.

② William E. Odom, *Fixing Intelligence: For A More Secure America*, New Haven: Yale University Press, 2003, p. 54.

③ Jeffrey T. Richelson, *The US Intelligence Community*, Cambridge, Massachusetts: Ballinger Publishing Company, 1985, p. 339.

④ Tim Weiner, *Legacy of Ashes: the History of the Central Intelligence Agency*, New York: Doubleday Broadway Publishing Group, 2007, p. 3.

从一开始就落空了。正式组建后，中央情报局很快就从法律中找到了可资利用的漏洞，并借此直接参与了对外情报搜集和隐蔽行动等秘密情报工作，情报协调工作反而成了可有可无的“副业”。

《1947 年国家安全法》不但规定中央情报局有权协调部门情报工作，还含糊地指出，其应“履行国家安全委员会可能随时责成的、影响国家安全的、与情报工作相关的其他职能”。正是这一含糊其词的规定，使得中央情报局借以成为一个全面参与部门情报竞争的情报生产者。1947 年 12 月 9 日，国家安全委员会依据这一规定出台了名为“心理作战”的第 4 - A 号文件（NSC 4 - A），授权中央情报局开展秘密心理作战，以破坏苏联诋毁美国名声的活动，这是美国政府出台的第一份关于隐蔽行动的文件。此后，中央情报局开始全面卷入隐蔽行动及秘密间谍活动，逐渐忽视了自己情报协调者的身份。[①]

1948 年 1 月 13 日，国家安全委员会第 5 次会议决定组建一个情报调查小组，旨在评估中央情报局的工作状况及与其他机构的关系。

---

① 从 20 世纪 40 年代后期至 80 年代后期，中央情报局组织参与的隐蔽行动和准军事行动主要包括：1947 - 1948，在意大利国家选举中的宣传战；1947 - 1948，在法国国家选举中的宣传战；1948 - 1952，在苏联和东欧进行的党派抵抗运动；1949 年，试图推翻阿尔巴尼亚政府；50 - 70 年代，“自由之声”和“自由欧洲之声”电台宣传战；1952 - 1960，支持中国国民党在缅甸的抵抗运动；1953 年，推翻伊朗的摩萨台政权；1953 - 1954，支持菲律宾雷蒙·马格赛赛竞选总统及抵制胡克的反叛活动；1954 年，推翻危地马拉的阿思本政权；50 - 70 年代，资助国外的出版机构和团体；1953 年 - 70 年代，毒品实验和人脑控制计划；1954 年 - 70 年代，企图推翻胡志明及其领导的北越政权；1955 年，颠覆哥斯达黎加的何塞·菲格雷斯政权；1958 年，支持中国西藏分裂势力的反叛活动；1958—1965 年，颠覆印尼总统苏加诺；1960 年，涉嫌暗杀伊拉克领导人阿卜杜拉·卡赛姆将军；1960 年，涉嫌暗杀埃及总统纳赛尔；1960 年，涉嫌暗杀刚果政治领导人帕特里克·卢蒙巴；1961 年，企图推翻古巴领导人菲德尔·卡斯特罗；1961 年，企图暗杀多米尼加共和国总统菲尔·特鲁希略；1961 年，企图暗杀加纳总统恩克鲁玛；60 年代，在老挝进行秘密战争；60 年代，颠覆厄瓜多尔伊瓦拉和阿罗塞门政府；1962 - 1963，颠覆英属圭亚那契迪·贾根政府；1963 年，支持推翻南越总统吴庭艳；60 年代，策划越南的绥靖与凤凰计划；1964 年，在智利选举中支持爱德华·弗雷总统；1964 年，支持反对巴西总统乔安·高拉特的军事政变；1967 年，支持希腊军事政变；1967 年 - 70 年代，针对反战运动和国内持不同政见者的违法行动；1970 - 1973，颠覆智利总统萨尔多瓦·阿连德政权；70 年代，干涉安哥拉内部事务；1979 - 1987，支持尼加拉瓜反政府武装；1979 - 1989，支援阿富汗反苏武装力量。上述内容引自北京太平洋国际战略研究所：《应对危机——美国国家安全决策机制》，时事出版社，2001 年版，第 237 - 240 页。

此后，国家安全委员会委托三名资深情报人员艾伦·杜勒斯（Allen Dulles）、威廉·杰克逊（William Jackson）、马赛阿斯·科里尔（Mathias Correa）组成情报调查小组，对中央情报局进行全面调查。1949 年 1 月 1 日，情报调查小组向国家安全委员会提交了最终的调查报告。

报告明确指出，情报系统有效运行的关键在于中央情报局能够很好地履行其协调各部门情报工作的法定职能。一个正常运转的中央情报局应该能够更有效地履行法律赋予的职责，并将我们全部的情报系统整合起来，以有效地满足国家安全需求。因此，中央情报局应严格遵守以下原则："除非中央情报局能够为各部门情报机构提供必要的帮助，并协调它们的情报工作，否则它就无法完成自己的使命任务。中央情报局不应该仅仅成为一家新增设的情报机构，重复国务院、陆军、海军、空军现有情报机构的工作，并与它们开展竞争。它不应该是这些机构的竞争对手，而应该向这些机构提供帮助，并对它们的情报工作进行协调。中央情报局必须在最大程度上利用现有情报机构的资源，绝对不能重复它们的情报工作，而是使最能胜任特定领域工作的情报机构主导该领域的情报工作，以帮助它们消除重复性的工作。"①

然而，中央情报局的领导与管理机构及其工作表现，均表明它的主要问题是没有充分理解自己的被赋予职责。结果是中央情报局已经在试图成为一个新增设的情报机构，并与其他早已成立的情报机构开展竞争。② 20 世纪 50 年代初，美国情报界的力量格局已初步形成，中央情报局的职能完全由协调部门情报工作转变为独立地搜集和分析情报，不仅开始主导人力情报生产，更开始主导技术情报

① Michael Warner & J. Kenneth McDonald, *US Intelligence Community Reform Studies Since* 1947, Washington, D. C.: Central Intelligence Agency Center for the Study of Intelligence, 2005, p. 9.

② Glen Hastedt, "Foreign Policy by Commission: Reforming the Intelligence Community", *Intelligence and National Security*, vol. 22, no. 4, August 2007, p. 450.

领域，例如，研制并应用 U－2 侦察机搜集苏联的图像情报。①

（三）部门情报机构尾大不掉

《1947 年国家安全法》通过之时，美国的情报机构比较少，除中央情报局之外，只有司法部的联邦调查局、国务院的情报研究办公室、陆军情报局、海军情报局、空军情报局，以及陆军与海军的信号情报办公室。② 此后，受局部战争以及技术发展的影响，国防部相继组建了多家情报机构。例如，负责美国信号情报工作的国家安全局（1952 年 11 月 4 日成立），负责美国航天侦察情报工作的国家侦察办公室（1960 年 8 月 25 日成立），负责协调各军种情报工作并为国防部长及参联会提供军事情报咨询服务的国防情报局（1961 年 10 月 1 日成立）。③ 冷战结束时，整个情报界已经扩充到了 3 类 13 家情报机构：第一类，独立于政府部门之外的情报机构——中央情报局；第二类，隶属国防部的情报机构，包括：国防情报局、国家安全局、国家侦察办公室、中央图像办公室，以及陆军、海军、空军、海军陆战队的情报机构；第三类，隶属政府部门的情报机构，包括：司法部、国务院、财政部、能源部下辖的情报机构。在这 13 个情报机构中，中央情报主任只能控制中央情报局，其余的 12 个情报机构中，国防部长控制 8 个，司法部长、国务卿、财政部长、能源部长各控制一个。这也就是说，要想在整个情报界范围内开展协调工作的话，中央情报主任需要跨越 5 个内阁部，其工作难度可想而知。

1956 年，总统对外情报活动咨询委员会就曾指出："根据我们

---

① Gregory F. Treverton, *Reshaping National Intelligence for an Age of Information*, Cambridge: Cambridge University Press, 2001, pp. 6－7.

② Melanie M. H. Gutjahr, *The Intelligence Archipelago: the Community's Struggle to Reform in the Globalized Era*, Washington, D. C.: Joint Military Intelligence College, 2005, p. 27.

③ Central Intelligence Agency, Center for the Study of Intelligence, *The Creation of the Intelligence Community: Founding Documents*, Washington, D. C.: Government Printing Office, 2014, pp. 20－21. https://www.cia.gov/library/publications/historical－collection－publications/creation－of－ic－founding－documents/creation－of－the－intelligence－community.pdf.

的判断，尽管有精心组建的情报委员会协调结构，这种多头分散的状况，却不能适应实际的需要，一旦各部门断定自己的需要是至高无上的，那么情报界各单位的行动便会倾向于各行其是的状况。其后果是国家情报工作的过分重复，同时还引起相互之间的竞争和摩擦。”① 实际情况也是如此，例如中央情报局需要事先向联邦调查局提交书面申请，并证明其接触联邦调查局相关档案事关国家安全，才能获得访问该局档案资料的许可。而通常情况下，联邦调查局根本不会与中央情报局开展情报共享与合作。1993 年，由“基地”组织煽动的对纽约世贸中心的袭击发生后，中央情报主任詹姆斯·伍尔西就曾愤怒地表示：“联邦调查局纽约办公室任何一个 24 岁的新探员，对这起在美国土地上发生的有史以来最大的恐怖袭击的了解都比我多。”② 此外，国务卿也常常拒绝向中央情报局负责编撰的《总统每日简报》提交国务院的外交通报，原因在于他认为只有国务卿一人有权向总统汇报国务院的外交通报。军方也以安全考虑为由拒绝共享其所获得的电子信号情报，这就导致中央情报局的情报分析人员在准备《总统每日简报》时，并没有得到最全面的情报来源。

总之，冷战期间，这种各自为政的情报工作体制虽存在漏洞，却能够有效地应对苏联威胁，故而并未遭到大规模的改革和重组。但是，苏联解体后，这一体制则暴露出了极为严重的能力短板——无法有效应对恐怖主义等非传统安全威胁。1993 年 2 月 2 日，即将担任中央情报主任的詹姆斯·伍尔西就曾形象地描述了冷战后情报界面临的挑战：“虽然苏联这条巨龙已被杀死，但我们仍处在充满形

① 杰弗里·里彻逊：《美国情报界》，郑云海、陈玉华、王捷译，时事出版社，1988 年版，第 372 页。

② Richard L. Russell, *Sharpening Strategic Intelligence: Why The CIA Gets It Wrong, And What Needs To Be Done To Get It Right*, New York: Cambridge University Press, 2007, p. 72.

形色色毒蛇的丛林之中，而毒蛇在很多方面都比巨龙更难监控。”① 伍尔西所谓的“毒蛇”指的是冷战期间被两极格局所掩盖的多种非传统安全威胁，例如武器扩散、毒品走私、跨国犯罪和恐怖主义活动等等。在冷战时期它们与“巨龙”相比根本无足轻重，但是伴随着“巨龙”的消失，这些“毒蛇”开始直接威胁到美国的国家安全，而美国情报界却无法全面掌控它们的行踪。正如前中央情报局局长约翰·麦克劳林所言：“对苏联，我们对其能力而不是意图有良好的判断力；而对恐怖分子，我们只知道他们的意图，却不知道他们的能力。”②

第二节　国家情报一体化改革面临诸多问题

面对持续恶化的恐怖主义威胁形势，美国国内各界逐渐在推进国家情报改革的必要性上达成了共识，并开始尝试改变各自为政的情报工作体制，推进情报界内部的协调与统一。而为了全面查明情报工作面临的主要问题，美国开始频繁启动情报调查工作。据不完全统计，1991 年至 2001 年期间，美国先后组织了 15 次情报调查。③ 这些情报调查均在不同程度上指出了情报界长期以来存在的三个问题，也正是这三个问题制约着整个情报界的工作，使各部门情报机构无法形成一个统一、高效的整体，无法在关键问题上形成整体合力。

---

① Douglas F. Garthoff, *Directors of Central Intelligence as Leaders of the U. S. Intelligence Community 1946 – 2005*, Washington, D. C.: Central Intelligence Agency Center for the Study of Intelligence, 2005, p. 221.

② 马克·洛文塔尔：《情报：从秘密到政策》，杜效坤译，金城出版社，2015 年版，第 367 页。

③ Eleanor Hill, Joint Inquiry Staff Director, *Joint Inquiry Staff Statement: Proposals for Reform within the Intelligence Community*, October 3, 2002. http://www.fas.org/irp/congress/2002_hr/100302hill.html.

一、对内、对外情报工作泾渭分明

“对外情报”（Foreign Intelligence）在《1947年国家安全法》中有明确的定义，是指“关于外国政府或其组成部分、外国组织或外国个人的能力、意图或活动的信息”。“对内情报”（Domestic Intelligence）虽无明确的定义，但一般是指“政府机构搜集、评估及据以开展行动的关于美国境内个人或组织、或其他地方的美国人的信息，此类信息不涉及对已有犯罪行为或特定的有计划的犯罪活动的调查”。[①] 对外情报与对内情报之间矛盾和冲突的根源可追溯到二战时期，当时德国的“盖世太保”有权对国内民众开展秘密侦察与逮捕，美国民众对此等行径深恶痛绝。因而，1944年11月，当威廉·杜诺万（William Donovan）上校向罗斯福总统提出战后应将所有情报工作置于一个中央情报机构管辖之下的建议之后，国内舆论为之哗然。[②]

1945年2月9日，华盛顿、纽约和芝加哥的各大报纸纷纷在头版报道了杜诺万的情报改革计划和沃尔特·特洛安（Walter Trohan）撰写的抨击该计划的文章，各大报纸用大标题写道：“杜诺万建议战后新政实行超级间谍体制，将接管联邦调查局、特工处、海军情报局和陆军情报局，在国内外进行监视”；“秘密备忘录爆出美国超级间谍计划”；“新政派策划超级间谍体制，密探将监视美国与世界，建此体制之命令业已草就”；“新政派策划对世界和本国百姓进行间

---

① 这里所说的“美国人”被美国联邦法律和行政命令规定为：美国公民；拥有永久性合法居住许可的外国人；不在美国境内的社会团体，但大量成员是美国公民或拥有永久性合法居住许可的外国人；美国境内的公司。Gregory F. Treverton, *Reorganizing U. S. Domestic Intelligence: Assessing the Options*, Santa Monica: RAND Corporation, 2008, p. 15.

② 杜诺万提出，战争期间，情报机构的主要任务是支援军事行动，因此战略情报局被置于参谋长联席会议之下。战争结束后，应改变军方主导情报工作的做法，将和平时期的情报工作置于总统控制之下。为此，应组建一个直接听命于总统的中央情报机构。

谍活动，超级盖世太保机构正在酝酿之中”。[①] 沃尔特·特洛安更是耸人听闻地指出，拟建立的中央情报机构将取代所有的联邦警察与情报部门，拥有无限权势。

受此影响，杜鲁门总统上台后在选择各部门提交的情报改革方案时，特别注意区分对内情报与对外情报工作。当联邦调查局建议按照其在拉美地区的工作经验而在全球范围内开展情报活动时，杜鲁门总统明确指出联邦调查局只能负责对内情报工作，不再负责对外情报工作。1946 年底，联邦调查局彻底停止了其在拉美地区的情报活动。[②] 随后，《1947 年国家安全法》正式出台，该法也明文规定，中央情报局不具备执法权或其他国内安全职能。这也就是说，它只能搜集与外国组织或个人相关的对外情报，监控对象仅限于外国目标，无权过问国内事务。至此，美国实际上将对内、对外情报工作任务分别交给了不同的情报机构：对外情报工作主要由以中央情报局为代表的情报机构组织实施，对内情报工作主要由以联邦调查局为代表的情报机构组织实施。然而，两类情报工作之间并没有特别明确的区分开来，冷战时期的紧张氛围也使得两类情报工作在实际运行过程中仍有交叉重叠。

1974 年 12 月 22 日，《纽约时报》记者西摩·赫斯（Seymour Hersh）曝光了中央情报局对美国国内的反战运动和其他持不同政见者团体采取大规模侦察行动的重要文件。此后，相关媒体的报道使得情报机构的形象进一步恶化：“大约 30 万名美国人被认为可能危害国家安全，中央情报局已将具体名单进行分类整理并存储进了电脑之中，已建立的各类档案近 7200 种。1974 –1975 年，国家安全局窃取了数以百万计的私人电报。无数被认为是‘危险人物’的市民

① 托马斯·F·特罗伊：《历史的回顾——美国中央情报局的由来和发展》，狄奋、李航译，群众出版社，1987 年版，第 314 页。

② Gregory F. Treverton, *Reshaping National Intelligence for an Age of Information*, Cambridge: Cambridge University Press, 2001, p. 139.

被情报机构全面监视，电话里被安置了窃听器，卧室里被安放了麦克风，或是被不带搜查证的人擅自闯入家中。普通市民被情报机构广泛用作线人。为筛查民众的个人信息，情报机构甚至从国内税务局那里获取市民的纳税申报单。陆军情报部门派人渗透进国内持不同政见的团体内部，搜集同情这些团体的知名人物的信息，从20世纪60年代中期到1971年共给大约10万个美国人建立了调查档案。”①

国会认为情报界违反了《1947年国家安全法》的相关规定，因此立即组织“丘奇委员会”和“派克委员会”② 对情报界进行“最严厉、最苛刻”的调查。其中，“丘奇委员会”就严格区分了对内情报与对外情报工作，其针对对外情报工作提出了87条建议，针对对内情报工作提出了96条建议。这些建议包括，应制定新的法律使情报机构能够依法开展工作，应严禁中央情报局、国家安全局及军方的情报机构开展任何对内情报工作等等。③ 此后，为进一步严格对外情报与对内情报之间的界限，国会又通过了《1978年对外情报监视法》(Foreign Intelligence Surveillance Act of 1978)，严格限制了情报机构监听美国公民以及在美国长期居住的居民的通信内容的权力。该法规定，如果需要监视的一方是美国公民或获得永久居住权的外国人，那么情报机构就应事先向特别组建的“对外情报监视法庭”

① Stansfield Turner, *Secrecy and Democracy: The CIA in Transition*, New York: Harper and Row Publishers, 1985, pp. 39 –40.

② 1975年1月27日，参议院成立了由民主党参议员弗兰克·丘奇任主席的“参议院研究政府有关情报活动的特别委员会”，即“丘奇委员会”。三周后的2月19日，众议院也成立了“众议院常设情报特别委员会”。该委员会开始由密歇根州民主党众议员蓝兹担任主席，但是成立不久就有媒体指控他在担任众议院武装部队委员会情报小组委员会主席期间，未能阻止中央情报局在智利从事暗杀行动。蓝兹提出辞职致使该委员会解散。众议院随即又通过一项新的决议案，重新成立由纽约州民主党众议员奥蒂斯·派克担任主席的特别情报委员会，即“派克委员会”。参见张晓军等：《美国军事情报理论研究》，军事科学出版社，2007年，第191页。

③ Frank J. Smist, *Congress Oversees the United States Intelligence Community 1947 –1994*, Knoxville: The University of Tennessee Press, 1994, pp. 77 –78.

（Foreign Intelligence Surveillance Court）提出申请。情报机构只有证明监视对象系外国势力在美国的代表或与间谍、恐怖活动等有关，才能获得监视授权。只有获得此类授权，才可实施监视行动。自此之后，美国对外情报与对内情报工作之间出现了一条不可逾越的鸿沟，两者的工作愈发泾渭分明。以联邦调查局为代表的对内情报机构普遍认为，在美国境内为抓捕罪犯而搜集情报是自己的职责所在，他人不得干涉。以中央情报局为代表的对外情报机构普遍认为，自己应全力监视外国目标的活动，关注国内威胁是联邦调查局的任务。

"9·11"前，国家安全局就认为，在国内执行监听任务是联邦调查局的职责所在，其不必多管闲事。虽然国家安全局也可以向对外情报监视法庭提交申请，进而获得监听此类通信的授权，但是它却极力避免提出此类申请。正如国家安全局的一位工作人员所言："我们不会在国内有意监视身份明确的美国人，因此，我们也不去法院申请许可，因为这并不是我们的工作……联邦调查局所担心的是美国国内的间谍。对有恐怖活动嫌疑的外国人也是这样。本·拉登来到美国，进入美国领土，我们也不去动那家伙。对付那个家伙是联邦调查局的事，因为他是在美国境内的恐怖分子。因此，在外国情报监视法庭于1999年批准的886项监听许可中，大多数都是联邦调查局申请的。"①

此外，国家安全局还长期秉持着避免监听美国境内个人跨国通话内容的政策。因为，法律严格禁止监听美国公民的通信内容，而该局又很难判断从美国国内向国外拨打电话的个人是否为美国公民。为避免出力不讨好，反倒被贴上"对外情报机构监听国内民众"的标签，国家安全局索性将国界作为判断美国人的重要标准。该局的一份内部文件明确指出："任何目前就在美国境内的人，均将被当作美国人看待。除非此人已被证实为尚未获得美国永久居住权的外国

① 詹姆斯·班福德：《秘密机构：美国国家安全局揭秘》，艾波等译，世界知识出版社，2002年版，第412页。

人，或者，除非此人的通信性质、通信内容中的种种迹象或通信场合足以使人推断出他不是美国人。”①

然而，恐怖主义活动早已超越了国界的限制，恐怖分子可以轻松地在美国境内与境外活动并保持联系，但是受到对内情报与对外情报之间界限的限制，情报机构的监控行动无法轻松的跨越国界。再加上对内情报机构与对外情报机构都可以将监控跨国恐怖活动的工作视为对方的任务，且双方互不通气，从而导致跨国恐怖活动经常处于两不管的监控空白领域。

二、情报合作与共享受到严格限制

冷战期间，为防止工作过程中的泄密，情报机构内部建立起了一种“彼此隔离”（Compartmentation）的工作制度。正如前中央情报主任斯坦斯菲尔德·特纳所言：“秘密分散在不同的部门，一个人只被允许知道自己直接负责的秘密行动的部分细节，其他人也只是知道自己负责的那部分。如此一来，即使出现泄密或叛逃事件，整个情报行动被曝光的可能性就会大大减少。”② 此外，长期以来，由于只有一个固定的监控对象（苏联），情报界逐渐按照不同的情报搜集手段进行机构设置和职能分工：国家安全局负责信号情报工作，国防情报局负责测量与特征情报，中央情报局负责人力情报，等等。不同情报机构从不同视角为决策者提供了关于苏联的情报，同时也围绕着各自的情报搜集手段形成了彼此独立的“烟囱”（Stove-

① James Bamford, *The Puzzle Palace: A Report on America's Most Secret Agency*, New York: Penguin Books, 1983, p. 470.

② Stansfield Turner, *Secrecy and Democracy: The CIA in Transition*, New York: Harper and Row Publishers, 1985, p. 46.

pipe)[①]。调查显示，无论是单个情报内部，还是不同情报之间，竞争关系远远大于合作关系；情报信息大部分是在本部门内部纵向流通，横向的跨部门交流与共享不仅在范围和渠道上极其有限，数量上更是少之又少。

（一）单个情报机构内部缺乏情报合作与共享

每个情报机构内部普遍都会分出独立的业务部门，而不同部门拥有自己独立的文化传统，彼此看不起对方，也很少全面共享自己掌握的情报。前国家安全局局长威廉·奥多姆（William Odom）也在《修补情报：为了一个更安全的美国》一书中指出了情报机构内部自我封闭以及相互掣肘的现状。他说："情报机构和项目的划分使得职业情报人员对所在情报机构的其他办公室的工作知之甚少，甚至是一无所知，更别提美国政府其他情报机构的工作了。他们就好像是置身于一个布满了井架、地道和地下洞窟的大网中的工人。那些能看到整个全景的高级情报官员是非常少见的。此外，他们中很多人甚至不是很了解他们自己的井架，因为他们是在一些小的地道里成长的。"[②]

前中央情报主任斯坦斯菲尔德·特纳也曾无奈地指出，中央情报局的谍报处、分析处、技术发展与行动处是三个完全独立的部门，每个部门的工作均相互严格保密，可以说美国实际上有三个中央情报局。[③] 冷战期间，中央情报局进一步将权力下放到许多不同的外驻点，每个外驻点负责特定地理区域内的情报工作，能够自己制

① 1991 年时任空军参谋部情报处长（chief of intelligence for the air staff）的詹姆斯·克拉珀少将曾指出："烟囱是个专业术语，代指只搜集、处理、分析和分发一种情报而不将其他种类情报融入其最终情报成品的垂直管理型机构。" James R. Clapper, "Desert War was Crucible for Intelligence Systems", *Signal*, September 1991, p. 77.

② William E. Odom, *Fixing Intelligence: For A More Secure America*, New Haven: Yale University Press, 2003, p. X.

③ Stansfield Turner, *Secrecy and Democracy: The CIA in Transition*, New York: Harper and Row Publishers, 1985, p. 185.

定工作计划并独立开展活动。然而，各外驻点只负责自己辖区内的事务，相互之间缺乏沟通与合作，这就导致恐怖分子有很大的机会摆脱各外驻点的监控。此外，负责监控恐怖分子在国内活动的联邦调查局内部也是极为分散，且互不通联。该局在全美各大城市共设有56个负责地区事务的办事处，各办事处可以决定自己的工作任务、招募自己的工作人员、管控自己搜集的情报信息。在实际工作过程中，这种彼此独立力量格局无法有效应对跨地域流动作案的恐怖活动。

（二）不同情报机构之间缺乏情报合作与共享

整个冷战期间，不同情报机构自己制定预算，自己排定情报工作的优先任务，自己雇佣情报工作人员。它们培训情报人员的训练科目不同，相互沟通的电子邮件系统不同，存储情报的数据库互不兼容。整个20世纪90年代，每家情报机构都拥有自己的一套安全许可证，也就是说即使某些情报官员拥有最高等级的安全许可证，他们也无法进入其他情报机构办公室的旋转门。[①] 此外，出于争夺情报经费及决策者关注的需要，各情报机构之间实际上维持着竞争关系。一位国防情报官就曾指出："我们并没有对整个情报界的忠诚可言，我们认为自己就是特定情报机构的雇员。每当不同情报机构聚在一起时，每家情报机构都会告诉自己人，我们彼此是竞争关系。"[②]

（三）整个情报界已形成独特的保密文化

在日常工作之中，各情报机构均依据"情报生产者全权控制"

① Amy B. Zegart, *Spying Blind*: *The CIA*, *the FBI*, *and the Origins of* 9/11, Princeton and Oxford: Princeton University Press, 2007, pp. 65 – 66.

② Amy B. Zegart, *Spying Blind*: *The CIA*, *the FBI*, *and the Origins of* 9/11, Princeton and Oxford: Princeton University Press, 2007, p. 67.

(Originator Control, ORCON) 的保密原则①，严格设定情报信息的密级，严格控制情报信息的接触范围和访问权限。各情报机构均视情报为权力之源，不愿与其他情报机构共享自己掌握的情报信息，不仅是怕知情范围的扩大可能导致泄密，从而暴露自己的情报获取手段与途径，更是怕被其他情报机构抢占先机，从而在预算分配及影响决策者等方面失去竞争优势。最终，情报界逐渐形成了一种“需要知道”(Need to Know) 的保密文化，即只有占有情报信息的一方判定谁需要知道其所掌握的情报信息，此类情报信息才能够被共享。例如，中央情报主任曾尝试建立一个“情报界信息共享系统”(Intelligence Community-Wide System for Information Sharing, ICSIS)，结果是各家情报机构仍然把大量有价值的情报牢牢控制在自己手中，只将自己认为其他机构可以看到的少量情报信息放到相关共享数据库中，从而使这一信息共享系统名存实亡。② 20 世纪 90 年代，国务院的情报与研究局也曾建立了一个“恐怖分子监控名单数据库”(TIPOFF)，其中存储有涉及恐怖主义及其他非法活动的外国人的资料，只要是出现在该数据库的外国人都会被禁止进入美国境内。情报与研究局自己掌握的外国涉恐人员信息非常有限，大量数据需要主要负责对外情报工作的中央情报局持续补充。1999 年 12 月 11 日，情报界内的一份政策文件也规定了中央情报局应该向数据库提供外

---

① 该原则是指情报生产者负责全权控制其所搜集的情报信息，向其他任何机构共享特定情报信息的行为必须事先得到情报生产者的许可。第 1/7 号中央情报主任情报指令 (Director of Central Intelligence Directive 1/7) “情报信息分发的安全管控” 同样明确规定：“情报生产者负责依据加密与分发政策确定适当的安全防护等级，并在准备分发情报信息时进行安全风险管控”。*DCID 1/7: Security Controls on the Dissemination of Intelligence Information.* http: //www. fas. org/irp/offdocs/dcid1 -7. html.

② U. S. Senate Select Committee on Intelligence and House Permanent Select Committee on Intelligence, *Report of the Joint Inquiry into the Terrorist Attacks of September* 11, 2001, Washington, D. C.: Government Printing Office, December 20, 2002, p. 47.

国涉恐人员名单。但是，中央情报局始终不愿意提供此类名单。①

为增进不同情报机构之间的交流与合作，阿斯平－布朗委员会、对外关系委员会特别委员会、众议院常设情报特别委员会均曾建议，情报工作人员在晋升高级职务前应具备在其他情报机构工作的联合任职经历。② 20 世纪 90 年代后期，中央情报主任特尼特也要求各情报机构应确保情报人员晋升职务前具备在其他机构交流任职的经历。但是，各部门情报机构并未很好地执行。一方面，处于事业上升期的情报人员认为，到其他单位交叉任职就意味着自己无法在原单位沿着原有的职业道路快速晋升，另一方面各单位主官也不希望把自己的得力干将送到其他情报机构。正如一位高级情报工作人员所言："情报单位的主管只有三年任期，他们希望把能干的手下留在自己身边，不愿把他们送到其他单位工作一年或两年，因为他们非常重视自己任期内的业绩。"③

三、情报界首脑的权力与职责不匹配

《1947 年国家安全法》明文规定，中央情报主任是情报界首脑，肩负着协调与管理所有部门情报机构的职责。然而，长期以来中央情报主任只是个鲜被提及、有名无实的虚职，甚至不如中央情报局局长的头衔更为出名、更有实权。美国情报研究学者理查德·贝茨就曾鲜明地指出："只有情报界内部的专业人士才知道有'中央情报

---

① 恐怖袭击事件发生后，中央情报局才向情报与研究局提供了 1500 份此前严禁外传的"关键情报报告"（Critical Intelligence Report，CIR），从而使数据库内恐怖分子的名单数量增加了 455%，从"9·11"事件三个月前的 1761 个迅速增加到三个月后的 4251 个。U. S. Senate Select Committee on Intelligence and House Permanent Select Committee on Intelligence, *Report of the Joint Inquiry into the Terrorist Attacks of September* 11, 2001, Washington, D. C.: Government Printing Office, December 20, 2002, p. 38.

② Amy B. Zegart, "An Empirical Analysis of Failed Intelligence Reforms Before September 11", *Political Science Quarterly*, vol. 121, no. 1, 2006, p. 56.

③ Amy B. Zegart, *Spying Blind: The CIA, the FBI, and the Origins of* 9/11, Princeton and Oxford: Princeton University Press, 2007, p. 114.

主任’这一职位的存在，不但媒体，就连总统和政府官员都不怎么使用‘中央情报主任’这一称谓，他们经常将其称为‘中央情报局局长’，将该职位视为一家情报机构的领导，从而忘记了其协调整个情报界的情报工作的职责。”① “9·11”前的情报调查共同认可这样一个事实，在管理整个情报界的问题上，法律赋予中央情报主任的实际权力远小于其所担负的职责。

（一）预算管理权极为有限

冷战时期，中央情报主任无法全面管理整个情报界的情报预算，实际管理权由国防部牢牢把持。1969 年，时任中央情报主任的理查德·赫尔姆斯（Richard Helms）就曾无奈地感叹道：“理论上，中央情报主任对于本国的情报活动负有 100% 的责任，可实际上只掌握不到 15% 的情报资产，而剩下的 85% 大多掌握在国防部长和参谋长联席会议手中。在这种情况下，任何一位中央情报主任，如果认为自己能够对美国情报资源的分配或情报界的建设产生重大影响，那都是不切实际的。”② 1973 年 11 月 7 日，时任中央情报主任的威廉·科尔比（William Colby）也曾在写给前副国务卿罗伯特·墨菲（Robert Murphy）③ 的信中指出：“中央情报主任无权决定情报界内不同情报机构的预算和人才需求，每家情报机构都有自己独立的预算计划和制定流程，每家情报机构的预算都由白宫管理和预算办公室进行独立评估，每家情报机构从国会获得的拨款都在各自的全权

---

① Richard Betts, “Fixing Intelligence”, *Foreign Affairs*, vol. 81, no. 1, January/February 2002, p. 55.

② Victor Marchetti and John D. Marks, *The CIA and the Cult of Intelligence*, New York: Dell Publishing Co., Inc., 1974, p. 114.

③ 1972 年 7 月 13 日，《1973 财年对外关系授权法》决定建立一个“执行对外政策的政府组织机构调查委员会”（Commission on the Organization of the Government for the Conduct of Foreign Policy），前副国务卿罗伯特·墨菲（Robert Murphy）出任委员会主席。该委员会对美国的对外情报部门进行一次全面的评估，并提出了相关情报改革建议。

控制之下。”① 此外，参议院情报特别委员会的调查同样指出了中央情报主任的尴尬境地：“1976 财年，中央情报主任只控制着国家级和战术级情报活动经费总额的不到 10%，其余的经费直接由国防部用在情报工作上，完全脱离了他的财政管理权限。在如何分配这些情报经费的问题上，中央情报主任的影响力只跟一个关心此事的批评家差不多。”②

冷战结束后，虽然关于增加中央情报主任预算管理权的呼声持续高涨，但是情报预算管理方面的力量格局并未得到实质性改变。1995 年以来，美国的情报预算主要由以下三个部分组成：

一是“国家对外情报计划”（National Foreign Intelligence Program），旨在满足“国家级”而非“部门级”或“机构级”情报需求而开展的对外情报及反情报活动，均可获得该计划提供的资金支持。该计划由中央情报主任及国防部等其他行政部门共同拟定，对国防部及非国防部机构均可提供资金支持。③

二是“联合军事情报计划”（Joint Military Intelligence Program），旨在满足“国防部级”而非单一“军种级”的情报需求而开展的情报活动，均可获得该计划提供的资金支持。该计划由国防部副部长拟定，只对国防部机构提供资金支持。

三是“战术情报及相关活动”（Tactical Intelligence and Related Activities），旨在满足“军种级”的战术军事情报需求而开展的情报活动，均可获得该计划提供的资金支持。该计划是战术军事情报计划及战斗支援单位已经花费的开支，由各军种及特种作战司令部在其年度预算中拟定后提交国防部办公室，只对国防部机构提供资金

---

① William Colby, *Letter to Robert D. Murphy: Statement by the Director of Central Intelligence*, November 7, 1973, p. 6. http: //www2. gwu. edu/ ~ nsarchiv/NSAEBB/NSAEBB144/document%207. pdf.

② James Bamford, *The Puzzle Palace: A Report on America's Most Secret Agency*, New York: Penguin Books, 1983, p. 17.

③ Stephen Daggett, *The U. S. Intelligence Budget: A Basic Overview*, Washington, D. C.: Congressional Research Service, September 24, 2004, p. 2. http: //www. fas. org/irp/crs/RS21945. pdf.

支持。[①]（参见表1－1）

表1－1　1998年美国情报预算统计表[②]　　单位：美元

类别	资助对象	金额	合计
国家对外情报计划	国家侦察办公室	超过60亿	170亿－180亿
	国家安全局	大约40亿	
	中央情报局	大约30亿	
	国防情报局	大约10亿	
	其他情报机构	大约30亿	
联合军事情报计划	国家图像与测绘局	超过10亿	超过20亿
	国防空中侦察办公室	大约10亿	
战术情报及相关活动	作战部队	70－80亿	70亿－80亿

《1947年国家安全法》仅赋予了中央情报主任参与拟定“国家对外情报计划”的权力，“联合军事情报计划”“战术情报及相关活动”则完全不受其控制。因此，1996年，“阿斯平—布朗委员会”就曾明确指出，虽然中央情报主任才是情报界首脑，所有情报预算理应归其管理，但是他实际上只能控制15%的情报预算，剩余的85%由国防部长牢牢管控——具体包括75%的“国家对外情报计划”和全部的“联合军事情报计划”“战术情报及相关活动”。[③]（参见图1－2）

---

① Stephen Daggett, *The U. S. Intelligence Budget*: *A Basic Overview*, Washington, D. C.: Congressional Research Service, September 24, 2004, pp. 1－2. http: //www. fas. org/irp/crs/RS21945. pdf.

② Craig Eisendrath (ed.), *National Insecurity*: *U. S. Intelligence after the Cold War*, Philadelphia: Temple University Press, 2000, p. 174.

③ Commission on the Roles and Capabilities of the United States Intelligence Community, *Preparing for the 21st Century*: *An Appraisal of U. S. Intelligence*, Washington, D. C.: Government Printing Office, 1996, pp. 49, 72.

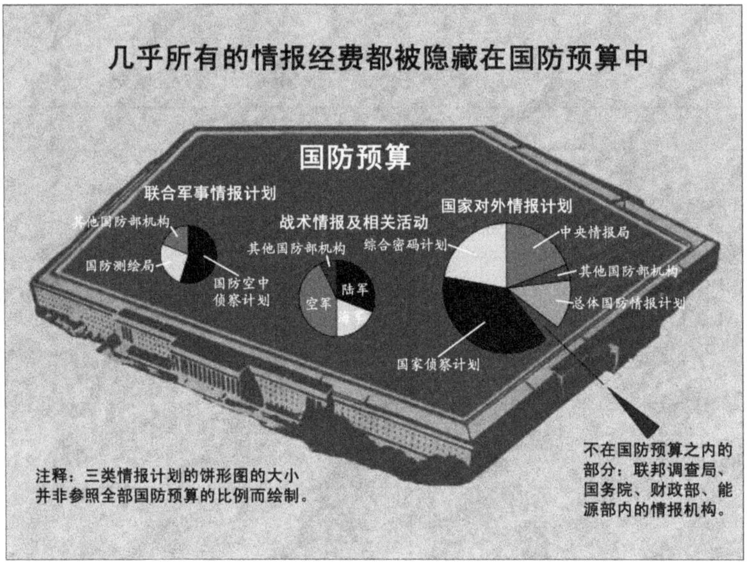

图1－2　美国情报预算分布示意图①

此外，在预算执行阶段，中央情报主任的实际管理权力更小，其无法监督各部门情报机构的预算执行情况。很多部门情报机构在得到国会拨款后，就对情报预算进行重新规划，使中央情报主任对情报界仅有的一些统一规划失去效用。因为，除中央情报局是独立机构之外，大部分情报机构都归特定行政部门直接管辖，其情报预算也由其所隶属的行政部门领导直接拨付。这也就意味着，中央情报主任只能监督中央情报局的预算执行情况，无法干涉其他部门情报机构的预算执行工作。由于不具备监督情报预算执行情况的权力，中央情报主任对中央情报局之外的其他情报机构如何使用预算就知之甚少。其结果是，中央情报主任不知道哪些情报预算没有被使用、

① Commission on the Roles and Capabilities of the United States Intelligence Community, *Preparing for the 21st Century*: *An Appraisal of U. S. Intelligence* (*Chapter 7*, *The Need for an Effective Budget Structure and Process*), Washington, D. C.: Government Printing Office, 1996, p. 73.

放在哪里，在出现更加迫切的情报需求时、在需要优先处理的事项出现时，他也不知道自己可以动用哪些闲置的情报预算。如此一来，中央情报主任就缺少一个有力的杠杆，用以控制除中央情报局之外的各部门情报机构。例如，当有情报机构不执行中央情报主任发布的指令或者不与其他情报机构合作时，中央情报主任无法通过推迟拨付预算的方式来对该情报机构进行惩罚和控制。[①]

（二）人事任命权极为有限

一方面，中央情报主任兼任中央情报局局长，本应有权决定中央情报局内部的人事任命，但实际上其人事权仍然受到很多限制。前中央情报主任斯坦斯菲尔德·特纳就曾在《秘密与民主》一书中无奈地表示："中央情报局内几乎整个人事系统都被认为不属于我的管辖范畴。主要职位的任命，例如站长的任命，都无需得到我的批准。"[②]

另一方面，中央情报主任无权决定其他情报机构领导的任免。事实上，中央情报主任无权任免情报界的大部分高级官员。对于国防部内的国家情报机构，国防部长在这些单位领导的提名上本来必须征得中央情报主任的同意。但实际上，国防部长不经中央情报主任同意就向总统提交任职提名建议，而中央情报主任也无法免去这些官员的职位。在联邦调查局国家安全部门领导职位的任命上，中央情报主任的影响力更小，即便法律规定在这些领导的任职上司法部长要与中央情报主任共同协商。[③] 虽然《1996 年情报革新与改革法》在一定程度上增加了中央情报主任在部门情报机构人事任免问

---

① Gordon Nathaniel Lederman, "Restructuring the Intelligence Community", In Peter Berkowitz (ed.), *The Future of American Intelligence*, Stanford: Hoover Institution Press, 2005, pp. 72 - 73.

② Stansfield Turner, *Secrecy and Democracy: The CIA in Transition*, New York: Harper and Row Publishers, 1985, p. 183.

③ National Commission on Terrorist Attacks Upon the United States, *The 9/11 Commission Report: Final Report of the National Commission on Terrorist Attacks Upon the United States*, Washington, D. C.: Government Printing Office, 2004, p. 410.

题上的发言权，但是中央情报主任只能提供参考意见，实际影响力非常有限，甚至可以被完全忽视。（参见表1－2）

表1－2 “9·11”前中央情报主任对部门情报机构人事任命的影响方式表①

情报机构	人事任命影响方式
国家安全局	领导任命提名需事先征得中央情报主任同意（不同意，人事任命提名仍会提交）
国家侦察办公室	
国家图像与测绘局	
国防情报局	领导任命提名需事先咨询中央情报主任意见（意见仅供参考）
国务院情报与研究局	
能源部反扩散与国家安全办公室	
联邦调查局国家安全部	领导任命提名需事先通报中央情报主任

（三）业务指导权极为有限

从理论上看，中央情报主任拥有对各部门情报机构的业务指导权。但从实际操作层面来看，其无法直接指导各部门情报机构的业务工作。中央情报主任需要先从国家安全委员会或总统那里得到授权，然后再依据国家安全委员会或总统发布的相关指令对各部门情报机构实施业务指导。实践证明，这种间接授予的业务指导权不但非常模糊和有限，而且很不稳定。

一是借助国家安全委员会获得情报业务指导权。从1947年至20世纪70年代中期，美国最高决策层管理情报工作的主要方式是发布“国家安全委员会情报指令”（National Security Council Intelligence Directive，NSCID）。②（参见表1－3）第1号国家安全委员会情报指令明确规定，中央情报主任有权通过发布“中央情报主任指令”的方

① 本表系作者根据《1996年情报革新与改革法》的相关法律条文整理得出。

② Douglas F. Garthoff, *Directors of Central Intelligence as Leaders of the U. S. Intelligence Community 1946－2005*, Washington, D. C.: Central Intelligence Agency Center for the Study of Intelligence, 2005, p. 158.

式协调与指导部门情报业务工作，但是当时的指令主要用于贯彻落实国家安全委员会情报指令。为此，中央情报主任指令的编号系统与国家安全委员会情报指令的编号系统保持一一对应。例如，编号为 DCID 1/5 的中央情报主任指令，即是根据第 1 号国家安全委员会情报指令发布的第 5 份中央情报主任指令。① 然而，通过梳理国家安全委员会历次发布的情报指令可以看出，只有第 1 号国家安全委员会情报指令大概规定了中央情报主任拥有协调各部门情报工作的职责，其他指令均为针对特定领域情报工作的临时性规定。在此期间，第 1 号国家安全委员会情报指令曾被反复修订，但直到 1972 年 2 月 17 日最后一次修订时，关于中央情报主任情报业务协调权的表述仍然十分模糊。此后，国家安全委员会情报指令再未得到任何修订，但也从未被正式废除。

表 1－3　美国国家安全委员会情报指令表

编号	名称	发布时间
1	责任与义务（Duties and Responsibilities）	1947 年 12 月 12 日②
2	境外情报搜集活动的协调（Coordination of Collection Activities Abroad）	1948 年 1 月 13 日
3	情报生产的协调（Coordination of Intelligence Production）	1948 年 1 月 13 日
4	国家情报目标（National Intelligence Objectives）	1947 年 12 月 12 日
5	间谍与反间谍行动（Espionage and Counterespionage Operations）	1947 年 12 月 12 日③

① Jeffrey T. Richelson, *The US Intelligence Community*, Cambridge, Massachusetts: Ballinger Publishing Company, 1985, p. 269.

② 该指令分别于 1949 年 7 月 7 日、1950 年 1 月 19 日、1952 年 3 月 28 日修订，1958 年 4 月 21 日、1958 年 9 月 15 日、1961 年 1 月 18 日、1964 年 3 月 4 日、1972 年 2 月 17 日得到名称及内容上的修订。

③ 该指令于 1951 年 8 月 28 日被重新修订。

续表

编号	名称	发布时间
6	对外无线电监视（Foreign Wireless and Radio Monitoring）	1947年12月12日
7	国内开发（Domestic Exploitation）	1948年2月12日
8	外国科技名人传记数据（Biographical Data on Foreign Scientific and Technological Personalities）	1948年5月25日
9	通信情报（Communications Intelligence）	1948年7月1日①
10	搜集外国科技数据（Collection of Foreign Scientific and Technological Data）	1949年1月18日
11	确保信息与情报来源、获取方法的安全（Security of Information and Intelligence Sources and Methods）	1950年1月6日
12	避免与美国政府情报机构相关的宣传（Avoidance of Publicity Concerning the Intelligence Agencies of the U. S. Government）	1950年1月6日
13	在国外利用苏联及其卫星国的叛逃者（Exploitation of Soviet and Satellite Defectors Outside the United States）	1950年1月19日
14	在国内利用外国叛逃者与其他外国人（Exploitation of Defectors and Other Aliens within the United States）	1950年3月3日
15	对外经济情报的协调与生产（Coordination and Production of Foreign Economic Intelligence）	1951年6月13日
16	外语出版物（Foreign Language Publications）	1953年3月7日
17	电子情报（Electronic Intelligence）	1955年3月16日

二是借助总统获得情报业务指导权。20世纪70年代中期后，为进一步明确中央情报主任协调全美情报工作的权力，三任总统相继发布了三份总统行政命令。1976年2月18日，杰拉尔德·福特（Gerald Ford）总统发布了美国历史上第一份指导情报工作的行政命令——第11905号行政命令《美国的对外情报活动》（United States Foreign Intelligence Activities），指定中央情报主任为总统在对外情报事务上的主要情报顾问（Primary Adviser on Foreign Intelligence）；

① 该指令于1952年12月29日被重新修订。

1978年1月24日，吉米·卡特（Jimmy Carter）总统发布第12306号行政命令《美国情报活动》（United States Intelligence Activities），取代第11905号行政命令，更加清晰地列出了中央情报主任在预算拟定、任务分配、情报审查、组织协调、情报分发等方面的权力；1981年12月4日，罗纳德·里根（Ronald Reagan）总统发布第12333号行政命令《美国情报活动》（United States Intelligence Activities），取代第12306号行政命令，指定中央情报主任为总统与国家安全委员会在国家对外情报事务上的主要情报顾问（Primary Adviser），并进一步细化了其在管理情报界预算及分配任务方面的权力。[①]然而，每任总统总是启用新的情报工作班子，拟定新的情报工作方针，并用新的行政命令替换上任总统的行政命令。不同的行政命令缺乏连贯性，对中央情报主任相关权力的表述不尽一致，且缺乏后续配套落实举措，因此并未从根本上改变中央情报主任无权统一指导各情报机构业务工作的局面。[②]

冷战后，为了不再被动地阐述和落实上级政策，并在情报界内部实现统一指挥，中央情报主任乔治·特尼特专门指示首任负责情报界管理事务的中央情报副主任乔安·邓普西（Joan Dempsey）重新设计“中央情报主任指令”（Director of Central Intelligence Directive，DCID）系列。1998年11月19日，特尼特正式发布了第1/1号中央情报主任指令，名为“作为情报界首脑的中央情报主任的权力和责任”（The Authorities and Responsibilities of the Director of Central

---

① Mark M. Lowenthal, *U. S. Intelligence: Evolution and Anatomy* (*Second Edition*), Westport, Connecticut: Praeger Publishers, 1992, p. 107.

② 1978年卡特总统发布第12306号行政命令后，以及1981年里根总统发布第12333号行政命令后，政府内部均有讨论认为，总统行政命令规范的领域小于国家安全委员会情报指令，应根据新的总统行政命令修改国家安全委员会情报指令。然而，最后讨论的解决方案是在原有的国家安全委员会情报指令和总统行政命令的基础上发布中央情报主任指令，从而回避了国家安全委员会情报指令和总统行政命令内容无法一一对应的问题。Douglas F. Garthoff, *Directors of Central Intelligence as Leaders of the U. S. Intelligence Community* 1946 – 2005, Washington, D. C.: Central Intelligence Agency Center for the Study of Intelligence, 2005, p. 158.

Intelligence as Head of the U. S. Intelligence Community)。该指令汇集了1947年以来所有谈及中央情报主任权力和义务的法律修正案和总统行政命令等官方文件，用以强调中央情报主任作为情报界内一把手地位的合法性。[①] 此后，指导相关领域情报工作的中央情报主任指令相继问世。然而，改革后的中央情报主任指令并不具有强大的约束力，各部门情报机构仍然可以各行其是。

1998年12月4日，特尼特曾向情报界发布了一份关于联合应对"基地"组织威胁[②]的指令，他强调指出："我们已处于战争状态。我希望无论是中央情报局还是整个情报界在这方面都要不惜代价地投入资源或人力。"然而，这一指令并没有在情报界内产生应有的影响，就连中央情报局都不曾在意。[③] 例如，1998年到2000年期间，中央情报局的反恐中心（Counterterrorist Center）只有3名情报分析人员从事针对"基地"组织的反恐情报工作，2000年到2001年9月11日，此类情报分析人员也只有5名。[④] 除中央情报局之外的其他情报机构中，此类情报分析人员的数量更是少之又少。其中，国务院情报与研究局只有1人，联邦调查局只有不超过10名战术情报分析人员，1名战略情报分析人员。国家安全局只有数量有限的阿

---

① Michael Warner (ed.), *Central Intelligence: Origin and Evolution*, Washington, D. C.: Central Intelligence Agency Center for the Study of Intelligence, 2001, p. 15.

② 1998年8月7日，美国驻肯尼亚和坦桑尼亚两国首都的大使馆遭到了"基地"组织策划的汽车炸弹袭击，造成224人死亡（其中包括12名美国人），5000多人受伤。此后，情报界将"基地"组织视为主要威胁之一。National Commission on Terrorist Attacks Upon the United States, *The 9/11 Commission Report: Final Report of the National Commission on Terrorist Attacks Upon the United States*, Washington, D. C.: Government Printing Office, 2004, p. 70.

③ U. S. Senate Select Committee on Intelligence and House Permanent Select Committee on Intelligence, *Report of the Joint Inquiry into the Terrorist Attacks of September* 11, 2001, Washington, D. C.: Government Printing Office, December 20, 2002, p. 6.

④ U. S. Senate Select Committee on Intelligence and House Permanent Select Committee on Intelligence, *Report of the Joint Inquiry into the Terrorist Attacks of September* 11, 2001, Washington, D. C.: Government Printing Office, December 20, 2002, p. 59.

拉伯语语言学家，而且他们还经常被用于执行更为重要和紧迫的任务。[①]

第三节　瓶颈问题长期得不到彻底解决

经过全面而系统的分析，各情报调查委员会发现，在阻碍国家情报一体化改革的三个问题中，有一个问题最为关键，即情报界首脑的权力与职责不匹配。为解决这一关键问题，不同的情报调查委员会提出了或保守或激进的情报改革建议。但是，多数情报改革建议最终被束之高阁，仅有少数保守型的改革建议在一定程度上得到了采纳。这就导致情报界原有的组织体制并未发生根本性的改变，阻碍国家情报一体化改革的体制缺陷延续了下来。直到“9·11”事件爆发，改革的必要性与紧迫性达到顶点，决策层才下定决心突破组织体制瓶颈，推进国家情报一体化改革。

一、针对瓶颈问题提出改革建议

为解决情报界首脑的权力与职责不匹配这一关键问题，各情报调查委员会提出了多种改革建议，这些改革建议集中表现为以下两种类型。

（一）保守型情报改革建议——增加中央情报主任的权力

部分情报调查委员会发现，中央情报主任之所以不愿将更多的时间投入到情报协调工作中，是因为自己缺乏协调情报界所需要的权力。因此，增加中央情报主任对整个情报界的协调与管理权是解决问题的关键。

1976 年，弗兰克·丘奇（Frank Church）任主席的“研究政府

---

① Melanie M. H. Gutjahr, *The Intelligence Archipelago: the Community's Struggle to Reform in the Globalized Era*, Washington, D. C.: Joint Military Intelligence College, 2005, p. 111.

相关情报活动的参议院特别委员会”（Senate Select Committee to Study Governmental Operations with Respect to Intelligence Activities）建议，应在相关法律条文中明确规定中央情报主任作为总统首席对外情报顾问的地位，以及重新规划情报预算中相关项目的权力。中央情报主任应有权直接掌管国家情报预算中的全部资金，并为所有国家情报资源的分配提供财政指导，还应有权确定国家情报需求、拟定国家情报预算、指导情报行动。为更好地履行管理情报界的职责，中央情报主任应有权建立一个情报界参谋机构，并在已有一名负责中央情报局管理事务的副职领导的基础上，增设一个负责情报界事务的副职领导。①

1977 年，中央情报副主任向中央情报主任提交一份名为《中央情报局对情报界未来管理的看法》的报告，认为中央情报主任缺乏管理整个情报界的相关权力，因而建议中央情报主任应拥有对情报界主要成员的直接管辖权，即不但应有权直接管理中央情报局、国家安全局、国家侦察办公室这三大情报机构的预算和人员（三家情报机构的预算占了整个情报界的 80%，工作人员占了整个情报界的 75%），还应有权直接管理它们的日常工作。②

1995 年，美国国会及外部情报专家先后组织了 6 次情报调查与研究③，而且几乎所有的调查都认为美国的情报工作过于分散，应

---

① Richard A. Best, *Proposals for Intelligence Reorganization*, 1949 - 2004, Washington, D. C.: Congressional Research Service, September 24, 2004, pp. 21 - 22. http://www.fas.org/irp/crs/RL32500.pdf.

② Central Intelligence Agency, *CIA Views on the Future Management of the Intelligence Community*, April 22, 1977, p. 13. http://www2.gwu.edu/~nsarchiv/NSAEBB/NSAEBB144/document%2012.pdf.

③ 公开的 6 份调查报告包括：“阿斯平 - 布朗委员会”的《为 21 世纪做准备：美国情报界评估》(1996 年)、众议院常设情报特别委员会的《IC21：21 世纪的情报界》(1996 年)、外交关系委员会独立调查组的《让情报更智能：美国情报工作的未来》(1996 年)、情报研究协会情报改革工作组的《美国情报工作的未来》(1996 年)、20 世纪基金会未来美国情报工作调查组的《从冷战走来》(1996 年)、乔治敦大学外交研究所的《未来情报工作清单》(1995 年)。

"增加集权程度并强化中央情报主任的权力"，以从整体上加强不同类型情报工作的统筹协调。[①] 在这 6 次情报调查中，"美国情报界角色与能力委员会"（简称"阿斯平 - 布朗委员会"）与众议院常设情报特别委员会先后组织的情报调查受关注程度最高、影响最大，且均提出应增加中央情报主任的权力，以调动各部门情报机构共同应对新兴跨国安全威胁。

1996 年 3 月 1 日，"阿斯平 - 布朗委员会"发布了名为《为 21 世纪做准备：美国情报界评估》的调查报告。委员会在报告中指出，各情报机构本应密切联系，形成一个真正的"共同体"，但是现实情况却刚好相反，情报界内部缺乏集中管理，各情报机构之间的合作面临诸多障碍。问题症结很明确——中央情报主任难以跨越部门界限来协调情报工作。在过去的 40 多年里，关于加强中央情报主任统筹协调权的建议超过了 26 项。[②] 但是，直到目前中央情报主任仍然处于弱势地位。为此，委员会建议：首先，应赋予中央情报主任更大的财政权和人事权。在财政权方面，委员会建议，中央情报主任应和国防部长共同定期对情报预算使用情况进行联合评估。在人事权方面，委员会建议国防部长在任命国家安全局、国家侦察办公室等机构的领导时，应首先与中央情报主任磋商，以增加中央情报主任在重要机构人事任命上的发言权。其次，应为中央情报主任"减负"，即减少他在管理中央情报局内部事务方面的职责与任务。委员会建议为中央情报主任增设两名副手，一名负责中央情报局的日常管理事务，另一名负责协助其处理整个情报界的协调与管理事务。最后，应完善相关机制，使中央情报主任能够更好地行使其情报界

① Michael Warner (ed.), *Central Intelligence: Origin and Evolution*, Washington, D. C.: Central Intelligence Agency Center for the Study of Intelligence, 2001, p. 13.

② Commission on the Roles and Capabilities of the United States Intelligence Community, *Preparing for the 21st Century: An Appraisal of U. S. Intelligence*, Washington, D. C.: Government Printing Office, 1996, p. 48.

首脑的职权。①

1996 年 4 月 9 日，众议院常设情报特别委员会也发布了名为《IC21：21 世纪的情报界》的调查报告。报告认为，1986 年《戈德华特－尼科尔斯国防部改组法》使美军的联合作战能力得到大幅提升，其核心概念是“联合”（Jointness）；情报界也应效仿美军的改革，并将重点放在另外一个核心概念——“统合”（Corporateness）上。在委员会看来，情报界应该将工作重点放在努力成为一家真正的“企业”（Corporate Enterprise），实行集中管理。因此，中央情报主任应成为整个情报界的“首席执行官”（Chief Executive Officer, CEO），领导所有的情报机构朝着共同的目标奋进。委员会建议，应给予中央情报主任更多的行政管理与资源分配权力，并为其增设两个副手：一个负责管理中央情报局，一个负责管理情报界。②

（二）激进型情报改革建议——增设独立的情报界领导职位

实践证明，中央情报局局长和情报界首脑这两个职务是有冲突的，中央情报主任同时担任这两个职务不可能做到不偏不倚。中央情报主任越是用心管理中央情报局，就越会被其他情报机构认为是心存偏见，进而怀疑他在处理不同情报机构之间的争议时偏袒中央情报局。中央情报主任越是以公正无私的立场协调各部门的情报工作，就越要同中央情报局疏远，而中央情报局才是他唯一能够全权掌控的组织。因此，解决两个职务之间冲突的办法之一就是增设一个仅负责管理情报界事务的领导职位。

1970 年，尼克松总统决定由白宫管理与预算办公室对情报界的组织机构进行全面评估并提出改革建议。1971 年 3 月，管理与预算

---

① Commission on the Roles and Capabilities of the United States Intelligence Community, *Preparing for the 21st Century: An Appraisal of U. S. Intelligence*, Washington, D. C.: Government Printing Office, 1996, pp. 54 – 57.

② House of Representatives, Permanent Select Committee on Intelligence, *IC21: Intelligence Community in the 21st Century*, Washington, D. C.: Government Printing Office, April 9, 1996, pp. 7 – 29.

办公室副主任詹姆斯·施莱辛格（James Schlesinger）提交了调查报告。除了建议增加中央情报主任相关权力这一改革方案之外，该报告还提出了另外两种改革方案：一是设立“国家情报主任”（Director of National Intelligence）的职位，情报界的大部分情报预算应直接拨付给国家情报主任办公室，主要的情报搜集资产和研发工作也应由其掌控。二是设立“国家情报协调官”（Coordinator of National Intelligence）的职位。国家情报协调官不负责具体的情报生产工作，也无权直接管理情报资源，只是代表总统和国家安全委员会表达其对情报产品的需求与质量要求，针对目前及未来的情报搜集重点排序提出指导，评估情报界的当前工作表现，查找情报工作漏洞并实施监督指导，针对特定领域的情报活动开展调查研究。①

1975 年，中央情报主任威廉·科尔比（William Colby）决定由中央情报局副审计长詹姆斯·泰勒（James Taylor）领导一个调查组（由 6 名中央情报局官员组成），对情报界的情况进行一次评估，并将调查结果提交给总统和国家安全委员会。该调查组在调查报告中指出，增加中央情报主任管理情报界的权力并不能从根本上解决问题，因此建议修订《1947 年国家安全法》，设立一个“情报总长”（Director General of Intelligence）的职位。② 情报总长应是独立于任何情报机构之外的管理职位，是国家安全委员会的法定成员，有权在直接控制情报界的大部分预算（包括中央情报局及国防部下辖情报机构的情报预算）的基础上制定预算分配方案，并审查其他部门情报机构的预算执行情况。而中央情报局则应更名为“对外情报局”

① James Schlesinger, *A Review of the Intelligence Community*, March 10, 1971, pp. 25 – 33. http: //www2. gwu. edu/ ~ nsarchiv/NSAEBB/NSAEBB144/document%204. pdf.

② 该调查组认为，最适合的头衔仍然是“国家情报主任”（Director of National Intelligence），但是这一名称已被 1971 年的施莱辛格报告使用。而且，调查组并不认可施莱辛格关于“国家情报主任”的相关建议，为避免混淆，调查组最终决定采用“情报总长”（Director General of Intelligence）的头衔。CIA Study Group, *American Intelligence: A Framework for the Future*, October 13, 1975, p. 55, 71. http: //www2. gwu. edu/ ~ nsarchiv/NSAEBB/NSAEBB144/document%2010. pdf.

（Foreign Intelligence Agency），同其他情报机构一样接受情报总长的领导。①

1978 年 2 月，参议院情报特别委员会的成员沃尔特·赫德尔斯顿（Walter Huddleston）提交了第 2525 号参议院立法提案《1978 年国家情报重组与改革法》（National Intelligence Reorganization and Reform Act of 1978），建议重新修订《1947 年国家安全法》中的情报条款，设立一个“国家情报主任”（Director of National Intelligence）的职位，明确规定其主要职责以及履行此类职责所需要的具体权力。②

1985 年，已卸任的前中央情报主任斯坦斯菲尔德·特纳（Stansfield Turner）在《秘密与民主：转变中的中央情报局》一书中指出，应将中央情报局局长和情报界首脑这两个彼此冲突的职位区分开来，解决方法是设立两个职位，一个是“国家情报主任”（Director of National Intelligence），另一个是中央情报局局长。前者负责向总统报告，并在白宫办公室外面工作。他应当拥有目前中央情报主任在整个情报界范围内所拥有的全部权力，并且成为中央情报局局长的直接领导。③

1992 年 2 月 5 日，参议院情报特别委员会主席戴维·博伦和众议院常设情报特别委员会主席戴夫·麦克迪（Dave McCurdy）分别提出了各自的情报改革议案，即参议院第 2198 号议案《1992 年情报重组法》（Intelligence Reorganization Act of 1992）④ 和众议院第 4165

---

① CIA Study Group, *American Intelligence: A Framework for the Future*, October 13, 1975, pp. 93 – 95. http://www2.gwu.edu/~nsarchiv/NSAEBB/NSAEBB144/document%2010.pdf.

② John M. Oseth, *Regulating U. S. Intelligence Operations: A Study in Definition of the National Interest*, Lexington, Kentucky: The University Press of Kentucky, 1985, p. 122.

③ Stansfield Turner, *Secrecy and Democracy: The CIA in Transition*, New York: Harper and Row Publishers, 1985, p. 273.

④ 102nd Congress (1991 – 1992) S. 2198. IS: *Intelligence Reorganization Act of* 1992 (*Introduced in Senate – IS*) http://thomas.loc.gov/cgi-bin/query/z? c102: S. 2198. is: .

号议案《1992 年国家安全法》（National Security Act of 1992）[①]。两份议案的主体内容基本一致，又被合称为“博伦－麦克迪提议”。他们认为不同部门情报机构的工作过于分散，因此建议效仿 1986 年《戈德华特－尼科尔斯国防部改组法》，加强情报界内部的协调与一体化。改革提议的主要内容包括：第一，设立国家情报主任[②]，使之有权力掌控整个情报界的人员和资金开支；设立两个国家情报副主任，一个主管情报分析与评估工作，另一个主管情报界日常管理事务；设立一个单独的中央情报局局长的职务，该局局长应接受国家情报主任的领导并对其负责。第二，将中央情报局、国防情报局、联邦调查局和国务院情报与研究局的情报分析部门从原单位中分离出来，合并成为一个独立的情报分析机构，并接受主管情报分析与评估工作的国家情报副主任的领导。第三，将分散在各情报机构中的图像情报资源集中起来，在国防部内成立“国家图像局”，由其统管图像情报的搜集、处理和分析工作。[③]

---

① 102nd Congress（1991 – 1992）H. R. 4165. IS：*National Security Act of* 1992（*Introduced in House – IH*）http：//thomas. loc. gov/cgi – bin/query/z？c102：H. R. 4165. IH：.

② 这一职务最早于 1971 年由白宫管理与预算办公室副主任詹姆斯··施莱辛格（1973 年成为中央情报主任）提议设立，1985 年时前中央情报主任斯坦斯菲尔德·特纳也建议设立这一职务。目前，国内对于“Director of National Intelligence”这一职务名称有不同的翻译，有的翻译为“国家情报总监”，还有的翻译为“国家情报局局长”，而其办事机构“Office of the Director of National Intelligence”也相应地被翻译为“国家情报局”。笔者认为，这一职务翻译为“国家情报主任”更合适。因为，对于这一职位的翻译，应该放到历史发展的过程中去考察，才可得到恰当的翻译。1946 年 1 月 22 日，杜鲁门总统发布行政命令要求组建一个情报协调机构——“中央情报组”（Central Intelligence Group），当时规定该组的领导是“中央情报主任”（Director of Central Intelligence）。1947 年 7 月 26 日，杜鲁门总统签署了《1947 年国家安全法》，在“中央情报组”的基础上组建了“中央情报局”（Central Intelligence Agency），其领导人的称谓并未变化，仍然是“中央情报主任”。2004 年 12 月 17 日，小布什总统签署了《2004 年情报改革与防恐法》，规定“中央情报主任”要被另外一个同样负责协调整个情报界的职务代替，这一职务的英文名为“Director of National Intelligence”。因此，从历史的延续关系来讲，将取代“中央情报主任”的职务翻译为“国家情报主任”更能反映出其前后相继的关系。

③ Richard A. Best Jr.，*Proposals for Intelligence Reorganization*，1949 –2004，Washington，D. C.：Congressional Research Service，24 September 2004，p. 30.

二、改革建议并未产生实质影响

冷战期间，国会多次修订《国家安全法》的情报条款，但是除了增设国会情报监督条款与情报界敏感信息保护条款之外，并未增加强化中央情报主任管理情报界权限的相关条款。此外，关于增设独立的情报界领导职位的改革建议更是一经提出便石沉大海。冷战结束后，在1992年“伯恩－麦克迪提议”及1996年“阿斯平－布朗委员会”与众议院常设情报特别委员会提出的情报改革建议的影响下，国会终于做出实质回应，先后两次修订《1947年国家安全法》，旨在给予中央情报主任更大的权力，以解决各情报机构的工作缺乏统筹协调的问题。

（一）《1992年情报组织法》出台

1992年10月24日，布什总统签署《1992年情报组织法》。[①] 该法修订了《1947年国家安全法》中部分情报条款相对模糊的表述，首次以法律文本的形式明确了中央情报主任在管理情报界方面的职责与权力，巩固了中央情报主任作为情报界首脑的地位。

首先，该法明确了中央情报主任的三重身份——整个情报界的首脑、总统首席情报顾问、中央情报局局长。其次，该法明确了情报界的定义和组织结构，即规定了中央情报主任有权协调哪些情报机构的工作。再次，该法明确了中央情报主任在管理整个情报界方面的职责和权力：一是拟定国家对外情报计划中的年度情报预算，并呈交总统；二是为指导情报界内各情报机构搜集国家情报，明确情报需求和优先处理事项；三是推动国家情报工作更好地服务政府决策，并评估此类工作的成效；四是减少情报界内部的资源浪费与不必要的重复建设；五是保护情报来源与获取手段，防止在未经授权的情况下泄露情报；六是执行总统或国家安全委员会可能责成的

① 《1993财年情报授权法》的一部分。

其他任务。[①]

（二）《1996 年情报革新与改革法》出台

1996 年 10 月 11 日，克林顿总统签署了《1996 年情报革新与改革法》。[②] 该法再次对《1947 年国家安全法》中情报条款的部分内容进行修定，进一步增加了中央情报主任对情报界的管理权限。

首先，为给中央情报主任管理情报界提供更好的帮助，该法规定增设一名负责情报界管理事务的中央情报副主任，三名分别负责搜集、分析与生产、管理事务的中央情报主任助理。[③] 新增设的中央情报副主任在排名上仅次于中央情报主任和中央情报常务副主任，其负责指导“情报界管理参谋机构”[④] 的工作，并通过新增的三名中央情报主任助理监督和指导整个情报界的搜集、分析与生产、管理工作。

其次，为适当地增加中央情报主任的预算管理权，该法规定中央情报主任有权拟定以及向总统提交“国家对外情报计划”，还可参与到国防部长拟定“联合军事情报计划”和“战术情报及相关活动”的过程中；国防部长如想重新规划“联合军事情报计划”中的情报预算，必须事先与中央情报主任协商。同时，中央情报主任有权批准情报界的搜集需求，决定优先搜集任务，并处理与国防部长在国家情报资源搜集任务设定上可能产生的分歧。

最后，为适当地增加中央情报主任的人事权，该法规定在向总

---

① Public Law 102 – 496: Intelligence Authorization Act for Fiscal Year 1993, October 24, 1992. http: //www.intelligence.senate.gov/laws/pl102 – 496.pdf.

② 《1997 财年情报授权法》的一部分。

③ 1998 年 6 月 4 日，中央情报主任乔治·特尼特任命查里·艾伦为负责情报搜集事务的中央情报主任助理，任命约翰·加农为负责情报分析与生产事务的中央情报主任助理。同年 7 月 31 日，克林顿总统任命乔安·邓普西（Joan Dempsey）为负责情报界管理事务的中央情报副主任。1999 年 3 月 4 日，克林顿总统任命詹姆斯·西蒙为负责管理事务的中央情报主任助理。

④ “情报界管理参谋机构”（Community Management Staff）是辅佐中央情报主任管理情报界的参谋机构，依据 1992 年 3 月 30 日布什总统发布的第 67 号国家安全指令而成立，此前具有类似职能的机构被称为“情报界参谋机构”（IC Staff）。

统提交国家安全局、国家侦察办公室、国家图像与测绘局三家国防情报机构的领导的建议人选前，国防部长必须要事先征得中央情报主任的同意。当然，如果中央情报主任不同意，国防部长对三位负责人的提名仍然会提交至总统，但是一定要注明中央情报主任的反对意见。此外，在任命国防情报局局长、国务院情报与研究局局长、能源部反扩散与国家安全办公室主任等职务前，相关部门的直属领导必须事先咨询中央情报主任的意见；当联邦调查局国家安全处处长的职务出现空缺时，联邦调查局局长应及时向中央情报主任通报其对空缺职位的建议人选，目的是在司法部长任命该空缺职位前，中央情报主任能够与联邦调查局局长商讨其对建议人选的意见。①

虽然《1992 年情报组织法》与《1996 年情报革新与改革法》明确了中央情报主任拥有统筹协调部门情报工作的权力，并支持其履行作为情报界首脑的相关职责，但是中央情报主任的实际权力仍然不足，以国防部长为代表的部门领导更是从一开始就强烈抵制加强中央情报主任的管理权限的改革建议。因此，在实际运行过程中，情报界内部的“地盘争夺战”仍在持续上演。正如首任负责情报界管理事务的中央情报副主任乔安·邓普西所言：“此前，我一直在国防部任职，当时我非常担心中央情报主任拥有足够的权力和时间来管理整个情报界，因为这将使国防部无法按照自己的需求获取相关情报。现如今，我的担忧完全颠倒了过来，非常害怕国防部会削弱中央情报主任管理整个情报界的权限。”②

总之，20 世纪 90 年代中期的情报改革并未针对情报工作的薄弱环节进行实质性的调整，以恐怖主义为代表的非传统安全威胁方面的情报漏洞始终存在。即使“阿斯平 – 布朗委员会”已经提醒决策

① Public Law 104 – 293: Intelligence Authorization Act for Fiscal Year 1997, October 11, 1996. http://www.intelligence.senate.gov/laws/pl104 – 293.pdf.

② Melanie M. H. Gutjahr, *The Intelligence Archipelago: the Community's Struggle to Reform in the Globalized Era*, Washington, D. C.: Joint Military Intelligence College, 2005, p. 49.

层注意，缺乏协调和信息共享的情报界无法有效应对非传统安全威胁的挑战；即使是1995年3月奥姆真理教在日本东京地铁上释放出沙林毒气，造成12人死亡，3769人受伤，预示着恐怖主义已由国家支持型转变为自我认定型；即使是1995年4月169人死于俄克拉何马市联邦大楼爆炸案，造成自珍珠港事件以来美国本土死伤最惨重的恐怖袭击案；即使是查获了伊斯兰激进分子企图在太平洋上空炸毁十余架美国航班，并驾驶一架劫持而来的喷气式客机冲撞中央情报局总部的阴谋；即使是一位中央情报局的官员已经发出警告，有一天美国会面临"空中恐怖主义"，即以飞机俯冲攻击目标；即使情报界总共只有3个人能够听懂穆斯林们在情绪激动时相互讨论的内容；即使中央情报局的情报分析能力已经无力应对数量激增的电子邮件、个人计算机、手机和用公开加密技术加密的私人通信；即使中央情报局处于破败状态的事实已经渐渐为人所知。①

三、"9·11"事件凸显改革必要

1998年5月，印度成功避开了美国情报界的监控，进行了核试验。事后，参议院情报特别委员会主席理查德·谢尔比（Richard Shelby）致电中央情报主任特尼特，问及印度为何突然进行核试验，特尼特只能无奈地表示："先生，我们对此毫无线索。"② 在决策层看来，这无疑是一次重大的情报失误。事后，美国迅速成立了由前参谋长联席会议副主席、退役海军上将戴维·耶利米（David Jeremiah）领导的情报调查委员会，就此次情报失误展开调查。调查显示，情报界内部部门分隔严重，不同情报门类之间的协调仅仅是一种语

① Tim Weiner, *Legacy of Ashes: the History of the Central Intelligence Agency*, New York: Doubleday Broadway Publishing Group, 2007, pp. 452 – 453.

② 詹姆斯·瑞森：《战争状态——中央情报局与布什政府的秘史》，何艳军、李芬译，东方出版社，2007年版，第10页。

言表述，并没有得到真正的落实。① 例如，国家图像与测绘局、中央情报局、国防情报局、国务院情报与研究局内部都安排有负责监控印度核计划的图像分析人员，但是这些承担相同任务的情报人员之间并没有很好地开展合作。② 委员会建议，情报界应建立一个统领全局的管理框架，以整合不同的情报搜集系统，确保情报资源能够在不同机构之间得到更好的分配。③ 特尼特随即表示，全盘接受委员会的情报改革建议，并着手相关建议的组织落实。

耶利米领导的调查委员会发布调查报告后不久，前白宫办公厅主任唐纳德·拉姆斯菲尔德（Donald Rumsfeld）领导的“弹道导弹威胁评估委员会”也发布了关于情报界在评估弹道导弹威胁方面的表现的调查报告，再次对美国的情报工作提出批评。报告强调指出，长期以来情报界内不同类型的情报工作与情报信息被严格地分离开来，这对整个情报工作产生了非常不利的影响。1998 年 9 月 11 日，在中央情报主任举办的一次高层情报会议上，与会代表共同探讨了耶利米和拉姆斯菲尔德在各自调查报告中指出的问题。结果是大家一致认为：“情报界缺乏改进情报管理和资源分配的有效举措，尤其是在搜集、分析和生产情报的方法上缺乏改变，如不做出改变，将很可能导致一场后果严重的、系统性的情报失误。”④ 问题的反复暴露表明，20 世纪 90 年代中期，美国通过修订《1947 年国家安全法》所推动的情报改革并不彻底，各自为政的情报体制并没有发生根本改变。

---

① Andrew W. Green, *It's Mine! Why the US Intelligence Community Does Not Share Information*, Maxwell Air Force Base, Alabama: Air University, School of Advanced Air and Space Studies, July 2005, p. 43.

② Gregory F. Treverton, *Reshaping National Intelligence for an Age of Information*, Cambridge: Cambridge University Press, 2001, p. 4.

③ *Recommendations of the Jeremiah Report*, June 1998, p. 2. http: //nsarchive. gwu. edu/NSAEBB/NSAEBB187/IN38. pdf.

④ Melanie M. H. Gutjahr, *The Intelligence Archipelago: the Community's Struggle to Reform in the Globalized Era*, Washington, D. C.: Joint Military Intelligence College, 2005, p. 51.

2001年5月9日，新任总统小布什签发第5号国家安全总统令，授权中央情报主任设法研发新系统和新做法以搜集、分析和分发对外情报，改造情报界，同时解决不同情报机构之间长期存在的不良竞争现象，以全面提高情报为国家决策服务的质量和效率，更好地维护国家安全。从此，筹划新世纪情报改革的序幕正式拉开，中央情报主任特尼特随即开始为新政府的首轮情报改革做准备。

首先，特尼特于6月底在总统国家安全事务助理赖斯的协助下，组建起“内部”与“外部”两个情报调查委员会，开始对情报界的现状和能力展开全面评估，同时着手策划情报系统的整体改革方案。内部情报调查委员会（下文简称“邓普西委员会”）由10至12名情报界现任高级官员等“局内人”组成，主席是负责情报界管理事务的中央情报副主任乔安·邓普西，其他成员为各大情报机构的副职领导；外部情报调查委员会（下文简称“斯考克罗夫特委员会”）则由“局外人”组成，主席为福特和老布什总统任内的国家安全顾问布伦特·斯考克罗夫特。① 按中央情报主任的委托和总统指令的规定，两个委员会同时就21世纪美国情报界面临的威胁和优先处理事务，目前的能力，情报搜集、分析和分发的技术手段以及情报界大规模改组的可能性等四个问题，展开“并行但独立”的评估，并于2001年夏向总统提交调查报告。②

其次，特尼特以中央情报主任的身份，请求国会授予中央情报

① “外部情报调查委员会”中退役海军上将戴维·耶利米（David Jeremiah）为该委员会的联合主席，其他成员还包括约翰·福斯特（John S. Foster）、杰米·佐利克（Jamie Gorelick）、理查德·克尔（Richard J. Kerr）、郑·金（Jeong Kim）、斯塔普利顿·罗伊（J. Stapleton Roy）、威廉·施耐德（William Schneider Jr.）。两个情报调查委员会共用一个参谋机构，由凯文·沙伊德（Kevin Scheid）和霍华德·舒（Howard Schue）领导。

② 2001年8月31日，外部情报调查委员会向中央情报主任提交了中期调查报告。“9·11”后，内部情报调查委员会由于要完成大量的日常情报工作而中止了调查进程，外部情报调查委员会则继续调查，并于2002年2月向中央情报主任提交了最终调查报告。然而，这份调查报告始终处于保密状态，并未提交给总统，也从未完整地向外界公开，甚至情报界内部都不知道该报告的具体内容。

局等情报部门“插手”国内事务的权力。长久以来，美国一直坚持主要在国外作业的中央情报局等“不得插手国内事务”，以免打破情报机构“不监视美国人”的禁忌。由于国际恐怖主义威胁日益严重，而在保护美国本土安全方面，情报又必将发挥重要作用，故而国会接受了特尼特的请求。2001 年 7 月，情报界数名专家开始研讨让情报机构在国内扮演新角色的可能性及相应的运作机制，以发挥情报与安全部门的整体优势，防范本土发生的恐怖袭击事件。情报界一些高级官员及情报分析家呼吁，国会领导人应突破旧观念，以新思维看待中央情报局等机构的国内活动，“让它们展开国内情报搜集活动，一定能强化本土安全保卫的整体能力”。

然而，就在美国人研讨与拟定情报改革方案之时，美国遭遇了一场突如其来的灾难。2001 年 9 月 11 日，“基地”组织的恐怖分子劫持 4 架民航客机袭击美国本土，其中纽约 2749 人遇难，华盛顿 184 人遇难，宾夕法尼亚州 40 人遇难，总计 2973 人——这一数字比 1941 年 12 月 7 日珍珠港事件中美军的死亡人数还多 23%。① “9·11”事件前，“基地”组织的年度活动经费约为 3000 万美元，而美国的年度情报预算为 300 亿美元。② 用 3000 万美元武装起来的恐怖分子竟能轻易突破美国用 300 亿美元打造的情报防线，这让情报界颜面尽失。情报界不得不承担起情报失误的责任。事后，各大媒体纷纷就此次情报失误发表意见，全美上下在彻底改革美国情报工作的问题上也迅速达成一致。正如当年 10 月 7 日《纽约时报》资深记者、普利策奖得主蒂姆·韦纳（Tim Weiner）撰文指出的：“我国情报机构必须做出何种改变来打赢这场战争？答案很简单：几乎改变

① 1941 年 12 月 7 日，日本袭击珍珠港，美国海军阵亡 2008 人，陆军阵亡 218 人，海军陆战队阵亡 109 人，另有 68 名平民遇难，死亡人数共计 2403 人。马克斯·布特：《战争改变历史：1500 年以来的军事技术、战争与历史进程》，石祥译，上海科学技术文献出版社，2011 年版，第 366 页。

② 马克斯·布特：《战争改变历史：1500 年以来的军事技术、战争与历史进程》，石祥译，上海科学技术文献出版社，2011 年，第 363 页。

一切。”[①] “9·11” 事件彻底暴露了情报界在应对恐怖主义威胁时的脆弱性，这一惨痛的教训告诉美国人是时候进行一场彻底的情报改革了。以此为契机，长期以来未能取得突破性进展的国家情报一体化改革终于进入到实质性发展阶段。

① Richard Betts, “Fixing Intelligence”, *Foreign Affairs*, vol. 81, no. 1, January/February 2002, p. 43.

第二章　美国国家情报一体化改革的起步阶段

“9·11”事件发生后，除斯考克罗夫特领导的内部情报调查委员会继续开展调查之外，先后有4个情报调查委员会——国会联合情报调查委员会、总统对外情报咨询委员会、“美国遭受恐怖主义袭击国家委员会”（下文简称“9·11”委员会）、美国关于大规模杀伤性武器情报能力委员会——正式启动了对美国情报界的调查研究工作。2004年前，除美国关于大规模杀伤性武器情报能力委员会之外，其他先行启动的4个情报调查委员会分别出台了最终调查报告，针对制约国家情报一体化改革的组织体制障碍提出了多种改革建议，进而推动了决策层拟定以“一体化”为主旨的国家情报改革方案，并将“一体化”的改革共识写入情报法律之中。

第一节　国家情报一体化改革建议的提出

经过全面而深入的分析，各情报调查委员会均认为，要想彻底解决上述长期以来困扰美国国家情报工作的主要问题，改变不同情报机构各行其是、缺乏沟通与合作的现状，就必须以情报界的领导与管理体制改革为突破口，由上至下地推动情报工作的一体化改革。为此，它们分别提出了各自的改革建议。有的认为应大幅增加中央情报主任的权力，有的认为应新设国家情报主任一职。虽然建议各不相同，但是都在不同程度上影响着决策层的观念，为其最终拟定国家情报一体化改革方案提供了重要参照，奠定了坚实的基础。

一、斯考克罗夫特委员会的改革建议

2002年2月，组建于"9·11"之前的斯考克罗夫特委员会向中央情报主任提交了最终调查报告。他在调查报告中指出，应该对情报界进行一次重组，设立一个中央情报主任领导下的机构来统管所有情报搜集工作。国家安全局、国家侦察办公室、国家图像与测绘局应与国防部脱离关系，统一调入这一统管情报搜集的机构中去，接受中央情报主任的直接领导。此外，全美情报机构的行政管理权和资金调拨权应该由一个人统一管理，而由谁来担此大任尚需进一步探讨。[①] 自1946年美国设立中央情报主任这一职务以来，虽然有很多调查委员会都建议增加中央情报主任的权力，但这次的改革建议是最激进的，一旦付诸实施将是对中央情报主任权力的最大程度上的强化。因此，这份调查报告很快就引发了占有最多情报资源的国防部的强烈反对，并使其决定全面加强其对国防部情报机构的控制。

2002年6月21日，国防部长拉姆斯菲尔德向国会联合情报调查委员会提交了一份秘密申请。在这份秘密申请中，他提出应在国防部内设立一个专门负责情报事务的国防部副部长。在拉姆斯菲尔德的游说与坚持下，国会于2002年12月2日通过了《2003财年国防授权法》，该法正式确认在国防部内增设负责情报事务的国防部副部长一职，作为新增的第五位国防部副部长，其排名位于负责人力和战备事务的国防部副部长之后[②]，取代负责指挥、控制、通信和情报事务的助理国防部长一职。负责情报事务的国防部副部长的主要职

① Melanie M. H. Gutjahr, *The Intelligence Archipelago: the Community's Struggle to Reform in the Globalized Era*, Washington, D. C.: Joint Military Intelligence College, 2005, p. 66.

② 该法规定，国防部内五位国防部副部长的排名依次为：负责采办、技术和后勤事务的国防部副部长，负责政策事务的国防部副部长，负责审计事务的国防部副部长，负责人力和战备事务的国防部副部长，负责情报事务的国防部副部长。

责是监督、管理与控制国家安全局、国家图像与测绘局、国防情报局、国家侦察办公室、各军种情报机构等国防部所有情报资源，以及各军种的情报、侦察与监视项目和空间项目等。这也就意味着，五角大楼内出现了一位主管军事情报工作的“中央情报主任”，他将代表国防部长统一协调和管理全美85%的情报资源，全权支配每年近300亿美元的情报预算。

总之，鉴于国防部的强烈反对，斯考克罗夫特委员会的调查报告被严格地封存起来，不但从未提交给总统，而且从未完整地向外界公开，甚至情报界内部都不知道该报告的具体内容。

二、国会联合情报调查委员会的改革建议

2002年2月14日，国会对外宣布，参众两院的情报委员会将首次联合组织情报调查，希望在一年之内查明“9·11”情报失误真相。在随后持续近10个月的调查过程中，委员会举办了9场公开听证会和13场闭门会议（因涉及到秘密信息），审阅了情报界及其他机构提供的近50万页相关文件（其中有10万页被委员会记录在案），走访个人300多次，来自情报界、其他联邦政府机构、州政府机构、私营公司以及外国政府的近600人参与了多场情况介绍会和小组讨论。[①] 12月10日，国会联合情报调查委员会向公众公布了调查发现的问题、得出的结论和改革建议，12月20日又分别向各自所属议院正式提交第一份长达858页的调查报告——《关于“9·11”恐怖袭击事件前后情报界情报活动的联合调查报告》[②]。联合情报调

① U. S. Senate Select Committee on Intelligence and House Permanent Select Committee on Intelligence, *Report of the Joint Inquiry into the Terrorist Attacks of September* 11, 2001, Washington, D. C.: Government Printing Office, December 20, 2002, p. 2. http://www.gpoaccess.gov/serialset/creports/pdf/fullreport.pdf.

② 此时，该报告仅限国会内部传阅，其在参议院的报告编号为S. Rept. 107-351，在众议院的报告编号为H. Rept. 107-792。直到2003年7月24日，非保密版的完整调查报告才正式对外公开，民众可以到政府印刷办公室的官方网站（www.access.gpo.gov）上下载报告全文。

查委员会认为，“2001 年 9 月 11 日发生的悲惨事件为强化情报界的领导并进行建设性的改变提供了一个独特且不可抗拒的改革授权”。[①]因此，委员会提出了 19 条颇为大胆的改革建议，其中第 1 条建议就明确指出应全面改革情报工作的领导与管理体制。

委员会认为，国会应修订《1947 年国家安全法》，设立一个法定的国家情报主任，其应成为总统的首席情报顾问，并在管理、预算和人事方面全面负责，以使整个情报界作为一个整体而运转。

国家情报主任的基本职责应当包括：制定和推行具有连续性的优先任务排序，以指导情报搜集、分析以及在整个情报界范围内的情报分发工作；制定相关政策，以使其能够在情报界内不同机构间调动人员；审查、批准、修订、主要管理和监督情报界预算的执行；审查、批准、修订、主要管理和监督情报界人员及资源的分配；审查、批准、修订、主要管理和监督情报界的研究与发展工作；审查、批准与协调情报界各机构之间、以及其与外国情报与执法机构之间的关系；履行法定权力以确保情报界各机构与成员能够全面遵循情报界范围内的政策、管理、预算开支方面的规定，以及行政指南和优先处理事项。

此外，国家情报主任应是一个内阁级别的职务，由总统提名，并需得到参议院的批准。国会和总统应共同确保国家情报主任能够有效地行使权力。为了确保情报界能够得到集中且连贯的领导，国会还应确保国家情报主任不能兼任中央情报局局长，或其他特定情报机构的领导。[②]

国会联合情报调查委员会的改革建议直接推动了国会将《1947 年国家安全法》的修订工作提上议事日程，国会议员们纷纷提出了

---

① *Final Report of the Congressional Joint Inquiry into 9/11: Recommendations*, December 10, 2002, p. 1. http: //www. fas. org/irp/congress/2002_ rpt/recommendations. pdf.

② *Final Report of the Congressional Joint Inquiry into 9/11: Recommendations*, December 10, 2002. http: //www. fas. org/irp/congress/2002_ rpt/recommendations. pdf.

自己的情报改革议案。首先，在参议院方面，先后有三位议员提出了自己的情报改革议案：2003 年 1 月 7 日，参议院民主党领袖汤姆·达施勒（Tom Daschle）提交了参议院第 6 号议案；7 月 31 日，参议院情报特别委员会主席鲍勃·格雷瓦姆（Bob Graham）提交了参议院第 1520 号议案；2004 年 1 月 17 日，参议院情报特别委员会成员黛安娜·范斯坦（Dianne Feinstein）提交了参议院第 190 号议案。这三份议案均建议设立“国家情报主任”一职，基本内容大同小异。其次，在众议院方面，先后有两位议员提出了自己的情报改革议案：2004 年 4 月 1 日，众议院常设情报特别委员会资深议员简·哈曼（Jane Harman）提交了众议院第 4104 号议案《2004 年情报转型法》（Intelligence Transformation Act of 2004）①；6 月 16 日，众议院常设情报特别委员会主席波特·戈斯（Porter Goss）提交了众议院第 4584 号议案。前者建议设立“国家情报主任”一职，后者建议在保留中央情报主任任职现状的基础上增加其管理情报界的权力。

总之，无论是国会联合情报调查委员会的改革建议，还是随后两院议员提出的改革议案，都为正在撰写调查报告的“9·11”委员会提供了重要参考。

三、总统对外情报咨询委员会的改革建议

总统对外情报咨询委员会是一个直属总统的常设情报咨询委员会，一般由 16 名不在政府部门任职的各领域专家组成，主要负责协助总统监督和审查整个情报界的工作情况，并为总统提供客观、中

① 哈曼认为，国家情报主任应既是情报界的首脑，又是总统在国家安全事务上的主要情报顾问。这一职务应由总统任命，且须得到参议院的认可。同时还有必要成立一个办公室，以辅佐国家情报主任有效管理整个情报界。该议案还建议，负责情报事务的国防部副部长一人应身兼两职，既是国防部的官员，又是国家情报主任办公室的职员，接受国家情报主任和国防部长的双重领导。*Intelligence Transformation Act of* 2004（*HR* 4104）。http：//www. fas. org/irp/congress/2004_ cr/hr4104. html.

立的政策咨询建议。[①] “9·11”后，该委员会认为，斯考克罗夫特委员会的情报改革建议有诸多可取之处，但是并没有重点关注对内情报与对外情报工作之间界限的问题，也没有针对性地提出具体改革建议。因此，总统对外情报咨询委员会决定以弥合对内情报与对外情报工作之间界限为调查研究的重点，全面评估情报界的工作表现，并向总统提出自己的情报改革建议。2002 年 6 月，总统对外情报咨询委员会向总统提交了一份中期调查报告，一方面表示认可斯考克罗夫特情报调查委员会的整体情报改革理念，另一方面简要论述了关于成立一个有权整合对内情报与对外情报的“国家反恐中心”的设想。此后，经过反复讨论与修订，委员会于 2002 年 12 月初向总统提交了最终调查报告——《国家情报与跨国恐怖主义》（National Intelligence and Transnational Terrorism）。该报告的主要篇幅都在论证成立一个国家反恐中心的必要性及可行方案。委员会认为，该中心应在中央情报局反恐中心的基础上组建，领导由总统直接任命，并拥有独立的情报预算。此外，在情报界管理的问题上，该报告还建议设立一个国家情报主任的职务，其虽然不得兼任中央情报局局长，但是拥有管理中央情报局、国家反恐中心、国家安全局、国家图像与测绘局、国家侦察办公室等国家情报搜集资源的实际权力。例如，在任命国家情报机构的领导的问题上拥有更大的人事权，国家情报机构的年度情报预算应直接拨付给国家情报主任而非国防部长，等等。[②]

---

① 该委员会的前身是艾森豪威尔总统于 1956 年成立的“总统对外情报活动顾问委员会”（President's Board of Consultants on Foreign Intelligence Activities, PBCFIA）。1962 年，肯尼迪总统将“总统对外情报活动顾问委员会”更名为“总统对外情报咨询委员会”（President's Foreign Intelligence Advisory Board, PFIAB）。卡特总统上台后一度废止了这一机构，直到 1982 年，里根总统在当时的中央情报主任威廉·凯西（William Casey）的建议下，重新恢复了这一机构。2008 年，美国小布什总统签署第 13462 号行政命令，将“总统对外情报咨询委员会”更名为“总统情报咨询委员会”（President's Intelligence Advisory Board, PIAB）。

② Philip Zelikow, “The Evolution of Intelligence Reform, 2002 – 2004”, *Studies in Intelligence* , vol. 56, no. 3, September 2012, p. 11.

此后，小布什总统综合考虑了国会联合情报调查委员会与总统对外情报咨询委员会的改革建议，最终决定部分采纳后者关于成立国家反恐中心的建议，就后者提出的解决对外情报工作与对内情报工作之间的界限问题给出解决方案。暂时搁置其他改革建议。为了全面整合国内外关于恐怖威胁的情报，2003 年 1 月 28 日，小布什在《国情咨文》中责令联邦调查局、中央情报局、国土安全部和国防部的负责人共同成立一个“恐怖分子威胁整合中心”（Terrorist Threat Integration Center）。[①] 按照小布什总统的建议，恐怖分子威胁整合中心将是联邦调查局、中央情报局、国土安全部和国防部等部门共同建立的相对独立的“合资机构”（Joint Venture），直接对中央情报主任负责，并受其领导。它无权开展情报搜集，但却有权获得所有政府机构掌握的与国内外恐怖威胁相关的全部情报信息（从原始信息到情报分析成品概莫能外），并为国家领导层提供全面的恐怖主义威胁评估。具体来说，该中心有四项职责：向美国国家领导人提供关于恐怖威胁的情报评估；确保不同政府机构能够共享信息；整合国内外与恐怖威胁相关的情报；确保与恐怖威胁相关的信息、专家及能力得到最优化的使用，以进行威胁评估和指导情报搜集战略。[②] 2003 年 5 月 1 日，恐怖分子威胁整合中心在中央情报局内正式成立。该中心维护的反恐数据库存储有 10 万个已知和疑似恐怖分子的姓名，2600 名注册用户还能够通过该中心建设的一个绝密级网络跨部门检索 350 万份情报文件。[③]

---

① *2003 State of the Union Address: Complete Transcript of President Bush's Speech to Congress and the Nation*. http://whitehouse.georgewbush.org/news/2003/012803 - SOTU.asp.

② Jeffrey T. Richelson, *The US Intelligence Community (Fifth Edition)*, Colorado: Westview Press, 2008, p. 464.

③ Melanie M. H. Gutjahr, *The Intelligence Archipelago: the Community's Struggle to Reform in the Globalized Era*, Washington, D. C.: Joint Military Intelligence College, 2005, p. 140.

四、"9·11"委员会的改革建议

2002年11月27日，美国总统及国会通过《2003财年情报授权法》共同发起并联合成立了一个独立调查委员会——"9·11"委员会。依据法律规定该委员会由5名共和党和5名民主党成员组成，并肩负着以下职责：一是调查并发布与"9·11"恐怖袭击事件有关的情况，包括情报机构、执法机构、外交、移民、边境管理、恐怖组织的资金流动、商业飞行、国会监督的作用与资源分配以及其他相关情况；二是评估并报告所有相关政府机构关于恐怖袭击真相和情况的证词；三是审查参、众两院情报委员会、其他行政机构、国会和独立调查委员会关于"9·11"恐怖袭击的调查报告与结论，避免不必要的重复；四是充分、完整地阐释美国遭受恐怖袭击后国家的准备和应对情况；五是向总统和国会汇报本委员会的调查结果，并就防止恐怖主义行为提出具体合理的立法建议。①

在历时近20个月的调查取证过程中，拥有80余名工作人员和累计150万经费支持的"9·11"委员会查阅了250万页的文件，与10个国家的1200多人进行了访谈，举行了12场公开听证会（共持续19天），听取了160位证人的公开作证，并在此期间发布了17项委员会声明。② 2004年7月22日，"9·11"委员会主席托马斯·基恩和副主席李·汉密尔顿以及委员会的其他8名成员共同向外公开发布长达567页的最终调查报告——《"9·11"委员会报告》。针对情报改革工作，"9·11"委员会重点提出两个方面的改革建议。

---

① Public Law 107-306, *Intelligence Authorization Act for Fiscal Year* 2003, November 27, 2002. http: // intelligence. senate. gov \ laws \ pl107-306. pdf.

② The 9/11 Commission, *The 9/11 Commission Report*: *Final Report of the National Commission on Terrorist Attacks Upon the United States*, May 27, 2004, p. xv. http: //www. 9-11commission. gov/report/911Report. pdf.

（一）统一情报工作

设立国家情报主任一职，以取代中央情报主任。该职位应直接隶属于总统行政办公室，并继续扮演总统首席情报顾问的角色，其任命需得到参议院的批准。国家情报主任的具体职责包括：

第一，管理国家情报中心。国家情报主任不再管理中央情报局，而是管理负责不同领域情报工作的国家情报中心。具体而言，应在2003 年成立的恐怖分子威胁整合中心的基础上成立国家反恐中心，并归属总统行政办公室；其他国家情报中心（如负责大规模杀伤性武器扩散、犯罪及毒品、中国等方面事务的国家情报中心）也应在最合适的政府部门或机构内部组建。

第二，管理国家情报计划，并监督接受该计划资助的情报机构。国家情报主任应提交一份能够反映国家安全委员会工作重点的综合情报预算，并平衡技术情报、人力情报搜集与分析方面的需求。对国家情报机构的拨款应直接交给国家情报主任，并由其根据预算计划将资金分配给相应的情报机构。同时，国家情报主任有权根据首要任务的变化在国家情报机构间调整资金分配计划。中央情报局、国防情报局、联邦调查局内的情报单位、国家安全局、国家地理空间情报局、国家侦察办公室、国土安全部信息分析与基础设施保护局，以及其他国家情报机构的领导提名人选应得到国家情报主任的批准，并由其上报总统。此外，国家情报主任应在三个副手的协助下管理整个情报界的工作。其中，负责对外情报事务、国防情报事务、国土情报事务的三个国家情报副主任将分别由中央情报局局长、负责情报事务的国防部副部长、联邦调查局负责情报事务的执行副局长或负责信息分析与基础设施保护事务的国土安全部副部长担任。这三位副职领导将主要负责系统采购、人员训练，以及执行国家情

报中心制定的工作计划。[①]（参见图 2-1）

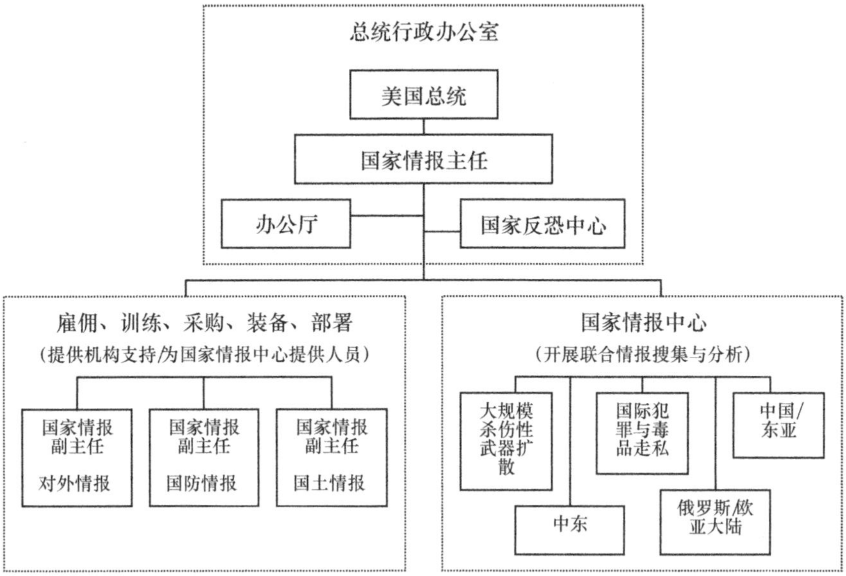

图 2-1　"9·11"委员会建议的情报界管理架构示意图[②]

（二）统一信息共享工作

首先，应制定鼓励信息共享的规章制度，以在保密与共享之间建立一种更好的平衡关系。委员会认为，应在跨越单个机构界限的新型网络中实现信息的横向共享。现在的系统主要依托陈旧的工作理念，即以主机为中心向外辐射。在这种理念的影响下，每个机构都拥有自己的数据库。各机构用户向自己的数据库中输入信息，并

① National Commission on Terrorist Attacks Upon the United States, *The 9/11 Commission Report: Final Report of the National Commission on Terrorist Attacks Upon the United States*, Washington, D. C.: Government Printing Office, 2004, pp. 411-414.

② National Commission on Terrorist Attacks Upon the United States, *The 9/11 Commission Report: Final Report of the National Commission on Terrorist Attacks Upon the United States*, Washington, D. C.: Government Printing Office, 2004, p. 413.

在需要时访问自己的数据库。而分布式网络则能实现信息的横向共享。在这种网络中，各机构仍然能够保留自己的数据库，但这些数据库能够实现跨机构检索。

其次，总统应带领各政府部门共同推动主要国家安全机构实现信息革命，并协调解决法律、政策和技术领域的相关问题，以建立“可信信息网络”（Trusted Information Network）。没有一个机构能够独自完成这一任务。心怀好意的各机构官员在升级自己的系统时都会面临巨大压力，而且如果只是单独行动，他们只能改良自己的“烟囱”，不能替代它们。只有在总统的领导下，才能制定出在整个政府范围内应用的概念和标准。目前，没有人在做这项工作。在白宫管理与预算办公室的支持下，新设的国家情报主任将有权为整个情报界的信息使用制定共同遵循的标准，国土安全部也应指派一位部长将这一系统推广到公共机构和相关私有部门的数据库中。信息的共享与使用必须要在一套实用的政策的指导下进行，这些政策既应明确相关官员的权力，也应约束其行为，清楚地告诉他该做什么、不该做什么。[①]

《“9·11”委员会报告》发布当天，民主党总统候选人约翰·克里（John Kerry）就立即宣布，他充分认可报告提出的情报改革建议，并表示：“如果我当选为总统，而在这些问题（参照委员会的报告进行改革）上还没有足够进展的话，我不会再多等一天，我将走在改革的最前面。”[②] 克里对“9·11”委员会情报改革建议的支持实际上使情报改革成了总统选战过程中不可回避的重要议题。此外，随着《“9·11”委员会报告》迅速成为全美畅销书，普通民众也开

① National Commission on Terrorist Attacks Upon the United States, *The 9/11 Commission Report: Final Report of the National Commission on Terrorist Attacks Upon the United States*, Washington, D. C.: Government Printing Office, 2004, pp. 417 – 419.

② John F. Kerry, *Statement by John Kerry on the 9/11 Commission Report*, July 22, 2004. http://www.crf.org/intelligence/statement – john – kerry – 911 – commission – report/p7210.

始积极参与到情报改革议题的讨论中。有了总统候选人的重点关注、民众的热烈讨论，以及各大媒体铺天盖地的报道和解读，情报改革已是箭在弦上、不得不发。

第二节　国家情报一体化改革方案的拟定

在破除国家情报一体化改革障碍的问题上，虽然多个情报调查委员会从不同视角提出了多个相对成熟的情报改革建议，但是在何种程度上采纳以及如何采纳这些改革建议，白宫及国会还需要综合考虑多种因素。此后，在白宫全力支持与倡导下，国会两院经过充分论辩，最终确定了改革方案。

一、总统的相关改革举措及立法倡议

面对竞争对手的进攻态势，以及民众与媒体的热切期盼，小布什总统在推进情报改革的问题上率先采取了一系列行动。2004 年 7 月 30 日，白宫发布了一条情况声明——“小布什政府采取的与‘9·11’委员会建议一致的行动”。该声明指出，“小布什总统接受《‘9·11’委员会报告》，并同意其所得出的结论。他已命令政府高层立即研究委员会的建议，并在此基础上拟定未来的改革方案。此外，政府已经在情报改革的问题上采取了许多重大措施，例如为了在情报界、执法界以及国土安全界之间加强合作、开展信息共享，我们通过了《爱国者法》，正在对联邦调查局进行改革，加强了中央情报局的搜集与分析能力，建立了国土安全部、恐怖分子威胁整合中心、恐怖分子甄别中心。这些都是委员会所认定的重要情报改革举措。我们需要更多的改革，并且一定会推进更多的改革。”①

① *White House Fact Sheet: Bush Administration Actions Consistent with* 9/11 *Recommendations*, July 30, 2004. http://georgewbush-whitehouse.archives.gov/news/releases/2004/07/20040730-18.html.

2004年8月2日，小布什总统在白宫发表讲话，进一步表明了自己将主动引领此次情报改革的坚定立场。他说：“‘9·11’委员会提交的改革建议很有思想，也很有价值，政府此前已经做出了与其部分建议相符的行动。今天，我们将讨论的是采取进一步的行动。……我请求国会创立国家情报主任一职。这一职位将由总统任命，上任前需得到参议院的同意。国家情报主任将会成为总统的首席情报顾问，他将监督与协调国内外的所有情报活动。中央情报局则会由另外一位局长领导。国家情报主任将拥有更为广泛的职责以领导美国情报界。包括我在内的每一位总统都希望得到最好的、不带任何偏见的情报评估。设立国家情报主任一职将会是对《1947年国家安全法》的最大一次修订，我希望能够和国会共同推动这次重要的改革。”①

2004年8月27日，小布什总统在一天之内签署了三份指导情报改革的行政命令：

第13354号行政命令决定在恐怖分子威胁整合中心的基础上成立“国家反恐中心”。国家反恐中心由中央情报主任直接领导，其职责在于分析和整合除单纯的国内反恐信息之外的所有反恐情报，为反恐活动提供战略规划指导，向各大反恐机构分配反恐行动任务，集中存储关于恐怖分子及国际恐怖组织的信息，确保各反恐机构能够获得全源情报支持。②

第13355号行政命令决定“加强情报界的管理”。该命令对1981年颁布的第12333号行政命令进行大范围的修订，强化中央情报主任的预算拟定权、人事任免权、情报活动中各类标准与资格的设定权等情报界管理权力，将中央情报主任从总统的“主要（pri-

① *President´s Remarks on Intelligence Reform*, August 2, 2004. http://georgewbush-whitehouse.archives.gov/news/releases/2004/08/20040802-2.html.

② *Executive Order* 13354 *National Counterterrorism Center*, August 27, 2004. http://www.gpo.gov/fdsys/pkg/FR-2004-09-01/pdf/04-20050.pdf.

mary）情报顾问”，提升为“首席（principal）情报顾问”；并且扩展了中央情报主任的管辖范围，从“国家对外情报”扩展到不论性质和来源的所有情报，初步解除了《1947 年国家安全法》设定的对内情报和对外情报的限制。[①]

第 13356 号行政命令决定“加强恐怖主义信息共享以保护美国人民”。该命令指出，拥有且可获得恐怖主义信息的各政府机构副职领导应互相确保能够及时获得各机构掌握的恐怖主义信息；在咨询司法部长及其他情报机构领导意见的基础上，中央情报主任应制定一套统一的信息共享标准，以确保情报界掌握的恐怖主义信息能够在情报界内部及其他政府机构之间得到充分共享；为使各相关机构能够便利地共享恐怖主义信息，还应建立一个信息系统委员会，由其负责规划和建立一个恐怖主义信息共享环境。[②]

白宫新闻发言人斯科特·麦克莱伦（Scott McClellan）指出，总统所发布的这三份行政命令是对《“9·11”委员会报告》中主要情报改革建议的积极回应，只不过无论是建立国家反恐中心、给予中央情报主任更大的管理权，还是确立了情报共享的原则，都只是在国家情报主任这一关键职务设立之前而采取的临时过渡方案。因为要设立国家情报主任一职，并使其成为情报界真正的全职首脑，需要大幅修订《1947 年国家安全法》。

2004 年 9 月 2 日，白宫办公厅提交对《1947 年国家安全法》做出较大修订的情报改革提案，供行政部门协调。这份提案认为应结束对外情报与对内情报、军事部门情报机构与其他政府部门情报机构之间的界限和隔阂，并使用了“国家情报”一词。提案对该词的定义为：“任何形式和类型的情报，也包括在美国之外搜集到的信

① *Executive Order* 13355 *Strengthened Management of the Intelligence Community*, August 27, 2004. http：//www. gpo. gov/fdsys/pkg/FR－2004－09－01/pdf/04－20051. pdf.

② *Executive Order* 13356 *Strengthening the Sharing of Terrorism Information to Protect Americans*, August 27, 2004. http：//www. gpo. gov/fdsys/pkg/FR－2004－09－01/pdf/04－20052. pdf.

息。”此外，该提案建议设立一个国家情报主任和一个国家情报副主任，两人均由总统任命，上任前需得到参议院的同意。国家情报主任将成为情报界的首脑以及总统、国家安全委员会、国土安全委员会在国家安全事务上的首席情报顾问，在情报界的人事任免、情报搜集任务的分配、优先工作事项的拟定、情报预算的管理上拥有相应的权力。

在共同协商修改这份改革提案的过程中，各行政部门争论最多的问题是国家情报主任在情报预算的管理上究竟应该拥有多大的权力。政府内部人士都知道，情报界持续了近60年的现状是，掌握85%情报预算的国防部长才是情报界的真正掌权者，中央情报主任只是一个名义上的首脑，两者关系长期不和。如果按照总统的建议进行改革的话，势必会削减国防部长对情报预算的控制权，而这将触动情报界长期存在的敏感问题，不可避免地引发冲突。有鉴于此，白宫在其改革提案中不仅加入了“权力维持”条款，即“不取缔”各部门对所属情报机构的既有管辖权，还特意用加粗字体表示“情报预算方面的语言表述系草稿，并不代表总统在该问题上的看法”。即便如此，多数行政部门对情报预算问题上的最初改革建议仍然非常不满，最终未能形成一致意见。9月16日，白宫将汇总了不同意见的情报改革提案交给国会，供参、众两院共同协商。

二、参、众两院各自推出改革立法草案

在白宫情报改革提案的基础上，参、众两院分别起草了各自的改革议案：191页的参议院第2845号议案《2004年国家情报改革法案》（National Intelligence Reform Act of 2004）和355页的众议院第10号议案《“9·11”建议实施法案》（9/11 Recommendations Implementation Act）。

参议院议案由苏珊·柯林斯（Susan Collins）和约瑟夫·利伯曼（Joseph Lieberman）领导的参议院政府事务委员会负责起草。该议

案要求设立国家情报主任，并给予其关于国家对外情报计划的全部预算权，但国防部情报机构仍归国防部管辖；同时，该议案要求建立国家反恐中心、公民自由保护委员会以及信息共享网络等，并允许国家情报主任建立其他国家情报中心。参议院的这项议案不仅代表了多数参议员的意见，还得到简·哈曼及众议院常设情报特别委员会其他民主党人的支持，以及"9·11"委员会主席与副主席的认同，其最大进步在于给予了国家情报主任更大的权力，解决了"谁是情报界负责人"的问题。正如利伯曼所言："在我们的改革方案中，如果你问谁是负责人，你不会只得到空洞的眼神和沉默不语，而这种情况是之前'9·11'委员会经常遇到的。"[①]

与参议院议案倾向于赋予国家情报主任更大的权力相比，由一些颇具影响力的共和党人拟定的众议院议案，则在很大程度上维护了国防部与司法部的权益，倾向于将更多的权力赋予掌管国防情报机构的五角大楼，并强化司法部监控恐怖分子的权力。[②] 在国家情报主任的预算、计划与人事权方面，众议院议案明显不同于参议院议案。

此后，围绕改革幅度、国家情报主任的权力等问题，参众两院在各自所属议院进行了激烈的辩论。10 月 6 日，参议院以 96 票赞成、2 票反对的投票结果通过了《2004 年国家情报改革法案》；两天后，众议院也通过了《"9·11"建议实施法案》，但因争议较大，最终仅得到 282 张赞成票，另有 134 名议员投了反对票。

在进入两院辩论与协商阶段之前，由于参众两院议案内容迥异，需要共同协商的问题太多，以至于为国会提供政策研究服务的国会

---

① Office of the Director of National Intelligence, *Reforming Intelligence: The Passage of the Intelligence Reform and Terrorism Prevention Act of* 2004, February 2009, pp. 15 – 16. http: //www. fas. org/irp/dni/reform. pdf.

② Office of the Director of National Intelligence, *Reforming Intelligence: The Passage of the Intelligence Reform and Terrorism Prevention Act of* 2004, February 2009, p. 16. http: //www. fas. org/irp/dni/reform. pdf.

研究部[①]需要花费大约三个星期的时间来撰写一份关于两项议案横向比较的报告。两院协商工作开始后，在许多争议性问题上的进展都微乎其微，例如国家情报主任的情报预算权问题，其在情报界内抽调人员或调拨资金的权力问题等。此时，如何在不进行“零和博弈”的情况下推动情报改革向前发展，成了国会面临的最大挑战。

对于参众两院在改革议案的协商过程中僵持不下的情况，美国各大媒体纷纷进行了跟踪报道，“9·11”家庭筹划指导委员会[②]还控诉了众议院共和党人对两院协商工作的敷衍，称其为“蓄意阻挠者”，并要求总统迅速从大选中抽出时间，确保攸关国家安全的法律能够最终出台。受此影响，白宫开始介入国会的情报改革立法过程，多次以政府政策声明、信函等形式表达了总统与白宫对改革议案的看法[③]，催促国会尽快将协调一致的情报改革法案呈交给总统。[④] 连任总统的第二天，小布什总统对外公布了他在第二任期的施政目标，情报改革赫然位居首位。同时，他还以几乎是命令式的语气要求国会迅速通过可以让他签署成法律的情报改革议案。在总统的压力之下，参众两院各自放弃了诸多观点，最终同意将国家情报主任的预

---

① 国会研究部成立于1914年，隶属于国会图书馆，最初称为国会参考咨询处，1970年正式改名为国会研究部，开始进行大范围的政策研究，拥有1000余名工作人员，每年就国会议员提出的多达30多万个问题进行研究并予以回答，同时也应各委员会的要求进行一些重要问题的研究，但是，它只对事实进行研究，不提供有倾向性的政策建议，此外，它还跟踪国会正在审议的每一项主要议案的发展进程，负责编写每一项议案的摘要。参见刘杰：《当代美国政治》（修订版），社会科学文献出版社，2011年版，第176页。

② “9·11”家庭筹划指导委员会是由“9·11”事件中的12个受害者亲属组成的无党派、非盈利组织，该委员会组建于2002年，主要目的是要求政府调查并彻底改正导致“9·11”事件发生的各种不利因素，“9·11”委员会的组建就是该委员会与政府长期斗争的结果。9/11 Family Steering Committee, *Final Statement of the Family Steering Committee* , January 11, 2005. http://www.911independentcommission.org.

③ 白宫的意见主要有三条：支持参议院关于加强国家情报主任预算管理权的建议，不能公开情报预算，保留“权力维持”条款。

④ Office of the Director of National Intelligence, *Reforming Intelligence: The Passage of the Intelligence Reform and Terrorism Prevention Act of* 2004, February 2009, p. 19. http://www.fas.org/irp/dni/reform.pdf.

算重新规划权限制在机构预算份额的10%以内，以及在人事与任务分配问题上须与国防部长和各政府部门领导共同商定等。同时，白宫为了兼顾国防部、司法部等政府部门的利益，再三要求国会在议案中加入“权力维持”条款，而参众两院最终接受这一条款更使多部门之间的妥协前进了一大步。

第三节　一体化的改革方案进入情报法律

经过激烈争论，国会两院终于在2004年12月8日就情报改革议案达成一致。12月17日小布什总统正式签署《2004年情报改革与防恐法》。虽然这一几经周折的法律糅合了“9·11”委员会的建议、白宫草案与国会两院议案中的部分观点，是各方激烈斗争和相互妥协的产物，但是这丝毫不影响其在美国情报改革史上的显赫地位。因为，《2004年情报改革与防恐法》的第一章“改革情报界”（也被称之为《2004年国家安全情报改革法》）① 对情报界的宪章——《1947年国家安全法》——做出了最具革命性的修订。与此前针对具体问题的各种小修小补②不同的是，它从根本上改变了美国延续近60年的过于分散、缺乏协调与统一的国家情报体制。正如小布什在该法的签字仪式上所指出的，“9·11”事件的一个重要教训

① 《2004年情报改革与防恐法》共分为八章：第一章“改革情报界”，第二章“联邦调查局”，第三章“安全审查”，第四章“运输安全”，第五章“边境保护、移民与签证问题”，第六章“防止恐怖主义”，第七章“‘9·11’委员会建议的实施”，第八章“其他事务”。该法的具体内容涉及情报、执法、国土安全、金融、运输、移民以及外交等部门的调整与改革，但其核心部分，同时也是总统关注最多、国会争论最多、公众讨论最多的，则是篇幅不及三分之一的第一章。

② 在《1947年国家安全法》与《2004年情报改革与防恐法》之间，美国通过一系列立法对情报界实施了一次次改革，包括在20世纪70年代后期通过《1974年休斯—瑞安修正案》《1978年外国情报监视法》《1980年情报监督法》等法案，完善了美国的情报监督机制，通过《1980年秘密信息程序法》《1982年情报人员身份保护法》及一些总统行政命令逐步完善保密制度，通过《1994年反情报与加强安全法》完善了反情报方面的规定等，但这些法案只对情报工作进行了局部调整，并未对整个情报界的体制、任务和工作方法实行全面、彻底的改革。

就是美国各情报部门必须要像一个整体一样密切协作，而这一法律将使美国庞大的情报机构变得“更加统一、更加协调、更加高效”。

一、重塑情报界领导职位

如果说1941年的“珍珠港事件”促使美国最终设立中央情报主任一职以协调各部门的情报工作的话，那么，2001年的“9·11”事件则直接导致了这一职务的消亡。根据《2004年情报改革与防恐法》的规定，取代中央情报主任的国家情报主任将身兼两职，既是情报界的首脑，又是总统、国家安全委员会和国土安全委员会的“首席情报顾问”。他将不再兼任任何情报机构的领导职务，并在其专属办公室的辅助下专职管理政府及军方的各类情报机构。相比此前的中央情报主任，国家情报主任拥有更大的管理权限，是拥有实权的情报界“最高领导”。

（一）情报知悉范围的扩大

2004年之前的《1947年国家安全法》规定，中央情报主任有权接触所有“与国家安全相关的情报”，但当时的此类情报不包括联邦调查局在开展反情报与执法工作过程中搜集到的信息。《2004年情报改革与防恐法》不但重新修订了“国家情报”“与国家安全相关的情报”概念，扩充了其内涵与外延，而且进一步指出，国家情报主任有权获得任何联邦政府部门、机构或其他实体搜集到的所有国家情报、与国家安全相关的情报，总统另有指示、法律另有规定或司法部长与国家情报主任另有协议的情况除外。

（二）预算权的增加

2004年之前的《1947年国家安全法》规定，中央情报主任仅有权拟定并向总统提交“国家对外情报计划”，以及参与“联合军事情报计划”和“战术情报及相关活动”的拟定。《2004年情报改革与防恐法》一方面将“国家对外情报计划”更名为“国家情报计划”（National Intelligence Program），另一方面明确指定由国家情报主任负责监督与指导该计划的落实。该法规定国家情报主任在情报预算管理方面的具体权力包括：1. 指导情报界内各部门情报机构拟定其受国家情报计划分配的预算计划，基于各部门情报机构提供的预算计划，统一拟定并向总统提交年度整体国家情报计划；2. 参与制定年度“联合军事情报计划”和“战术情报及相关活动”；3. 指导不参与国家情报计划的情报机构制定自己的情报预算计划；4. 确保年度情报预算得到有效执行；5. 向各部门情报机构拨付国家情报计划中的部门情报机构预算，同时通过审计与评估的方式监督国家情报计划的落实情况。此外，国家情报主任还有权根据实际情况灵活调整和重新分配情报预算。该法规定，国家情报计划中任何资金的调整或重新规划都必须得到国家情报主任的同意，国防部长在调整或重新规划“联合军事情报计划”内的资金前也必须与国家情报主任协商。在得到白宫管理和预算办公室的批准，并与情报界内各单位的领导协商后，国家情报主任可以调整情报界内的资金分配。前提是在一个财年内此类资金调整不能超过 1.5 亿美元，也不能超过部门情报机构在国家情报计划中的总预算额的5%。

（三）人事权的增加

2004 年之前的《1947 年国家安全法》规定，在情报人员借调方面，中央情报主任只有先征得相关部门情报机构隶属的行政部门领导的同意，才能调动情报工作人员，且时间不得超过 1 年；在情报人员任免方面，只有国家安全局、国家侦察办公室与国家图像与测绘局这 3 家情报机构领导的任命提名，需事先征得中央情报主任的同意，而即便中央情报主任不同意，此类任命提名仍可正常提交。《2004 年情报改革与防恐法》则规定，在情报人员借调方面，国家情报主任需获得白宫管理与预算办公室的同意，才能调动情报工作人员，时间不得超过 2 年；在情报人员任免方面，国家情报主任具有如下权力：1. 向总统提名国家情报常务副主任和中央情报局局长的人选。2. 国家安全局局长、国家侦察办公室主任、国家地理空间情报局局长、负责情报和研究事务的助理国务卿、能源部情报办公室主任、能源部反情报办公室主任、负责情报和分析事务的财政部副部长、负责情报事务的联邦调查局局长执行助理、负责信息分析的国土安全部副部长这 9 个领导岗位出现空缺时，相关行政部门的领导可拟定任免提名，但需要事先征得国家情报主任的同意。如果国家情报主任不同意该提名，则不能任命或提名有关人选，但是国家情报主任和相关行政部门的领导可以直接向总统报告各自的意图或提出建议。3. 在提名或任命国防情报局局长和负责情报事务的海岸警卫队副指挥官之前，相关部门的领导要与国家情报主任共同协商提名人选。

（四）业务指导权的增加

2004 年之前的《1947 年国家安全法》规定，中央情报主任的业务指导权主要体现在明确需求与评估成效两个方面：为指导情报界内各情报机构搜集国家情报，明确情报需求和优先处理事项；推动国家情报工作更好地服务政府决策，并评估此类工作的成效。《2004 年情报改革与防恐法》则规定，在业务指导权方面，国家情报主任的职责包括：1. 设定工作目标、优先处理事项以及提供政策指导，以确保情报界能够及时有效地搜集、处理、分析与分发国家情报；2. 明确情报需求、工作重点，管理并指导情报界在搜集、分析、生产和分发国家情报时的任务分配，具体包括批准情报搜集与分析的各类需求，解决情报界各单位之间在情报搜集需求以及国家情报搜集资源分配方面产生的冲突。3. 为国家情报计划范围之外的情报机构的任务分配提供建议。

总而言之，这四项至关重要的权力确保了国家情报主任能够进一步加强情报界的内部管理，从整体上凝聚起整个情报界的力量。

二、跨部门管理情报工作

《2004 年情报改革与防恐法》出台前，美国情报界是“烟囱”

林立，15 家情报机构各自为政，依靠自己的情报搜集手段生产出服务上级行政部门的情报。虽然中央情报局下辖的国家情报委员会能够在不同情报机构之间协调生产针对重大问题的国家情报评估，但是对于参与国家情报评估生产工作的情报机构而言，这只是临时任务，其主要任务仍然是服务本部门的情报需求。因此，由各部门所属情报机构生产的“部门情报”要远远多于国家情报委员会生产的“国家情报”。但问题是“部门情报”着眼于部门的决策需求，视野相对狭小，且囿于情报搜集手段的限制，只能反映部分客观事实，如同盲人摸象。面对以恐怖主义为代表的跨国安全威胁，单靠“部门情报”根本无力招架，因为没有任何一个部门的情报机构能够掌握与恐怖袭击相关的全部信息，也就无法做出全源情报分析，更不能提供及时有效的情报预警。关于这点，“阿斯平 - 布朗委员会”在其调查报告中早就强调过，而“9・11”事件则以惨痛的事实印证了委员会当时的判断。此后，美国决策层终于下定决心，要打破部门情报之间的隔阂，拆除对外情报和对内情报之间的壁垒，将分散的情报力量聚合起来。

为了实现这一目的，《2004 年情报改革与防恐法》授权国家情报主任针对特别重大的长期威胁，按地理区域、情报功能或其他标准建立不同的“国家情报中心”，并规定每个中心的首要职责是对搜集到的国内外相关信息进行全源情报分析，并就情报的搜集、分析和生产需求等向国家情报主任提出可行性建议。[①] 也就是说，国家级情报中心将着眼于以特定情报任务为中心整合所有情报力量，这一做法类似于美军依托联合作战司令部以特定作战任务为中心整合所有军事力量。不过，两者的最终目标都是一样的——实现多种力量的一体化。

为了应对当时美国国家安全所面临的主要威胁——恐怖袭击，

① Public Law No. 108 - 458: Intelligence Reform and Terrorism Prevention Act of 2004.

《2004 年情报改革与防恐法》明确规定在国家情报主任办公室内建立一个国家情报中心——国家反恐中心。[①] 该中心是唯一有权从任何联邦、州、地方政府或其他必要的来源获得反恐情报的机构，是情报界反恐情报分析的枢纽，是联合反恐行动计划的制定者，是与恐怖主义相关信息的“汇集地”和“储蓄所”。此外，该法还建议总统考虑建立另外一个国家情报中心——国家反扩散中心。该中心应具备和国家反恐中心相似的职能，即应能获得关于大规模杀伤性武器扩散情况的所有情报信息，集中开展情报分析，并制定反扩散战略计划和协调各机构的反扩散活动。

三、跨部门共享情报信息

早在 1996 年，“阿斯平 - 布朗委员会”就明确指出了情报界与执法界之间缺乏信息共享、难以有效应对非传统安全威胁的安全漏洞，只是当时的决策层尚未意识到这一漏洞的严重性。直到“9·11”事件暴露出信息共享的缺失将会带来灾难性的后果，这才引发了全美上下的重点关注，并被提上了改革日程。为了弥补这一重大安全漏洞，《2004 年情报改革与防恐法》明确规定要建立一个有利于恐怖信息在联邦、州、地方、部门机构以及私营部门间自由共享的信息环境，这一信息共享环境将在不牺牲安全性和保护公民隐私及自由的前提下，将政府现有的全部信息系统连接起来，为参与信息共享环境建设的各机构提供信息检索目录服务，以及直接且不间断地获得在线电子信息的服务。

为了实现建设信息共享环境的目标，该法规定设立“信息共享环境项目主管”（Program Manager for the Information Sharing Environment）与“信息共享委员会”（Information Sharing Council）。前者是

---

① 与此前通过第 13354 号总统行政命令而建立的国家反恐中心不同，通过《2004 年情报改革与防恐法》建立的国家反恐中心建立在国家情报主任办公室内，并且拥有更多的职责和协调权限。

信息共享环境的主要负责人，主管信息共享环境的计划与实施。其职责是在咨询信息共享委员会的基础上，计划、管理和监督信息共享环境的建设；协助联邦政府机构制定相关的政策、程序、方针、制度和标准，以推动信息共享环境的发展；协助联邦政府机构建设信息共享环境，并监督和评估其执行情况，以确保信息共享环境的建设进度合理、技术规范通用、符合政策规定，同时还应定期向国会汇报相关情况。后者是信息共享环境的建议咨询机构，负责辅助总统和信息共享项目主管履行相应职责。具体包括在制定信息共享环境所需的相关政策、程序、方针、制度和标准方面提供建议；确保参与信息共享环境建设的联邦机构间的合作；对联邦政府机构现有的信息共享计划、系统和程序进行评估，提出适当的改革建议；寻找联邦机构间在信息共享方面存在的漏洞，提出解决方案；为扩大联邦机构间的信息交流途径提出建议；考虑是否需要扩大，以及如何扩大信息共享环境的范围，使之涵盖其他相关类别的信息。

主要负责人和建议咨询机构的设立并不意味着信息共享环境的建设从此就会一路坦途，实际上存在于各政府机构内部的根深蒂固的信息保密文化将会是信息共享环境建设过程中最难解决的一个问题。要想让所有政府机构都能在该法出台后以一种开放的心态共享信息是不可能的，必须要循序渐进地扭转长期存在的过度保密的文化。因此，除了要设立相关职务和机构之外，该法还强调各联邦机构的领导要努力减少信息共享的障碍，改变各机构对信息过度保密的做法，取消“信息共享前必须经信息生产者批准”等不必要的条件，以营造出一种信息共享文化。①

总之，《2004 年情报改革与防恐法》出台后，美国情报界不但拥有了一个地位提高、权力更明确、参谋机构更充实、不再兼任任何独立情报机构领导的国家情报工作管理者，还在这位管理者的领

① Public Law No. 108 -458: Intelligence Reform and Terrorism Prevention Act of 2004.

导下成立了能够融合各方情报力量的国家情报中心，所有情报机构也将在便于沟通与协作的信息共享环境中开展情报工作。这些重大改革举措彻底改变了情报界的管理架构、生产模式和工作原则，美国从此走上了国家情报一体化改革的全新发展道路。

第三章 美国国家情报一体化改革的全面推进阶段

2005年以来，美国开始落实《2004年情报改革与防恐法》的相关规定，全面依法推进国家情报一体化改革。首先，根据法律规定，美国设立了国家情报主任一职，取代中央情报主任，成为独立于各情报机构之外、拥有更大管理权限的情报界首脑。其次，在连续三任国家情报主任的努力下，美国不但建立了统一的国家情报管理机构，确立了国家情报管理工作的统一领导，而且打造了统一的国家情报战略体系，确保法律规定的层层分解和落实。此外，为落实《2004年情报改革与防恐法》关于建设信息共享环境的规定，国家情报主任还着力从政策、技术等方面持续推动情报信息的跨部门共享，以使各情报机构能够更好地开展跨部门情报合作。

第一节 建立统一的国家情报管理机构

“9·11”前，美国情报界的组织体系是“以机构为中心”的烟囱式布局，即不同情报机构独立负责不同门类的情报工作，很少能够在统一的组织框架内联合开展情报工作，彼此之间也缺乏必要的沟通联系。2005年后，依据《2004年情报改革与防恐法》的规定，美国设立了国家情报主任这一情报界领导职位。此后，国家情报主任开始依据法律的相关规定，全力建设统一的国家情报管理机构，情报界的组织体系开始趋于集中统一，逐渐转向“以任务为中心”的集中管理式布局。

一、国家情报中心的组建

国家情报中心虽然是《2004 年情报改革与防恐法》提出的一个比较新的情报组织概念，但是实际上在冷战期间美国情报界就已经尝试着用“情报中心”的组织模式解决跨部门、跨领域的情报问题，只是当时的这一组织模式并没有达到预期成效。直到 2005 年之后，在《2004 年情报改革与防恐法》的强制约束和国家情报主任的大力支持下，国家情报中心才真正成为整个情报界的跨部门协调中心，发挥着类似于军方联合作战司令部的功效。

（一）国家情报中心的组建背景

1986 年，中央情报主任首次尝试建立了一个用于解决特定领域问题的、跨越部门限制的情报中心——反恐中心。该中心虽然设置在中央情报局内部，但却直属中央情报主任，目的在于为相关情报机构之间建立沟通联系的渠道，打破阻碍跨机构合作的组织障碍。此后，“情报中心”型管理模式开始在情报界内部推广开来，用于解决长期问题，或者需要跨部门协调或集中处理或联合应对的问题。冷战结束后，中央情报局共组建了 7 个情报中心：反恐中心、反情报中心、国家反情报中心、犯罪与毒品中心、反扩散中心、军备控制情报中心、安全审查中心。然而，这些情报中心并没有发挥出预期效果，而且其他情报机构也不愿参与到情报中心的工作中去。1996 年，美国众议院常设情报特别委员会就在名为《IC21：21 世纪的美国情报界》的调查报告中指出，“这些情报中心本应成为整个情报界的中心，且能够根据自己肩负的任务整合情报界内分散的情报资源，从而更好地解决关键情报问题。但是，此类情报中心并没有成为能够跨越部门限制的情报组织，而是拥有非常明显的中央情报局的身份特征：其工作人员主要来自中央情报局，行政管理和日常工作开支都要依靠中央情报局来保障。"① 2003 年，中央情报局的情报研究中心也曾指出："我们有很多情报中心，但却没有一个真正具有情报界属性的情报中心。"②

然而，"情报中心"型的情报工作管理模式并没有遭到遗弃，而是在"9·11"之后得到了更多的关注和支持。2003 年，中央情报局负责情报界事务的执行主任拉里·坎兹瓦特（Larry Kindsvater）就曾撰文指出，情报界内部应围绕着任务而非搜集手段来组织情报工作。因此，应根据国家安全面临的主要威胁和情报界的主要任务来建立覆盖整个情报界的情报搜集和分析中心，此类中心应建立在中央情报局内部，成为该局的主要职能机构，负责整个情报界在特定领域的情报分析工作，并指导整个情报界在该领域的情报搜集工作，以提升情报工作的"联合性"（Jointness）。③ 2004 年，"9·11"委员会也建议，应根据情报界承担的国家安全任务（打击恐怖主义、大规模杀伤性武器扩散、跨国犯罪及毒品走私等）灵活设立多个"国家情报中心"，与美军各战区的联合司令部的职能类似，此类中心应有权协调和管理整个情报界在特定领域的情报力量，跨越部门限制联合组织情报工作。这也就是说，"目前的情报机构——中央情报局、联邦调查局、国防情报局与国家安全局——负责不同类型情报部队的建设，类似于军方的不同军种部；新的国家情报中心将会按照问题或功能而非机构或搜集手段组建，这些中心将负责这些情报部队的部署和使用，类似于军方的联合司令部"。④ 最终，《2004

---

① Permanent Select Committee on Intelligence, House of Representatives, *IC21: Intelligence Community in the 21st Century*, Washington, D. C: Government Printing Office, April 9, 1996, p. 257.

② Andrew R. Ries, *Consolidated National Intelligence Centers: the Potential Impact on the Efficiency and Effectiveness of America's National Intelligence Community*, Fort Leavenworth: U. S. Army Command and General Staff College, 2011, p. 109.

③ Larry C. Kindsvater, "The Need to Reorganize the Intelligence Community", *Studies in Intelligence*, vol. 47, no. 1, March 2003, pp. 35 – 37.

④ Gregory F. Treverton, *Intelligence for an Age of Terror*, Cambridge University Press, 2009, pp. 82 – 83.

年情报改革与防恐法》授权国家情报主任针对特别重大的长期威胁，按地理区域、情报功能或其他标准建立不同的“国家情报中心”，并规定每个中心的首要职责是对搜集到的国内外相关信息进行全源情报分析，并就情报的搜集、分析和生产需求等向国家情报主任提出建议。

（二）国家情报中心的组建历程

首先，国家情报主任先后在其办公室内成立了三个直接接受其领导的国家情报中心：国家反恐中心（2005 年 6 月 10 日）、国家反扩散中心（2005 年 12 月 21 日）①、国家情报协调中心（2007 年 10 月 1 日）②。国家反恐中心主要负责整个情报界范围内的反恐情报分析与共享，以及从战略层面制定反恐行动计划的工作；国家反扩散中心主要负责在情报界内协调反扩散战略计划，并与其他情报机构协同工作，以发现情报界在反扩散领域存在的问题和寻求解决方案；国家情报协调中心主要负责协调整个情报界范围内的情报搜集资源，并依据国家情报工作任务为这些情报搜集资源排定优先次序，以确

---

① 2005 年 3 月 31 日，美国大规模杀伤性武器情报能力调查委员会在其调查报告中建议，应创建美国“国家反扩散中心”（National Counterproliferation Center）。与国家反恐中心不同，国家反扩散中心不具备制定政策的功能，其任务仅限定在管理和协调针对大规模杀伤性武器的情报搜集和分析上。具体而言，其职能主要包括针对大规模杀伤性武器制定统一的搜集战略，协调、监督和评估分析产品，参与制定情报预算，以及支援相关领域的情报用户等四个方面。The Commission on the Intelligence Capabilities of the United States Regarding Weapons of Mass Destruction, *Report to the President of the United States*, Washington, D. C.: Government Printing Office, March 31, 2005, p. 19.

② 国家情报副主任唐纳德·科尔（Donald Kerr）表示，2007 年 10 月 1 日，我们与负责情报事务的国防部副部长、国防情报行动协调中心联合成立了一个“国家情报协调中心”（National Intelligence Coordination Center），国家情报主任与国防部长能够通过该中心对国家、国防、国内三个层面的情报搜集资源进行排定优先次序、确保行动一致、融合和分配任务。Dr. Donald Kerr, *500 Day Plan Hearing before the Intelligence Community Management Subcommittee of the House Permanent Select Committee on Intelligence* , December 6, 2007, p. 11. http://www.dni.gov/files/documents/Newsroom/Testimonies/20071206_ testimony. pdf.

保不同情报机构能够保持行动一致以及情报资源的最优化配置。[①]

其次，国家情报主任还依托其他情报机构组建了多个负责整个情报界在特定领域情报工作的国家情报中心，此类情报中心虽对国家情报主任负责，但日常工作由相关情报机构的领导代为管理。例如，在中央情报局内成立的“公开来源中心”（2005 年 11 月 8 日），该中心在中央情报局外国广播信息服务处的基础上组建，主要任务是集中处理情报界从公开渠道获得的信息（如互联网、数据库、新闻媒体、无线电广播、电视、视频、地理空间数据、商业卫星图像等），以及促进公开来源信息在政府范围内的获取和使用。在海军情报局内成立的“国家海上情报中心”（2009 年 1 月 14 日），该中心在原国家海上情报中心的基础上组建，虽然机构名称并无变化，但其职责从跟踪监视外军海上舰艇活动扩大到关注所有来自海上的对美国国土安全的威胁，其中包括建立和维护一个覆盖全球海域的“通用情报图”。[②]

二、任务主管型管理职位的设立

国家情报主任所组建的国家情报中心类似于军方的联合作战司令部，负责制定情报行动计划，而其他情报机构则负责获取技术系统、训练人员、并执行该中心制定的计划。[③] 然而，在国家情报中心的组建与运行过程中，相关部门情报机构并没有很好地配合，它们

---

① 2017 年 7 月 5 日，美军参谋长联席会议发布新修订的第 2－01 号联合出版物《军事行动的联合与国家情报支援》。其明确指出，国家情报协调中心是国家情报主任调解国家情报活动与国防情报活动之间的冲突，强化其对整个情报界的情报搜集管理的中央枢纽。U. S. Joint Chiefs of Staff, *Joint Publication 2－01: Joint and National Intelligence Support to Military Operations*, Washington, D. C.: Government Printing Office, July 5, 2017, p. II－22.

② Office of the Director of National Intelligence, *The Inaugural Report of the Global Maritime and Air Communities of Interest Intelligence Enterprises*, Washington, D. C.: Government Printing Office, November 2009, p. 8.

③ Gregory F. Treverton, *Intelligence for an Age of Terror*, Cambridge University Press, 2009, p. 76.

普遍不愿扮演支援性的或是力量提供者的角色。因此，除了建设国家情报中心之外，美国也在探索其他方法，以使情报界分散的情报力量能够围绕共同任务形成整体合力。经过反复的理论探讨和实践探索，国家情报主任决定设立一种新的情报界管理职位——任务主管，用以弥补国家情报中心的不足。

（一）任务主管型管理职位的设立背景

要想实现情报力量以任务为中心的聚合，除了组建专门的情报中心，还有一种方法就是指定专人负责从战略层面协调分散的情报资源，而这种专人负责的情报管理理念与实践在“9·11”之前就已出现。早在1973年，时任中央情报主任威廉·科尔比就曾首次在情报分析领域建立了“国家情报官”（National Intelligence Officer）负责制。当时，科尔比根据国家情报评估任务设置了13个负责不同情报分析课题的国家情报官：6人负责地区性课题（非洲、中国-东亚、拉丁美洲、近东与南亚、苏联-东欧、西欧），4人负责综合性课题，3人负责特殊课题（战略计划、整体目标力量、预警）。[①] 这些国家情报官有权召集整个情报界在特定领域的情报分析专家，使他们共同分析和解决特定情报难题。冷战结束之初，中央情报主任罗伯特·盖茨进一步提出，情报界内各机构应围绕着反恐、反扩散、反情报等特定“专题”跨部门开展情报搜集与分析工作。他认为，应设立多个“专题主管”（Issue Manager），由其统一协调情报界各机构在特定领域的情报搜集与分析工作。在1993年，情报界初步理顺了这种管理机制，形成所谓的“矩阵式管理”（Matrix Management）模式。（参见图3-1）但是，各情报机构只是勉强认同了这个概念，并不严格遵照执行。[②] 1994年，为减少各情报机构的反感，

① Scott D. Breckinridge, *The CIA and The U. S. Intelligence System*, Boulder and London: Westview Press, 1986, p. 177.

② Douglas F. Garthoff, *Directors of Central Intelligence as Leaders of the U. S. Intelligence Community 1946-2005*, Washington, D. C.: Central Intelligence Agency Center for the Study of Intelligence, 2005, p. 213.

中央情报主任詹姆斯·伍尔西提出用“专题协调者”（Issue Coordinator）的概念代替“专题主管”。然而，这一名称上的变化并未解决实质问题，各情报机构仍然很少围绕特定专题开展合作。

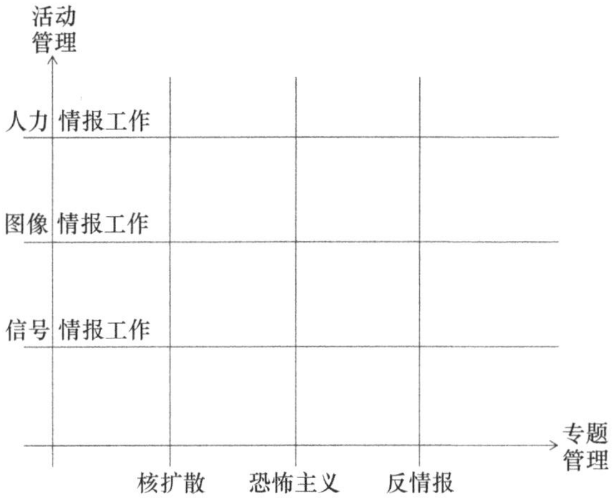

图3-1　情报界“矩阵式管理”示意图

（二）任务主管型管理职位的设立历程

2005年，美国大规模杀伤性武器情报能力调查委员会在其调查报告中指出，协助中央情报主任管理情报界的“管理参谋机构”（Community Management Staff）是按照情报的基本功能构建的。例如，中央情报主任拥有两个主任助理：一个负责搜集，一个负责分析。在监控某个国家时，前者负责统筹管理情报界掌握的相关情报搜集手段，后者负责统筹管理情报界掌握的相关情报分析资源。这种职位设置的弊端在于，没有任何一个主任助理能够管理情报界掌握的全部相关情报搜集和分析力量。为了弥补这一不足，委员会建议国家情报主任在其参谋机构内，围绕优先情报任务设立“任务主管”（Mission Manager）。新设立的“任务主管”不仅要精通相关任务领域的情报业务，而且要站在整个情报界的高度，集中管理用于该领域的所有情报资源，以确保情报界能够围绕优先情报任务共同破解难题。例如，可以设立负责中国事务的“任务主管”，该主管将能够了解情报界在中国问题上掌握哪些情报资源，并有权制定相应的战略，以使现有情报资源达到最优化的利用。[①] 随后，这一改革建议得到了决策层的采纳。

2005 年 11 月 15 日，内格罗蓬特又发布了第 2005 - 100 - 2 号情报界政策备忘录《国家情报主任任务主管》，首次以官方文件的形式提出要建立一种以任务主管为核心的情报管理体系。[②] 该备忘录规定，任务主管是国家情报主任就某个特定主题的主要顾问，负责审查与情报界重点目标相关的所有国家情报工作。任务主管有两种：一种是负责具体问题（Issue - Focused）的任务主管，另一种是负责特定国家（Country - Specific）的任务主管。所有任务主管将在国家情报常务副主任的指导和国家情报任务主管委员会的监督下，为相关情报的搜集与分析制定战略计划、设立重点，并就资源分配问题向国家情报主任提出建议。此外，该备忘录还指出，国家情报主任将任命四位任务主管，分别负责反恐、反扩散、伊朗和朝鲜四个领域。其中，国家反恐中心主任将成为负责反恐事务的任务主管，国家反扩散中心主任将成为负责反扩散事务的任务主管[③]，分别负责伊朗和朝鲜两个国家的任务主管将由国家情报主任视情况任命。[④] 2006 年 12 月 21 日，国家情报主任又发布了名为“任务管理”的第 900 号《情报界指令》，正式取代第 2005 - 100 - 2 号《情报界政策备忘

① The Commission on the Intelligence Capabilities of the United States Regarding Weapons of Mass Destruction, *Report to the President of the United States*, Washington, D. C.: Government Printing Office, March 31, 2005, p. 318.

② 2006 年 12 月 21 日，国家情报主任正式发布名为“任务管理”的第 900 号《情报界指令》取代第 2005 - 100 - 2 号《情报界政策备忘录》成为规范以任务主管为核心的情报工作体制的正式指令性文件。

③ 2005 年 8 月 8 日，国家情报主任内格罗蓬特任命肯尼思·布里尔（Kenneth Brill）为反扩散主管，同时兼任国家反扩散中心主任。

④ 2006 年 1 月 11 日，国家情报主任任命约瑟夫·德特拉尼（Joseph DeTrani）为负责朝鲜事务的任务主管，莱斯利·爱尔兰（Leslie Ireland）为负责伊朗事务的任务主管。

录》，进一步明确了“任务主管”的职责范围以及其与其他机构的关系，并规定“任务主管”由国家情报主任任命并对其负责。此后，国家情报主任根据实际工作需要设立了多个负责地区性或功能性任务的任务主管。（参见表3－1）

表3－1 任务主管列表（2005－2009）①

类别	任务领域	兼任职务
功能性任务主管	反恐	国家反恐中心主任
	反扩散	国家反扩散中心主任
	反情报	国家反情报总监
地区性任务主管	伊朗	无
	朝鲜	
	古巴与委内瑞拉	
	阿富汗与巴基斯坦	

三、情报共享工作管理体系的建立

依据《2004年情报改革与防恐法》的规定，总统及国家情报主任均大力倡导建设信息共享环境，而关键举措之一就是建设一个能够有效协调各部门情报机构共享情报信息的组织体系。在具体实践过程中，国家情报主任主要以信息共享环境项目主管为领导核心，建设起了横向覆盖不同联邦政府部门、纵向覆盖主要地方政府机构的情报信息共享工作管理体系。

（一）情报信息横向共享工作管理体系

2005年4月15日，小布什总统依据《2004年情报改革与防恐法》的相关规定设立了信息共享环境项目主管一职。因为当时美国

---

① 地区性任务主管系根据特定时期的特定任务而任命，任务结束职位随即撤销。美国国家情报主任并未公开其所任命的全部任务主管，因此，表中数据为不完全统计。

面临着非常严峻的恐怖主义威胁，所以该职位最初负责统一协调与管理整个联邦政府的反恐情报信息共享工作。此后，为确保国家情报主任在信息共享工作中的领导地位，小布什总统于6月2日向各行政部门发布《加强信息共享、访问与融合——创建恐怖主义信息共享环境的组织、管理与政策制定的结构》备忘录，决定将信息共享环境项目主管划归国家情报主任办公室，由国家情报主任直接领导和管理其支配的资金、工作人员及其他资源。① 同一天，国家安全委员会和国土安全委员会还联合组建“信息共享政策协调委员会”（Information Sharing Policy Coordination Committee），该委员会由信息共享环境项目主管以及参与信息共享环境建设的相关政府部门的代表组成，负责协调跨部门信息共享政策，处理信息共享项目主管提交的建议，并向国家安全委员会和国土安全委员会的相关下属委员会提供政策分析和建议。② 10月25日，小布什总统发布第13388号行政命令《进一步加强恐怖主义信息共享以保护美国人民》，决定组建由信息共享项目主管担任主席的“信息共享委员会”③，其委员包括国务卿、财政部长、国防部长、商务部长、能源部长、国土安全部长、司法部长、国家情报主任、中央情报局局长、管理与预算办公室主任、联邦调查局局长、国家反恐中心主任，以及国家情报主任随时指定的其他部门领导。该委员会负责就信息共享环境建设问

① The White House, *Bush Administration Actions to Implement WMD Commission Recommendations*, June 29, 2005. http://georgewbush-whitehouse.archives.gov/news/releases/2005/06/WMD-Commission-Matrix-6-29-05.pdf.

② Program Manager for the Information Sharing Environment, *Information Sharing Environment Implementation Plan*, November 2006, p. 141. http://ise.gov/sites/default/files/ise-impplan-200611_0.pdf.

③ 信息共享委员会下设两个常设委员会（一个负责联邦政府与地方政府的信息共享工作，一个负责联邦政府与私营部门的信息共享工作）和多个临时组建的特别委员会。Program Manager for the Information Sharing Environment, *Information Sharing Environment Implementation Plan*, November 2006, p. 38. http://ise.gov/sites/default/files/ise-impplan-200611_0.pdf.

题向信息共享环境项目主管提供具体建议。① 为从技术层面解决各联邦政府部门的信息系统互不通联、互不兼容的问题，2007 年 8 月，信息共享环境项目主管发布第一版“信息共享环境业界架构框架”（Information Sharing Environment Enterprise Architecture Framework），为所有参与信息共享环境建设的政府机构提供标准统一的信息系统建设方案。（参见图 3-2）

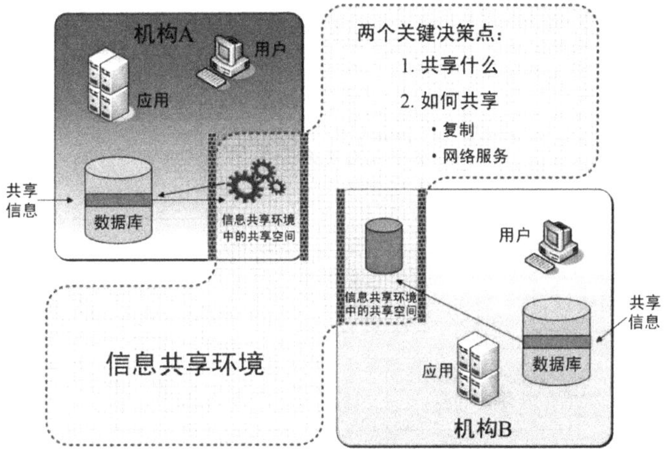

图 3-2　信息共享环境业界架构框架②

2009 年，奥巴马决定整合国家安全委员会和国土安全委员会的参谋机构，将二者合并为一个“国家安全参谋部”（National Security Staff），并由其统一领导多个“跨机构政策委员会”（Interagency Policy Committee）。为与新的国家安全体制对接，2009 年 7 月 2 日，白宫发布《加强信息共享与访问》的备忘录，决定组建“信息共享与

① The White House, *Executive Order* 13388: *Further Strengthening the Sharing of Terrorism Information to Protect Americans*, October 25, 2005. http://ise.gov/sites/default/files/eo13388.pdf.

② Program Manager for the Information Sharing Environment, *Annual Report to the Congress on the Information Sharing Environment*, June 30, 2008, p. 14. http://ise.gov/sites/default/files/Annual-Report-to-Congress-20080702.pdf.

访问跨机构政策委员会”（Information Sharing and Access Interagency Policy Committee）。（参见图3－3）该委员会合并了信息共享政策协调委员会和信息共享委员会，并将信息共享的范围从“与恐怖主义相关的信息”扩大到了“所有影响美国国家安全与民众安危的信息”。至此，美国在联邦政府层面初步形成了一个以国家安全情报信息为共享对象、以信息共享环境项目主管为核心、以信息共享与访问跨机构政策委员会为主要协调机构、以情报、执法、外交、国防、国土安全等联邦政府部门为参与机构的横向信息共享体系。

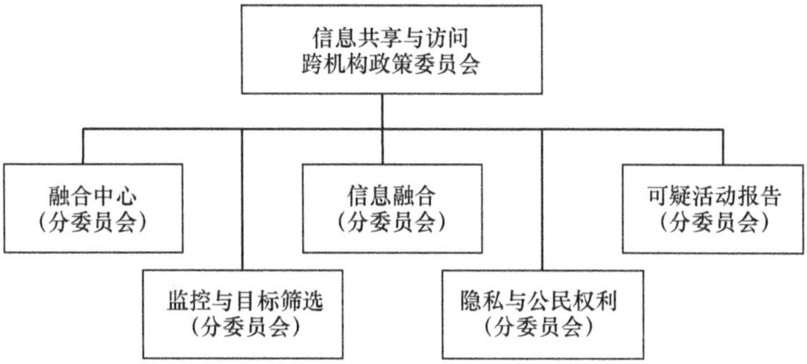

图3－3　信息共享与访问跨机构政策委员会组织机构图①

（二）情报信息纵向共享工作管理体系

“9·11”前，地方政府部门虽然处在反恐第一线，长期接触大量反恐情报信息，但却极少甚至从未参与联邦政府层面的反恐情报工作。② 为将地方政府相关部门也纳入到整个信息共享环境建设之

① Program Manager for the Information Sharing Environment, *Information Sharing Environment: Annual Report to the Congress*, June 30, 2011, p. 9. http://ise.gov/sites/default/files/ISE_Annual_Report_to_Congress_2011.pdf.

② Homeland Security Advisory Council, *Intelligence and Information Sharing Initiative: Homeland Security Intelligence and Information Fusion*, April 2005, p. 4. http://www.dhs.gov/xlibrary/assets/HSAC_HSIntelInfoFusion_Apr05.pdf.

中，美国在大力建设联邦政府层面的横向信息共享体系的同时，还启动了联邦政府与地方政府之间的纵向信息共享体系的建设。

1. 在联邦层面建立与地方层面的共享协调机构

2005 年 12 月 16 日，小布什总统向各行政部门和独立机构的领导发布了名为“支持信息共享环境建设的指导方针和需求”的政策备忘录，将信息共享环境的建设确定为所有政府部门的优先工作事项，并明确指出应建立一个能够使联邦政府与地方政府共享反恐情报信息的框架。① 为落实总统的指示，信息共享项目主管于 2006 年 11 月发布《信息共享环境落实计划》，建议在国家反恐中心内部成立一个“跨机构威胁评估与协调小组”（Interagency Threat Assessment and Coordination Group）。该小组组长由国土安全部任命，成员包括国土安全部、联邦调查局、国防部及其他相关政府机构的代表，主要职责是统一协调和处理情报、执法、国土安全等联邦政府部门得到的反恐情报信息，并将此类情报信息通报给地方政府的相关机构。② 2007 年 8 月 3 日，小布什总统签署《2007 年落实“9·11”委员会建议法》，正式决定建立“跨机构威胁评估与协调小组”，具体组建事宜由国家情报主任通过信息共享环境项目主管与国土安全部部长共同协调。③ 此后，在该小组的统一协调下，联邦政府至地方政府层面的情报信息共享体系得到进一步的完善。

2. 在地方层面建立与联邦层面的共享网络

“9·11”事件前，开展反恐情报工作被视为是对外情报部门的职责，其他部门根本无从插手，“大部分与恐怖主义相关的信息传统

---

① White House, *Memorandum for the Heads of Executive Departments and Agencies*, December 16, 2005. http://www.fas.org/sgp/news/2005/12/wh121605-memo.html.

② Program Manager for the Information Sharing Environment, *Information Sharing Environment Implementation Plan*, November 2006, p. 29. http://ise.gov/sites/default/files/ise-impplan-200611_0.pdf.

③ Public Law No. 110-53: Implementing Recommendations of the 9/11 Commission Act of 2007, August 3, 2007, Sec. 521. Interagency Threat Assessment and Coordination Group.

上是在美国境外搜集的，而搜集此类信息被视为是情报界的责任。因此，各州与地方执法部门极少甚至从未参与其中”。[①] 然而，“9·11”事件后，这种由对外情报部门主导反恐情报工作的情况发生了根本改变，各州及地方政府也开始主动参与反恐情报工作，保卫本土安全。前马萨诸塞州州长米特·罗姆尼（Mitt Romney）就曾表示：“我们已经认识到这样一个事实，即无法仅仅通过在街头巷尾派驻警察的方式保卫国土安全。我们拥有太多的桥梁、道路、医院、学校、地铁、火车，因而根本无法保护所有可能遭受恐怖袭击的目标。我们需要做的是在坏人作案前找到他，而这就需要情报，各州及地方政府将不得不在这方面扮演主要角色。”[②] 2005 年 1 月，全国州长协会（National Governors Association）表示，各州应建立自己的反恐情报中心，即“融合中心”（Fusion Center），并将发展融合中心作为自己的最高优先工作事项。[③] 3 月，国土安全咨询委员会（Homeland Security Advisory Council）也建议，“每个州应建立一个 24 小时值班的全源、多门类的信息融合中心”。[④] 此后，融合中心的组建进程加速，各州纷纷建立了多个负责整个州或主要城市区域反恐情报工作的融合中心。

各地融合中心的迅速组建得到了包括国土安全部在内的相关联邦政府部门的高度关注和资金支持，并被逐渐纳入到与联邦政府各机构共享情报信息的网络体系之中。2006 年，国土安全部情报与分析办公室主任查尔斯·艾伦（Charles Allen）向时任部长迈克尔·切

---

① Homeland Security Advisory Council, *Intelligence and information sharing initiative: Homeland security intelligence and information fusion*, April 2005, p. 4. http://www.dhs.gov/xlibrary/assets/HSAC_HSIntelInfoFusion_Apr05.pdf.

② John Rollins, *Fusion Centers: Issues and Options for Congress*, Washington, D. C.: Congressional Research Service, January 18, 2008, p. 17.

③ Department of Justice and Department of Homeland Security, *Fusion Center Guidelines*, August 2006, p. 1. http://it.ojp.gov/documents/fusion_center_guidelines_law_enforcement.pdf.

④ John Rollins, *Fusion Centers: Issues and Options for Congress*, Washington, D. C.: Congressional Research Service, January 18, 2008, p. 19.

托夫（Michael Chertoff）提交了一份详细的信息共享计划，艾伦认为："充分利用国内信息是国土安全部完成保卫国土安全任务的独特贡献，而融合中心就是联邦政府进入地方的自然入口，有了这个入口，国家情报界就能够进入到各州及地方系统，并获得关键的威胁信息。国土安全部需要拥有及时从各州及地方获得信息及情报产品的能力。"① 随后，切托夫批准了艾伦的计划。2006 年 8 月，国土安全部联合司法部共同发布《融合中心指导方针》（Fusion Center Guidelines），指出融合中心的核心理念是合作，其"终极目标是建立一种机制，使政府、执法、公共安全以及私营部门能够为了共同的目标走到一起，进而提升保卫国土安全和预防犯罪的能力"。② 该方针认为，融合中心能够促进信息与情报的自由流通以及资源的最大化利用，理顺不同行动之间的关系，分析从多个来源获得的数据，进而提升打击犯罪与恐怖主义活动的能力，是一种行之有效的机制。《融合中心指导方针》的出台标志着国土安全部等联邦部门开始正式参与各地融合中心的建设，并通过制定能力建设指导方针的方式进一步规范融合中心的工作。

2007 年 3 月 6 日，国土安全部部长迈克尔·切托夫在首届"国家融合中心会议"（National Fusion Center Conference）上进一步提出，"建立单一的融合中心并不是我们的目的，我们需要建立一个遍布全国的融合中心网络。这一网络不但联邦政府能够访问，同样重要的是，不同社区的工作人员也能自由访问，从中获得全国范围内

① United States Senate Committee on Homeland Security and Governmental Affairs, *Federal Support for and Involvement in State and Local Fusion Centers*, Washington, D. C.: Government Printing Office, October 3, 2012, p. 12. http://www.fas.org/irp/congress/2012_rpt/fusion.pdf.

② U. S. Department of Justice and Department of Homeland Security, *Fusion Center Guidelines: Developing and Sharing Information and Intelligence in a New Era*, August 2006, p. 4. http://it.ojp.gov/documents/fusion_center_guidelines_law_enforcement.pdf.

的所有信息，进而帮助他们完成特定任务。”① 10 月，美国首次发布《国家信息共享战略》。该战略一方面充分肯定了融合中心作为各州及地方政府信息共享枢纽的独特地位，以及其在搜集、分析与分发反恐信息上的重要作用；另一方面还专门以单一附件的形式明确指出，美国要“建立一个由各州和主要城市融合中心组成的一体化的国家网络”，以加强各州及地方政府之间的合作。② 为了进一步规范与明确全国各类融合中心的建设组网标准以及基本能力要求，2008 年 9 月，国土安全部与司法部联合发布《州与主要城市区域融合中心的基本能力》（Baseline Capabilities for State and Major Urban Area Fusion Centers），文件进一步明确了各融合中心在开展反恐情报信息搜集、分析与共享时所应具备的基本结构、流程与工具。③

第二节　打造统一的国家情报战略体系

情报界从来不缺乏法规指导，但在“9·11”之前，美国的情报法规并未形成一个完整的、有强制力的体系。1986 年 2 月，时任中央情报主任威廉·凯西发布了第一部《国家对外情报战略》（National Foreign Intelligence Strategy），以为情报界在开展对外情报工作时提供资源配置方面的指导。④ 1994 年 11 月，时任中央情报主任詹姆

① John Rollins, *Fusion Centers: Issues and Options for Congress*, Washington, D. C.: Congressional Research Service, January 18, 2008, p. 9.

② The White House, *National Information Sharing Strategy*, Washington, D. C.: Government Printing Office, 2007, p. A1 – 1.

③ U. S. Department of Justice's Global Justice Information Sharing Initiative, *Baseline Capabilities for State and Major Urban Area Fusion Centers: A Supplement to the Fusion Center Guidelines*, September 2008. http://www.it.ojp.gov/documents/baselinecapabilitiesa.pdf.

④ 1987 年 3 月，时任代理中央情报主任罗伯特·盖茨发布了第二部《国家对外情报战略》；1989 年 6 月时任中央情报主任威廉·韦伯斯特发布了第三部《国家对外情报战略》。Douglas F. Garthoff, *Directors of Central Intelligence as Leaders of the U. S. Intelligence Community* 1946 – 2005, Washington, D. C.: Central Intelligence Agency Center for the Study of Intelligence, 2005, p. 178.

斯·伍尔西也曾发布过一份名为《21世纪美国情报工作的基本架构》（A Framework for US Intelligence in the 21st Century）的战略文件，旨在规划未来十年国家情报战略目标。① 1999年3月，时任中央情报主任乔治·特尼特更是发布了一份名为《美国情报界战略意图》（Strategic Intent for the US Intelligence Community）的战略文件，用以建立“一个经过最优化设计的统一的情报界，为总统、军事及外交官、执法界及国会提供决定性的信息优势”。② 只是上述战略文件缺乏连贯性和强制力，各情报机构并未参照执行。《2004年情报改革与防恐法》通过后，国家情报主任依法制定并颁布了一系列国家级的情报战略文件，系统地指出了情报界的长远战略目标、阶段性工作计划和具体工作要求。此外，部门情报机构也针对性地调整了本部门的战略计划，以呼应和落实国家级情报战略文件中关于加强一体化改革的规定。总之，所有这些战略文件共同构成了一个层层分解和落实《2004年情报改革与防恐法》的完整的国家情报法规体系，有力地保障了国家情报一体化改革工作的顺利推进。

一、国家级情报战略

国家情报工作是美国国家安全的第一道防线，也是国家安全的重要支柱。为使国家情报工作能够充分落实《2004年情报改革与防恐法》的要求，并形成密切协作的高效运行态势，美国先后推动了《国家情报战略》和《国家反情报战略》。这两类战略依据《2004年情报改革与防恐法》制定，为整个情报界的情报与反情报工作提供

---

① Douglas F. Garthoff, *Directors of Central Intelligence as Leaders of the U. S. Intelligence Community 1946 – 2005*, Washington, D. C.: Central Intelligence Agency Center for the Study of Intelligence, 2005, p. 222.

② Douglas F. Garthoff, *Directors of Central Intelligence as Leaders of the U. S. Intelligence Community 1946 – 2005*, Washington, D. C.: Central Intelligence Agency Center for the Study of Intelligence, 2005, p. 263.

了明确的战略指导。为重点推进和落实上述战略规定的相关战略目标，美国还相继针对人力资源管理、情报信息共享等工作推出了单独的情报战略，以为重点范畴的国家情报一体化改革工作提供具体指导。

（一）国家情报及反情报战略

首先，美国分别于2005年10月26日和2009年9月15日发布了两份《国家情报战略》。两版战略均依据《2004年情报改革与防恐法》及最新的《国家安全战略》，制定了情报界应重点完成的“工作任务目标”（Mission Objective）和“机构建设目标”（Enterprise Objective）（参见表3－2）。在具体解释其机构建设目标时，两版战略均将“一体化”作为情报改革需坚持的基本原则和最终目的。

2005年版《国家情报战略》明确指出，“我们将按照一体化的基本原则推动情报界的转型”，即建立一体化的情报能力，以最终实现小布什总统对情报界的要求——“更加联合、更加协调、更加高效”。2009年版《国家情报战略》进一步强调，“情报界必须实现一体化，即形成一个团队，使整体大于各个部分的简单相加”。对于如何实现一体化，该版战略提出应全力推行“任务管理”（Mission Management）模式。在这一模式中，国家情报主任将指定某个人、团队、中心或执行部门代为管理国家情报任务。任务管理的具体管理方式可以是灵活多样的，有些可能需要建立一个拥有大量工作人员的大型情报中心（如国家反恐中心），有些可能只需建立一个非正式的、较小编制的小组。而无论以哪种组织形式存在，情报界各机构都应在统一指挥下协同工作，共享情报、能力及资源，以充分发挥出整体合力。

表3－2　两版《国家情报战略》战略目标对比表

目标类型	2005年版《国家情报战略》	2009年版《国家情报战略》
工作任务目标	1. 通过瓦解其行动能力，击败国内外的恐怖分子，并通过倡导民主与自由，从他们手中夺回主动权。 2. 防止并打击大规模杀伤性武器的扩散。 3. 促进民主制度的发展，支持爱好和平的民主国家。 4. 针对防护严密的对手，研发新的情报搜集和分析方法。 5. 预测战略重点的发展态势，发现潜在的机会和危险。	1. 打击暴力极端主义。 2. 打击大规模杀伤性武器扩散。 3. 提供战略情报和预警。 4. 整合反情报工作。 5. 加强网络安全防护。 6. 支援当前的外交、军事和执法行动。
机构建设目标	1. 在遵守法律、保护隐私和公民自由的前提下，建立一体化的情报能力以应对美国本土面临的威胁。 2. 加强分析技术、方法和实践能力，尽可能利用各领域的专家，探究不同的分析观点。 3. 重组、整合、优化情报搜集能力，以满足情报用户和分析人员当前和未来的优先需求。 4. 吸引并招募人才，将其整合为一支勇于创新、注重实效的情报团队。 5. 确保情报界成员和用户能够及时获得其所需要的情报。 6. 拓展新的，并巩固已有的国外情报关系网，以应对全球安全挑战。 7. 建立清晰、统一的安全操作贯例和规则，使所有情报机构都能共同工作，保护国家机密，并开展积极的反情报工作。 8. 利用开拓性的科研成果，保持并拓展情报优势，以应对新兴威胁。 9. 从成功和失败的经验中汲取教训，为迎接新挑战做好准备。 10. 削减冗余和价值不高的项目，将节余资源转移到当前或新兴的国家安全优先事项上。	1. 加强情报界的任务管理，围绕任务组织情报行动。 2. 加强与外界的伙伴关系。 3. 优化工作流程。 4. 加强信息融合与共享。 5. 推进科技研发工作。 6. 建设人才队伍。 7. 改进采购工作。

其次，美国分别于2005年、2007年、2008年、2009年发布了四份《国家反情报战略》。2005年版战略明确指出，反情报界的组织机构过于零散，各反情报机构相互独立、拥有十分有限且各不相同的职责、权限和能力。它们在工作过程中过于关注战术目标而非战略任务，倾向于关注个案而未能在战略上关注协同合作的潜在影响。因此，该战略首次倡导建立一个“国家反情报系统”（National Counterintelligence System），将由各个独立的反情报机构组成的“松散的联邦”（loose confederation）转变成为一个协调统一的组织体系，发挥反情报工作的整体合力以满足国家安全的需要。此后，2007年、2008年、2009年版战略均着重强调推进反情报界一体化的重要性。一方面，三版战略在正文开头就明确指出：“国家反情报机构将形成一个统一整体，并且根据国家反情报执行官确立的优先事项，在各自的能力和权限范围内联合开展反情报工作。”另一方面，三版战略均将“管理反情报界、实现有效协作”作为一项需长期坚持的战略目标，并明确指出：“国家反情报执行官的首要任务就是推动不同行政部门反情报项目的一体化和有效管理。”

（二）重点领域的情报战略

无论是在《国家情报战略》，还是在《国家反情报战略》中，人力资本和情报信息均被视为情报界的重要资产和推动国家情报一体化改革的重要抓手。为推动情报人才和情报信息在整个情报界范围内的自由流动，国家情报主任专门发布了指导这两个重点领域国家情报改革工作的战略。

2006年6月22日，国家情报主任发布了首份《美国情报界人力资本发展五年战略计划》。该战略指出，应对我们所面临的大量威胁的唯一方法就是建设一个真正一体化的情报界，为此，情报界需要“组建一支一体化的国家情报力量”。首先，情报界的人才队伍要实现“一体化转型”（Transformation Through Integration）。情报界的文职和军职情报人员不仅应将自己视为中央情报局或国家安全局的工作人员，还应将自己视为是一个更大的国家情报力量的一部分，他们将在共同的标准、使命和核心价值观的指导下工作。其次，情报界的人才队伍要实现“合而不同”。不需要也不强求各情报机构在文化上实现统一和一致，也不会实施完全统一的人事制度和程序。要在尊重各部门独立自治的基础上实现情报界的一体化。最后，为统一情报界的训练、教育及职业发展标准，应将情报界不同的训练机构和教育院校整合到一个共同的、虚拟的“屋顶”之下，即建立一个“国家情报大学”。国家情报大学应是国家情报主任办公室直接管理的情报教育训练网络，成员包括情报界不同的教育训练院校。[①]

2008 年 2 月 22 日，国家情报主任麦克·麦康奈尔发布了首份《美国情报界信息共享战略》，强调信息共享对于推动国家情报一体化改革的重要性和必要性，并将“加速和改善信息共享”列为国家情报主任最高优先工作事项之一。该战略明确指出：“2001 年 9 月 11 日发生的悲剧表明，美国情报界必须加强一体化，提高信息共享能力以应对不断变化的威胁。”[②] 该战略规定，情报界的信息共享愿景为“建成一体化的情报业界，让所有情报信息无缝衔接情报流程的每个阶段，进而预先获悉完成任务所需要的信息”。为实现这一愿景，情报界需要摒弃“需要知道”的传统信息共享模式，建立“有责任提供”的新型信息共享模式。（参见图 3－4）具体而言，情报界应着力实现以下五个方面的战略目标：

---

① Office of the Director of National Intelligence, *The US Intelligence Community's Five Year Strategic Human Capital Plan*, June 22, 2006, pp. 22－23. http://www.dni.gov/publications/DNIHumanCapital-StrategicPlan18October2006.pdf.

② Office of the Director of National Intelligence, *United States Intelligence Community Information Sharing Strategy*, Washington, D.C.: Government Printing Office, February 22, 2008, p.5. http://www.dni.gov/reports/IC_Information_Sharing_Strategy.pdf.

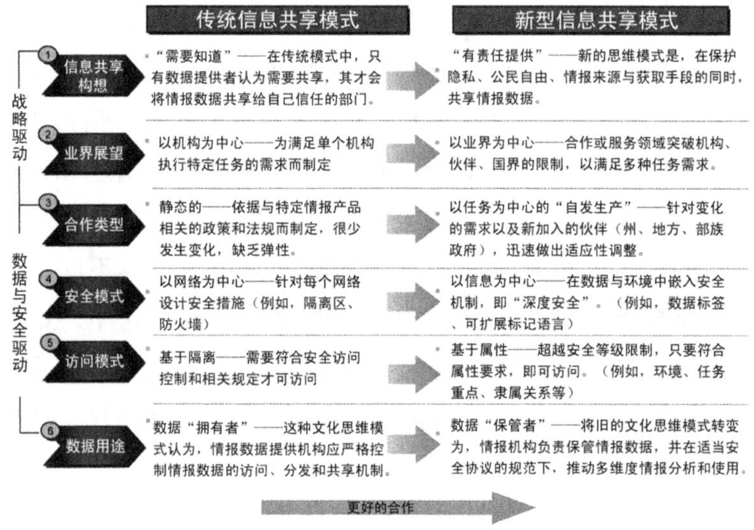

图3-4　美国情报界信息共享模式转变示意图[①]

1. 确保情报信息检索与分发范围的最大化

情报界必须“根据国家安全要求，确保情报信息在情报界内部实现最大范围的可获取性和可访问性”。从最初的情报搜集到最终的情报产品生产，该战略都必须确保信息的检索与分发。必须使用风险管控的方法，实现访问与分发能力的最大化，平衡处理好两种风险：一是不能满足任务需要而产生的风险，二是未经授权而泄露情报信息（包括情报来源与手段）所造成的风险。在此过程中，还要充分考虑保护隐私与公民自由。

2. 所有情报均可被发现，所有情报均可根据任务需求被访问

情报界从很多情报来源搜集了大量情报信息，而在这些彼此独立的搜集部门之外，很难发现或接触到这些信息。分析人员“不知道哪些是他们确实不知道的”。他们常常不知道有些信息其实已经被

① Office of the Director of National Intelligence, *United States Intelligence Community Information Sharing Strategy*, Washington, D. C.: Government Printing Office, February 22, 2008, p. 9. http://www.dni.gov/reports/IC_ Information_ Sharing_ Strategy. pdf.

搜集过了。我们必须建设合作型的信息环境，在这种环境里，情报界的搜集人员与分析人员能发现所有信息，很容易地辨明不同信息之间的关联；情报人员与组织处在一体化的情报业界之中，能够互相合作以整合知识。该环境的核心理念是，无论情报信息的密级如何，归属哪个部门，也无论情报分析与搜集人员属于哪个单位，他们都能够知道所有已经获得的情报信息。分析人员与搜集人员可以根据任务需要来访问与检索相关的信息。这些信息可以直接检索，也可提供给分析机构内得到相关授权的用户，还可作为处理过的产品提供给分析人员，或经过进一步授权再提供给用户。所有数据均可被发现，这使得人们可以发现信息与其他数据之间的关联，为“连点成线”提供更多机会。

3. 基于对任务迫切性更多的理解和信任而共享情报信息

“需要知道”的旧文化制约着如今的信息共享实践。多个机构都制定了各自的保密规定与程序，导致我们在使用和理解安全标记时出现混乱。不同的访问、验证、鉴定要求阻碍了情报界各机构间的信任。关键是要建立统一的验证与鉴定方法，设立统一的信息安全标准，以及为实现信息共享而统一情报界的数据访问规定。信息用户对信息本身的信任，信息提供者对谁可以接触信息、如何保护信息以及如何使用信息的信任，这些都是信任模式中不可或缺的因素。信息共享战略必须解决这些问题，需要解决的其他问题包括基于属性的访问、自动化的用户授权和审核，确保数据层面的安全，以建立基于信任的模式，进而使信息在参与者之间自由流动。

4. 转型活动的核心是培育一种奖励信息共享的文化

取得成功的前提就是推动文化转变，以自然地鼓励负责任的信息共享行为。培训工作必须更加强调“有责任提供”，同时也要理解保护情报来源与方法、公民隐私与公民自由的重要性。如果情报界的工作人员发现，他们之所以能够取得好的专业成绩，一部分是因为他们较好地完成了信息共享任务，那么信息共享工作就会取得进步。“为了发布而撰写的政策”是鼓励与情报界用户共享信息的重要手段。建立对信息共享的奖励机制后，分析人员与搜集人员会主动要求破除阻碍信息共享的障碍，也会欢迎更好的工具以帮助他们取得成功。

5. 创建一个“单一信息环境”以改善信息共享

单一信息环境会改善情报界管理业务、信息、知识的方式，会带来新的合作机会，会帮助改进情报分析实践。情报界信息基础设施分散在各个单位，这导致了额外的开销、行动的低效、单一的解决方案，这些都降低了完成任务的效率。统一的信息标准和核心服务有助于跨情报门类开展检索与发现。[①]

二、国家级情报计划与构想

为了充分落实上述情报战略所提出的战略目标，进一步细化国家情报一体化改革的举措和前进方向，国家情报主任相继推出了短期性的情报工作计划和长期性的情报工作构想。

（一）情报工作计划

2007 年，国家情报主任麦克·麦康奈尔先后于 4 月 11 日、10 月 10 日发布了《情报界一体化与协作 100 天计划》《情报界一体化与协作 500 天计划》。两份计划依据《国家情报战略》中的相关规定提出了推动情报界一体化建设的六大目标和相关改革举措：

1. 创建合作文化

应改变情报界各机构及工作人员之间缺乏联系与合作的状态，通过情报界人才队伍的一体化建设营造一种合作的文化。具体改革

---

① Office of the Director of National Intelligence, *United States Intelligence Community Information Sharing Strategy*, Washington, D. C. : Government Printing Office, February 22, 2008, pp. 10 – 11. http: //www. dni. gov/reports/IC_ Information_ Sharing_ Strategy. pdf.

举措包括：实施“联合任职”计划，统一情报界的绩效评估标准，推动情报人才的公平就业与多元化等。

2. 加速信息共享

情报界需摒弃“需要知道”的保密文化，并努力营造“有责任提供”的共享文化。具体改革举措包括：修订各部门界定、处理与分发敏感信息的标准政策指南，以促进情报界内部的信息共享；支持信息共享环境项目主管、联邦调查局、国土安全部与各州、地方、部落及私营部门共享情报信息等；创建单一信息共享环境和情报界密级设定指南。

3. 推动情报搜集和分析工作转型

情报界应围绕特定任务统一管理情报搜集和分析工作，以更好地满足决策者的情报需求。具体改革举措包括：为实现一体化的情报搜集与分析而建立一种灵活的运行模式；组建国家情报协调中心；在整个情报界范围内创建一个协作性的情报分析技术环境（例如，分析空间和国家情报库）等。

4. 建立装备采购和技术领先优势

情报界需改变各机构独立采购装备与研发技术的现状，应制定一个一体化的战略，以将最新的技术应用到情报工作当中。具体改革举措包括：改革当前的采购政策和流程，充分发挥国家情报主任的领导作用；组建一个情报高级研究计划署，研发创新型的先进情报技术，承担单个情报机构无法承担的研发风险等。

5. 实现工作管理现代化

情报界应采用工业界和政府部门已经采纳的成功的现代管理经验，将管理模式从当前的“关注投入、预算驱动”转变为“关注产出、能力驱动”。具体改革举措包括：在整个情报界和国家层面制定新的安全审查程序，以便快速地吸引高素质的美国人；改革情报界的财务管理和预算评估系统；建立一个统一的情报界战略管理系统，以将战略与能力、体系结构、预算、解决方案、预期效果一一关联起来等。

6. 厘定国家情报主任的职权

《2004 年情报改革与防恐法》规定应加强国家情报主任领导整个情报界的职权，但国家情报主任的相关职权还需进一步明确。具体改革举措包括：成立一个执行委员会，以协助国家情报主任履行其协调所有情报活动的职责；更新相关政策文件，以明确和统一国家情报主任在管理情报界方面的权限等。

此外，2009 年发布的《情报界一体化与协作 500 天计划的后续报告》还针对上述六个方面的一体化改革成效进行了初步评估，制作了一张阶段性效果评估图，以为后续国家情报一体化改革提供具体参照（参见图 3-5）。

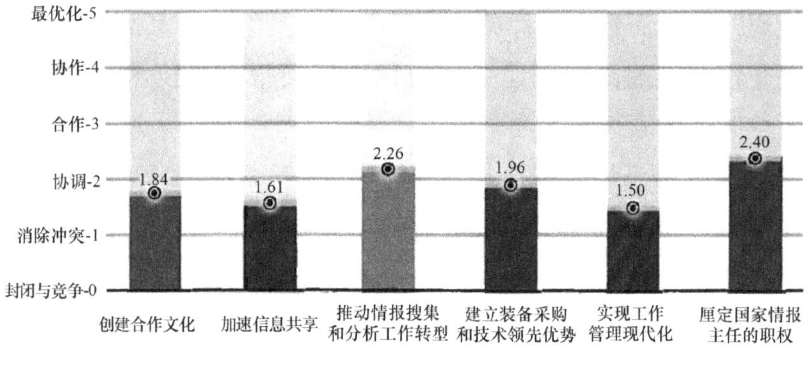

图 3-5　情报界一体化与协作阶段性效果评估图（2009 年）[①]

（二）情报工作构想

2008 年 7 月 7 日，国家情报主任麦克·麦康奈尔发布了《构想 2015：全球联网与一体化的情报业界》，前瞻性地提出，到 2015 年，现有的以机构为中心的情报界必须发展成为一个真正实现一体化的

---

① Office of the Director of National Intelligence, *500 Day Plan Follow Up Report: Part II*, January 16, 2009. http://www.fas.org/irp/dni/500-day-follow-pt2.pdf.

情报业界。到时，情报界将在四个方面做出改变。

1. 情报工作由用户驱动

到2015年，情报用户将是随着互联网的发展而成长起来的熟悉计算机的人，他们习惯于在用户生成式的网络环境（如博客、维基百科）中消费和添加信息。具体而言，未来的情报用户可以分为三类：一是“伙伴”，他们需要最密切和私人定制式的情报支援，并会积极参与情报界的工作、共同寻求答案；二是“客户”，他们希望情报界扮演咨询性的角色，并会与其开展持续的交流互动，只是他们会特别关注情报工作对其计划带来的影响；三是“消费者”，他们更愿意与情报界保持一种交易关系，即他们负责提出问题，情报界负责快速、直截了当地回答问题。为了适应这一变化，情报界要做出两个方面的改变：一是根据情报用户的多样化需求订制不同的情报支援方式；二是与情报用户保持一种持续而密切的互动合作关系，在更好地了解用户的情报需求的同时，也让用户更好地了解情报工作的能力和局限性。

2. 情报工作以任务为中心

情报界需要抛弃以机构为中心的线性情报工作模式（下达任务、搜集、处理、加工、分发），转而采纳以任务为中心的动态情报工作模式。这一新的工作模式将坚持4个重要的工作原则：一是一体化的任务管理。情报界将统一规划情报任务，并能够通过网络将情报专家和资源集中起来共同应对特定任务，其组织形式可以是国家情报中心、任务主管或特别工作组。二是适应式的情报搜集。情报界将整合所有层级的情报搜集能力，进而建立一体化的情报搜集系统。这一系统将建立在一个全球情报搜集网络上，联网的分布式传感器能够实时地协同工作。三是协作式的情报分析。情报分析工作将从传统的强调“依靠自我”向强调“依靠协作”转变，即不同机构的情报分析专家将能够围绕共同任务在分布式的网络上开展情报分析合作。四是发展战略伙伴关系。情报界将向外拓展合作网络，未来的战略合作对象将包括国际盟友、机会性的合作伙伴、跨国组织、民间社团、学术界和工业界等。

3. 以网络为中心的信息业界

情报界应建立在网络化的信息基础架构上，进而实现跨越部门限制、无缝隙访问所有情报数据库的目标。为此，情报界需要做出两个方面的改变：一是应建立覆盖情报界的通用信息基础设施。到2015年，情报界将建成一个通用的“云”，即各情报机构所有分布式的数据存储、处理和管理中心均设置在一个单一的主干网络上。二是情报界的通用信息基础设施要以提供服务为导向，即根据用户的不同需求，灵活地提供包括通信、数据、安全、分析服务在内的多种情报工作服务。

4. 业界一体化

为了在2015年建成真正一体化的情报业界，需要把情报界的三个关键要素全面整合起来：一是改革人力资本与知识管理，即情报界要确保情报人才和情报信息能够跨部门流动和共享；二是实现管理的现代化，即情报界应建立一个整合计划、规划、预算、业界管理、财务功能的系统，以使战略与预算、预算与能力、能力与成效对接起来；三是支持创新与发展科技，即情报界应重新设计采购政策和流程，突出适应性和灵活性，并在关键技术研发上敢于创新、保持竞争优势（参见图3－6）。

三、情报界指令体系

为落实《国家情报战略》及相关计划、构想的相关规定，并为部门情报工作提供具体指导，国家情报主任在中央情报主任指令的基础上重新设立了一套管理情报界的情报指令体系。2006年4月25日，国家情报主任发布了第2006－100－1号情报界政策备忘录《情报界政策流程》（Intelligence Community Policy Process）。该备忘录详细阐述了新的情报界指令体系的基本构成。①

图3－6　业界一体化示意图②

首先，根据指令涉及的不同领域，情报界指令体系共分九大专题：业界管理（代号100）、情报分析（代号200）、情报搜集（代号300）、用户反馈（代号400）、信息管理（代号500）、人力资源（代号600）、安全与反情报（代号700）、科学与技术（代号800）、任务管理（代号900）（参见表3－3）。

---

① 2006年5月1日，国家情报主任正式发布了名为"情报界领导政策指令"的第1号《情报界指令》，这是一份具有里程碑意义的文件，其正式确认了第2006－100－1号《情报界政策备忘录》中关于国家情报政策体系的相关规定。

② Office of the Director of National Intelligence, *Vision* 2015: *A Globally Networked and Integrated Intelligence Enterprise*, July 2008, p. 15. http: //www. dni. gov/publications/vision_ 2015. pdf.

表3-3 情报界指令体系的主题、代号及负责人①

代号	主题	负责人
100	业界管理	负责管理事务的国家情报副主任
200	情报分析	负责分析事务的国家情报副主任
300	情报搜集	负责搜集事务的国家情报副主任
400	用户反馈	负责用户反馈事务的国家情报副主任
500	信息管理	国家情报副主任兼首席信息官
600	人力资源	国家情报副主任助理兼首席人力资本官、负责教育与训练事务的国家情报副主任助理兼国家情报大学校长
700	安全与反情报	国家反情报总监兼负责安全事务的国家情报副主任助理
800	科学与技术	负责科技事务的国家情报副主任
900	任务管理	视具体情况而定

其次，根据情报指令的不同表现形式，可将不同指令分为三种类型：

一是“情报界指令”（Intelligence Community Directive，ICD）。它是国家情报主任对情报界实施政策指导的主要手段，也是国家情报政策中的最高级别的文件。

二是“情报界政策备忘录”（Intelligence Community Policy Memorandum，ICPM）。它是国家情报主任在正式发布情报界指令前对情报界提供的临时政策指导，有时也用来发布对紧急事项的政策指导，也可反映一项新的政策或对现存政策的修订。而且每份备忘录都包括这样一句话：“本政策的相关内容将会被并入一份情报界指令。”一般来讲，国家情报主任在发布一份情报界指令之前都会先发布一份情报界政策备忘录，而等正式的情报界指令出台后，此前的情报界政策备忘录随即作废。无论是情报界指令，还是情报界政策备忘

---

① Office of the Director of National Intelligence, *Intelligence Community Policy Memorandum* 2006-100-1: *The Intelligence Community Policy Process*, April 25, 2006. http://www.fas.org/irp/dni/icpm/2006-100-1.pdf.

录，均需国家情报主任签署生效，如国家情报主任不在位，可由国家情报常务副主任签署。

三是“情报界政策指导”（Intelligence Community Policy Guidance，ICPG）。它是特定情报界指令的补充性文件，意在为其附属的情报界指令提供详细的政策落实指导。相关情报官员和负责管理事务的国家情报副主任均可签署情报界政策指导。

2009 年 1 月 16 日，国家情报主任发布了第 101 号情报界指令《情报界政策系统》（Intelligence Community Policy System）。该指令取代了此前发布的第 2006－100－1 号情报界政策备忘录，并重新调整了情报界指令体系的基本构成。首先，该指令规定以后不再发布情报界政策备忘录，现存相关备忘录仍然继续有效，除非国家情报主任明令废止。其次，该指令决定新增两类指令：

一是“情报界标准”（Intelligence Community Standard，ICS）。此类标准依据相关情报界指令和情报界政策指导制定，并与其保持一致，旨在为情报或与情报相关的产品、流程或活动提供操作程序、规则、条件、指南、特征或特别说明，以有效执行和统一落实相关法律、行政命令和情报界政策。此类标准一般由国家情报主任指定的官员负责制定和发布，例如，情报界首席信息官负责制定和发布与信息技术、数据标准、信息安全与管理工作相关的情报界标准，情报界首席人力资本官负责制定和发布与人力资本和情报界工作人员相关的情报界标准，情报界首席财务官负责制定和发布与国家情报计划中的财务与资源管理相关的情报界标准，国家反情报总监负责制定和发布与反情报工作相关的情报界标准。

二是“国家情报主任行政函”（Director of National Intelligence Executive Correspondence）。此类行政函集中关注国家情报主任认定的可能影响到整个情报界的问题，主要用于传达国家情报主任的战略政策意图或初步拟定的方案，也可被用于满足突发的或十分迫切的政策需求，后续可能会促使国家情报主任制定相关情报界指令和情报界政策指导。行政函一般由国家情报主任签署，当国家情报主任不在位时，也可由国家情报常务副主任签署。

四、部门级情报战略

2005年后，在国家级情报战略及相关指令的指导下，各部门情报机构陆续制定了本部门的战略规划。例如，2007年3月，国防情报局就发布了《国防情报局战略计划2007－2012》；4月，中央情报局也发布了《中央情报局战略意图2007－2011》。这些部门级情报战略从不同层面、不同领域细化了国家级情报战略中的相关规定，有力地保障了国家情报一体化改革工作的具体落实。

首先，《国防情报局战略计划2007－2012》开篇就指出，《2004年情报改革与防恐法》《国家安全战略》《国防战略》《四年防务评估》，国家情报主任办公室和《国家情报战略》的出现，表明情报工作已进入了一个非同寻常的变革时期。这一变革的重要影响是，我们将建立一个高度一体化、密切联系的国防情报业界。这一架构将成为连接国防和国家优先情报需求的重要纽带，并将实现人员、系统、处理过程等情报工作各组成要素间的横向一体化。为此，国防情报局需努力完成五类任务：一是继续进行全球反恐作战；二是规划和支援国防行动；三是实现国防情报工作的统一行动；四是支持国家情报主任办公室的工作；五是发展国防情报业界。①

其次，中央情报局局长迈克尔·海登（Michael Hayden）将军在《中央情报局战略意图2007－2011》的前言中明确指出，本局战略意图的核心主题是“一体化”——在中央情报局内部形成一个团队，并与情报界其他成员形成一个团队。总统发布的《国家安全战略》以及国家情报主任发布的《国家情报战略》都要求情报界“更统

① Defense Intelligence Agency, *Strategic Plan 2007－2012: Leading the Defense Intelligence Enterprise*, March 2007. http://www.dia.mil/thisisdia/2007－2012_DIA_Strategic_Plan.pdf.

一、更协调、更高效”，而我局的战略意图与这两份文件的上述要求完全一致。[①] 一方面，该战略意图明确指出，中央情报局的远景战略目标是“同一个中央情报局，同一个情报界”，即成为一个核心能力无可匹敌、以团队方式工作、完全融入情报界的机构。另一方面，该战略意图又将“整合情报能力”作为中央情报局未来4年内需要完成的首要战略目标，并规定该局需要完成的具体目标包括：使任务、活动和能力符合《国家情报战略》的要求；在中央情报局内部创建一个能够有效开展协作的环境；持续寻求与国家安全部门合作的机会；拓宽并深化与外国伙伴的联系，以增加任务完成效果；增强系统地获取和共享情报经验和教训的能力。

第三节 推动情报信息的跨部门共享

部门情报机构之间充分地共享情报信息是开展“全源情报分析工作”的基础，也是确保情报工作客观性与准确性的必要条件。然而，“9·11”事件前，各家情报机构却对自己掌握的情报信息严格保密。这就导致恐怖袭击事发之前没有任何一家情报机构能够做好描绘恐怖袭击整体轮廓的“连线题”[②]，即在掌握大量相关情报的基础上，按照相关性原理将零散而又杂碎的情报信息串连起来，以提前发现尚处于萌芽或策划阶段的恐怖袭击。正如“9·11”委员会所言：“对信息共享工作的人为或系统的抵制已成为开展全源情报分析

① Central Intelligence Agency, *Central Intelligence Agency Strategic Intent* 2007 - 2011, April 2007. http//www.cia.gov/about - cia/strategy_ intention.pdf.

② 在美国，“连线题”是一项广为人知的儿童类智力游戏，只要小孩儿按照数字或字母排列的顺序将标有数字或字母的点连接起来，就能描绘出一件物品的完整轮廓，例如一条帆船或是一头大象。

工作面临的最大障碍。"① 因此，《2004 年情报改革与防恐法》明确规定，国家情报主任应在符合国家安全要求的前提下，确保情报信息在情报界内部最大程度的可用性和可访问性。为落实法律的这一规定，国家情报主任以及信息共享环境项目主管开始在整个情报界范围内推动情报信息的全面共享。

一、去除情报信息的"部门属性"

传统上，各部门情报机构认为，自己掌握的情报信息是本部门的"私有财产"和开展竞争性情报工作的重要资本，而且搜集和分析情报的主要目的也是为了本部门使用，故而拒绝与他人共享情报信息。2005 年后，为推动情报信息的跨部门共享，情报界主要致力于倡导和强调两种情报工作理念。

首先，强调情报信息是国家的公有资产，而非本部门私产。2005 年 10 月 26 日，《国家情报战略》明确提出，应彻底"剥夺"情报机构对其所获得的情报信息的"所有权"，进而用"有必要共享"的理念代替"有必要知道"的理念。② 2007 年 4 月 11 日，《情报界一体化与协作 100 天计划》进一步提出应改变各情报机构将自己视为"数据拥有者"的想法，大力倡导新的信息共享理念——"有责任提供"，即情报界内各机构有责任向其他部门提供自己掌握的情报信息。③ 12 月 22 日，国家情报主任发布了第 2007 - 500 - 3 号

① National Commission on Terrorist Attacks Upon the United States, *The 9/11 Commission Report: Final Report of the National Commission on Terrorist Attacks Upon the United States*, Washington, D. C.: Government Printing Office, 2004, p. 416.

② Office of the Director of National Intelligence, *The National Intelligence Strategy of the United States of America: Transformation Through Integration and Innovation*, October 2005, p. 14. http://www.dni.gov/publications/NISOctober 2005. pdf.

③ Office of the Director of National Intelligence, *100 Day Plan: Integration and Collaboration*, April 11, 2007, p. 9. http://www.dni.gov/100 - day - plan/100_ day_ plan. pdf.

情报界政策备忘录《情报信息共享》（Intelligence Information Sharing）。[1] 该备忘录指出，在最大范围内共享情报信息对于情报界完成任务来说至关重要。情报信息[2]是国家的公有资产，并不属于情报界内的任何特定情报机构。因此，情报界内的所有情报机构都应执行相应的政策、程序，终止其对情报信息的“所有权”，改为对其所获得的情报信息实施“管理权”，即从整体上认真而负责地管理属于国家的情报信息。

其次，强调生产情报是为了使情报产品在整个情报界范围内发挥最大效用，满足不同情报用户的情报需求，而非自产自销。2008 年 12 月 17 日，国家情报主任发布第 208 号情报界指令《为了实现最大效用而撰写情报》，指出情报界各机构撰写的情报信息应能够在正确的时间、以正确的形式传递到正确的用户手中。一方面，在撰写情报的过程中，情报界各机构应注意其可能会被他人重新加工使用的问题。因此，它们应针对同一份情报产品撰写不同的版本，相关版本应包含一些注释信息，以确保拥有更高涉密权限的人能够掌握相关情况。另一方面，必须确保情报产品能够被需要它的人发现。情报界各机构应为自己生产的所有情报产品撰写可供机器识别的摘要信息，并将此类信息分发出去，而生产和分发的过程必须严格依据国家情报主任制定的标准。[3]

---

① 2009 年 1 月 21 日发布的名为“情报界内信息的发现、分发或检索”第 501 号《情报界指令》取代了此备忘录。

② 情报信息是指情报界通过合法途径搜集或获取的所有形式的信息，此类信息包括两种：(1)《1947 年国家安全法》及第 12333 号总统行政命令所规定的对外情报、反情报及情报信息。(2) 描述美国情报及反情报活动的信息；获取、处理或加工情报时所使用的情报来源和方法；与美国情报搜集活动相关或情报搜集活动本身所产生的数据。参见 Office of the Director of National Intelligence, *Intelligence Community Policy Memorandums Number* 2007 – 500 – 3: *Intelligence Information Sharing*, December 22, 2007, p. 6. http://www.fas.org/irp/dni/icpm/2007 – 500 – 3.pdf.

③ Office of the Director of National Intelligence, *Intelligence Community Directive Number* 208: *Write for Maximum Utility*, December 17, 2008. http://www.fas.org/irp/dni/icd/icd – 208.pdf.

二、提高情报信息的“能见度”

“9·11”前，部门情报机构普遍依据“情报生产者全权控制”的保密原则来确定情报信息的秘密等级、访问权限和流通范围，这就导致各部门掌握的重要情报信息往往被束之高阁，封闭在一个个仅有极少数人有权阅读的空间内，“能见度”非常低。不仅其他情报机构无从知晓，就是该情报机构内部不同部门的工作人员也不知道特定情报信息的存在。为了改变这种局面，情报界主要从以下两个方面着手，提高情报信息在整个情报界范围内的“能见度”。

（一）降低共享产品的密级

2005 年，美国大规模杀伤性武器情报能力调查委员会曾建议各情报机构简化定密规则，以方便情报信息的发现与检索。① 2007 年 12 月 11 日，国家情报主任发布了第 2007－200－2 号情报界政策备忘录《为兑现情报界“有责任提供”的承诺而准备情报》，明确指出情报界各机构应更多地搜集和生产可被确定为最低密级的情报信息及产品。在情报搜集产品共享方面，各情报机构应在最大程度上共享最低密级的情报信息（包含情报源和搜集范围的相关描述），确保得到相关授权的用户能够访问此类信息；在情报分析产品共享方面，各情报机构不但应在分析过程中特别谨慎地使用高密级材料，而且还应将情报分析判断的结论降为最低密级，以在最大程度上共享分析产品。②

---

① The Commission on the Intelligence Capabilities of the United States Regarding Weapons of Mass Destruction, *Report to the President of the United States*, Washington, D. C.: Government Printing Office, March 31, 2005, p. 443.

② Office of the Director of National Intelligence, *Intelligence Community Policy Memorandum Number* 2007－200－2: *Preparing Intelligence to Meet the Intelligence Community's "Responsibility to Provide"*, December 11, 2007, pp. 2－3. http://www.fas.org/irp/dni/icpm/2007－200－2.pdf.

（二）明确共享主体的职责

2008年2月22日，《美国情报界信息共享战略》明确指出，情报界信息共享工作的基本目标之一就是“所有情报均可被发现，所有情报均可依据任务被访问”，即情报界必须建设一个合作型的信息环境，在这样的环境里，无论情报信息的密级如何，也无论情报分析与搜集人员属于哪个单位，他们都能够知道情报界已经搜集到了哪些情报信息。（参见图3－7）为落实该战略的相关要求，2009年1月21日，国家情报主任发布了第501号情报界指令《情报界内信息的发现、分发或检索》，向所有情报机构提出了“三个有责任”的要求：一是情报界内所有机构都应坚持“有责任提供”的原则，确保其获取、搜集、保留或得到的所有情报及与情报相关的信息，或其生产的情报分析产品，能够被得到相应授权的人员通过自动化的手段获得；二是得到授权的情报人员“有责任发现”那些可能有助于其完成任务的信息；三是得到授权的情报人员“有责任申请”获得他们发现的相关信息。[①] 这也就意味着，所有情报机构均须将自己掌握的全部情报信息进行数字化处理，放入联网的数据库中，而得到授权的情报人员则应访问相关的情报数据库，主动查找相关情报，并根据权限主动申请获取其所需要的情报。

三、将情报信息共享纳入考核、培训与奖励体系

“9·11”前，情报信息的共享不受各情报机构重视，在很大程度上是因为共享行为不受重视、不被奖励。为改变这一情况，在国家情报主任和信息共享环境项目主管的大力推动下，各情报机构开始将情报信息共享作为情报人员的必须掌握的一项重要的工作技能，

---

① Office of the Director of National Intelligence, *Intelligence Community Directive Number* 501: *Discovery and Dissemination or Retrieval of Information Within the Intelligence Community*, January 21, 2009. http://www.dni.gov/electronic_reading_room/ICD_501.pdf.

并将其纳入了业绩考核、教育培训和奖励体系。

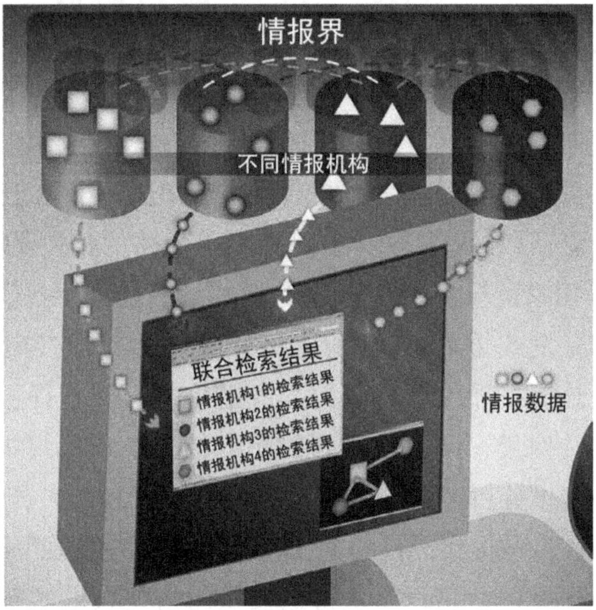

图3-7 情报信息检索示意图①

（一）情报信息共享纳入业绩考核体系

2008年9月1日，国家情报主任办公室发布了第610号情报界指令《情报界人才队伍能力目录》（Competency Directories for the Intelligence Community Workforce），明确将情报信息共享作为“非管理

① Office of the Director of National Intelligence, *United States Intelligence Community Information Sharing Strategy*, February 22, 2008, p. 10. http://www.dni.gov/reports/IC_Information_Sharing_Strategy.pdf.

层情报人员”必须掌握的一项核心能力。① 9月23日，信息共享环境项目主管托马斯·麦克纳马拉（Thomas McNamara）发布了一份编号为“ISE－G－105”的政策文件《在雇员的业绩评估中纳入信息共享评价要素》，进一步指出，参与信息共享环境建设的政府部门必须将是否能够有效地开展信息共享工作作为雇员业绩评估的一项重要指标。② 截止2009年春，87%的参与信息共享环境建设的政府部门已经采取措施将信息共享作为工作人员业绩考评的一项评价指标。此外，超过1.7万名联邦调查局雇员也正在接受专业评估，以评价其在信息共享方面的表现。③

（二）情报信息共享纳入教育培训体系

早在2006年，《信息共享环境落实计划》就曾提出要在参与信息共享环境建设的联邦政府范围内推广针对信息共享的“核心训练”。④ 2008年7月16日，信息共享环境项目主管发布了一份编号为“ISE－G－104”的政策文件《信息共享环境核心意识训练的落实》，规定信息共享委员会下设一个“负责训练事务的工作组”（Training Working Group），该工作组负责制定信息共享环境的核心

---

① “非管理层情报人员”具体是指联邦政府职员级别15级及15级以下的情报工作人员，其应掌握核心能力包括以下32项：信息共享、互动与协作、搭建职业/技术网络、施加影响/进行磋商、人际关系技巧、决断思维、创造性思维、不受传统约束、具有事业远见、具有背景意识、综合能力、自我管理与互动能力、勇气与忠诚、献身使命、创新、正直/诚实、有弹性、尊重差异、事业责任心、适应性、不断学习的能力、主动性、理解政策与指令、资源管理、严格、专业技术、职业技巧、解决问题所需的专门技术、沟通能力、多媒体应用、口头交流、书面交流。

② Program Manager for the Information Sharing Environment, *ISE－G－105: Inclusion of Information Sharing Performance Elements in Employee Performance Appraisals*, September 23, 2008, p. 2. http://ise.gov/sites/default/files/ISE_G_105_0.pdf.

③ Program Manager for the Information Sharing Environment, *Information Sharing Environment Progress and Plans: Annual Report to the Congress*, June 2009, p. 8. http://ise.gov/sites/default/files/ISE_2009－Annual－Report_FINAL_2009－06－30_0.pdf.

④ Program Manager for the Information Sharing Environment, *Information Sharing Environment Implementation Plan*, November 2006, p. 84. http://ise.gov/sites/default/files/ise－impplan－200611_0.pdf.

意识训练课程，而包括情报机构在内的所有联邦政府机构都应将此类课程纳入到自己的人员培训体系之中，以提高工作人员开展信息共享工作的能力水平。[①] 截止 2009 年，已有 1.5 万人完成了此类培训课程。[②]

（三）情报信息共享纳入奖励体系

为鼓励工作人员从事情报信息共享工作，在信息共享环境项目主管的大力倡导下，各政府部门陆续开始为信息共享工作设置专门的奖项。联邦调查局就设立了“首席信息共享官奖”（Chief Information Sharing Officer Award），用以鼓励和强化工作人员的信息共享意识。而国防部首席信息官也在一个年度奖项的评价标准中加入了“信息共享与数据管理”。[③] 2009 年，国家情报主任办公室更是先后颁发了 24 个奖项，专门用于奖励那些在信息共享与合作领域做出杰出贡献的情报人员。[④]

总之，在上述改革措施的影响下，情报界各机构的搜集和分析工作人员能够自觉地在工作过程中全面共享其所掌握的情报信息，最大程度地提高情报工作效率，减少重复建设和资源浪费。

---

① Program Manager for the Information Sharing Environment, *ISE – G – 104: Implementation of the Information Sharing Environment Core Awareness Training*, July 16, 2008, p. 1. http://ise.gov/sites/default/files/ISE_ G_ 104. pdf.

② Program Manager for the Information Sharing Environment, *Information Sharing Environment Progress and Plans: Annual Report to the Congress*, June 2009, p. 8. http://ise.gov/sites/default/files/ISE_ 2009 – Annual – Report_ FINAL_ 2009 – 06 – 30_ 0. pdf.

③ Program Manager for the Information Sharing Environment, *Information Sharing Environment Progress and Plans: Annual Report to the Congress*, June 2009, p. 9. http://ise.gov/sites/default/files/ISE_ 2009 – Annual – Report_ FINAL_ 2009 – 06 – 30_ 0. pdf.

④ Program Manager for the Information Sharing Environment, *Information Sharing Environment: Annual Report to the Congress*, July 2010, p. 61. http://ise.gov/sites/default/files/ISE_ AR – 2010_ Final_ 2010 – 07 – 29_ 0. pdf.

四、研发与应用情报信息共享技术平台

在推动国家情报一体化改革的过程中，美国特别重视信息技术的关键支撑作用。一方面，借助日益成熟的多层安全数据库技术，美国开始将情报界的各类产品纳入到统一的情报信息共享数据库之中；另一方面，借助以用户主导内容生成为主要特征的 Web 2.0 技术，美国开始打造统一的情报协作信息网络平台。实践证明，研发和应用这些标准统一的情报信息技术，在很大程度上改变了情报人员的工作方式，提高了情报工作效率，并使情报人员逐渐习惯于在日常工作过程中跨部门开展情报共享与合作。

（一）建设情报信息共享数据库

首先，国家情报主任决定全面统计情报界所有情报分析人员的个人信息，并将其统一存储到一个数据库之中，即建立了一个“分析资源目录”（Analytic Resources Catalog）。有了这个数据库，情报分析人员就能够非常方便地回答此前无法回答的问题（例如，有多少情报分析人员针对某个对象国有超过 5 年的工作经历并且具备相关语言技能和在这个国家的实地经历?）。2006 年，该数据库里已存储有情报界 1.7 万名情报分析人员的个人信息，包括他们的就职岗位、专业经历、学术背景、语言能力及其他生平信息。① 2008 年春季，该数据库进行了一次数据更新，补充收录了各联合作战司令部以及其他 50 个不具名组织提供的人员数据，更新后的数据库共存储了超过 1.8 万名情报分析人员的个人信息。② 随着“分析资源目录”的日益成熟，国家情报主任又在其基础上推出了一个“分析人员黄

① Office of the Director of National Intelligence, *ODNI Progress Report*: *WMD Commission Recommendations*, July 27, 2006, p. 5. http://www.dni.gov/reports/WMDCommissionReport.pdf.

② Office of the Director of National Intelligence, *Analytic Transformation*: *Unleashing the Potential of a Community of Analysts*, September 1, 2008, p. 13. http://www.dni.gov/content/AT_Digital 2020080923.pdf.

页”（Analysts Yellow Pages），情报界的分析人员可通过这个黄页方便地找到与自己工作领域相同或相关的其他情报分析专家的姓名、联系方式等信息，以便开展跨部门合作。

其次，国家情报主任决定将整个情报界的情报搜集和分析产品汇总到一个数据库之中（具体工作由中央情报局负责），即建立一个“国家情报库”（National Intelligence Library）。该数据库存储有情报界内不同情报机构发布的所有情报产品，而且每份情报产品的摘要信息都被提取出来，编成了一个可供检索的卡片目录。虽然数据库存储的情报产品密级不同，有秘密级的，也有绝密级的，但是它会尽量将摘要信息的密级降到最低。这也就是说，即使是一个拥有有限涉密权限的普通情报人员也可以看到几乎整个目录的内容，知道目前情报界已经生产了哪些情报。而如若需要获得情报产品全文，情报人员只需参照安全指南和各自的访问权限提出申请。2007 年 11 月 19 日，“国家情报库”正式向情报界推出。截止 2008 年 9 月，16 家情报机构中的 7 家已经定期向国家情报库提交情报产品，已有大约 75 万份情报产品提交入库，而且每周都会有约 2 万份新增情报产品入库。①

（二）建设情报信息共享与协作网络

首先，2005 年秋，国家情报主任办公室决定与中央情报局合作研发一个类似于“维基百科”的、互动式的情报信息共享与协作网络——“情报维基百科”（Intellipedia）。任何拥有相关访问权限的情报人员都可以注册为用户，并能够使用浏览器内简单的网页界面自由地创建、访问、上传、编辑自己感兴趣的情报信息。2006 年 3 月 20 日，“情报维基百科”正式投入使用，并将三个不同密级的情报信息存储于不同的网络空间：绝密级情报存储于“联合全球情报

---

① Office of the Director of National Intelligence, *Analytic Transformation: Unleashing the Potential of a Community of Analysts*, September 1, 2008, p. 7. http://www.dni.gov/content/AT_Digital 2020080923. pdf.

通信系统”（Joint Worldwide Intelligence Communication System, JWICS）内，代号为“Intellipedia - TS”；秘密级情报存储于“机密因特网协议路由网络”（Secret Internet Protocol Router Network, SIPR-Net）内，代号为“Intellipedia - S”；受控非保密级情报存储于普通内部网络内，代号为“Intellipedia - U”。在实际运行过程中，“情报维基百科”有力地保障了情报分析人员之间的网络共享与协作。截至2008年10月1日，“情报维基百科”共有47590名注册用户，这些用户共创建了375640个网页。[①]

其次，2008年年初，国家情报主任决定联合国防情报局为情报界所有分析人员建立一个专属的情报信息共享与协作网络空间——“分析空间”。该空间被配置到“联合全球情报通信系统”内的一个特殊区域，能够使进入空间的所有情报分析人员访问情报界内几乎所有数据库，其中既包括情报界的公共数据库（例如国家情报库），也包括不同情报机构自己的内部数据库。“分析空间”不仅能够帮助情报分析人员更快、更方便、更高效地找到其所需要的文本、图形、图像、视频等信息，而且还为情报分析人员提供了一个交流看法的空间，每个进入空间的人都能够将自己在工作中的重大发现与他人分享，并与同样感兴趣的任何人讨论，依靠集体智慧来解决问题。[②] 2008年9月22日，“分析空间”正式上线，并迅速得到了推广应用。在“分析空间”投入使用不到一年的时间里，情报界90%的符合条件的分析人员（约12000人）注册了个人账户，而其活跃用户（除阅读现有网页之外还主动编辑、上传文件的用户）的比例远远超

① Adrienne Werner, *The Potential Transformative Impact of Web 2.0 Technology on the Intelligence Community*, Monterey, CA: Naval Postgraduate School, December 2008, p. 19.

② Office of the Director of National Intelligence, *Analytic Transformation: Unleashing the Potential of a Community of Analysts*, September 1, 2008, p. 8. http://www.dni.gov/content/AT_Digital 2020080923.pdf.

过了互联网的“维基百科”。[1] 因此，“分析空间”被媒体称为“间谍的脸书”（Facebook for Spies），更是被《时代周刊》杂志赞誉为2008年最好的发明之一。

① Thomas Fingar, "Analysis in the U. S. Intelligence Community: Missions, Masters, and Methods", In Baruch Fischhoff and Cherie Chauvin (ed.), *Intelligence Analysis: Behavioral and Social Scientific Foundations*, Washington, D. C.: The National Academies Press, 2011, p. 17.

第四章　美国国家情报一体化改革的深入发展阶段

2010 年，第四任国家情报主任詹姆斯·克拉珀（James Clapper）在上任之初就特别强调，国家情报主任应该继续推行《2004 年情报改革与防恐法》确立的核心改革理念——“一体化”。国家情报一体化改革的最终目的是使情报界所有成员共同形成一个团结的集体，这一集体应能够实现“力量统一”（Unity of Efforts），即产生“整体大于部分的简单相加”的效果。基于情报界在上一阶段推进国家情报一体化改革所取得的阶段性成果，以及暴露出的相关问题，美国在 2010 年后进一步调整和完善了统一的国家情报管理机构和国家情报战略体系，在推动情报信息跨部门共享的过程中更加注重安全防护工作，并在情报预算持续紧缩的背景下尝试全面整合整个情报界的信息技术基础架构及研发与应用工作。

第一节　调整统一的国家情报管理机构

2010 年 8 月 9 日，国家情报主任詹姆斯·克拉珀正式宣誓就职。8 月 12 日，在与国家情报主任办公室的工作人员初次见面之时，克拉珀就明确提出，应继续将一体化作为国家情报改革需坚持的根本原则。此后，国家情报主任针对前期发现的相关问题，有针对性地调整和完善了国家情报管理机构，以为国家情报一体化改革工作提供坚实的组织保障。

一、增设国家情报管理职位

在实际运作过程中，2005 年建立的任务主管型管理职位暴露出一些缺陷：任务主管的职责与权力相对有限，与“国家情报官”①、两位国家情报副主任（分别负责情报搜集、情报分析事务）的职责任务存在部分交叉重叠。为弥补此类缺陷，国家情报主任詹姆斯·克拉珀决定进一步调整此类职位设置，增设两种职位。

（一）国家情报主管（National Intelligence Manager）

克拉珀决定撤销“任务主管”的职位设置，“任务主管”的全部职责以及“国家情报官”的部分管理职责由新增设的“国家情报主管”统一负责。与此前的“任务主管”相比，“国家情报主管”拥有更为广泛的管理权限，其能够统一管理特定地区或功能领域的全部情报搜集、分析、预算、资源、人事、训练等工作。②

国家情报主管主要依靠三名助手（国家情报官、国家情报搜集官、国家反情报官）协调其管辖范围内情报界的搜集、分析、反情报等工作。其中，国家情报官负责情报界在特定领域的情报分析与生产工作，国家情报搜集官（National Intelligence Collection Officer）负责制定情报界在特定领域的情报搜集计划和管理情报搜集工作，国家反情报官（National Counter - intelligence Officer）负责制定情报界在特定领域的反情报计划和管理反情报工作。③ 2010 年 11 月 2 日，克拉珀在国家地理空间研讨会上表示，“国家情报主管”的数量不固

---

① 1979 年，中央情报主任斯坦斯菲尔德·特纳设立了一个新机构——“国家情报委员会”（National Intelligence Council），此前设立的国家情报官转隶该委员会。国家情报官的职责依然是协调情报界在特定问题上的情报分析工作，并生产国家情报评估。

② Christopher A. Kojm, “Change and Continuity: The National Intelligence Council, 2009 - 2014”, *Studies in Intelligence*, vol. 59, no. 2, 2015, p. 2.

③ *Prehearing Questions for Stephanie O'Sullivan upon Her Nomination to be Principal Deputy Director of National Intelligence*, February 3, 2011, p. 12. http://www.fas.org/irp/congress/2011_hr/020311osullivan-pre.pdf.

定，大概是 15 到 20 个，未来还会随着形势与任务的变化而增减。[①] 截止 2010 年年末，克拉珀共任命了 13 个国家情报主管，其中 9 个负责不同的地区事务，4 个负责不同的主题功能领域。[②] 到了 2014 年，国家情报主管的数量已经增加到了 16 个，其中 8 个负责不同的地区事务，8 个负责不同的主题功能领域（参见表 4 – 1）。

表 4 – 1　国家情报主管列表（2014 年）[③]

功能性国家情报主管		地区性国家情报主管	
主管领域	兼任职务	主管领域	兼任职务
反恐	国家反恐中心主任	非洲	无
反扩散	国家反扩散中心主任	东亚	
反情报	国家反情报总监	欧亚大陆	
网络	无	欧洲	
经济问题		伊朗	
军事问题		近东	
科技情报		南亚	
威胁融资		西半球	

① *Remarks and Q & A by Director of National Intelligence Mr. James Clapper on* 2010 *Geospatial Intelligence Symposium*, November 2, 2010, p. 3. http://www.dni.gov/files/documents/Newsroom/Speeches%20and%20Interviews/Clapper_ GEOINT_ 2010. pdf.

② 9 个负责不同地区事务的国家情报主管的主管领域包括非洲、东亚、欧亚大陆、欧洲、近东、南亚/阿富汗—巴基斯坦、西半球、伊朗、朝鲜，4 个负责不同主题功能领域的国家情报主管的主管领域包括反恐、反扩散、网络、威胁融资。马克·洛文塔尔：《情报：从秘密到政策》，杜效坤译，金城出版社，2015 年版，第 182 页。

③ 国家情报主管的数量不固定，随着决策者的关注重点和情报需求的变化而变化，本表的统计数据源自国家情报主任 2014 年 2 月发布的一份战略文件《2015 – 2019 财年情报界科技投资远景：确保未来能力对接任务需求》。Office of the Director of National Intelligence, *FY2015 – 2019 IC S&T Investment Landscape*: *Ensuring Future Capabilities Align to Mission Needs*, Washington, D. C. : Government Printing Office, February 2014, p. 4.

（二）负责情报一体化事务的国家情报副主任（Deputy Director of National Intelligence for Intelligence Integration）

克拉珀决定撤销负责情报搜集、情报分析事务的两个国家情报副主任的职位，两个职位的职责全部由新增设的领导职位——“负责情报一体化事务的国家情报副主任”——统一负责。该职位的排名仅次于国家情报主任和国家情报常务副主任，[①] 主要任务是通过管理和协调所有国家情报主管，推动情报搜集和分析工作的一体化。2010 年 9 月，前国防情报局副局长罗伯特·卡迪洛（Robert Cardillo）被任命为首任负责情报一体化事务的国家情报副主任。[②] 2014 年 8 月，卡迪洛的助理迈克尔·邓普西（Michael Dempsey）被任命为第二任负责情报一体化事务的国家情报副主任。

目前，负责情报一体化事务的国家情报副主任办公室下辖四个机构：

1. “国家情报管理委员会”（National Intelligence Management Council）

该委员会是国家情报主管的参谋机构，负责相关协调性和行政性管理事务。

2. “国家情报委员会”（National Intelligence Council）

该委员会负责生产专业性的中长期战略情报评估产品，是情报界与决策界之间沟通的重要渠道和推动情报合作的重要力量。

3. “总统每日简报工作组”（President's Daily Brief Staff）

---

① 2013 年 9 月 20 日，奥巴马总统发布了一份名为《国家情报主任办公室内情报官员代行国家情报主任职务》（Designation of Officers of the Office of the Director of National Intelligence To Act as Director of National Intelligence）的总统备忘录，明确在国家情报主任和国家情报常务副主任死亡、辞职、或无法履行国家情报主任义务时，代理国家情报主任职务的人选的排名依次为：负责情报一体化事务的国家情报副主任、国家反恐中心主任、国家反情报总监、情报界总监察长。The White House, *Designation of Officers of the Office of the Director of National Intelligence To Act as Director of National Intelligence*, September 20, 2013. http://www.fas.org/irp/news/2013/09/dni-success.pdf.

② Pam Benson, *Director of National Intelligence Names Deputy to Boost Collaboration*, CNN, 20 August 2010.

该工作组负责管理情报界每天提供给总统以及内阁成员的情报简报。

4. “任务一体化处”（Mission Integration Division）

该处负责协调整个情报界的搜集、分析和其他能力，以辅助国家情报主管弥补已经发现的情报工作漏洞，评估情报界在完成既定任务方面的进展[①]（参见图 4－1）。

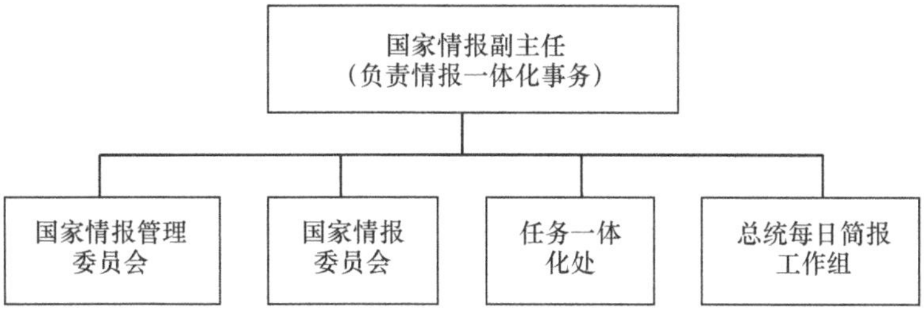

图 4－1　负责情报一体化事务的国家情报副主任办公室组织机构图[②]

二、增设两个国家情报中心

《2004 年情报改革与防恐法》规定，国家情报主任可以根据外部安全威胁的变化灵活设立各类国家情报中心，以统筹协调整个情报界的力量，共同应对最为紧迫的国家安全威胁。2010 年后，面对外国情报实体日益活跃的情报活动、内部人员频繁出现的泄密问题以及网络领域的各类安全威胁，国家情报主任陆续增设了两个国家情报中心。

---

① Office of the Director of National Intelligence, *Intelligence Integration: Who We are.* https://www.dni.gov/index.php/about/organization/intelligence－integration－who－we－are.

② Program Manager for the Information Sharing Environment, *Information Sharing Environment: Annual Report to the Congress*, June 30, 2011, p. 9. http://ise.gov/sites/default/files/ISE_ Annual_ Report_ to_ Congress_ 2011. pdf.

（一）国家反情报与安全中心

2005 年以来，美国情报界的反情报工作与安全防护工作分别由国家情报主任办公室内的不同部门各自协调：反情报工作由“国家反情报执行官”（National Counterintelligence Executive）及其办公室统一领导，而安全防护工作则由“特别安全中心”（Special Security Center）、“安全评估中心”（Center for Security Evaluation）、“联合安全许可改革小组”（Joint Security Clearance Reform Team）等机构共同协调。2010 年 9 月，国家情报主任詹姆斯·克拉珀决定让国家反情报执行官承担起情报界的安全防护职责，以更好地协调情报界的反情报工作和安全防护工作。因此，一方面，他将“特别安全中心”“安全评估中心”“联合安全许可改革小组”等机构并入国家反情报执行官办公室；[①] 另一方面，他又在国家反情报执行官之下设立了“负责反情报事务的副主任”（Deputy Director for Counterintelligence）和“负责安全事务的副主任”（Deputy Director for Security），两位副主任分别负责保护美国免受外国情报机构的渗透和破坏，以及保护联邦政府秘密信息的安全。

为进一步整合情报界的反情报工作与安全防护工作，2014 年 12 月 1 日，国家情报主任宣布成立一个新的国家情报中心——国家反情报与安全中心（National Counterintelligence and Security Center）。（参见图 4－2）在该中心的组建仪式上，国家情报主任指出，在保护情报信息本身及其来源、获取手段等方面，反情报工作和安全防护工作拥有共同的目标和职责，它们是彼此依赖和相互支援的。国家反情报与安全中心的成立，有助于使情报界的反情报与安全防护工作形成一个密切协作的整体，以应对日益严峻的经济间谍、网络

---

① 其中，“特别安全中心”更名为“特别安全处”（Special Security Directorate），继续履行对情报界“分类标记系统”（Classification Marking Systems）的管理与监督工作。“安全评估中心”将继续负责协调情报界与国务院之间的安全事务。“联合安全许可改革小组”将促使情报机构改进人员安全许可的实时性、效率与质量。

窃密、内部人员泄密等安全威胁。[①] 随后，国家反情报执行官比尔·埃文尼纳（Bill Evanina）被任命为首任国家反情报与安全中心主任，负责领导和管理整个情报界的反情报与安全工作。2017 年，《2017 财年情报授权法》正式将原“国家反情报执行官办公室”更名为“国家反情报与安全中心”，“国家反情报执行官”更名为“国家反情报与安全中心主任”。[②]

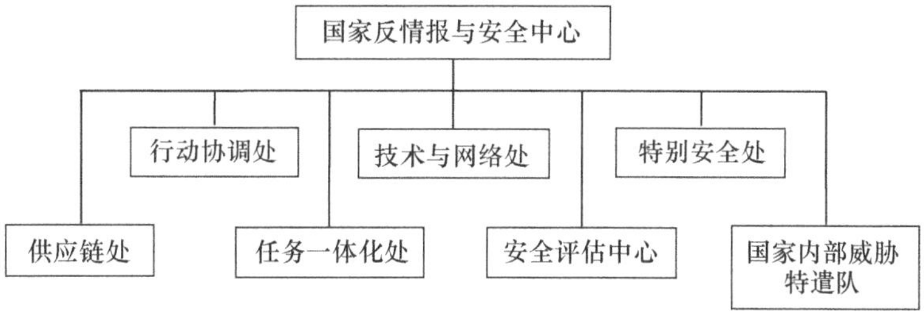

图 4－2　国家反情报与安全中心组织机构图[③]

国家反情报与安全中心的主要任务包括：第一，生产《国家威胁识别与优先任务评估》（National Threat Identification and Prioritization Assessment）及其他分析评估类反情报产品；第二，制定《国家反情报战略》；第三，为反情报搜集、调查与行动排定优先处理顺

---

① Office of the Director of National Intelligence, *DNI Clapper Establishes the National Counterintelligence and Security Center*, December 1, 2014. http://www.dni.gov/index.php/newsroom/press－releases/198－press－releases－2014/1142－dni－clapper－establishes－the－national－counterintelligence－and－security－center.

② National Counterintelligence and Security Center, *National Counterintelligence and Security Center Strategic Plan* 2018－2022, Washington, D.C.: Office of the Director of National Intelligence, 2017, p.28. https://www.dni.gov/files/NCSC/documents/Regulations/2018－2022－NCSC－Strategic－Plan.pdf.

③ 本图系笔者根据《2018－2022 年国家反情报与安全中心战略规划》中的相关论述整理绘制而成。National Counterintelligence and Security Center, *National Counterintelligence and Security Center Strategic Plan* 2018－2022, Washington, D.C.: Office of the Director of National Intelligence, 2017, pp.25－26. https://www.dni.gov/files/NCSC/documents/Regulations/2018－2022－NCSC－Strategic－Plan.pdf.

序；第四，编制反情报工作预算，并依据战略目标评估相关预算；第五，深入分析间谍活动造成的损害；第六，制定相关标准和政策，以规范反情报工作的意识培养、对外交流、业务培训。①

《2018－2022年国家反情报与安全中心战略规划》指出，国家反情报与安全中心将重点推动和实现以下5个方面的战略目标：一是加深对外国及其他威胁与事件的了解程度，提升应对此类威胁的能力；二是保护美国关键基础设施、技术、设备、秘密网络、敏感信息和人员的安全；三是建立伙伴关系，以推动我们完成反情报与安全任务，最优化配置整个反情报与安全业界的相关能力；四是推动利益攸关方与我们共同参与、共同管理与共同倡导，以强化反情报与安全工作的有效性；五是确立组织机构层面的优越性，以完成反情报与安全任务。②

（二）网络威胁情报整合中心

长期以来，美国从事网络情报工作的政府机构比较多，除16家情报机构之外，还有国土安全部的“国家网络安全与通信整合中心”（National Cybersecurity and Communications Integration Center, NCCIC）、司法部的“国家网络调查联合特遣部队”（National Cyber Investigative Joint Task Force, NCIJTF）、国防部的“网络司令部”（Cyber Command）等联邦政府部门也都参与其中。2010年后，国家情报主任曾试图在小范围内改变网络情报工作缺乏统筹协调的局面。例如，2011年，16家情报机构与部分联邦政府部门共同组建了“国家网络反情报工作组”（National Cyber Counterintelligence Working

---

① *About the National Counterintelligence and Security Center*. https://www.ncsc.gov/about/index.html.

② National Counterintelligence and Security Center, *National Counterintelligence and Security Center Strategic Plan* 2018－2022, Washington, D. C.: Office of the Director of National Intelligence, 2017, p. 19. https://www.dni.gov/files/NCSC/documents/Regulations/2018－2022－NCSC－Strategic－Plan.pdf.

Group），旨在协调各方行动，共同应对网络情报威胁。[①] 然而，该工作组的权力和协调范围受到严格限制，2015 年之前，仍然没有哪家机构有权统筹协调全美网络情报工作。正如负责国土安全和反恐事务的总统助理利萨·摩纳可（Lisa Monaco）所言："没有一个政府机构能够全权开展以下工作：生产经过全面协调的网络威胁评估，确保各类网络中心和其他政府机构能够快速共享情报信息，及时向决策者和行动人员提供情报，以使其了解最新的网络威胁和威胁者的情况。"[②]

为改变网络情报力量分散配置和使用的现状，2015 年 2 月 25 日，奥巴马总统发布了一份总统备忘录，敦促国家情报主任组建一个新的国家情报中心——"网络威胁情报整合中心"（Cyber Threat Intelligence Integration Center, CTIIC），以应对日益严峻的网络安全威胁。该备忘录规定，在具体组建该中心的过程中，各行政部门应适当地提供人员、资源上的帮助和支援；备忘录发出后的 90 天内，国家情报主任应咨询国务卿、国防部长、司法部长、国土安全部长、中央情报局局长、联邦调查局局长、国家安全局局长的意见，并向管理与预算办公室主任、负责国土安全和反恐事务的总统助理提交一份关于网络威胁情报整合中心组建现状的报告。[③] 此外，白宫特别指出，该中心不会取代现有政府部门或各类网络中心的相关职权或重复它们的工作，而是为这些机构提供必要的情报支援。例如，该中心将支援国家网络安全与通信整合中心开展的网络防御和网络事

① Office of the National Counterintelligence Executive, Foreign Spies Stealing U. S. Economic Secrets in Cyberspace: Report to Congress on Foreign Economic Collection and Industrial Espionage, 2009 - 2011, October 2011, p. A - 1. http: //www. ncix. gov/publications/reports/fecie_ all/Foreign_ Economic_ Collection_ 2011. pdf.

② Cheryl Pellerin, *New Threat Center to Integrate Cyber Intelligence*, February 11, 2015. http: //www. defense. gov/news/newsarticle. aspx? id = 128164.

③ White House, *Presidential Memorandum: Establishment of the Cyber Threat Intelligence Integration Center*, February 25, 2015. https: //www. whitehouse. gov/the - press - office/2015/02/25/presidential - memorandum - establishment - cyber - threat - intelligence - integrat.

件反应行动，支援国家网络调查联合特遣部队协调、整合、共享与国内网络威胁调查相关的信息的活动，支援网络司令部在网络空间应对网络攻击的行动。[①]

2015 年 12 月，国会正式批准了对网络威胁情报整合中心的拨款授权和资金支持。2016 年 1 月 7 日，国家情报主任詹姆斯·克拉珀正式任命联邦调查局资深情报分析专家汤亚·乌格利兹（Tonya Ugoretz）为该中心主任，国家安全局负责网络事务的副局长（Associate Deputy Director for Cyber）莫里斯·布兰德（Maurice Bland）为副主任，中央情报局高级情报分析专家托马斯·多纳休（Thomas Donahue）为研究项目主任。此后，网络威胁情报整合中心正式编入了国家情报主任办公室的组织序列，成为继国家反恐中心、国家反扩散中心、国家反情报与安全中心之后的第四个直属国家情报主任的国家情报中心。

网络威胁情报整合中心肩负着三项重要职责：

一是建立态势感知。该中心在威胁评估报告中加入背景信息和相关评论，以帮助情报用户理解其潜在的重要性。该中心需要与相关机构开展合作，合作对象包括其他网络中心、主要情报分析生产者（包括非网络领域专家）。这种合作有助于对威胁活动进行深层次的分析，分析结果会提供给非网络研究专家，他们在开展区域分析时需要此类情报。该中心致力于使整个情报界集中关注重要情报报告，提供从整个情报界的视角进行观察与评估的新型报告，生成更具洞察力的全幅图像，为开展趋势分析提供基础和依据。

二是整合情报分析工作。该中心与网络及非网络领域专家共同合作，倡导整合整个情报界的分析力量，将对手的威胁活动、意图、动机放到地缘政治背景中来评估。2016 年，美国总统发布第 41 号总

① White House, *FACT SHEET*: *Cyber Threat Intelligence Integration Center*, February 25, 2015. https: //www. whitehouse. gov/the – press – office/2015/02/25/fact – sheet – cyber – threat – intelligence – integration – center.

统政策命令，规定当发生重大网络事件时，该中心就是整个联邦政府层面网络情报支援工作的领导者，代表整个情报界整合关于威胁事件和发展趋势的分析工作，建立全面的态势感知，发现知识漏洞，为跨部门工作提供支援，为决策者提供多种可供选择的行动方案，以降低或削减对手的威胁能力。

三是识别发展机遇。在应对网络威胁时，该中心为“整体政府”（whole – of – government）行动方案的拟定提供支援和帮助，确保决策者能够了解所有可资利用的国家力量，以及所有可供选择的行动方案。该中心致力于开展机会分析，制定网络空间行动评价指标，并寻求各种方法以支援重大决策，建立可重复使用的、针对未知威胁对象的工作框架，以在决策流程的初期阶段平衡风险、收益和成本。①

与上述职责相对应，该中心下辖三个业务工作处：

一是“现实情报处”（Current Intelligence Section）。该处主要负责搜集、识别外国网络威胁情报，与其他建立伙伴关系的网络中心共同合作，在一个大的威胁背景之下，建立关于网络威胁的态势感知，并与相关机构共享此类情报。

二是“情报分析整合处”（Analysis Integration Section）。该处主要负责与情报界其他相关机构交流和共享网络威胁情报，在沟通过程中，不仅要了解网络威胁活动的技术细节，还要从地区情报分析人员、熟悉地缘政治的情报分析管理人员那里了解关于威胁行为体的背景知识，并在此基础上整合情报界所有情报机构生产的关于外国网络对手、威胁和事件的全源情报分析产品。

三是“威胁机会识别处”（Threat Opportunity Section）。该处主要负责向决策者提供多种应对网络威胁的“可供执行的决策”（Decisionable Decisions），即帮助白宫和国防部的决策者了解应对网络威

① *Cyber Threat Intelligence Integration Center*, *How We Work*. https://www.dni.gov/index.php/ctiic – how – we – work.

胁的多种力量手段、多项行动方案，并解释此类跨部门行动可能带来的影响①（参见图4－3）。

网络威胁情报整合中心的工作人员比较少，只有50人，其中25人是该中心的正式雇员，其余25人是情报界各机构派遣到该中心工作的特派人员。② 按照其所设定的建设与发展规划，该中心在2016财年结束前即已具备全面运行能力。

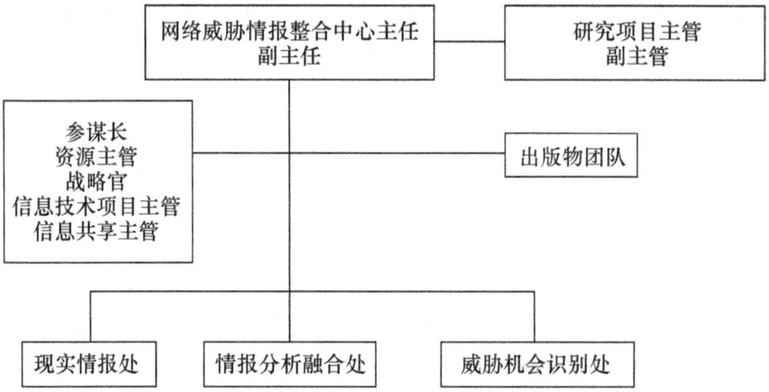

图4－3　网络威胁情报整合中心组织机构图③

值得注意的是，网络威胁情报整合中心不负责网络情报搜集、网络事件的应对和调查工作，只负责集中分析和处理相关政府部门搜集到的网络情报信息。该中心的主要任务包括：

第一，针对外国网络威胁或影响美国国家利益的网络事件提供

① Office of the Director of National Intelligence, *Cyber Threat Intelligence Integration Center: What We Do*. https://www.dni.gov/index.php/about/organization/ctiic－what－we－do. Jason Miller, *Cyber threat center growing in its integration role as it enters year* 2, October 20, 2016. https://federalnewsradio.com/ask－the－cio/2016/10/cyber－threat－center－growing－integration－role－enters－year－2/

② Richard Bejtlich, *What are the prospects for the Cyber Threat Intelligence Integration Center*? February 19, 2015. http://www.brookings.edu/blogs/techtank/posts/2015/02/19－cyber－security－center－bejlich.

③ *Cyber Threat Intelligence Integration Center Organizational Structure*. https://www.dni.gov/files/CTIIC/documents/CTIIC－Organization－Chart.pdf.

一体化的全源情报分析；

第二，为国家网络安全与通信整合中心、国家网络调查联合特遣部队、网络司令部，以及其他相关政府部门提供完成各自任务所需要的情报支援；

第三，审查情报共享能力（包括系统、计划、政策、标准）的发展与落实，以在与外国网络威胁或影响美国国家利益的网络事件相关的情报工作方面，强化国家网络安全与通信整合中心、国家网络调查联合特遣部队、网络司令部，以及其他相关政府部门之间的共享态势感知能力；

第四，将通过情报渠道得到的恶意网络活动的指标信息及相关威胁报告的密级降到最低，以使政府及私营部门能够按照第13636号行政命令"提升关键基础设施的网络安全水平"（2013年2月12日发布）第4节中的规定得到此类信息；

第五，为使用外交、经济、军事、情报、国土安全与执法等领域的全部国家力量来应对危害美国国家利益的外国网络威胁，推动和支持跨部门协调计划的制定和落实。①

三、建立国家融合中心网络管理体系

2010年后，美国联邦政府层面的情报信息横向共享工作管理体系并未做出重大调整，而情报信息纵向共享工作管理体系则得到了迅速发展。2010年5月发布的美国《国家安全战略》首次将融合中心作为反恐战略的重要组成部分，并强调指出"我们将继续整合和利用各州与主要城市区域的融合中心，使其有能力共享秘密信息"。②此后，在国家情报主任办公室及国土安全部等部门的大力支持下，

① Office of the Director of National Intelligence, *Cyber Threat Intelligence Integration Center: Who We Are*. https://www.dni.gov/index.php/about/organization/ctiic-who-we-are.

② White House, *National Security Strategy*, Washington, D.C.: Government Printing Office, May 2010, p.20.

各州的融合中心数量不断增长，并在国土安全部的统一规划下逐渐组成了一个互联互通、彼此协作的国家网络。2011 年，国土安全部联合其他部门共同推出了一个评价体系，每年对国家融合中心网络的能力建设情况进行一次全面的审查。① 2012 年，美国在《国家信息共享与防护战略》中承认国家融合中心网络已初步建成，并将加强融合中心各项能力建设列为未来的优先工作重点。② 2014 年 7 月，美国首次发布指导融合中心网络建设的国家级战略——《2014 - 2017 年国家融合中心网络战略》(2014 – 2017 National Strategy for the National Network of Fusion Centers)，明确了国家融合中心网络建设的战略目标。2016 年 4 月，《2015 年国家融合中心网络最终调查报告》明确指出，国家融合中心网络已经从 2011 年的“基础”阶段发展到了“成熟”阶段，其总体评价得分也由 2011 年时的 76.8 分增加到 98 分（满分 100 分），这标志着国家融合中心网络的基础能力建设任务已经基本完成。③ 2017 年 7 月，《2016 年国家融合中心网络最终调查报告》进一步指出，国家融合中心网络的建设完全进入“成熟”阶段，2016 年期间投入经费 3.22 亿美元，共有 2539 名工作人

---

① 《2011 年国家融合中心网络最终调查报告》将该网络的发展分为四个阶段：基础（Fundamental）阶段、兴起（Emerging）阶段、强化（Enhanced）阶段、成熟（Mature）阶段。第一阶段的主要工作是制定计划、政策与标准操作流程；第二阶段的主要工作是落实计划、政策与标准操作流程；第三阶段的主要工作是关注行动；第四阶段的主要工作是调整与利用各类资源。Department of Homeland Security, *2011 National Network of Fusion Centers: Final Report*, May 2012, p. 31. http: //www.dhs.gov/sites/default/files/publications/2011 – national – network – fusion – centers – final – report_ 1.pdf.

② The White House, *National Strategy for Information Sharing and Safeguarding*, Washington, D. C.: Government Printing Office, 2012, p. 15.

③ Department of Homeland Security, *2015 National Network of Fusion Centers: Final Report*, April 2016, p. 11. https: //www.dhs.gov/sites/default/files/publications/2015% 20Final% 20Report% 20Section% 20508% 20Compliant.pdf.

员，国土安全部下一步将会进一步评估其具体工作成效①（参见表4－2）。

表4－2　国家融合中心网络工作人员统计表②

人员类别	人员数量	
	2015年	2016年
情报分析	947	1051
调查	514	492
对外联络	349	266
训练、演习	43	53
法律	8	17
行政管理	383	437
其他	235	233
合计	2479	2549

（一）国家融合中心网络的基本成员

截止2018年7月，美国各州、领地及主要城市区域共建成了79个融合中心（54个负责整个州或领地，25个负责主要城市区域）。（参见图4－4）

国土安全部将各地的融合中心分为两种类型：

一是主要融合中心（Primary Fusion Centers）。此类中心是州与地方政府接收、分析、搜集、共享威胁信息的枢纽，承担着在全州范围内协调其他融合中心进而形成关键运行能力的责任。目前，主要融合中心共54个：

① U. S. Department of Homeland Security, *2016 National Network of Fusion Centers Final Report*, July 2017, pp. 8－11. https://www.dhs.gov/sites/default/files/publications/2016_ National_ Network_ of_ Fusion_ Centers_ Final_ Report_ 1.pdf.

② U. S. Department of Homeland Security, *2016 National Network of Fusion Centers Final Report*, July 2017, p. 8. https://www.dhs.gov/sites/default/files/publications/2016_ National_ Network_ of_ Fusion_ Centers_ Final_ Report_ 1.pdf.

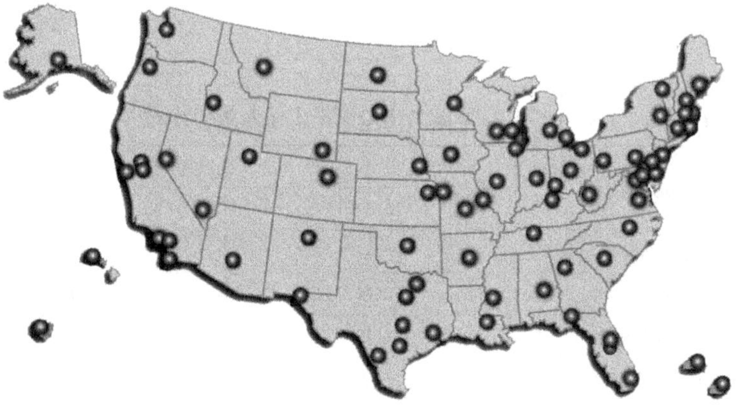

图4－4　国家融合中心网络分布示意图（截止2018年7月）①

1. 亚拉巴马州融合中心（Alabama Fusion Center）

2. 阿拉斯加州信息与分析中心（Alaska Information and Analysis Center）

3. 亚利桑那州反恐信息中心（Arizona Counter Terrorism Information Center）

4. 阿肯色州融合中心（Arkansas State Fusion Center）

5. 加利福尼亚州威胁评估中心（California State Threat Assessment Center）

6. 科罗拉多州信息分析中心（Colorado Information Analysis Center）

① 《2014－2017年国家融合中心网络战略》在其第2页仅列出了78个融合中心的大体位置及分布，在其基础上，笔者添加了2017年5月30日新加入国家融合中心网络的第79个融合中心——“怀俄明州信息与分析小组”。该小组位于美国怀俄明州首府夏延市（Cheyenne），其在图中位置系笔者添加，并未严格按照坐标及比例精确绘制，仅供示意参考。National Fusion Center Association, *2014－2017 National Strategy for the National Network of Fusion Centers* , July 2014, p. 2. https: //www. ise. gov/sites/default/files/National% 20Strategy% 20for% 20the% 20National% 20Network% 20of% 20Fusion% 20Centers% 202014. pdf.

7. 康涅狄格州情报中心（Connecticut Intelligence Center）

8. 特拉华州信息与分析中心（Delaware Information and Analysis Center）

9. 佛罗里达州融合中心（Florida Fusion Center）

10. 佐治亚州信息共享与分析中心（Georgia Information Sharing and Analysis Center）

11. 夏威夷州融合中心（Hawaii Fusion Center）

12. 爱达荷州犯罪情报中心（Idaho Criminal Intelligence Center）

13. 伊利诺伊州恐怖主义与情报中心（Illinois Statewide Terrorism and Intelligence Center）

14. 印地安纳州情报融合中心（Indiana Intelligence Fusion Center）

15. 艾奥瓦州情报处与融合中心（Iowa Division of Intelligence and Fusion Center）

16. 堪萨斯州情报融合中心（Kansas Intelligence Fusion Center）

17. 肯塔基州情报融合中心（Kentucky Intelligence Fusion Center）

18. 路易斯安那州分析与融合交流中心（Louisiana State Analytical and Fusion Exchange）

19. 缅因州信息与分析中心（Maine Information and Analysis Center）

20. 马里亚纳地区融合中心（关岛）（Mariana Regional Fusion Center）

21. 马里兰州协调与分析中心（Maryland Coordination and Analysis Center）

22. 马萨诸塞州融合中心（Massachusetts Commonwealth Fusion Center）

23. 密歇根州情报行动中心（Michigan Intelligence Operations

Center)

24. 明尼苏达州融合中心（Minnesota Fusion Center）

25. 密西西比州分析与信息中心（Mississippi Analysis and Information Center）

26. 密苏里州信息分析中心（Missouri Information Analysis Center）

27. 蒙大拿州整体威胁情报中心（Montana All – Threat Intelligence Center）

28. 内布拉斯加州信息分析中心（Nebraska Information Analysis Center）

29. 内华达州南部反恐中心（Southern Nevada Counter – Terrorism Center）

30. 新罕布什尔州信息与分析中心（New Hampshire Information and Analysis Center）

31. 新泽西州地区行动情报中心（New Jersey Regional Operations Intelligence Center）

32. 新墨西哥州全源情报中心（New Mexico All Source Intelligence Center）

33. 纽约州情报中心（New York State Intelligence Center）

34. 北卡罗来纳州信息共享与分析中心（North Carolina Information Sharing and Analysis Center）

35. 北达科他州与地方情报中心（North Dakota State and Local Intelligence Center）

36. 俄亥俄州战略分析与信息中心（Ohio Strategic Analysis and Information Center）

37. 俄克拉何马州信息融合中心（Oklahoma Information Fusion Center）

38. 俄勒冈州恐怖主义信息威胁评估网络中心（Oregon Terrorism

Information Threat Assessment Network)

39. 宾夕法尼亚州犯罪情报中心（Pennsylvania Criminal Intelligence Center)

40. 波多黎各国家安全信息中心（Puerto Rico National Security State Information Center)

41. 罗得岛州融合中心（Rhode Island State Fusion Center)

42. 南卡罗来纳州信息与情报中心（South Carolina Information and Intelligence Center)

43. 南达科他州融合中心（South Dakota Fusion Center)

44. 田纳西州融合中心（Tennessee Fusion Center)

45. 得克萨斯州联合犯罪信息中心（Texas Joint Crime Information Center)

46. 美属维尔京群岛融合中心（U. S. Virgin Islands Fusion Center)

47. 犹他州信息与分析中心（Utah Statewide Information and Analysis Center)

48. 佛蒙特州信息与分析中心（Vermont Information and Analysis Center)

49. 弗吉尼亚州融合中心（Virginia Fusion Center)

50. 华盛顿地区威胁分析中心（Washington Regional Threat Analysis Center)

51. 华盛顿州融合中心（Washington State Fusion Center)

52. 西弗吉尼亚州情报融合中心（West Virginia Intelligence Fusion Center)

53. 威斯康星州信息中心（Wisconsin Statewide Information Center)

54. 怀俄明州信息与分析小组（Wyoming Information and Analysis Team）①

二是获得认可的融合中心（Recognized Fusion Centers）。联邦政府尊重各州政府指定与命名融合中心的权力，除主要融合中心之外，只要被州政府指定为融合中心（主要城市区域融合中心等）的均被认为是获得认可的融合中心。目前，获得认可的融合中心共有25个：

1. 奥斯汀地区情报中心（Austin Regional Intelligence Center）——得克萨斯州奥斯汀市

2. 波士顿地区情报中心（Boston Regional Intelligence Center）——马萨诸塞州波士顿市

3. 中部加利福尼亚情报中心（Central California Intelligence Center）——加利福尼亚州萨克拉曼多市

4. 中部佛罗里达情报交流中心（Central Florida Intelligence Exchange）——佛罗里达州奥兰多市

5. 芝加哥预防犯罪和信息中心（Chicago Crime Prevention and Information Center）——伊利诺伊州芝加哥市

6. 辛辛那提/汉密尔顿县地区恐怖预警组（Cincinnati/Hamilton County Regional Terrorism Early Warning Group）——俄亥俄州辛辛那提市

7. 达拉斯融合中心（Dallas Fusion Center）——得克萨斯州达拉斯市

8. 特拉华谷地情报中心（Delaware Valley Intelligence Cen-

① 2017年5月30日，怀俄明（Wyoming）州州长将“怀俄明州信息与分析小组”（Wyoming Information and Analysis Team）作为该州的主要融合中心，其成为加入国家融合中心网络的第79个融合中心。House of Representatives, Homeland Security Committee, *Advancing the Homeland Security Information Sharing Environment: A Review of the National Network of Fusion Centers*, November 2017, p. 38. https://homeland.house.gov/wp-content/uploads/2017/11/Committee-on-Homeland-Security-Fusion-Center-Report.pdf.

ter）——宾夕法尼亚州费城

9. 底特律与密歇根东南部信息与情报中心（Detroit and Southeast Michigan Information and Intelligence Center）——密歇根州底特律市

10. 休斯顿地区情报服务中心（Houston Regional Intelligence Service Center）——得克萨斯州休斯顿市

11. 堪萨斯城区域战术预警跨机构分析中心（Kansas City Regional TEW Interagency Analysis Center）——密苏里州堪萨斯市

12. 洛杉矶联合地区情报中心（Los Angeles Joint Regional Intelligence Center）——加利福尼亚州洛杉矶市

13. 艾尔帕索多机构战术反应信息交流中心（El Paso Multi - Agency Tactical Response Information Exchange）——得克萨斯州艾尔帕索市

14. 内华达威胁分析中心（Nevada Threat Analysis Center）——内华达州卡森城

15. 得克萨斯中北部地区融合中心（North Central Texas Fusion Center）——得克萨斯州麦金尼市

16. 俄亥俄东北部地区融合中心（Northeast Ohio Regional Fusion Center）——俄亥俄州克利夫兰市

17. 北加利福尼亚地区情报中心（Northern California Regional Intelligencc Center）——加利福尼亚州旧金山市

18. 北弗吉尼亚地区情报中心（Northern Virginia Regional Intelligence Center）——弗吉尼亚州费尔法克斯市

19. 奥林奇县情报评估中心（Orange County Intelligence Assessment Center）——加利福尼亚州奥林奇县

20. 圣地亚哥执法协调中心（San Diego Law Enforcement Coordination Center）——加利福尼亚州圣地亚哥市

21. 佛罗里达东南部融合中心（Southeast Florida Fusion Center）——佛罗里达州迈阿密市

22. 威斯康星东南部威胁分析中心（Southeastern Wisconsin Threat Analysis Center）——威斯康星州密尔沃基市

23. 得克萨斯西南部融合中心（Southwest Texas Fusion Center）——得克萨斯州圣安东尼奥市

24. 宾夕法尼亚西南部第13地区融合中心（Southwestern PA Region 13 Fusion Center）——宾夕法尼亚州匹兹堡市

25. 圣路易斯融合中心（St. Louis Fusion Center）——密苏里州圣路易斯市

（二）国家融合中心网络的基本能力

2008年发布的《州与主要城市区域融合中心的基本能力》将融合中心网络应具备的基本能力划分为“融合流程能力”（Fusion Process Capabilities）、“经营与管理能力”（Management and Administrative Capabilities）。2010年，国家融合中心会议将此类能力进一步细化为四项“关键运行能力”（Critical Operational Capabilities）和四项“赋能能力”（Enabling Capabilities）。目前，这一能力标准的划分已得到官方认可，并被作为衡量国家融合中心网络年度绩效的评估标准。

1. 关键运行能力

一是接收（Receive）能力，即从联邦合作伙伴那里接收秘密信息及公开信息的能力。每个融合中心至少应有一人拥有访问联邦政府秘密信息的审批权限，而所有融合中心均可自由访问“敏感但公开”（Sensitive But Unclassified，SBU）的联邦政府信息系统，如“执法在线”（Law Enforcement Online）、“国土安全信息网络”（Homeland Security Information Network，HSIN）、“地区信息共享系统”（Regional Information Sharing Systems）等。

二是分析（Analyze）能力，即通过一个正规的风险评估流程处理威胁信息，进而评估其对当地可能产生的影响的能力。融合中心应能够为用户提供关于当地的威胁评估，为国家层面的威胁评估提供支持，确保分析人员拥有核心分析技巧，并根据用户反馈相应地调整其所生产的分析产品。

三是分发（Disseminate）能力，即在规定的权限内进一步将威胁信息分发给其他州、地区、部落、领地等实体的能力。融合中心应能够通过“国土安全情报信息网络”（Homeland Security Information Network - Intelligence，HSIN Intel）、加密电子邮件等信息系统相互共享情报，并将自己生产的情报产品及时分发给责任区域内的相关用户。

四是搜集（Gather）能力，即搜集、汇总、分析当地信息并酌情与联邦合作伙伴共享的能力。融合中心应能够明确其所服务的用户的“日常信息需求”（Standing Information Needs），并根据此类需求搜集当地的威胁信息。

2. 赋能能力

一是保护隐私、公民权利与自由（Privacy，Civil Rights，and Civil Liberties Protections）的能力，即保护所有个体公民的隐私、公民权利与自由的能力。融合中心应有一名专职人员负责保护隐私、公民权利与自由工作，并每年对所有工作人员开展相关培训。

二是拥有可持续战略（Sustainment Strategy）的能力，即为确保国家融合中心网络的长远发展与成熟而建立和执行一个可持续的战略的能力。融合中心应有一个战略发展计划，每年进行一次年度财务审计、活动损耗评估和演习。

三是沟通与对外联系（Communications and Outreach）的能力，即制定与执行一个沟通与对外联系计划的能力。融合中心应制定一项通信计划，并专门设置一个公共信息官或公共事务官的职位，由其负责对外联系事务。

四是安全（Security）能力，即保护融合中心的硬件设施、信息、系统、人员安全的能力。融合中心应制定自己的安全保卫计划、政策或标准操作流程，并每年对全体工作人员进行安全防护方面的培训。

在实际运行过程中，国土安全部的情报与分析办公室负责整个国家融合中心网络的管理与建设工作，各地融合中心规划本地区的情报工作，并通过“国土安全信息网络”等信息共享网络从联邦部门那里获得其所需要的情报信息，还可通过相互合作共同生产情报产品。据统计，从 2013 年到 2015 年，国家融合中心网络生产的情报分析产品和态势感知类产品的数量分别增加了 131.6% 和 261.8%。[①] 而这些情报产品中，有相当一部分是融合中心之间合作生产的，或是融合中心与相关联邦机构合作生产的。整个 2016 年，国家融合中心网络中的各融合中心共合作生产和分发了 160 份情报分析产品。[②]

第二节　修订统一的国家情报战略体系

2010 年以来，国家情报主任依据相关情报法律的规定，定期更新《国家情报战略》[③] 等战略文件，不定期地调整和完善情报界指令体系。其中，国家级情报战略进一步强调了国家情报一体化改革的重要性，并从不同层面提出了推动国家情报一体化改革的相关倡议，为未来美国国家情报一体化改革的发展指明了前进方向。

---

① Department of Homeland Security, *2015 National Network of Fusion Centers: Final Report*, April 2016, p. 11. https://www.dhs.gov/sites/default/files/publications/2015%20Final%20Report%20Section%20508%20Compliant.pdf.

② U. S. Department of Homeland Security, *2016 National Network of Fusion Centers Final Report*, July 2017, p. 2. https://www.dhs.gov/sites/default/files/publications/2016_National_Network_of_Fusion_Centers_Final_Report_1.pdf.

③《2015 财年情报授权法》规定，自 2017 年起，国家情报主任需每四年制定一份《国家情报战略》。在此之前，《国家情报战略》的发布并没有时间上的明确规定，国家情报主任分别于 2005 年、2009 年、2014 年发布了三版《国家情报战略》。Public Law 113 - 293: Intelligence Authorization Act for Fiscal Year 2015, November 27, 2014. sec. 303.

一、国家级情报战略

（一）国家情报战略

2014 年 9 月 18 日，国家情报主任对外发布了《2014 年国家情报战略》，并强调指出：上一版《国家情报战略》发布后的五年时间里，我们在国家情报一体化改革方面取得了巨大成就，这里面既有引人瞩目的行动成果，也有情报界在各领域的显著进步。我们必须作为一个一体化的情报界继续发展，继续提高我们的技术与专业能力，继续在任务管理和业界管理方面取得进步。为持续推进国家情报一体化改革进程，该战略推出了情报界应重点完成的“工作任务目标”和“机构建设目标”。

1. 工作任务目标

（1）基础性任务目标

一是战略情报，即帮助情报用户理解持续存在的国家安全事务并丰富该理解；二是预测性情报，即侦测、识别问题苗头和异常现象并提供预警；三是当前行动，即支援正在进行的活动和敏感情报行动。

（2）专题性任务目标

一是网络情报，即提供关于网络威胁的情报；二是反恐，即了解并应对从事恐怖主义及相关活动的组织或个人；三是反扩散，即打击大规模杀伤性武器的威胁与扩散；四是反情报，即挫败外国情报实体的行动。

2. 机构建设目标

（1）优化资源管理和决策的目标

一是任务管理一体化，即优化能力建设，实现力量聚合；二是业界管理一体化，即加强情报界的一体化与互操作性。

（2）夯实关键能力基础的目标

一是信息共享与安全保障，即保护信息的同时加强协作；二是创新，即改进研发工作、情报专业技能和流程；三是人才队伍，即塑造一支更加灵活、多样、包容、专业的情报人才队伍；四是合作伙伴，即通过伙伴关系改进情报工作。

此外，该战略还首次对情报界各机构的工作提出了三点要求：

一是保持战略、计划和行动三者的一致性。《国家情报战略》列出的工作任务目标和机构建设目标应纳入到情报界各机构的战略与规划之中。情报界各机构及功能主管应努力找到实现这些目标的整体性方法，以完成情报界的任务。

二是针对性地调整资源分配。《国家情报战略》应为计划、预算、政策、采购等方面的决策提供依据，以发展并维持各项能力。情报界各机构及各项目负责人在制定年度战略项目简报时要反映《国家情报战略》目标，并在制订年度计划与规划的过程中表达减小风险的意图。

三是针对性地开展成效评估。《国家情报战略》各项目标的实施需要用同样的标准不断进行评估。情报界各部门将通过现有流程提供信息，明确说明各部门的绩效情况，评价标准就是《国家情报战略》规定的目标和情报界优先目标，这两个标准评价的是解决长期存在的国家安全问题的进展情况。对照《国家情报战略》评估进展情况对提高情报界总体绩效非常关键。

最后，该战略特别引用了国家情报主任的一段话来强调国家情报一体化改革的重要性，即“情报界的立身之本就是要尽最大可能为我们的政治和军事领导者提供决策优势，目前我们比以往任何时候都更加坚信，实现这一目标的最佳途径就是推动和实现我国所有情报能力的一体化”。①

---

① Office of the Director of National Intelligence, *The National Intelligence Strategy of the United States of America*, September 2014, p. 17. http://www.dni.gov/files/documents/2014_NIS_Publication.pdf.

（二）国家反情报战略

2015 年 11 月 18 日，国家反情报与安全中心对外发布了《2016 年国家反情报战略》，指出美国正面临着大量且多样的外国情报实体活动的威胁和挑战。美国的对手不仅包括外国情报机构及其代理人，而且包括已知或怀疑与这些实体有联系的恐怖分子、网络入侵者、怀有恶意的内部人员、跨国犯罪组织、国际工业竞争者。许多对手利用各种先进的公开、隐蔽或秘密方法危害美国的国家安全。该战略认为，美国情报界必须以一种整体的方式理解这些威胁，并作为一个整体做出综合反应。因此，该战略首次提出了两类反情报战略目标："任务目标"（Mission Objective）和"赋能目标"（Enabling Objective）。

1. 任务目标

（1）深化我们对外国情报实体针对美国国家利益及敏感信息和资产的计划、意图、能力、技艺、行动的理解。

（2）破坏外国情报实体可能对美国国家利益及敏感信息和资产造成威胁的能力、计划和行动。

（3）发现、慑止、减轻可以接触敏感信息和资产的内部人员的威胁。

（4）防止敏感信息和资产被外国情报实体盗窃、操纵或利用。

（5）识别、应对外国情报实体试图从美国的网络中破坏、利用或盗窃敏感信息，包括个人可识别信息的网络活动。

2. 赋能目标

（1）加强安全的合作、负责任的信息共享与防护以及有效的伙伴关系。

（2）强化应对外国情报实体威胁的国家计划。

最后，该战略还特别强调，情报界各部门、各机构的负责人必须成为落实上述任务目标和赋能目标的变革行动者。实现我们集体反情报工作的一体化、并将其影响扩大到整个美国政府范围内，是我们取得成功的关键所在。

（三）重点领域的情报战略

1. 信息共享领域的情报战略

在信息共享领域，2011 年 8 月，国家情报主任发布了《美国情报界信息共享战略意图 2011 - 2015》。该战略强调指出："有效的信息共享能够确保更好的情报搜集、分析及对用户的支援，只有情报界理解其有责任共享信息以及通过危机管理的方式保护信息，情报一体化的目标才能实现。"[①] 因此，该战略为未来 4 年情报界的信息共享工作提出了新的要求，并明确了 5 个方面的建设目标：

一是优化情报界内部以及同伙伴和用户之间的信息和情报共享，以获取决策优势。具体是指同情报界伙伴和用户（包括联邦、军队、州、地方、部族、私营业及外国伙伴和用户）进行接触，了解他们对情报界的信息和情报共有和特有的需求；在符合政策、尊重公民自由和隐私权以及遵从情报界优先次序的前提下，满足这些需求；获取相关信息，利用伙伴和用户提供的能够提升任务效率的共享机会和能力。

二是最大限度地发挥和整合情报界发现、访问、保留、存储、共享和利用信息的能力。具体是指通过提高发现、访问和协作能力，推动情报一体化；落实高效的数据架构，使该架构减少冗余，允许授权人员访问，并符合记录管理与保留指导规范。

三是最大限度地发挥和整合情报界的能力，确保信息安全。具体是指实现可通用身份管理、用户授权与访问、审计和监控，以确保信息安全，改善监管，使情报界免遭外部和内部威胁；为现有和新的信息系统设计防护能力。

四是评估、调配和加强管理框架，在保护公民自由和个人隐私

---

① Office of the Director of National Intelligence, *United States Intelligence Community Strategic Intent for Information Sharing* 2011 - 2015, Washington, D. C. : Government Printing Office, August 1, 2011, p. 1.

的同时，优化负责的信息共享。具体是指制定信息获取、访问、使用、共享、保留和防护的新政策、标准和程序，并统一协调已有的政策、标准和程序；加强依照政策、标准和程序办事；根据需要，向司法当局建议做出必要修改，以达成信息共享目标；调配资源，为国家情报主任的信息共享倡议提供支持。

五是营造一种负责的信息共享文化。具体是指将情报界绩效管理措施、奖励、激励、表彰和训练同体现、支持和促进负责的信息共享的原则、价值观和结果的行动挂钩。

2. 信息技术领域的情报战略

在信息技术领域，国家情报主任提出，国家情报一体化需要一个可以让情报界快速、可靠地与需求方共享情报的全球性信息技术基础设施，这就需要改变传统的以机构为单位的信息技术模式，构建一个适用于整个情报界的通用信息技术基础架构。因此，国家情报主任先后发布了两个版本的《情报界信息技术业界战略》。

2011 年发布的《情报界信息技术业界战略 2012 – 2017》（Intelligence Community Information Technology Enterprise Strategy 2012 – 2017）明确指出，该战略要实现的终极目标就是建设一体化的情报界，未来五年需要实现的具体目标包括：

一是筑牢根基，即界定、开发、实施、维持一个单一的、基于标准的、可互操作的、安全的、顽存的、包含所有安全域的、可完成任务目标并可充分提高全业界效率和防护能力的情报界信息技术业界架构。

二是提供以用户为中心的能力，即提供无缝、安全的业界解决方案，实现人与人、人与数据、数据与数据之间的可信协作——为用户提供有助于其任务成功的经验，同时确保情报资产和信息的安全。

三是作为一个情报界业界团队运作，即采用一种充分利用标准化、通用业务做法、商品化信息技术及联合业界团队的运作模式，为整个情报界持续提供通用业界服务与能力。

四是实施有效的管控与监督，即界定并实施数据驱动的、透明的信息技术管控与监督流程。

五是缔结战略伙伴关系，即加强可信的伙伴关系，以更好地利用创新能力并实现情报任务的一体化。①

2014 年发布的《情报界信息技术业界战略 2016 – 2020》（Intelligence Community Information Technology Enterprise Strategy 2016 – 2020）依据《2014 年国家情报战略》重新修订了 2011 年版战略中的相关目标，提出了情报界未来要努力实现的三大目标：

一是加强情报一体化，即充分利用情报界信息技术业界，提高情报界的一体化水平和统一情报活动的能力。

二是优化信息安全保障，维护情报界业界的安全，即利用可信的协作环境提高情报界的任务成功率，同时保护国家情报信息、来源、方法及公民自由和隐私。

三是作为一个有效、高效的情报界业界团队运作，即实现可充分利用通用业务做法及情报界团队的情报界信息技术业界运作模式，使整个情报界产生、采用、维持共享的业界服务与能力。②

二、部门级情报战略

2010 年后，各部门情报机构继续根据国家级情报战略及相关指令调整和出台了多部部门情报战略，特别就本部门如何落实国家情报主任提出的国家情报一体化改革目标制定了具体的战略规划。

---

① Office of the Intelligence Community Chief Information Officer, *Intelligence Community Information Technology Enterprise Strategy* 2012 – 2017, Washington, D. C.: Government Printing Office, 2011. http: //www. dni. gov/files/documents/IC_ ITE_ Strategy. pdf.

② Office of the Intelligence Community Chief Information Officer, *Intelligence Community Information Technology Enterprise Strategy* 2016 – 2020, Washington, D. C: Government Printing Office, 2014. https: //www. dni. gov/files/documents/CIO/IC%20ITE%20Strategy%202016 – 2020. pdf.

首先，2011 年 6 月，国防情报局局长小罗纳德·伯吉斯（Ronald Burgess，Jr.）发布了《2012－2017 年国防情报局战略》。伯吉斯在战略的前言部分中表示，当前，科技发展日新月异，国际政治形势复杂多变，全球资源争夺日益加剧，这些因素叠加在一起，使国防情报局面临非常复杂的挑战。为了应对这些挑战，为情报用户提供决策信心，国防情报局将致力于持续加强情报工作，提高情报一体化程度。该战略指出，国防情报局要成为一支由技能娴熟、行动灵活和责任心强的专业人员组成的国防情报团队，拥有领先的训练资源和技术能力，通过与其他部门合作来加强实力，能够灵活地调整行动，在作战人员和国家需要的时候，随时随地为他们提供全源国防情报支援。因此，未来国防情报局的战略主旨是“同一个任务、同一个团队、同一个机构”。

为了实现上述战略主旨，国防情报局需要遵循四项原则：第一，作为一支团队在作战环境中协作，这样的作战环境鼓励信任、行动一致、多样化、一体化与透明、适应性与头脑灵活，以及同国防情报局产品用户之间的亲密关系。第二，通过在每个层面都力求高效，使国防情报局关注其履职尽责所必需的核心能力，包括统一规划和分散实施，积极而具有适应力的重组，以及重新分配资源，用于优先任务领域。第三，通过引领或者参加美国政府一盘棋行动，利用跨机构信息、专业知识和能力，不断壮大，同时，加强和培养与学术界、私营部门以及国际伙伴之间更为紧密的联系。第四，运用绩效管理使个人、团队和机构的表现达到最佳，以确保国防情报局的服务和产品能够及时到达用户，并能满足他们的需求，并依据可以衡量的结果，让雇员对自己的行为和工作表现负责。与上述四项原则相对应，国防情报局需完成四项任务：一是阻止战略突袭和支援应急行动；二是加强核心任务能力；三是通过合作与创新获得优势；

四是优化绩效相关性。[①]

其次，2012 年 5 月，国家地理空间情报局局长利蒂希亚·朗（Letitia Long）发布了《2013 - 2017 年国家地理空间情报局战略》。朗在战略的前言中指出，我们必须确保地理空间情报工作的贡献融入到国家情报主任负责的《统一情报战略》之中，确保地理空间情报工作作为实现“情报一体化”的一个关键因素而逐渐成熟。该战略的正文部分进一步强调指出，国家地理空间情报局必须尽最大可能推动国家情报主任提出的情报一体化这一重点目标，唯有成为一个团队，我们才能得出最为准确的情报判断，更好地服务总统、决策者和作战人员。因此，国家地理空间情报局应努力实现两个战略目标：一是提供在线的基于需求的地理空间情报知识的获取途径，二是扩展和深化我们的分析专业知识以创造新价值。

为实现上述战略目标，国家地理空间情报局应重点从以下七个方面开展工作：第一，内容方面，应确保地理空间情报数据、产品和知识是可发现的、可获取的、及时的和相关的；第二，开放式信息技术环境方面，应确保地理空间情报的处理和加工能力获得快速发展，并可提供给情报界使用；第三，分析能力方面，应提升地理空间情报的价值，以更好地解决关键情报问题；第四，用户服务方面，应确保地理空间情报的内容经过整合和有序管理，使所有的地理空间情报用户能够在所有领域享受到自助式、辅助式和完全服务式的情报服务；第五，工作人员方面，国家地理空间情报局应拥有一支灵活的、专业的和多样化的工作团队和卓越的领导者，为完成任务，他们既能够在本局内部开展合作，也能够与本局的用户和全球伙伴开展合作。第六，工作场所方面，为保障工作任务的完成，本局的工作场所应具备下述特征：现代化、效益最优、技术先进、环境友好、安全牢靠、鼓励灵活性和合作。第七，组织和功能管理

---

① Defense Intelligence Agency, *2012 - 2017 Defense Intelligence Agency Strategy* , June 2011. http: //www. dia. mil/about/strategic_ plan. pdf.

方面，本局的管理和业务活动应经过精简，采用了行业最佳做法，并能够有效地影响国家地理空间情报系统和盟国地理空间情报系统。①

第三节　推动情报信息的跨部门安全共享

在2009年发布的第501号情报界指令《情报界内信息的发现、分发或检索》的指导下，情报界的信息共享工作，尤其是情报共享数据库的建设取得了长足的进展。例如，2010年1月，各情报机构已向国家情报库中注入了超过230万份情报产品，而且国家情报库还在以每月补充10万份情报产品的速度增长。② 然而，正在情报界的信息共享工作开展得如火如荼之时，突然出现了大规模的泄密事件。2010年下半年，阿桑奇所创立的维基揭秘网站三次大规模公开美国的军事外交秘密（7月25日公布9万多份阿富汗战争文件，10月23日公布40万多份伊拉克战争文件，及11月28日公布25万多份外交密电）。12月5日，维基揭密还公布了一份被美国形容为"对美国国家安全至关重要的全球核心安全设施"清单。随后的调查显示，向维基揭秘泄露秘密的人是23岁的美国陆军情报分析员布拉德利·曼宁（Bradley Manning）③，而他所窃取的秘密文件几乎全部来自美国大力建设的信息共享网络——"秘密互联网协议路由器网

① National Geospatial Intelligence Agency, *National Geospatial Intelligence Agency Strategy* 2013 - 2017, Washington, D. C.: Government Printing Office, May 2012.

② Office of the Director of National Intelligence, *ODNI Fact Sheet*: *Leading an Integrated Intelligence Community that Operates as a Single Enterprise*, January 2010, p. 3. http://www.dni.gov/press_releases/2010_Fact_Sheet.pdf.

③ 2009年11月到2010年4月，在巴格达以东40英里的汗马前线作战基地，曼宁在长达8个多月的时间里从"秘密互联网协议路由器网络"上下载了大量秘密文件。为了将秘密文件从工作电脑中拷贝出来，他伪造了一张Lady Gaga的唱片，擦除原来的磁道信息，重新写入秘密数据。当人们看到他戴着耳机在电脑前摇头晃脑时，他实际上正在往碟片里刻录秘密文件。

络”（SIPRNet）。[①]

维基揭秘事件之后，有相当一部分人认为各情报机构不应再继续共享情报搜集和分析产品，国务院甚至一度删除了其在秘密互联网协议路由器网络上共享的情报资料。[②] 然而，决策层与情报界很快就在这个问题上达成了一致意见。[③] 情报界信息共享执行官科林·斯通（Corin Stone）就明确指出：“我们现在不应该在信息共享与防护两者之间寻求所谓的‘平衡’，因为这个词本身就暗含着一种零和关系，即我们加强信息共享的举措会削弱我们在信息防护上的努力。我们认为，必须同等地加强信息共享和防护更能准确地描述两者之间的关系，换句话说就是，当我们加强信息共享时，我们必须相应地加强信息防护。”[④] 此后，决策层开始改革情报信息共享的相关机构设置，重新确定情报信息共享的战略目标，大力保障情报共享工作的安全可靠。

一、改革情报信息共享的机构设置

2011 年 10 月 7 日，奥巴马总统发布了第 13587 号总统行政命令，决定进行结构性的改革以改进秘密信息的共享与防护工作。依

---

① “9·11”后，美国大力建设信息共享网络，“秘密互联网协议路由器网络”即是其中一个重要的信息共享网络。该网络最初是美军于 20 世纪 90 年代中期建立的内部加密网，与互联网完全物理隔离，用于发布和共享指挥控制等作战信息，接入该网的用户可以利用其内置的搜索引擎查找自己需要的秘密信息。2004 年后，美国大规模铺设该网络，很多美国驻外使领馆也都接上了这一网络，并用于传递秘密外交电报。

② 马克·洛文塔尔：《情报：从秘密到政策》，杜效坤译，金城出版社，2015 年版，第 448 页。

③ 2011 年 3 月 10 日，参议院国土安全与政府事务委员会就维基揭秘事件举办了一场听证会，主题为“维基揭秘时代的信息共享：在安全与协作中寻求平衡”，与会人员一致认为美国应继续加强信息共享工作，绝不可因噎废食。

④ Intelligence Community Information Sharing Executive Corin R. Stone, testified before the Senate Committee on Homeland Security and Governmental Affairs for the hearing, Information Sharing in the Era of Wikileaks: Balancing Security and Collaboration on March 10th, 2011. http://www.dni.gov/files/documents/Newsroom/Testimonies/20110310_ testimony_ stone. pdf.

据该份命令，国家安全委员会与白宫管理和预算办公室联合组建了“高级信息共享与防护指导委员会”（Senior Information Sharing and Safeguarding Steering Committee），国家情报主任办公室和司法部联合组建了“内部威胁特别工作组”（Insider Threat Task Force），国防部和国家安全局联合组建了“保护计算机网络秘密信息执行官”（Executive Agent for Safeguarding Classified Information on Computer Networks），信息共享环境项目主管在其办公室内组建了“秘密信息共享与防护办公室”（Classified Information Sharing and Safeguarding Office）。

二、调整情报信息共享的战略目标

2011 年 3 月 11 日，国家情报主任詹姆斯·克拉珀专门发布了第 502 号情报界指令《情报界信息环境的一体化防护》，要求各情报机构在开展信息共享工作的过程中要全面加强安全保密。[①] 8 月 1 日，克拉珀又发布了《美国情报界信息共享战略意图 2011－2015》。该战略强调指出：“有效的信息共享能够确保更好的情报搜集、分析及对用户的支援，只有情报界理解其有责任共享信息以及通过危机管理的方式保护信息，情报一体化的目标才能实现。”[②] 因此，该战略为未来 4 年情报界的信息共享工作提出了新的要求，并明确了 5 个方面的建设目标：

1. 优化情报界内部以及同伙伴和用户之间的信息和情报共享，以获取决策优势。具体是指同情报界伙伴和用户（包括联邦、军队、州、地方、部族、私营业及外国伙伴和用户）进行接触，了解他们

① 实际上早在 2007 年 3 月 14 日，国家情报主任麦康奈尔就曾发布名为“未经授权泄露机密信息的安全政策指令”的第 701 号《情报界指令》。

② Office of the Director of National Intelligence, *United States Intelligence Community Strategic Intent for Information Sharing* 2011－2015, Washington, D. C.: Government Printing Office, August 1, 2011, p. 1.

对情报界的信息和情报共有和特有的需求；在符合政策、尊重公民自由和隐私权以及遵从情报界优先次序的前提下，满足这些需求；获取相关信息，利用伙伴和用户提供的能够提升任务效率的共享机会和能力。

2. 最大限度地发挥和整合情报界发现、访问、保留、存储、共享和利用信息的能力。具体是指通过提高发现、访问和协作能力，推动情报一体化；落实高效的数据架构，使该架构减少冗余，允许授权人员访问，并符合记录管理与保留指导规范。

3. 最大限度地发挥和整合情报界的能力，确保信息安全。具体是指实现可通用身份管理、用户授权与访问、审计和监控，以确保信息安全，改善监管，使情报界免遭外部和内部威胁；为现有和新的信息系统设计防护能力。

4. 评估、调配和加强管理框架，在保护公民自由和个人隐私的同时，优化负责的信息共享。具体是指制定信息获取、访问、使用、共享、保留和防护的新政策、标准和程序，并统一协调已有的政策、标准和程序；加强依照政策、标准和程序办事；根据需要，向司法当局建议做出必要修改，以达成信息共享目标；调配资源，为国家情报主任的信息共享倡议提供支持。

5. 营造一种负责的信息共享文化。具体是指将情报界绩效管理措施、奖励、激励、表彰和训练同体现、支持和促进负责的信息共享的原则、价值观和结果的行动挂钩。

2012 年 4 月 4 日，克拉珀重新修订了第 651 号情报界指令《情报界文职人员的绩效管理系统需求》（Performance Management System Requirements for the Intelligence Community Civilian Workforce）和第 656 号情报界指令《情报界高级文职官员的绩效管理系统需求》（Performance Management System Requirements for the Intelligence Community Senior Civilian Officers），两份指令均将“信息共享与安全防护”纳入到情报界文职人员和高级文职官员的绩效管理需求之中，

作为衡量情报人员工作业绩的一项重要指标。随后，同步推进信息共享与安全防护工作的理念更是正式进入到《国家信息共享战略》、《国家情报战略》、《国家反情报战略》之中。

2012 年 12 月 19 日，美国发布了第二版《国家信息共享战略》，全称为《国家信息共享与防护战略》。奥巴马总统在这份战略中强调指出："该战略的目的是在以下两者间保持平衡：与负责保卫国家安全的人共享他们所需要的信息，防止意图伤害我们的人获得此类信息。……该战略认为信息是一项国家资产，必须得到适当的保护和共享。……我们的国家安全取决于在正确的时间与正确的人共享正确的信息。因此，我们将继续维持这样一个环境，在这个环境里，信息能够以一种负责任的、不间断的、安全的方式得到共享。"①

具体而言，美国应集中关注和实现以下 5 个方面的目标：

1. 通过合作与责任划定推动集体行动。如果我们共同努力，应用多种管理模式以确保完成任务，在可能的情况下采用通用流程以建立起相互间的信任关系，简化信息共享协议的制定流程，并且通过绩效管理、培训与激励机制来保障信息共享工作，就最有可能实现我们设定的共同目标。

2. 通过统一标准改善信息发现与访问。改善信息的发现与访问涉及到制定清晰的政策，以使得到授权的个人能够使用相关信息。安全的信息发现与访问有赖于身份识别、身份认证以及授权控制、数据标记、业界范围内的数据关联、统一的通用信息共享标准，还需要有一套严格的程序来确认和验证上述行为。

3. 通过共享服务与互操作能力，优化任务效能。努力优化任务效能包括共享服务、数据与网络的互操作能力，以及采购效率的提升。

① The White House, *National Strategy for Information Sharing and Safeguarding*, Washington, D. C.: Government Printing Office, December 19, 2012, p. 1. http://m.whitehouse.gov/sites/default/files/docs/2012sharingstrategy_1.pdf.

4. 通过结构性改革、政策和技术解决方案来加强信息安全防护。为了建立信任并保障信息安全，相关政策和协调机构必须重点关注身份识别、行为预防、减轻内部威胁和外部入侵，同时各部门与机构要努力提高数据层的控制能力、自动化监控能力以及跨密级解决方案。

5. 通过连贯一致的合规举措，保护个人隐私、公民权利与公民自由。要维持公众的信任，必不可少的举措包括：在政府范围内推出保护个人隐私、公民权利与公民自由的相关措施时，要增加其连贯一致性；在制定信息共享行动方案时，要建立起相应的安全保障机制；推动问责机制与遵规守法机制的建立。[①]

2014 年 9 月 18 日，美国发布《2014 年国家情报战略》，明确指出“信息共享与防护”是情报界需要实现的“机构建设目标”（Enterprise Objective）之一，即加强、整合并合理利用情报界各项能力，加强协调并改进信息的发现、访问、检索、保存和安全防护机制。[②]该战略认为，任务的成功有赖于正确的人在正确的时间得到正确的信息。提高我们的信息共享与安全保障能力（这两者相互促进），需要提高我们的队伍素质、程序和技术。情报界将继续查找并填补信息共享漏洞，协调行动以减少情报界信息技术方面的重复建设，以期更高效地取得更好效果。

具体而言，情报界应着力实现以下 5 个目标：

1. 将情报界当前及未来的信息技术需求整合进高效的信息技术

---

① The White House, *National Strategy for Information Sharing and Safeguarding*, Washington, D. C.: Government Printing Office, December 19, 2012, pp. 1 – 2. http://m. whitehouse. gov/sites/default/files/docs/2012sharingstrategy_ 1. pdf.

② 2014 年 9 月 18 日，国家情报主任发布了《2014 年国家情报战略》，提出了六大机构建设目标：一是任务管理一体化，即优化能力建设，实现统一行动；二是业界管理一体化，即加强情报界的整合与互操作性；三是信息共享与安全保障，即保护信息的同时加强协作；四是创新，即改进研发、情报手段和流程；五是人才队伍，即培养一支更加灵活、多样、包容、专业的情报人才队伍；六是合作伙伴，即通过伙伴关系提高情报质量。

设施系统，以加强情报界的一体化、信息共享与安全保障。

2. 使情报界从业人员能够基于任务需求发现并访问信息，以交付及时的、定制的可行动信息。

3. 适时整合整个业界范围内的信息，以便于发现、提高关联，在保护隐私和公民自由的同时实现高阶分析。

4. 在政策驱动的互操作方法和基于属性的访问基础上，强化并统一情报界针对新的和已有情报信息系统的数据保护标准，以构建安全可靠、覆盖整个情报界的信息环境。

5. 打造尊重隐私及公民自由，体现、支持和推进负责任的信息共享的文化。

2015 年 11 月 18 日，美国发布《2016 年国家反情报战略》，首次提出了 2 个“赋能目标”，其中首要目标就是“加强安全的合作、负责任的信息共享与防护以及有效的伙伴关系”。[①] 该战略指出，情报界必须确保参与信息发现与检索工作的人员牢记安全防范操作要求，以保护敏感信息与资产。依据各自现有的权限、任务、职能和责任，各情报机构应：

1. 推动负责任的、可靠的信息共享，以最大限度地实现外国情报实体威胁识别、利用、破坏工作的行动统一，并为决策提供情报支持；

2. 提高反情报计划和活动的同步程度，包括实施联合调查与行动；

3. 扩展美国政府各机构及其与重要公共和私营部门、国际伙伴的伙伴关系，共享威胁信息，实现对外国情报实体威胁的共同理解，推行协调一致的减轻危害措施；

① 2015 年 11 月 18 日，国家反情报与安全中心发布了《2016 年国家反情报战略》。此前的四版《国家反情报战略》仅提出了情报界需完成的任务目标，2016 年版战略提出了两大赋能目标：一是加强安全的合作、负责任的信息共享与防护以及有效的伙伴关系；二是强化应对外国情报实体威胁的国家计划。

4. 制定并实施可信的教育和感知计划，使美国政府工作人员及公共和私营部门伙伴具备识别威胁、报告反情报关切事项的能力；

5. 在美国政府各机构及其与重要公共和私营部门、国际伙伴间共享外国情报实体技术活动和能力的相关信息，以应对无处不在的威胁和薄弱环节；

6. 在美国政府各机构及其与重要公共和私营部门、国际伙伴间共享相关经验教训和最佳实践，以改进我们报告、分析、调查、补救突发事件的流程。

三、细化情报信息共享的操作规范

为了具体规范情报搜集和分析产品共享工作的安全防护标准，国家情报主任先后修订了两部700系列的情报界指令。2012年6月7日，国家情报主任发布第700号情报界指令《国家情报的保护》(Protection of National Intelligence)，取代了2007年9月21日发布的老版指令。2013年6月21日，国家情报主任发布第710号情报界指令《设定密级工作的管理与控制标记系统》(Classification Management and Control Markings System)，取代了2009年9月11日发布的老版指令。

首先，修订后的第700号情报界指令《国家情报的保护》旨在通过协调一致的反情报与安全活动保护国家情报及情报来源、方法、活动，防止国家情报遭到破坏、未经授权的泄露以及错误地使用。该指令具体提出了5个方面的政策：

1. 国家情报与情报来源、方法和活动应该得到保护，而推动整个情报界的反情报与安全活动的一体化是挫败外国力量、组织、个人或他们的代理人、国际恐怖组织及活动的主要方法。

2. 反情报与安全职能必须被视为是互相依存和彼此支援的，它们在保护秘密与资产方面有着共同的目标和责任。反情报工作包括搜集信息，识别、欺骗、利用、挫败或防范外国力量、组织、个人或他们的代理人、国际恐怖组织所实施的间谍、破坏、暗杀及其他情报活动。安全工作包括在人员、物理、信息、行动、工业和技术等方面建立适当的安全防护与反制措施，目的在于保护信息与信息系统、人员、行动、资源、技术和设施免受威胁。

3. 反情报与安全工作合为一体能够很好地保护国家情报的安全，一旦各行其是则会产生不好的效果。这种一体化能够促进信息共享，更高效地分配资源，更好地保护美国国家安全。

4. 反情报与安全工作需要实现一体化，其目的在于：

（1）保护国家情报，判断哪些个人有权访问国家情报、敏感信息、敏感设施，并保留敏感职位；

（2）为识别、挫败、震慑和利用外国情报活动提供支援，此类外国情报活动包括在美国境内和海外危害美国利益的间谍、破坏、暗杀活动；

（3）加强震慑、发现和消除内部威胁的能力，这里的内部威胁指的是个人利用自己获得的授权访问权限开展间谍、恐怖主义活动、未经授权而泄露信息，以及通过损害或降低相关资源或能力而危害美国安全的活动；

（4）降低供应链被破坏、损害或利用的风险，以防止国家情报能力被监视、拒止、破坏或消解；

（5）降低网络空间被破坏、损害或利用的风险，以防止在网络空间出现针对美国的情报活动；

（6）创建一个能使我们在保护和共享国家情报之间找到平衡点的环境。

5. 反情报与安全工作应能够支持国家情报及反情报战略中的工作任务目标和机构建设目标。

其次，修订后的第 710 号情报界指令《设定密级工作的管理与控制标记系统》旨在为情报界所有情报产品的密级设定以及控制分发范围的标记工作提供统一标准。该指令指出，在生产和共享情报搜集和分析产品时，情报界应做好两种类型的标记工作：一是“密级标记”，即统一在所有秘密情报信息上明确加注的标记，主要用于标示该份情报产品的密级（绝密、机密、秘密）；二是“控制标记”，即统一在所有秘密情报信息和受控但不涉密的信息上加注的标记，主要用于标示该份情报产品的分发和传阅范围。标准化的密级设定与控制标记是情报界保护情报来源、方法及活动的主要手段。适当地使用这些标记有助于推动信息共享，保护信息安全，以避免未经授权的泄露。在实践操作中，该指令提出应做好以下几个方面的工作。

1. 整个情报界的标记系统由“访问控制计划协调办公室”统一实施和维护。

2. 应尽可能降低情报信息的密级、解除分发方面的限制，以使情报信息能够在最大程度上被分发、发现和检索。

3. 没有任何信息需要永久保密，一般而言，秘密情报信息将于确定密级 25 年后自动解除密级。

4. 通过网络、远程通信系统等自动化系统传递的情报信息需依据情报界相关技术标准加注可机读的密级及控制标记。

5. 如果情报信息的生产者认为其所生产的情报信息的进一步分发必须经过它的同意，那么它应将此类要求标注在情报信息上。

6. 情报信息只有符合下述情况才可加注“密级标记”：需要防范未经授权的泄密，以及泄密后将对国家安全造成可识别的或可描述的损害。

7. 在不违反相关规定、与“访问控制计划协调办公室”维护的标记系统不重复的情况下，情报界各机构也可建立自己内部使用的情报信息控制标记。但是，情报信息一旦在本机构之外分发，就必须去除自己内部使用的控制标记，改用情报界统一的标记系统。

8. 有权接触秘密情报信息、受控但不涉密信息的人有责任保护这些情报信息的安全，并接受防护措施方面的培训。

第四节　建设统一的情报界信息技术体系

2010 年以来，情报界的整体预算金额持续下降。面对资金短缺的严峻形势，国家情报主任决定改变情报界各机构在信息技术研发与应用方面重复建设、资源浪费的局面，并先后发布了多份指导整个情报界信息技术建设的战略文件。在相关战略的指导下，国家情报主任一方面努力将不同情报机构的分散的、互不兼容的信息技术应用整合到一个统一的信息技术基础架构中，以实现技术层面的标准统一和全面通联，另一方面还统一汇总了各情报机构共同的信息技术研发需求，明确了未来情报预算的投入领域和方向。

一、情报界推动信息技术全面整合的动因

“9·11”后，美国的情报工作迎来了新一轮的大改革与大发展，情报预算金额连年攀升，2010 年时到达顶峰，年度预算高达 801 亿美元。随后，受美国政府债务危机的影响，情报预算开始走下坡路（参见图 4－5）。2011 年 8 月 2 日，美国国会通过了《2011 年预算控制法》（Budget Control Act of 2011），决定大幅削减行政部门的预算。自 2012 财年始，国防部计划在未来 10 年内累计削减 4870 亿美元，到 2017 财年完成累计削减 2590 亿美元的阶段性目标。① 由于大部分情报预算都隐藏在国防预算中，情报界也要相应地削减预算。据斯诺登披露，自 2012 财年始，情报界要在 10 年内累计削减 250 亿美元，到 2017 财年，阶段性的削减数额要超过 150 亿美元。②

---

① Department of Defense, *Defense Budget Priorities and Choices*, Washington, D. C. : Government Printing Office, January 2012, p. 1.

② Office of the Director of National Intelligence, *FY 2013 Congressional Budget Justification Volume I National Intelligence Program Summary*, February 2012, p. 1. http: //s3. documentcloud. org/documents/781537/cbjb－fy13－v1－extract. pdf.

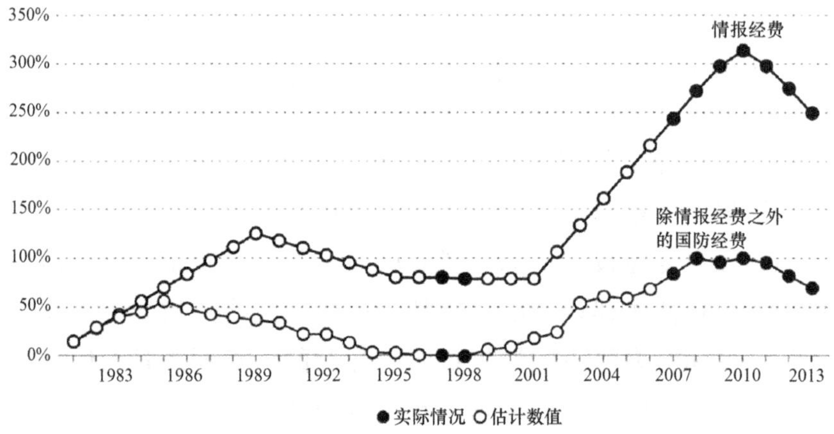

图 4－5　美国情报预算变化比例示意图（1980－2013 年）[①]

面对如此严峻的形势，国家情报主任詹姆斯·克拉珀开始呼吁尽量减少情报预算的削减幅度。2013 年 2 月 15 日，克拉珀在接受《华盛顿邮报》采访时表示，如果按照国会的计划削减预算，他不仅将被迫削减 9% 的国防情报工作开支，裁撤多个卫星侦察与监视计划，还将被迫削减 7%－8% 的国内情报工作开支，特别要削减联邦调查局的预算，而这些都将对情报工作造成极为恶劣的影响。[②] 2 月 26 日，克拉珀还特意致信参议院多数党领袖哈里·里德（Harry Reid），着重强调预算压缩对情报工作的负面影响：

第一，预算削减会降低人员士气，迫使有才华的情报人员辞职以及大量情报工作人员休假，更会导致情报界裁撤至少 7000 个由情报承包商雇员任职的工作岗位。第二，预算削减会严重削弱情报界

---

① 2007 财年之前，美国仅于 1997 年和 1998 年公布了当年的情报预算金额，分别为 266 亿美元和 267 亿美元。Marshall C. Erwin, *Intelligence Spending and Appropriations: Issues for Congress*, Washington, D. C.: Congressional Research Service, September 18, 2013, p. 6.

② David Ignatius, *James Clapper Warns of Sequester's Impact on Spy Agencies*, February 15, 2013. http://www.washingtonpost.com/blogs/post－partisan/wp/2013/02/15/james－clapper－warns－of－sequesters－impact－on－spy－agencies/

的关键情报分析能力，例如高级情报分析可视化技术、情报分析的前沿部署能力都将受到影响，从而导致情报界无法完成重要程度排名比较靠后的情报工作。第三，预算削减会损害情报界的情报搜集架构，我们将大幅压缩全球人力情报行动和技术情报搜集活动，并会迟滞情报侦察装备的更新进程，进而导致美国丧失情报技术方面的优势。①

2013 年 3 月 12 日，克拉珀在参议院情报特别委员会作证时进一步指出："今年摆在情报界面前的头等大事就是预算削减的问题，在我看来，削减情报预算将会使美国的国家安全陷入险境。由我管理的国家情报计划预算份额将有可能被砍掉 7%，这相当于直接削减了 40 亿美元。受此影响，我们将减少人力情报、技术情报以及反情报活动，39 个主要情报系统的采购工作将会受到严重影响，而这将导致我们遭受战略突袭的危险大幅增加。实际上，美国在 20 世纪 90 年代曾削减了 23% 的情报预算，进而严重削弱了我们的情报能力，我不希望我们重蹈覆辙。"② 然而，克拉珀的呼吁并没有起到预期作用，情报界的预算数额在 2013 财年创下了三年内的最大跌幅。③ 此后，情报预算始终保持着相对比较低的数额，至今仍未达到 2010 年的水平（参见表 4 - 3）。

---

① James R. Clapper, *Impact of Sequestration on the National Intelligence Program*, *DNI Letter to Congress*, February 26, 2013. http://fas.org:8080/irp/dni/seq-2013.pdf.

② James R. Clapper, *Remarks As Delivered by James R. Clapper Director of National Intelligence*, March 12, 2013. http://www.fas.org/irp/congress/2013_hr/031213clapper.pdf.

③ 2010 财年，美国情报预算达到历史新高（801 亿美元），此后情报预算持续下跌。与上一财年的情报预算相比，2011 财年（786 亿美元）下跌了 15 亿美元，2012 财年（754 亿美元）下跌了 32 亿美元，2013 财年（676 亿美元）则下跌了 78 亿美元。

表 4-3 美国情报预算金额表① （单位：亿美元）

情报预算	财政年度										
	2007	2008	2009	2010	2011	2012	2013	2014	2015	2016	2017
国家情报计划	435	475	498	531	546	539	490	505	503	530	546
军事情报计划	200	229	264	270	240	215	186	174	165	177	184
合计	635	704	762	801	786	754	676	679	668	707	730

美国情报界向来重视信息技术手段的建设，并为此投入了大量资金。美国情报研究学者艾米·萨格特认为："虽然美国情报开支的具体项目仍然处于保密状态，但是现有证据表明 1991 年至 2001 年期间，超过 90% 的情报预算投入到了硬件上而非招募间谍上。"② 2011 年，国家情报主任也曾指出，提交给国会审核的 2012 财年情报预算申请中，有 20% -25% 的预算是用于信息技术领域的建设。③因此，在整体预算大幅缩水的情况下，适当削减技术领域的资金投入，能够在很大程度上缓解整体预算不足的压力。此外，在国家情报主任看来，预算紧缩的压力完全可以转化为全面整合情报界信息技术的动力。为节约技术建设方面的资金投入，国家情报主任开始以此为契机，统一规划和建设情报界的信息技术基础架构和研发应用工作。

① 自 2007 财年始，国家情报主任才开始每年公布自己负责的国家情报计划的具体金额。2010 年，国防部也开始公布自己负责的军事情报计划的具体金额（具体数字向前追溯至 2007 财年）。有鉴于此，外界能够了解美国整个情报预算的具体金额。Anne Daugherty Miles, *Intelligence Spending: In Brief*, Washington, D. C.: Congressional Research Service, February 26, 2016, p. 8. U. S. Intelligence Budget. https://www.dni.gov/index.php/what-we-do/ic-budget.

② Amy B. Zegart, *Spying Blind: The CIA, the FBI, and the Origins of* 9/11, Princeton and Oxford: Princeton University Press, 2007, p. 40.

③ *Remarks as Delivered by Mr. James R. Clapper Director of National Intelligence*, Henry B. Gonzales Convention Center, San Antonio, TX: GEOINT 2011 Symposium, October 17, 2011, p. 4. http://www.dni.gov/files/documents/Newsroom/Speeches%20and%20Interviews/20111017_geoint.pdf.

二、统一建设情报界的信息技术基础架构

情报界各机构很早就开始建立各自的信息系统，然而长期以来大部分信息系统之间互不兼容、互不联通。美国司法部长约翰·阿什克罗夫特（John Ashcroft）曾在“9·11”委员会举办的听证会上指出：“联邦调查局拥有42套独立的信息系统，但是它们彼此之间互不通联。”① “9·11”后，信息系统不兼容的情况依然存在。例如，国家反恐中心需要处理的情报信息就存储在近30个分散的信息共享网络中，情报分析人员要想访问这些信息资源，就必须分别使用堆积在办公桌下的6台不同的电脑。② 这在很大程度上增加了情报分析人员查找资料的时间，降低了工作效率。为了从技术上整合不同的情报网络，美军南方司令部在小范围进行了一次技术整合的实验并取得了成功，负责情报事务的国防部副部长办公室信息共享主任尼尔·提普顿（Neill Tipton）就曾表示：“我们发现南方司令部的实验是有效的。此前情报分析人员要花费75%的时间来查找信息，然后再用20%的时间去做情报分析。而南方司令部那里的实验结果显示，这种工作方式现在已经反了过来。那里的情报人员只需花费20%的时间来查找数据，然后再用75%的时间去做情报分析。”③

鉴于南方司令部的成功经验以及情报预算持续缩减的严峻形势，2011年10月，情报界首席信息官专门发布了一份《情报界信息技术业界战略2012－2017》，决定建立一个“单一的、基于标准的、可互操作的、安全的、顽存的、包含所有安全域的、可完成任务目

---

① Melanie M. H. Gutjahr, *The Intelligence Archipelago: the Community's Struggle to Reform in the Globalized Era*, Washington, D. C.: Joint Military Intelligence College, 2005, p. 120.

② Amy B. Zegart, *Spying Blind: The CIA, the FBI, and the Origins of* 9/11, Princeton and Oxford: Princeton University Press, 2007, p. 186.

③ Jared Serbu, *Intel CIOs Finding Common Ground in Shared Services*, October 21, 2011. http://www.federalnewsradio.com/502/2601744/Intel-CIOs-finding-common-ground-in-shared-services.

标并可充分提高整个业界效率和防护能力的信息技术业界架构”，以把不同情报机构相对独立的信息系统及情报共享网络串连起来，使各情报机构在同一个技术平台上高效运作。[①] 2012 年 10 月 9 日，在参加年度“地理空间情报论坛”（GEOINT Symposium）时，国家情报主任詹姆斯·克拉珀对外宣布，将大力推进情报界信息技术业界的建设力度，将不同情报机构的计算与分析能力以及云数据库整合到一个单一的云计算网络之中，以让所有参与网络建设的机构及拥有相应访问权限的情报人员能够轻松地在整个情报界范围内调用其所需要的情报信息。[②] 2013 年 8 月 16 日，情报界信息技术业界首次具备了基础性运行能力。[③] 2014 年，情报界首席信息官发布了《情报界信息技术业界战略 2016 – 2020》。该战略充分肯定了情报界信息技术业界的前期建设成果，并根据《2014 年国家情报战略》调整了情报界信息技术业界的未来发展目标。[④]

目前，情报界信息技术业界主要包含四个组成部分：

1. 情报界桌面（IC Desktop）

情报界桌面由国家地理空间情报局和国防情报局联合研发，是一种标准化的桌面软件，其中包含有统一的电子邮件系统、即时通信工具和音视频合作软件。统一的情报界桌面意味着不同部门的情报工作人员将拥有相同的应用软件工具，能够更加方便地进行视频

① Office of the Intelligence Community Chief Information Officer, *Intelligence Community Information Technology Enterprise Strategy* 2012 – 2017, Washington, D. C.: Government Printing Office, 2011, p. 5. http: //www. dni. gov/files/documents/IC_ ITE_ Strategy. pdf.

② Jared Serbu, *Intelligence Community Cloud Coming Online In Early* 2013, October 10, 2012. http: //www. federalnewsradio. com/502/3072249/Intelligence – community – cloud – coming – online – in – early – 2013.

③ Kristin Quinn, *IC ITE Moves Forward: First Round of Deployments for Common Intelligence Community*, October 9, 2013. http: //trajectorymagazine. com/got – geoint/item/1570 – ic – ite – moves – forward. html#sthash. vlNRjZgi. dpuf.

④ Office of the Intelligence Community Chief Information Officer, *Intelligence Community Information Technology Enterprise Strategy* 2016 – 2020, Washington, D. C: Government Printing Office, 2014, p. 1. https: //www. dni. gov/files/documents/CIO/IC%20ITE%20Strategy%202016 – 2020. pdf.

聊天或发送电子邮件，甚至是在情报界目录中找到你想找的人。2013 年，标准化的情报界桌面通过了国防情报局和国家地理空间情报局第一阶段的内部测试，并进入第二阶段，即开始向整个情报界推广应用。[①] 截至 2015 年 12 月，情报界桌面已拥有 5.6 万名用户，而且这一数字还在持续增加。[②]

2. 情报界云（IC Cloud）

情报界云由中央情报局和国家安全局联合研发，旨在为整个情报界设计出一个安全的云计算基础网络架构。中央情报局和国家安全局分别从两个技术层面去建设云计算网络：国家安全局着眼于为情报界提供“工作平台服务”（Platform - As - A - Service），其中包括建设云存储数据库、网络服务器等，该局正在为整个情报界建设一个名为“公开栈”（OpenStack）的安全云计算系统；而中央情报局则向多家云计算服务供应商招标，中标的亚马逊公司将为其提供“软件应用服务”（Software - As - A - Service），其中包括管理程序、电子邮件、协作型虚拟电脑桌面等，这些软件将能够使情报分析人员便携和快速地访问计算资源和处理大量数据。[③] 在初步运行阶段，情报界云不仅向新的情报界桌面用户提供服务，还向其他使用老系统的用户提供服务，即任何情报机构的工作人员只要能够登陆机密级和秘密且受控信息的网络就可能享受情报界云提供的服务。

3. 情报界应用程序市场（IC Application Mall）

情报界应用程序市场主要由国家安全局负责研发，旨在为情报

---

① Jason Miller, *Intel Community Offers First Glimpse of Future IT Tools*, *Network*, September 10, 2013. http: //www. federalnewsradio. com/411/3447343/Intel - Community - offers - first - glimpse - of - future - IT - tools - network - .

② Kristin Quinn, “A Global Intelligence Enterprise: The Intelligence and Defense Communities Overhaul IT to Embrace Data Sharing, the Cloud, and Enterprise Business Processes”, *Trajectory*, issue 1, 2016, p. 16.

③ Rutrell Yasin, *CIA*, *NSA See Benefits In Double - Barreled Approach To The Cloud*, June 25, 2013. http: //gcn. com/articles/2013/06/25/cia - nsa - double - barreled - approach - cloud. aspx.

界提供统一的应用程序软件，以促进信息共享与合作。其包括两个组成部分：一是“主环境”（Hosting Environment），即允许各情报机构上传和下载应用程序的基础环境；二是“研发环境”（Development Environment），即情报界的软件研发人员交流软件研发代码的技术开发环境。2013 年，第一版情报界应用程序市场正式上线，并向所有情报机构提供应用软件服务。2015 年 6 月，国家安全局推出了升级版的情报界应用程序市场。截至当年 12 月，该应用程序市场大约向情报界提供了 235 个通用应用程序，每个月“主环境”中的活跃用户有 3165 人，“研发环境”的注册用户已达 6500 人。[①] 当该应用程序市场最终在整个情报界范围内应用时，情报人员在任何一家情报机构的任何一台电脑终端上都将能下载和使用同样的应用程序，这会为情报人员的跨部门合作提供极大便利。

4. 情报界网络需求与工程服务（IC Network Requirement and Engineering Service）

情报界网络需求与工程服务主要由国家侦察办公室负责领导研发工作，旨在更好地连接本地和更广区域的信息网络，提升这些网络的工作效率。目前，国家侦察办公室的主要工作是统一情报界信息技术业界与国防部的“联合信息环境”（Joint Information Environment）的相关标准，以确保两者能够实现技术上的兼容，更好地共享情报信息（参见图 4 –6）。[②]

① Kristin Quinn, “A Global Intelligence Enterprise: The Intelligence and Defense Communities Overhaul IT to Embrace Data Sharing, the Cloud, and Enterprise Business Processes”, *Trajectory*, issue 1, 2016, p. 18.

② Federal News Radio Custom Media, *DoD*, *Intelligence Community Finding Common Enterprise IT Ground*, May 14, 2014. http://federalnewsradio.com/defense/2014/05/dod – intelligence – community – finding – common – enterprise – it – ground/

图 4－6　情报界信息技术业界构成示意图①

总之，整合各情报机构的信息技术基础架构被国家情报主任视为是推动情报技术一体化的重要手段，同时也有助于帮助情报界解决两大难题：一是有助于减少各机构在信息共享领域的重复建设，节省情报经费。情报界首席信息官阿尔·塔拉斯克（Al Tarasiuk）曾明确指出，到 2018 财年时，正在建立的这种标准化的信息网络系统将会为整个情报界节省 25% 的信息技术经费。② 二是有助于统一安全防护标准，有效识别和发现信息共享漏洞。情报界信息技术业界的建设口号是“标记数据、标记个人”，即未来情报界所有的数据和用户都将在统一的情报云中拥有唯一的标识，用户对数据的任何操作都会要求相应的访问权限，并产生相应的记录。一旦出现违规操作，系统还会自动发出警告，以便在最大程度上保护情报数据的

① Office of the Director of National Intelligence, *IC IT Enterprise Fact Sheet*. http://www.dni.gov/files/documents/IC%20ITE%20Fact%20Sheet.pdf.

② Chandler Harris, *Intelligence Community Cloud Opens Access to Data Across Intel Community*, October 17, 2013. http://news.clearancejobs.com/2013/10/17/intelligence-community-cloud-opens-access-data-across-intel-community/

安全。[1] 按照国家情报主任的计划，到 2018 年，情报界信息技术业界应完成主体建设任务并全面投入运行，届时绝大多数情报机构都将能够方便地使用情报界信息技术业界提供的情报界桌面和情报界云等信息技术应用。[2]

三、统一规划情报界的信息技术研发应用

《2004 年情报改革与防恐法》通过后，国家情报主任就依法在办公室内设立了一个“科技主管”（Director of Science and Technology）的职位。法律规定，该主管是国家情报主任在科技领域的主要代表，同时也是“国家情报科技委员会”（National Intelligence Science and Technology Committee）[3] 的主席，负责协助国家情报主任制定情报科技领域的长期战略。2010 年以来，在情报界科技预算资金持续下降的情况下，国家情报主任办公室的科技主管开始全面评估各情报机构的科技需求，并区分各类需求的优先等级，努力协调各情报机构在科技领域的资金投入，以使整个情报界的科技研发工作能够形成整体合力，在节约经费开支的基础上保持情报界的科技优势。

（一）统一汇总和评估情报界的科技需求

首先，汇总整个情报界的科技需求。国家情报主任办公室科技主管的参谋人员主要通过三类渠道获得情报界的科技需求：一是国防部各联合作战司令部列出的“一体化优先任务清单”（Integrated Priority List），此类清单主要列出了特别需要跨越军种和职能界限来

---

① Adam Mazmanian, *Could ICITE Have Stopped Snowden*? September 12, 2013. http: //fcw. com/blogs/fcw - insider/2013/09/clapper - snowden - ic - ite. aspx

② Kristin Quinn, “IC ITE Moves Forward”, *Trajectory*, issue 4, 2013, p. 6.

③ 国家情报科技委员会负责协调各情报机构的科技研发工作，委员会主席是国家情报主任办公室的科技主管，成员是各情报机构的科技顾问。Public Law No. 108 - 458: Intelligence Reform and Terrorism Prevention Act of 2004, Sec. 103E. Director of Science and Technology.

解决的各类问题；二是16个国家情报主管发布的《统一情报战略》，此类战略全面评估了情报界在不同地区和功能领域的情报搜集与分析工作，并规定了未来发展目标；三是负责信号情报、人力情报、地理空间情报、测量与特征情报、公开来源情报工作的5个“功能主管”（Functional Manager）[①] 对各自负责的功能领域的发展规划。随后，国家情报科技委员会对这些战略规划中的科技需求进行审查与讨论，筛选出最终的科技需求名单。

其次，对汇总后的科技需求进行分类。经过全面的对比分析和审查，国家情报主任办公室科技主管最终将整个情报界的主要科技需求分为四类：第一类是情报分析工具的需求。情报界需要研发能够融合、处理和分发情报搜集和分析数据流的技术工具，例如研发一种情报分析工具，以在社交媒体和网络通信数据流中识别、捕获、整合和分发特定内容。第二类是单个功能主管的需求。情报界需要针对信号情报、人力情报、地理空间情报、测量与特征情报、公开来源情报等不同功能领域研发不同的技术工具，例如研发一种能够快速而准确地识别、分类和统计相关功能领域装备数据的工具。第三类是多个功能主管的共同需求。情报界需要针对不同功能领域的共同需求研发技术工具，例如研发一种3D或4D可视化技术，以近实时地整合和呈现多个情报门类、多个传感器、多种形态的数据。第四类是新兴科技的需求。情报界无法单独解决、必须需与外界伙伴合作研发技术工具，例如研发非传统性的技术手段，以评估地下

---

① 功能主管负责管理整个情报界在特定功能领域的活动，是国家情报主任在管理和评估特定功能领域工作方面的主要顾问。目前，国家情报主任共任命了5个功能主管：信号情报功能主管（国家安全局局长兼任）、人力情报功能主管（中央情报局局长兼任）、地理空间情报功能主管（国家地理空间情报局局长兼任）、测量与特征情报功能主管（国防情报局局长兼任）、公开来源情报功能主管（中央情报局局长兼任）。Office of the Director of National Intelligence, *Intelligence Community Directive Number* 113: *Functional Managers*, May 19, 2009. http://www.fas.org/irp/dni/icd/icd-113.pdf.

核试验活动的进展①（参见图4－7）。

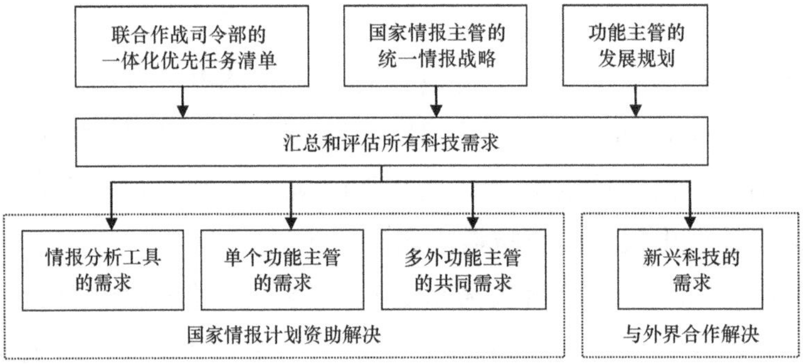

图4－7　情报界科技需求分类流程示意图②

最后，细化不同类别的具体需求。全面分析四类科技需求之后，国家情报主任办公室科技主管具体得出了八种子需求：一是访问困难目标，即确保情报界能够访问具有挑战性的、时间敏感性的困难目标；二是加强网络安全，即令情报界能够理解、发现、反击对手的网络威胁，以保护美国信息基础设施的安全；三是加强基础认知，即深化情报界在某些基础科学问题上十分有限的认知，其中包括深入了解即将开展的情报搜集或处理的物理学流程；四是发现与分类，即解决将搜集到的数据转化为情报信息的问题；五是保障网络空间行动，即在计算机网络领域实现更多的可能性；六是扩展行动能力，即扩展或加强现有的技术能力；七是融合、处理与分发信息，即提高情报界搜集日益增加的零散信息的能力，帮助情报分析人员理解搜集到的信息，使其能够访问整个情报界的信息资源，以及确保情

① Office of the Director of National Intelligence, *FY2015 – 2019 IC S&T Investment Landscape: Ensuring Future Capabilities Align to Mission Needs*, Washington, D. C.: Government Printing Office, February 2014, p. 6.

② Office of the Director of National Intelligence, *FY2016 – 2020 Intelligence Community Science and Technology Strategic Plan: Managing Risk to Ensure Intelligence Advantage*, Washington, D. C.: Government Printing Office, May 2015, p. 8.

报产品和服务能够在整个情报界内得到适当的分发；八是保护情报搜集能力，即防止情报搜集工作遭到对手反制，以及避免情报搜集能力过时和退化（参见表4－4）。

表4－4　情报界科技需求分类数量统计表（2014年）①

子需求	主需求			
	情报分析工具的需求	单个功能主管的需求	多个功能主管的共同需求	新兴科技的需求
访问困难目标	4	9	4	4
加强网络安全	0	5	1	0
加强基础认知	3	5	2	12
发现与分类	6	11	25	20
保障网络空间行动	0	4	0	1
扩展行动能力	7	12	6	7
融合、处理与分发信息	21	15	6	8
保护情报搜集能力	0	3	0	0
合计	41	64	44	52

（二）根据需求拟定情报界的科技投资计划

首先，了解情报界的外部合作伙伴在上述科技研发领域的进展，以及这些合作伙伴是否能够提供解决问题的有效方案。在摸清科技需求的基础上，国家情报主任办公室科技主管向外部合作伙伴（其他政府部门、工业界、学术界等）发出信息申请，申请中详细列出汇总后的科技需求，并请求合作伙伴就以下三个方面的情况做出说

① 本表系笔者根据2014年2月国家情报主任发布的《2015－2019财年情报界科技投资远景：确保未来能力对接任务需求》报告中的统计数据绘制。Office of the Director of National Intelligence, *FY2015－2019 IC S&T Investment Landscape*: *Ensuring Future Capabilities Align to Mission Needs*, Washington, D.C.: Government Printing Office, February 2014, pp. 9－24.

明。一是描述自己已经掌握的能够解决上述需求的技术和计划；二是描述自己已经掌握的有助于完成情报界科技研发任务的技术和计划，但此类技术和计划无法解决上述需求；三是评价情报界科技需求本身及其形成过程，给出反馈意见。接收到外部合作伙伴的反馈信息后，国家情报主任办公室科技主管能够全面地掌握情报界内外的科技研发能力。①

其次，评估情报界科技投资现状，拟定调整方案，确定重点科技攻坚领域。基于对情报界科技研发需求及实际能力的评估结论，国家情报主任办公室科技主管会对各情报机构当前的科技投资方案进行一次全面的评估，以发现哪些科技需求并未得到应有的重视，哪些领域存在重复建设等情况，并针对性地拟定科技投资调整方案，供国家情报科技委员会审查。此外，由于部分新兴科技的需求无法在情报界内部得到解决，国家情报主任办公室科技主管会重点审查此类需求，明确未来需要情报界及外部合作伙伴重点攻坚的领域。例如，2015 年 5 月，国家情报主任发布的《2016 – 2020 财年情报界科技战略计划：管控风险以确保情报优势》（FY2016 – 2020 Intelligence Community Science and Technology Strategic Plan：Managing Risk to Ensure Intelligence Advantage）就明确指出，情报界未来要联合外部合作伙伴重点解决 6 类“新兴科技的需求”：一是揭示对手活动的新型传感器技术；二是更好地处理与管理分散数据的技术；三是自动绘制计算机中软件和固件的组织结构图，进而发现其中的弱点和恶意功能的技术；四是融合多个数据集，进而得出最佳情报分析结果的技术；五是快速恢复的太空技术能力；六是预见、识别、描绘

① Office of the Director of National Intelligence, *Industry Snapshot: Summary of Partner Responses to the FY2015 – 2019 IC S&T Investment Landscape*, Washington, D. C.: Government Printing Office, March 2015, p. 5.

全球大规模杀伤性武器扩散活动的技术。①

事实上，自2016财年起，国家情报主任办公室科技主管已经开始努力将各情报机构的科技投资计划纳入到一个综合性的、一体化的情报界科技投资计划之中，以确保科技投资能够准确对接科技需求，进而确保美国在情报科技领域牢牢占据优势地位。②

① Office of the Director of National Intelligence, *FY2016 – 2020 Intelligence Community Science and Technology Strategic Plan*: *Managing Risk to Ensure Intelligence Advantage*, Washington, D. C.: Government Printing Office, May 2015, p. 15.

② Office of the Director of National Intelligence, *FY2016 – 2020 Intelligence Community Science and Technology Strategic Plan*: *Managing Risk to Ensure Intelligence Advantage*, Washington, D. C.: Government Printing Office, May 2015, p. 19.

第五章　美国国家情报一体化改革的评析

纵观“9·11”后美国国家情报一体化改革工作的发展历程，我们发现国家安全威胁的变化是推动国家情报一体化改革的根本动力。冷战结束之初，面对新的国家安全形势，美国国内的部分有识之士已经意识到了国家情报一体化改革的必要性，只是未能从根本上突破阻碍国家情报一体化改革的组织体制瓶颈。“9·11”后，严峻的恐怖主义威胁形势迫使美国决策层选择了全面推动国家情报一体化改革的发展道路，并通过修订和落实情报法律的方式，在不断地尝试和探索之中走到了今天。实践证明，美国的国家情报一体化改革工作已经取得了阶段性成效，并突出地体现在击毙本·拉登行动的国家情报保障工作之中。未来，美国的国家情报一体化改革进程不会停止，仍然会在不断地调适过程中寻求达到一个能够在最大程度上提升整体情报工作效率的最佳平衡点。

第一节　国家情报一体化改革的路径选择

为使众多部门情报机构变得更加统一、协调、高效，美国在实践过程中通过修订情报法律确保统一领导，通过建立和完善情报战略体系确保号令一致，通过全面整合信息技术确保无障碍通联，逐渐探索出一条符合本国国情、卓有成效的国家情报一体化改革发展道路。

一、以组织体制为突破口，立法确立统一的领导权威

在美国国家情报改革的历史上，最难推进的是组织体制层面的变革，因为这会触动很多行政部门的既得利益，甚至打乱原有力量格局。而组织体制层面的改革中，最难推进但也最需要推进的是国家情报领导与指挥体制的改革。自 1947 年设立中央情报主任一职以来，美国用了半个多世纪的时间去改革国家情报的领导与指挥体制，却始终未能从根本上改变中央情报主任的弱势地位。2003 年，中央情报局负责情报界事务的执行主任拉里·金德斯瓦特（Larry Kindsvater）就曾撰文指出，“从组织机构与管理的视角来看，现如今的情报界与《1947 年国家安全法》通过时的情报界没有什么区别。”[①] 2004 年，“9·11”委员会也曾形象地描绘了情报界缺乏领导与协调的局面：“各机构就像是医院里不同科室的专家，各自做检查，寻找疾病的症状，拟定治疗方案。问题是没有一个主治医师来确保这些专家能够组成一个团队来集体攻关。”[②] 由此可见，陈旧的领导与指挥体制已经成为制约国家情报工作的组织体制瓶颈，美国迫切需要突破这一瓶颈，彻底解决这一陈年顽疾。“9·11”事件以极其惨痛的教训坚定了美国决策层强力推进国家情报领导与指挥体制改革的决心，并使国家情报一体化真正进入到实质性的推进阶段。

首先，从白宫及国会反复研讨《1947 年国家安全法》情报修订条款的过程中，我们可以发现决策层探讨和争论的核心问题就是如何塑造一个新的情报界首脑。参议院议员约瑟夫·利伯曼（Joseph Lieberman）曾参与拟定参议院第 2845 号议案《国家情报改革法》，

---

① Larry C. Kindsvater, “The Need to Reorganize the Intelligence Community”, *Studies in Intelligence*, vol. 47, no. 1, March 2003, p. 34.

② National Commission on Terrorist Attacks Upon the United States, *The 9/11 Commission Report: Final Report of the National Commission on Terrorist Attacks Upon the United States*, Washington, D. C.: Government Printing Office, 2004, p. 353.

他就认为参议院法案的最大贡献在于解决了“谁是情报界负责人”这一关键问题，即给予了国家情报主任更大的权力。他说：“在我们的改革方案中，如果你问谁是负责人，你不会只得到空洞的眼神和沉默不语，而这种情况是之前‘9·11’委员会经常遇到的。”① 最终，美国通过全面修订《1947年国家安全法》的方式，将重塑情报界领导体制的改革方案写入了法律文本之中，从根本上确保了国家情报主任作为情报界首脑的领导地位。

其次，在国家情报主任尚未正式设立之前，美国关于大规模杀伤性武器情报能力委员会就曾在调查报告中特别强调了国家情报主任对于推进国家情报一体化改革的重要性，委员会向总统提出的第一条改革建议就是加强情报界的领导和管理。一方面，委员会认为，不但应赋予国家情报主任更大的管理权限，而且还应为其建立一套合理有效的管理体制，以实现情报界内部的高度一体化；另一方面，委员会还向总统提出了这样的担忧和警告：“《2004年情报改革与防恐法》规定国家情报主任要负责整合15家独立的情报机构，但他的权力只比之前中央情报主任的权力大了一点。除非在预算、计划、人员及优先任务设定等方面拥有最大限度的法定权力，否则国家情报主任就无法工作。让国防部（下辖的情报机构）和中央情报局接受国家情报主任的领导绝不是件容易的事儿，因为他们是政府中的最固执己见的部门。他们迟早会试图躲避国家情报主任的领导，甚至反过来骑到国家情报主任头上。”②

最后，在美国推动国家情报一体化改革的进程中，强化国家情报主任在情报界的权威始终是一个关键倡议。《情报界一体化与协作

① Office of the Director of National Intelligence, *Reforming Intelligence: The Passage of the Intelligence Reform and Terrorism Prevention Act of* 2004, February 2009, pp. 15 - 16. http://www.fas.org/irp/dni/reform.pdf.

② The Commission on the Intelligence Capabilities of the United States Regarding Weapons of Mass Destruction, *Report to the President of the United States*, Washington, D. C.: Government Printing Office, March 31, 2005, p. 1.

100天计划》、《情报界一体化与协作500天计划》均将“厘定国家情报主任的职权”作为推动情报界一体化建设的6大目标之一。2005年、2009年和2014年版《国家情报战略》也都特别强调要确立国家情报主任的核心领导地位。

二、以战略体系为支撑点，层层分解和落实法律规定

《2004年情报改革与防恐法》的通过，在很大程度上确立了国家情报主任在国家情报工作中的领导地位，并为国家情报一体化改革工作指明了发展方向。但是，要将法律规定落到实处，还需建立起一整套能够层层分解法律意图的国家情报战略体系。从某种程度上讲，自国家情报主任上任以来，美国国家情报一体化改革的发展历程就是不断地发布、调整和完善需各部门情报机构共同遵循的国家情报战略体系的过程。自2005年以来，情报界发布了许多份大大小小的战略文件，这些战略在不同层面指导着美国的国家情报一体化改革工作。

第一，国家情报与反情报战略为国家情报一体化改革工作提供根本原则性指导。2005年，《国家情报战略》首次将一体化确立为未来国家情报改革需要坚持的根本性原则。此后，2009年和2014年版《国家情报战略》均依据一体化的指导原则将情报界的战略目标细分为两类：工作任务目标、机构建设目标。其中，工作任务目标严格落实《国家安全战略》对情报工作提出的任务要求；机构建设目标则着眼于通过不同层面的力量建设，推动各情报机构形成一个团队，进而使情报界在功能和运行效果上实现整体大于各个部分的简单相加。随着美国国家情报一体化改革实践的持续发展，2014年版《国家情报战略》更是在机构建设目标之中具体提出了任务管理一体化和业界管理一体化的子目标，这就为未来的国家情报一体化改革工作提供了更为具体的战略指导。此外，2005年版《国家反情报战略》首次提出要将各自独立的反情报机构整合到一个统一的组

织框架内，发挥国家反情报工作的整体合力。其后，2007 年、2008 年、2009 年版战略均将“管理反情报界、实现有效协作”作为一项重要的战略目标，2016 年版战略更是在坚持一体化原则的基础上，将国家反情报工作的目标细化为 5 个任务目标和 2 个赋能目标，从而为国家反情报工作的一体化改革提供了根本性工作指导。

第二，阶段性情报工作计划与构想为国家情报一体化工作提供了灵活的阶段性指导。国家情报及反情报战略、相关功能领域的情报战略为国家情报一体化改革工作描绘出了一个比较长远的发展蓝图，为了进一步落实这些战略中的相关要求，国家情报主任还不定期发布和更新了阶段性的工作计划与构想。其中，《情报界一体化与协作 100 天计划》、《情报界一体化与协作 500 天计划》就从创建合作文化、加速信息共享等 6 个方面为国家情报一体化改革工作确定了需要在特定阶段达成的具体目标。《构想 2015：全球联网与一体化的情报业界》预先设计了情报界到 2015 年需要达成的基本目标，即情报界到时应发展成为一个真正实现一体化的情报业界。《美国情报界信息共享战略意图 2011 - 2015》基于《美国情报界信息共享战略》的总体目标，为未来 4 年内情报界的信息共享工作明确了 5 个方面的具体建设目标。

第三，多专题、多类型的情报界指令体系为国家情报一体化改革工作提供了具体操作规范。与此前的中央情报主任指令系统相比，国家情报主任重新建立了一套新的国家情报指令体系。根据指导内容，该指令体系可分为不同专题：业界管理、情报分析、情报搜集、用户反馈、信息管理、人力资源、安全与反情报、科学与技术、任务管理。根据具体形式，该指令体系又可分为不同的类型：情报界指令、情报界政策备忘录、情报界政策指导、情报界标准、国家情报主任行政函。不同专题、不同类型的情报指令为国家情报一体化改革工作提供了基本操作规范，无论是情报搜集、情报分析、信息共享、安全保密，还是任务管理、预算编制、人事调动、岗位配置、技术研发都有明确的规范。

三、以信息技术为赋能器，推动情报工作的全面通联

长期以来，不同情报机构内部的信息技术标准不统一，不同信息技术网络之间经常互不通联、互不兼容。"9·11"前，不同情报机构之间很少合作，并不重视技术层面存在的此类问题。但是，"9·11"后随着合作机会的增加，乃至形成常态化的合作机制，技术层面不通联、不兼容的问题就显得尤为突出。负责情报事务的国防部副部长办公室信息共享主任尼尔·提普顿就曾指出："我们从前线战区听到的比较普遍的抱怨就是，所有情报人员都带来了他们自己的网络。如果你在前线司令部坐下的话，你会发现无论是国家安全局、国家地理空间情报局的人，还是中央情报局的人，他们都在各自机构的不同网站上工作。而实际上，他们正在执行同一项任务，保障同一个司令官，关注同一个目标。"① 为解决信息技术标准不统一的问题，以进一步推动国家情报一体化改革工作，国家情报主任决定在整个情报界范围内整合情报信息技术这一关键支撑要素，全面统一情报信息技术的研发和应用标准。

实际上，在《2004年情报改革与防恐法》通过后，国家情报主任就依据统一标准，打造了"情报维基百科"、"分析空间"等信息技术手段。随着此类技术在整个情报界范围内的广泛应用，各部门情报机构的情报工作人员能够近实时地开展跨部门情报共享与合作，进而大幅提升了国家情报工作效率。例如，2006年11月，一架两座飞机突然撞击了纽约曼哈顿城区的一座建筑。事发后的20分钟内，一名情报分析人员就在"情报维基百科"上创建了一个网页，提供了自己掌握的关于该事件的细节信息。随后的2个小时内，交通安

① Jared Serbu, *Intel CIOs Finding Common Ground in Shared Services*, October 21, 2011. http://www.federalnewsradio.com/502/2601744/Intel-CIOs-finding-common-ground-in-shared-services.

全局和8家情报机构的情报分析人员分别对网页内容进行了80余次补充和修改。经过他们的通力合作，最终判定这一事件并非恐怖袭击。[①] 此外，2008年11月26日，印度金融中心孟买遭遇连环恐怖袭击。紧随此次恐怖袭击事件之后，来自不同情报机构的一组专题情报分析人员，聚集到一个保密的网站上，通过发布视频、照片与卫星图像等，对事件展开了实时的讨论。最后，情报分析人员借助几个月前在"分析空间"上发布并讨论过的相关情报，发现了这次袭击的真正凶手，即一个隶属于"基地"组织的极端分子团体。[②] 而到了2010年后，国家情报主任进一步决定，全面统一情报界的信息技术基础架构，全面统一情报界的信息技术研发应用。此后，随着统一的情报界桌面、情报界云、情报界应用程序市场、情报界网络需求与工程服务等信息技术基础架构的全面建成和应用，以及各部门情报机构信息技术研发工作的统一整合，国家情报工作的一体化程度将进一步加深。

第二节　国家情报一体化改革的基本成效

"9·11"前，情报界各机构的情报工作长期处于各自为政、互不通联的状态。一方面，各部门情报机构的情报搜集、分析工作缺乏整体上的统筹规划，无法围绕国家安全决策层的决策需求形成整体合力；另一方面，各部门情报机构不愿共享其所得到的情报搜集和分析产品，在开展情报搜集、分析工作的过程中不了解其他机构的情况，从而容易造成重复工作和资源浪费。"9·11"后，经过持

---

① Central Intelligence Agency, *Intellipedia Marks a Second Anniversary*, March 20, 2008. https://www.cia.gov/news-information/featured-story-archive/intellipedia-marks-second-anniversary.html.

② Office of the Director of National Intelligence, *ODNI Fact Sheet*, January 2010, p. 3. http://www.dni.gov/press_releases/2010_Fact_Sheet.pdf.

续不懈的努力，美国情报界在很大程度上改变了此前各为其主、各自为政的混乱局面，国家情报一体化改革工作取得了显著成效。

一、情报搜集工作实现跨部门统一协调

情报搜集是情报流程的起点和基础性环节，其工作效率的高低事关整个情报工作的成败。而美国情报界在搜集工作上的投入也十分巨大，冷战时期这方面的开支大约占整个情报预算的75%。[①] 1996财年，情报界更是将其全部预算的90%——约290亿美元——投入到情报搜集领域。[②] 然而，“9·11”前，情报界的情报搜集工作极为零散，缺乏整体上的统筹协调，存在大量重复建设等资源浪费问题。在当时的情报体制下，“除了总统之外，没有人有权调动全国的情报搜集资源，而这种中央管理权力的缺失影响到了情报工作”。[③] 2005年，美国大规模杀伤性武器情报能力调查委员会就曾建议，情报界应建立一个“一体化的搜集业界”（Integrated Collection Enterprise），以从整体上规划情报界的情报搜集资源和活动。在其看来，一体化的情报搜集业界应包括五个方面的内容：一是“目标开发”，即确定情报搜集的优先目标排序，发现当前情报搜集的覆盖盲区，并制定一体化的搜集战略以解决发现的问题；二是“搜集管理”，即确保不同情报机构充分落实一体化的搜集战略；三是“数据管理”，即监督不同情报机构处理、加工、分发和分析数据的过程；四是“战略计划和投资”，即评估不同的情报搜集投资方案、考虑预

---

① Scott D. Breckinridge, *The CIA and The U. S. Intelligence System*, Boulder and London: Westview Press, 1986, p. 54.

② Twentieth Century Fund, Task Force on the Future of U. S. Intelligence, *In From the Cold: The Report of the Twentieth Century Fund Task Force on the Future of U. S. Intelligence*, New York: The Twentieth Century Press, 1996, p. 6.

③ The Commission on the Intelligence Capabilities of the United States Regarding Weapons of Mass Destruction, *Report to the President of the United States*, Washington, D. C.: Government Printing Office, March 31, 2005, p. 355.

算平衡，并制定指导长期采购的战略；五是“研发新的搜集技术”，即评估当前的情报搜集方法，设计新的搜集方法，制定研发计划以满足情报需求。随后，国家情报主任采纳了委员会的部分建议，重新设计了情报界的搜集管理体制。

（一）情报搜集工作实现统一领导

2005 年 11 月 9 日，国家情报主任发布了第 2005 – 300 – 1 号情报界政策备忘录《负责情报搜集事务的国家情报副主任的权力、角色与职责》，初步明确了情报搜集工作的领导架构。2006 年 10 月 3 日，国家情报主任发布了第 300 号情报界指令《情报搜集与隐蔽行动的管理、一体化与监督》（Management，Integration，and Oversight of Intelligence Collection and Covert Action），正式确立了情报搜集工作的跨部门管理与协调体系。该指令规定，负责情报搜集事务的国家情报副主任负责协调、监督和管理情报界各机构公开或秘密地在国内外开展的情报搜集活动，以使情报界的情报搜集活动发挥出最大效能，最大程度地满足决策者的情报需求。

在具体工作过程中，该副主任主要依靠四位助理实施协调与管理。其中，负责搜集战略的助理将通过国家情报搜集委员会制定一体化的情报界搜集战略，并督促各情报机构落实该战略；负责人力情报的助理将协调情报界内不同人力情报搜集机构的活动，并为整个情报界制定统一的标准，以规范人力情报的来源确认、技能培训和情报报告；负责技术手段的助理将整合、评估和监督所有的国家技术搜集手段，包括信号情报、地理空间情报、测量与特征情报等搜集手段；负责公开来源的助理将从战略层面指导情报界投资建设公开来源情报能力，鼓励情报界内外的合作，推动不同公开来源情报搜集机构共同形成一个分布式的国家公开来源业界。

此后，国家情报主任还相继建立了多个辅助性的情报搜集协调机构，以更好地推动情报搜集工作的跨部门协调。首先，2007 年 10 月 1 日，国家情报主任办公室组建了一个国家情报协调中心。该中心与“国防情报行动中心”（Defense Intelligence Operations Center）驻扎在同一个地方，并通过国家情报搜集委员会（National Intelligence Collection Board）向各情报机构发布政策指导，以负责协调不同情报机构的搜集资源。其次，为平衡、整合和最优化情报界的搜集能力，国家情报主任还联合国防部相关情报机构建立了一个“情报搜集架构”（Intelligence Collection Architecture）。该架构由情报界与国防部高级官员共同参与的一个联合指导小组领导，并就跨部门调整情报搜集门类和资金投入等方面的问题向国家情报主任提出建议。其涵盖了大部分情报搜集工作管理流程：国家情报主任确定情报搜集需关注的问题，由关键情报机构组建跨机构研究小组来研究此类问题，由一个常设的跨机构研究小组审查不同的研究结论等。①

（二）情报搜集目标实现统一拟定

“9·11”前，美国国家安全决策层并不重视定期梳理自己的决策需求，从而难以为情报界明确优先工作任务排序。1991 年 1 月至 2001 年 9 月之间，先后有 10 个情报调查委员会指出了这一问题，并提出了 56 项改革建议，但却没能改变这一状况。直到 2005 年，国家情报主任决定采纳一种名为“国家情报工作优先任务框架”（National Intelligence Priorities Framework）的任务排序机制，这种混乱的局面才逐渐得到改善。② 2007 年 9 月 13 日，国家情报主任发布第 204 号情报界指令《国家情报工作优先任务框架的角色和职责》（Roles and Responsibilities for the National Intelligence Priorities Framework）。该指令明确指出，国家情报工作优先任务框架是国家情报主任设定国家情报优先工作任务的唯一工作机制，也是其指导情报搜集资源分配的唯一依据。

---

① *Responses to the Prehearing Questions in Support of Mr. David C. Gompert's Nomination to be the Principal Deputy Director of National Intelligence*, September 29, 2009, p. 29. http://www.fas.org/irp/congress/2009_hr/101309gompert-quest2.pdf.

② Loch K. Johnson (ed.), *Handbook of Intelligence Studies*, New York: Routledge, 2007, p. 152.

目前，国家情报工作优先任务框架每季度审订一次，每年正式发布一次，并且还会不定期地根据新出现的特定问题进行更新。① 基本流程包括：首先，国家安全委员会审议并通过“情报课题”（Intelligence Topic），报总统审批；其次，根据总统批准的情报课题排定与其相关的国家和非国家行为体的优先顺序；最后，根据上述优先顺序制作出一个矩阵图，明确情报用户的优先情报需求，确保关系长远的情报问题能够得到处理。国家情报主任负责协调情报界各机构、国家情报委员会、以及国家情报主任办公室内的相关机构，共同审议国家情报工作优先任务框架的具体内容，并建立与其相关的政策和流程。负责情报搜集事务的国家情报副主任负责根据国家情报工作优先任务框架指导情报界各机构，最优化调整情报搜集工作，发展相关情报搜集能力，并评估各情报搜集单位的搜集范围是否涵盖了国家情报工作优先任务框架中规定的情报工作目标。2011年，前国家情报委员会主席托马斯·芬加（Thomas Fingar）曾在一篇文章中披露，国家情报工作优先任务框架的最终表现形式是一个横纵坐标交叉形成的矩阵图，其中一个坐标轴上列出的是32个情报课题（分为3类），另一个坐标轴上列出的是大约200个国家和非国家行为体，横纵坐标轴交叉形成的每一个单元格都会被赋予一个分值（赋值范围从0到5）以标示其重要程度，这就形成一个清晰明了的情报工作优先处理任务排序。②

二、情报分析工作实现网络化实时协作

情报分析是将杂乱的信息转化为有价值的情报的枢纽，是情报

① U. S. Joint Chiefs of Staff, *Joint Publication* 2 - 01: *Joint and National Intelligence Support to Military Operations*, Washington, D. C.: Government Printing Office, July 5, 2017, p. III - 22.

② Thomas Fingar, "Analysis in the U. S. Intelligence Community: Missions, Masters, and Methods", In Baruch Fischhoff and Cherie Chauvin (ed.), *Intelligence Analysis: Behavioral and Social Scientific Foundations*, Washington, D. C.: The National Academies Press, 2011, p. 18.

流程的核心和关键环节。然而，长期以来，美国情报界保持着“重搜集、轻分析”的传统。1971 年，时任管理与预算办公室副主任的詹姆斯·施莱辛格就曾指出，情报分析与生产工作的光芒长期被隐蔽行动的魅力和对迷人的情报搜集系统的偏爱而掩盖，被称为从不招人喜欢的“情报界的继子”。再加上各情报机构的分析工作高度封闭，彼此之间缺乏沟通与合作，这就导致整个情报界的情报分析实力愈发薄弱。1985 年时，海军上将特纳（Turner）甚至称其为情报工作的“阿基里斯之踵”。[①] 2005 年以来，为全面强化情报分析工作、提升其地位和工作成效，国家情报主任提出了“分析转型”（Analytic Transformation）的口号，并于 2008 年 9 月 1 日正式发布了《分析转型——释放分析界的潜能》的指导文件，推出了一系列改革措施，重点强调各情报机构要能够跨部门开展情报分析工作，进而从根本上提升情报工作成效。此后，情报界的分析工作得到了很大程度的改善。

（一）情报分析工作实现统一领导

2005 年 11 月 9 日，国家情报主任发布第 2005 - 200 - 1 号情报界政策备忘录《负责情报分析事务的国家情报副主任的权力、角色与职责》，初步明确了情报分析工作的领导架构。2007 年 1 月 8 日，国家情报主任办公室发布第 200 号情报界指令《情报界分析工作的管理、一体化与监督》（Management, Integration and Oversight of Intelligence Community Analysis），正式确立情报分析工作的领导体系。该指令规定，负责情报分析事务的国家情报副主任代表国家情报主任管理情报界的情报分析、分发以及情报产品的公开解密工作，其所制定的政策和程序应致力于推动情报界的分析工作跨越情报门类的界限、吸纳所有相关分析部门的判断，进而形成一个一体化的、合

① Walter Laqueur, *The Uses and Limits of Intelligence*, New Brunswick and London: Transaction Publishers, 1993, p. 32.

作的分析业界。

在履行上述职责的过程中，负责情报分析事务的国家情报副主任主要依靠6个助理开展具体管理工作。负责国家情报委员会的助理主管情报界的中长期战略情报分析工作，具体监督和管理国家情报委员会的日常运转。负责《总统每日简报》的助理主管情报界向总统提交的情报分析产品，重点确保《总统每日简报》的生产能够基于全源情报信息。负责分析任务管理的助理主管情报界分析工作的跟踪与评估工作，以确保情报分析能够解决关键情报问题，发现情报分析工作中出现的漏洞，并与负责情报搜集事务的国家情报副主任和相关任务主管合作填补此类漏洞。负责分析完整性与标准的助理主管情报界分析产品的完整性和分析行业标准，具体通过评估和审查情报成品建立整个情报界范围内的情报分析标准。负责分析转型和技术的助理主管情报界的分析技术的研发与应用工作，寻求如何通过技术手段解决海量数据与有限的分析人员之间的矛盾问题。负责业界支持的助理主管情报界各分析单位之间的沟通与联系工作，旨在推动情报界的分析工作形成一个有机整体。

（二）情报分析工作实现实时协作

2005年前，各情报机构的分析工作互不通气。一方面，情报分析人员不知道其他情报机构还有哪些人在相同领域从事类似的工作，也很难获得这些同行的联系方式，进而便捷地找到他们。另一方面，情报分析人员不知道其他情报机构在相关问题上生产了哪些情报分析报告，也就很难按照“需要知道”的原则向其他情报机构提出索要情报报告的申请。这导致情报人员往往“只知树木，不见森林”，严重制约了情报分析工作的发展。事实证明，信息网络技术能够给情报分析工作提供更加高效的合作环境。早在1996年，美国众议院常设情报特别委员会就曾提出，应借鉴国防部创建“联合情报虚拟架构”（Joint Intelligence Virtual Architecture）的做法，创建一个

“虚拟分析环境”（Virtual Analytic Environment）。[①] “9·11”后，随着 Web 2.0 技术的发展，为提高情报分析工作效率，国家情报主任大力建设情报分析协作网络。

在情报界首席信息官的领导下，情报界建设了大量的情报分析协作网络。首先，“9·11”后，联邦调查局就全面升级了其于 1995 年创建的“执法在线”（Law Enforcement Online，LEO）情报协作网络。该网络技术上基于安全的互联网终端，可供美国执法、反恐、情报机构的工作人员在全球范围内共享敏感但不涉密的情报信息，并联网开展情报分析。[②] 其次，国土安全部也大力建设能够在全国范围内共享公开或秘密情报信息的情报协作网络。公开版的信息共享网络名为“国土安全信息网络”（Homeland Security Information Network，HSIN），由国土安全部于 2004 年 2 月倡导建立，可供联邦、各州及地方政府之间共享和分析敏感但不涉密的国土安全信息。秘密版的信息共享网络名为“国土安全数据网络”（Homeland Security Data Network，HSDN），可供联邦、各州及地方政府之间共享和分析秘密国土安全信息。最后，国家反恐中心着力建设服务于反恐情报分析协作的信息网络——“国家反恐中心在线”（NCTC Online）。从事反恐情报工作的联邦政府雇员均可访问该网络，接收、共享和分析其所需要的反恐情报信息。总之，在这些情报分析协作网络的帮助下，情报界的分析工作实现了近实时的网络化协作，分析工作效率得到了很大程度上的提升。

三、情报搜集与分析工作实现统一管理

国家情报主任詹姆斯·克拉珀认为，2005 年后情报界的情报搜

① Permanent Select Committee on Intelligence, House of Representatives, *IC21: Intelligence Community in the 21st Century*, Washington, D. C: Government Printing Office, April 9, 1996, p. 236.

② 创建之初，该网络是一个基于拨号系统的信息网络，仅 20 名用户。Peter L. Gomez, *Enhancing FBI Terrorism and Homeland Security Information Sharing With State, Local and Tribal Agencies*, Monterey, CA: Naval Postgraduate School, September 2010, p. 45.

集工作实现了跨部门协调，情报分析工作实现了网络化协作，但两类工作之间的一体化程度却很低。例如，海军少将洛威尔·杰科比（Lowell Jacoby）就曾指出："在我看来，情报界内有一种倾向持续时间最长且非常危险，那就是我们一方面希望情报分析人员的评估报告能够基于全部来源的情报信息，另一方面却又在制度设计上使他们无法全面获得情报搜集人员得到的情报信息。"① 因此，在上任后，克拉珀特别重视推动情报搜集工作与分析管理工作的一体化。

2010 年 11 月 2 日，国家情报主任詹姆斯·克拉珀在 2010 年地理空间情报论坛上表示，如果要用一个词来概括国家情报主任办公室的工作的话，这个词就是"一体化"。如各位所见，我正在对情报工作做出一些调整和改革。目前，我的主要改进举措就是将此前分散的、彼此独立的情报搜集工作与情报分析工作整合起来，放到一个领导职位的管理之下。② 实际上，克拉珀所说的这个领导职位就是负责情报一体化事务的国家情报副主任，该副主任由此前分别负责情报搜集事务、情报分析事务的国家情报副主任合并而来。这也就意味着，在国家情报工作管理层面，情报搜集工作和情报分析工作不再分开管理。在具体实施层面，负责情报一体化事务的国家情报副主任主要通过管理和协调不同类型的国家情报主管，推动情报搜集和分析管理工作的一体化。

第一，负责情报一体化事务的国家情报副主任负责统筹协调整个情报界的情报搜集和分析任务，确保此类任务对接国家安全委员会的决策需求。其具体职责包括：一是管理和保障国家情报主管团队的工作，使他们能够超越情报门类和功能的限制，统一和整合国

---

① U. S. Senate Select Committee on Intelligence and House Permanent Select Committee on Intelligence, *Report of the Joint Inquiry into the Terrorist Attacks of September* 11, 2001, Washington, D. C.: Government Printing Office, December 20, 2002, p. 54.

② James Clapper, *Remarks and Q & A by Director of National Intelligence Mr. James Clapper at the* 2010 *Geospatial Intelligence Symposium*, November 2, 2010, p. 2. http://www.dni.gov/files/documents/Newsroom/Speeches%20and%20Interviews/Clapper_GEOINT_2010.pdf.

家情报搜集、分析、计划和相关行动；二是制定和落实《统一情报战略》，以解决整个国家面临的最为紧迫的安全顾虑，应对持续存在和新兴的安全威胁；三是通过国家情报委员会研究重要的地区性和跨国性问题，并将得出的战略情报分析成果提供给情报界的高级用户；四是与国家情报主任办公室的其他机构和整个情报界共同合作，制定一体化的解决方案，以回答情报界的主要任务、面临的机遇和挑战、存在的漏洞是什么等问题；五是监督《总统每日简报》的生产过程，以为总统和其他军政主官提供情报支援；六是与国家情报分析与生产委员会以及整个情报界的分析机构协调行动，以提高整个情报界的情报分析水平；七是根据《统一情报战略》所描述的挑战和工作漏洞，评估整个情报界的工作进展，以更有效地开展一体化的任务管理；八是支援国家情报主管的工作以及《统一情报战略》的制定，为实现国家情报行动的一体化而制定标准、明确需求；九是参与国家情报主任办公室内其他机构的工作，包括指导国家情报功能主管开展工作；十是为改进情报搜集和分析的能力及行动而开展任务监督活动，制定、调整和落实相关计划，以在更深层面推动情报一体化工作。①

第二，负责情报一体化事务的国家情报副主任根据确定的情报工作任务，灵活地设立或裁撤国家情报主管。其中，国家情报主管围绕着国家安全委员会特别关注的特定地理区域或特定功能性问题而设立，能够针对其所管辖的领域制定《统一情报战略》（Unifying Intelligence Strategy），以确保情报界在该领域能够全面开展及时、高效的情报工作。其具体任务包括：一是明确决策者的情报需求，即与决策者沟通，弄清楚他们最想了解什么；二是评估情报界的搜集和分析等业务能力，即与16家情报机构沟通，弄清楚他们在满足决策者特定情报需求的问题上能够做什么。三是寻找情报搜集和分析

---

① Office of the Director of National Intelligence, *Intelligence Integration: What We Do*. http://www.dni.gov/index.php/about/organization/intelligence－integration－what－we－do.

工作的不足之处，即对比决策者的情报需求和情报界的情报能力，弄清楚情报界搜集和分析工作的弱点是什么；如果以现有能力尚不足以满足决策者的情报需求，是否需要重新调整情报搜集和分析资源的具体配置。①

总之，在负责情报一体化事务的国家情报副主任、相关国家情报主管的统筹协调下，情报界的情报搜集和分析管理工作得到了很大程度上的整合，不但提高了情报工作效率，而且还确保了情报界的情报工作能够准确地对接国家安全决策需求，并根据国家安全决策需求的变化而做出灵活地调适。例如，2010 年年末，国家情报主任共任命了 13 个国家情报主管，其中 9 个地区性国家情报主管分别负责整个情报界在非洲、东亚、欧亚大陆、欧洲、近东、南亚/阿富汗—巴基斯坦、西半球、伊朗、朝鲜等地区问题上的情报工作；4 个功能性国家情报主管分别负责整个情报界在反恐、反扩散、网络、威胁融资等功能领域的情报工作。② 到了 2014 年，由于国家安全决策需求的变化，国家情报主管的数量相应地增加到了 16 个，其中 8 个负责不同的地区事务（与 2010 年时相比，减少了 1 个负责朝鲜问题的国家情报主管），8 个负责不同的主题功能领域（与 2010 年时相比，增加了 4 个国家情报主管，分别负责反情报、经济问题、军事问题、科技情报问题）。

第三节　国家情报一体化改革存在的主要问题

虽然“9·11”后美国的国家情报一体化改革工作取得了诸多成绩，但是在具体改革过程中还是遇到了许多难以解决的问题。在这

① “Intelligence Integrator: Strategically Aligning the IC to the Nation’s Highest Priorities”, *Geospatial Intelligence Forum*, vol. 10, iss. 5, 2012, p. 18.

② 马克·洛文塔尔：《情报：从秘密到政策》，杜效坤译，金城出版社，2015 年版，第 182 页。

些困扰国家情报一体化改革工作的诸多问题之中，有三个方面的问题表现得最为突出，也将在未来很长一段时间内持续影响国家情报一体化改革的发展进程。

一、难以处理不同决策需求之间的矛盾

美国的决策者有许多种类型，其决策需求各不相同，需要的情报保障工作也各不相同。有以总统为代表的国家安全层的决策者，他们需要做出战略决策，因而更关注战略情报保障工作；有以国防部长、各级作战指挥官为代表的军事层面的决策者，他们需要做出作战决策，因而更加关注联合作战情报保障工作。冷战期间，美国最高决策层会不定期地发布“国家安全委员会情报指令”（National Security Council Intelligence Directive，NSCID），指导情报界全面开展针对苏联的战略情报保障工作。[①] 冷战结束后，随着美军在世界各地的活动愈发频繁[②]，决策层愈发重视军事行动的情报支援问题。1995年3月2日，克林顿总统专门发布第35号总统决策指令，明确区分情报界的优先任务等级：

第一项优先任务是为美军的军事行动提供情报支援。

第二项优先任务是提供关于敌对国家的政治、经济和军事情报，以协助美国预先制止冲突和危机的暴发。

第三项优先任务是防止跨国威胁对美国公民造成伤害，这些威胁包括毒品走私、恐怖分子、有组织犯罪和大规模杀伤性武器。

7月14日，克林顿总统在中央情报局发表讲话时再次强调，

---

① Douglas F. Garthoff, *Directors of Central Intelligence as Leaders of the U. S. Intelligence Community 1946－2005*, Washington, D. C.: Central Intelligence Agency Center for the Study of Intelligence, 2005, p. 158.

② 从1991年开始，美军就在伊拉克北部和南部维持“禁飞区”，以支持联合国核查。1992年，美军部署到索马里。1994年，又有美国部队前往海地。1995年，美军飞机对波斯尼亚和黑塞哥维那境内的波斯尼亚塞族阵地实施了打击，随后美国地面部队作为维和部队进入这个饱受战火蹂躏的国家。

“我们的作战司令官需要及时、全面的情报来做出决策，并以情报为依据最大程度地保护部队的安全，而情报界的首要任务就是满足这些军事情报需求。”① 7月18日，中央情报主任约翰·多伊奇在午餐会上也向情报界成员明确表示，国家情报机构应通过多种情报搜集途径——间谍卫星、电子窃听和人力情报，向战场上的军事指挥官提供更好、更多的实用情报。② 总之，“9·11”之前，保障联合作战情报需求长期耗费着情报界的主要精力，是情报界最先需要全力保障的领域。

“9·11”后，部分情报调查委员会发现，情报界在保障作战情报需求方面耗费过多精力，搜集了大量的战役、战术层面的情报，反而忽视了国家安全决策层的战略情报需求。美国关于大规模杀伤性武器情报能力委员会就认为：“国家搜集系统与情报界资源大部分集中于支援军事行动情报需求，大大降低了情报系统的效率，同时也使情报机构满足国家决策者其他优先情报需求的能力大打折扣。”③ 因此，美国通过了《2004年情报改革与防恐法》，决定设立国家情报主任，并全力推动国家情报一体化改革。其主要目的在于，使整个情报界的情报工作能够更多、更高效地保障国家安全委员会的决策需求，避免过于偏袒军方的联合作战决策需求。

然而，在实践中，国家情报一体化改革工作很难在国家安全决策需求和部门决策需求（尤其是国防部的军事决策需求）之间寻找到最佳平衡点，毕竟不同类型的决策需求在本质上是矛盾和冲突的。

---

① Michael Warner (ed.), *Central Intelligence: Origin and Evolution*, Washington, D. C.: Central Intelligence Agency Center for the Study of Intelligence, 2001, p. 13. https://www.cia.gov/library/center-for-the-study-of-intelligence/csi-publications/books-and-monographs/Origin_and_Evolution.pdf.

② 情报与国家安全课题组：《情报与国家安全——进入21世纪的各国情报机构》，时事出版社，2002年版，第132页。

③ The Commission on the Intelligence Capabilities of the United States Regarding Weapons of Mass Destruction, *Report to the President of the United States*, Washington, D. C.: Government Printing Office, March 31, 2005, p. 355.

因此，在美国推进国家情报一体化改革的过程中，国防部经常持反对立场，甚至在自己建设一套专门保障联合作战情报需求的情报体系。例如，国家情报主任推出《国家情报战略》《情报界信息共享战略》、情报界信息技术业界，国防部长也相应推出《国防情报战略》《国防部信息共享战略》、国防情报信息技术业界。由于国防部直接控制着情报界50%的情报机构，掌握着超过80%的情报预算和超过85%的情报人员，[①] 国家情报主任在未来推动国家情报一体化改革工作的过程中仍然会面临很大压力，尤其需要关注如何平衡来自国防部的联合作战决策需求和来自总统及国家安全委员会的国家安全决策需求。

二、难以处理共享与保密之间的矛盾

乔治·华盛顿曾经写道："大部分情报机构的成功有赖于保守机密。"他的话一方面反映了绝对保守情报机密的老传统，同时也说明保守情报工作的机密完全符合美国的传统。[②] 然而，如果说冷战期间情报机构之间严格保密是利大于弊的话，那么"9·11"后仍然固守保密的老传统则是明显的弊大于利。因此，无论是国会联合情报调查委员会、参议院情报特别委员会，还是"9·11"委员会、美国关于大规模杀伤性武器情报能力委员会都着重强调了信息共享的重要性、必要性和紧迫性，并提出了一系列的改革举措。然而，一味地强调信息共享并非否定了安全保密的价值。2005年《国家情报战略》就明确指出，要"重新定义保密工作指导方针，使大量的敏感信息能够得到灵活地使用和共享，而小部分秘密信息则让更少的人

---

① Melvin A. Goodman, *Failure of Intelligence: The Decline and Fall of the CIA*, Lanham, Maryland: Rowman and Littlefield Publishers, Inc., 2008, p. 332.

② 威廉·科尔比：《情报生涯三十年——美国中央情报局前局长科尔比回忆录》，纪晴译，北京：群众出版社，1982年版，第402页。

掌握”。[1] 由此可见，美国在推进国家情报一体化改革的过程中很早就注意到了这个问题，只是在实践过程中未能很好地处理共享与保密之间的矛盾关系。

2010 年的“维基揭秘事件”就给国家情报一体化改革进程中的信息共享工作泼了一盆冷水。它让美国人发现，全面铺开的信息共享改革存在较大的泄密隐患。相当一部分人认为，如果美国不把越来越多的信息放在网络上共享的话，曼宁就无法得到此类信息，而维基揭秘事件也就不会发生。然而，总统、行政部门及国会中的有识之士并未受此影响而放缓或停止信息共享的进程，反而在调查与讨论中强化了持续推进信息共享的重要性，以及大力开展信息防护工作的必要性和紧迫性。例如，2011 年 3 月 10 日，参议院国土安全与政府事务委员会就此问题专门举办听证会[2]，经过讨论，与会代表达成了“信息共享工作不能停顿、安全保密工作需要加强”的共识。国家情报主任办公室情报界信息共享总监科林·斯通更是明确表示：“无论被泄露的秘密信息是来自一个计算机系统、一份秘密文件，抑或只是从一场听证会或会议上听到的，此前我们中间出现过误用此类信息的‘坏家伙’（bad apples），不幸的是，这类人还会再次出现。但是这并不意味着我们应该停止共享情报或信息，因为这样做是错误的。不再将我们掌握的信息与需要的人共享所带来的风险实在是太大了。因此，我们必须做好一切安全防护措施，继续在发生泄密事件之前主动发现威胁，在意识到信息共享任务的重要性的基

---

① Office of the Director of National Intelligence, *The National Intelligence Strategy of the United States of America: Transformation Through Integration and Innovation*, October 2005, p. 16. http://www.dni.gov/publications/NISOctober2005.pdf.

② 与会代表包括负责管理事务的副国务卿帕特里克·肯尼迪（Patrick F. Kennedy），负责情报事务的国防部副部长的第一副手托马斯·弗格森（Thomas Ferguson），情报界信息共享总监科林·斯通（Corin R. Stone），信息共享环境项目主管史门德拉·保罗（Kshemendra Paul）等。

础上关注并管理风险。”①

正如科林·斯通所预言的那样，2013年6月，继曼宁之后，又一个“坏家伙”爱德华·斯诺登——将情报界的“棱镜”监听计划、“黑色预算”② 等大量秘密信息公之于众，并引发了轩然大波。这一泄密事件再次引发了美国关于信息共享与安全保密工作的争论，结果是情报界开始强化技术层面的防护，借助高标准的安全防护措施弥补之前发现的技术漏洞，确保信息共享工作的安全。未来，随着美国国家情报一体化改革向纵深发展，情报界各机构之间，乃至其与其他行政部门、私营企业之间的信息共享范围将会更加广泛，有权接触秘密情报信息的人员会不断增多，安全保密方面的漏洞也会越来越大，共享与保密之间的矛盾问题将会更加突出。2016年，情报界总监察长就明确表示了自己对情报界云存在的保密风险的担忧。他在一份报告中指出，情报界大力建设的情报云虽然能够促进数据、应用软件乃至信息系统的全面共享，但也存在很大的安全风险，即任何一家情报机构的信息系统出了问题，都会导致所有参与建设的情报机构面临安全风险。③

---

① Intelligence Community Information Sharing Executive Corin R. Stone, testified before the Senate Committee on Homeland Security and Governmental Affairs for the hearing, Information Sharing in the Era of Wikileaks: Balancing Security and Collaboration on March 10th, 2011. http://www.ise.gov/sites/default/files/2011-03-10%20SFR%20IC%20ISE_Corin%20Stone.pdf.

② 2013年8月29日，《华盛顿邮报》公布了从美国国家安全局技术承包商雇员、前中央情报局工作人员爱德华·斯诺登（Edward Snowden）那里获得的国家情报主任向国会提交的2013财年“国家情报计划”预算申请文件。这份文件中披露的情报预算又被称之为“黑色预算”（Black Budget）。Barton Gellman and Greg Miller, *U.S. Spy Network's Successes, Failures and Objectives Detailed in 'Black Budget' Summary*, August 29, 2013. http://www.washingtonpost.com/world/national-security/black-budget-summary-details-us-spy-networks-successes-failures-and-objectives/2013/08/29/7e57bb78-10ab-11e3-8cdd-bcdc09410972_story.html.

③ Office of the Inspector General of the Intelligence Community, *Semiannual Report to the Director of National Intelligence: October 1, 2015 - March 31, 2016*, 2016, p. 16. https://www.dni.gov/files/documents/ICIG/ICIG-SAR-UNCLASS-OCT15-MAR16.pdf.

三、难以处理竞争与合作之间的矛盾

虽然美国推动国家情报一体化改革的重要目标就是让各情报机构能够跨部门开展情报工作，实现情报工作的融合、统一，但是国家情报一体化改革并不排斥各情报机构继续开展竞争型情报工作，甚至还在某种程度上鼓励各部门情报机构开展竞争型情报工作。因为，合作与竞争两种类型的情报工作虽相互矛盾，但却各有利弊。

首先，竞争型情报工作是美国情报界的老传统，也是存续至今的情报工作方式。自《1947 年国家安全法》颁行之日起，美国各情报机构之间相互独立、互不隶属的关系就已经得到了法律上的确认。在美国强调权力制衡的政治体制的影响下，情报界内部各机构始终保持着很强的独立性，并纷纷开展竞争型情报工作，以博取决策者的青睐。美国学者詹姆斯·瑞森甚至认为，中央情报局的诞生本身就有权力制衡的意味，因为其“宗旨就是在军队之外建立独立的情报机构，并对军事力量形成制衡。否则，情报工作将完全纳入总参谋部的体系，并按其意愿行事”。[①] 对于最高决策层而言，各情报机构开展竞争型情报工作正是他们希望看到的情况，因为他们希望听到不同的声音，并坚信这是看到整体情况、最大程度地接近事实真相的必要方式。因此，“9·11”后，虽然有人提议，应建立一个内阁级别的“情报部”（Department of Intelligence）来统管全美情报工作，进而消除重复建设和资源浪费现象，但是决策层并未采纳这一建议。2010 年 7 月 20 日，当时的国家情报主任候选人詹姆斯·克拉珀在回答参议院情报特别委员会的提问时也特别强调，设立一个内

---

① 詹姆斯·瑞森：《战争状态——中央情报局与布什政府的秘史》，何艳军、李芬译，东方出版社，2007 年版，第 225－226 页。

阁级别情报部的建议完全不可行。①

其次，合作型情报工作是“9·11”后美国在推进国家情报一体化改革的过程中特别倡导的情报工作方式。其有助于提高情报工作效率，减少资源浪费。一方面，在国家情报主任的大力推动下，情报界各机构已经开始常态化地向国家情报主任办公室内的多个国家情报中心以及其他情报机构派驻工作人员，以更方便地开展情报合作。例如，联邦调查局就在多个合作机制内与国家反恐中心、中央情报局、国防部、国土安全部等部门开展了全面而深入的情报合作。另一方面，情报界各机构的工作人员已经可以通过分析资源目录或分析人员黄页方便地找到情报分析合作对象，也可以在情报维基百科等平台上跨部门开展情报分析工作。此外，层出不穷的情报合作技术平台正在加速发展，使越来越多的机构和个人都能参与到合作中来。例如，2013 年 7 月，情报界就把原来的“分析空间”（Analytic Space，A – Space）拓展为“一体化空间”（Integrated Space，I – Space），取消了此前关于只有情报分析人员才可进入和使用该空间的限制，从而使所有类型的情报人员在得到相关安全审核后都可使用这一平台开展情报合作。②

实际上，在推进国家情报一体化改革的过程中，情报界很难在大力倡导合作型情报工作的同时，促进竞争型情报工作的发展。因为，合作型情报工作和竞争型情报工作在诸如减少重复建设、提升工作效率等方面是彼此冲突的。然而，在美国现有政治体制和情报传统的影响下，为了能够持续推进国家情报一体化改革工作，国家情报主任仍然必须进一步思考如何化解两者之间的矛盾冲突问题。

---

① Senate Committee on Intelligence, *Additional Prehearing Questions for James R. Clapper, Jr. Upon his Nomination to be Director of National Intelligence*, July 20, 2010, p. 8. http://www.fas.org/irp/congress/2010_ hr/072010clapper – pre. pdf.

② Gregory F. Treverton, *New Tools for Collaboration: The Experience of the U. S. Intelligence Community*, Washington, D. C.: Center for Strategic and International Studies, January 2016, p. 17.

第四节 国家情报一体化改革的未来走向

目前，美国已经建立起了统一的国家情报管理机构和国家情报战略体系，各部门情报机构也在国家情报主任的领导下朝着国家情报一体化的目标而前进。未来，美国的国家情报一体化改革工作不会停顿，而会在持续调整和完善国家情报组织体制和战略体系的基础上，继续推进相关领域的国家情报一体化改革工作。回顾“9·11”以来美国国家情报一体化改革的发展历程，依据总统及国家情报主任在不同场合所发表的涉及国家情报一体化改革工作的言论，以及已经发布的各类情报战略文件，我们能够大致分析出未来美国国家情报一体化改革工作的几个重点发展方向。

一、着重以决策需求牵引改革进程

国家安全决策层的决策需求在很大程度上牵引着情报工作的改革与发展，对于美国决策层而言，其所关注的国家安全威胁更是直接决定着情报界的工作重点。1947 年到 1990 年，苏联被认为是美国国家安全的最大威胁，因此情报界 75% 至 80% 的监控目标都与苏联相关，以苏联为目标的战略情报工作倍受决策层的关注。1977 年，参议院情报特别委员会曾在情报界的范围内对“非战略情报”（Non－Strategic Intelligence）做过一次调查，结果是很少有人对此感兴趣，而对此感兴趣的人也很难让决策者或情报搜集者感兴趣。

“9·11”后，在推动国家情报一体化改革的过程中，美国更加重视决策需求的牵引作用。一方面，国家情报主任特别重视依据国家安全决策层的决策需求或是威胁判断来指导国家情报一体化改革工作。例如，国家情报主任在《构想 2015：全球联网与一体化的情报业界》中就明确指出，未来的情报工作应是“用户驱动型的情报”（Customer－Driven Intelligence），即情报界应利用自己的专业技能为情报用户提供定制化的情报保障，在整个情报工作流程的每个环节都时刻关注用户的决策需求。在具体实践过程中，国家情报主任更是特别重视根据总统及国家安全委员会审议通过的“情报课题”排定情报界工作任务的优先次序，进而形成一份需各情报机构共同参照执行的“国家情报工作优先任务框架”。另一方面，总统也特别重视向情报界传达自己的决策需求，并指导国家情报一体化改革工作。例如，2003 年 1 月 28 日，小布什就在《国情咨文》中责令中央情报主任联合联邦调查局、国土安全部和国防部的负责人共同成立一个“恐怖分子威胁整合中心”，以使决策层更全面地掌握恐怖主义威胁形势。2015 年 2 月 25 日，奥巴马总统更是专门发布总统备忘录，敦促国家情报主任组建“网络威胁情报整合中心”，以使决策层对网络威胁形势有更为准确而全面的理解。

此外，从历版《国家情报战略》及相关文件的表述中，我们也可以看到决策需求在国家情报工作中的地位得到了持续提升。2005 年版《国家情报战略》只是表示，该战略依据《国家安全战略》中的威胁判断设定了情报界的工作任务目标。2009 年版《国家情报战略》开始强调，情报界的首要任务就是帮助制定合理的国家安全政策；具体做法是通过不断追踪和评估国际安全环境，为国家安全决策者提供威胁预警并通告行动时机；情报界要为决策者提供战略情报，以帮助其了解相关国家、地区和问题及其决策可能产生的影响。2013 年，国家情报主任在《国家情报概览 2013》中提出，决策层的“评估”是贯穿整个情报工作流程的核心环节，不间断地为其他 5 类情报行动提供指导（参见图 5－1）。2014 年版《国家情报战略》则在开篇即指出，本战略将在未来四年指引我们更好地服务于情报用户的需求，支持国家安全事务决策，并最终使我们的国家更加安全。因此，该战略首次明确提出，情报界的任务就是“提供及时、有洞察力的、客观、相关的情报，以支持关于国家安全事务和重大事件的决策”。

未来，美国面临的外部安全环境会更加复杂，国家安全决策层的决策需求也会更加迫切，而美国的国家情报一体化改革工作也将会更加重视此类决策需求，并依据需求灵活组建国家情报中心、增加或减少国家情报主管的职位设置。

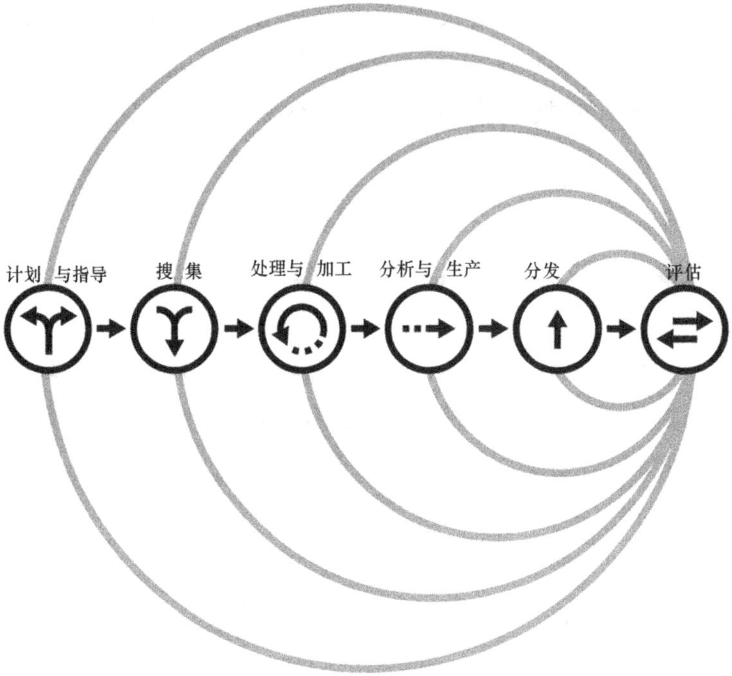

图 5-1　情报工作流程示意图[①]

二、着重以科学技术提供能力支撑

“9 · 11”后，美国情报界特别重视科学技术（尤其是信息技术）对于打破部门间的组织壁垒、推动国家情报一体化改革的作用。

---

① Office of the Director of National Intelligence, *U. S. National Intelligence An Overview* 2013, p. 2. http: //www. dni. gov/files/documents/USNI%202013%20Overview_ web. pdf.

国家情报主任不但专门设立了负责科技事务的国家情报副主任、情报界首席信息官等领导职位，更是在多份战略文件中专门规划了科学技术在情报工作中的应用。

首先，连续三版《国家情报战略》均将保持情报科技研发优势作为情报界的一个机构建设目标。2005 年版《国家情报战略》明确指出情报界应利用开拓性的科研成果，保持和拓展情报优势，以应对新兴威胁。为此，情报界必须：在情报界的一切科技活动中建立集中领导、分工执行的流程；在情报机构内部深化专业技能，加强尖端项目的研发；通过国家情报主任办公室确定需要重点关注的高风险高回报研究项目，特别是在不同机构之间存在的“空白处”；适时推动各情报机构的联合研发。2009 年版《国家情报战略》同样强调指出，应以足够的规模、范围和速度为情报界发掘、开发并部署科技研发成果，使其保持及（在有些情况下）获取对现有及新兴对手的优势。因此，必须在整个情报界范围内统一管理科技研发工作，以加速技术开发，加强部门合作，开发新的意料之外的解决方案，并保护诸如隶属于情报高级研究计划署的“高风险/高回报”项目。2014 年版《国家情报战略》进一步强调情报界要在科技研发工作中着力培育创新能力，要进一步开发、支持和培养求知欲，鼓励创造性解决问题。为此，情报界应：开展和利用基础研究，并在最敏感的应用科学与社会科学、技术和数学等领域继续核心独立研究，以取得突破性成果；将创造性理念和有潜力的创新付诸于实践，以完善情报界业务和程序；加强并激发员工队伍的创新天赋，使他们勇于承担风险、提高情报技艺、大胆应用新技术与新流程。

其次，2010 年后，鉴于整个情报界的科技研发预算持续下降，国家情报主任特别提出了建设情报界信息技术业界和情报界科技战略框架的战略目标，并出台了多份战略文件。其中，《情报界信息技术业界战略 2012 - 2017》指出，新的情报界信息技术架构将更好地实现情报界的一体化，并建立信息共享过程中的信任，从而在降低运营成本的同时提高灵活性、可量度性和安全性，使我们的各项任务从中受益。情报界将采用云计算技术、虚拟化技术、精减型客户端、应用程序商店、加强型安全技术等，逐步建成现代化的、以数据为中心的情报界信息技术业界。《情报界信息技术业界战略2016－2020》进一步强调，应充分利用情报界信息技术业界，提高情报界的一体化水平和统一情报活动的能力，进而使目前以机构为中心的信息技术转型为通用业界平台，可使情报界在全界范围内简便、安全地共享技术和能力。2015年5月，国家情报主任还首次发布了一份情报界科技战略——《2016－2020财年情报界科技战略计划：管控风险以确保情报优势》。该战略明确指出，未来情报界的科技研发工作要在统一的“情报界科技战略框架”（Intelligence Community Science and Technology Strategic Framework）内进行，即着重解决以下几个关键问题：一是整个情报界有哪些共同的科技需求；二是情报界的合作伙伴掌握哪些技术手段；三是情报界应重点研发哪些尖端科技项目；四是情报界应如何针对性地调整科技资源投入。

在可以预见的未来，美国将按照上述战略计划的要求进一步强化科学技术在国家情报一体化改革中的作用，通过创新、强大、安全的信息技术打破部门情报工作之间界限，使各情报机构能够最终形成一个全面实现互联、互通、互操作的一体化的情报界，使情报工作能够实现真正意义上的融合、统一。

三、着重以情报指令确保终端落实

“9·11”后，为推动国家情报一体化改革，国家情报主任将《2004年情报改革与防恐法》中的诸多规定分解为多份战略文件，其中既有国家情报与反情报战略，又有指导重点领域建设的情报战略。而为落实上述战略的相关规定，国家情报主任又专门设立了一个相对完整的情报界指令体系。2006年以来，情报界指令体系共由9个系列的情报指令构成，其中100系列指令用于规范业界管理工作、200系列指令用于规范情报分析工作、300系列指令用于规范情报搜集工作、400系列指令用于规范用户反馈工作、500系列指令用于规范信息管理工作、600系列指令用于规范人力资源工作、700系列指令用于规范安全与反情报工作、800系列指令用于规范科学与技术工作、900系列指令用于规范任务管理工作。此后，只要是国家情报工作出现新情况，或是上层情报战略得到了新增或修订，相关系列的情报指令就会针对性地做出调整。

首先，“维基揭秘”事件暴露出情报界信息共享工作存在安全漏洞后，国家情报主任专门对500和600系列的情报界指令进行了调整和完善。2011年3月11日，国家情报主任发布了第502号情报界指令《情报界信息环境的一体化防护》。该指令具体规范了情报界在信息共享过程中的安全防范工作，进一步充实了500系列指令的内容。2012年4月4日，国家情报主任重新修订了此前发布的第651号情报界指令《情报界文职人员的绩效管理系统需求》（2007年11月28日发布）和第656号情报界指令《情报界高级文职官员的绩效管理系统需求》（2008年4月28日发布），特别加入了信息共享与安全防护方面的绩效评估要求。

其次，2006年《情报界人力资本发展五年战略计划》明确提出，界定和确认每个情报工作领域专业人员应具备的能力素质，将其作为统一的任职资格、业务训练和绩效考核标准的基础。随后，2008年9月1日，国家情报主任发布第610号情报界指令《情报界人才队伍能力指南》（Competency Directories for the Intelligence Community Workforce），将情报人员的总体能力分为核心能力与技术能力，然后又将技术能力细分为职业技巧和解决问题所需的专门技术。2009年《国家情报战略》出台后，国家情报主任又于2010年10月4日对上述指令进行了修订，将不同岗位情报人员应具备的能力素质细化为多个指标明确的“情报界标准”。

目前，国家情报主任仍然不断地新增、修订或取消部分情报指令，其目的在于将上层战略中的相关规定落到实处，为各情报机构提供具体的操作性指导。未来，随着国家情报一体化改革工作的持续推进，以及国家情报战略体系的持续完善，美国将会更加重视 9 个系列的情报界指令体系的建设，以将战略层面的规定细化为具体的操作细则，为国家情报一体化改革在末端和终端落实提供坚实保障。

结　　语

美国情报改革研究学者艾米·萨格特曾在《失明的间谍》一书中写道："大规模杀伤性武器的扩散、信息技术革命、跨国恐怖主义网络的崛起已经改变了国际关系的旧规则和现实。在人类历史上第一次出现了这样的情况，即强大的力量并不能带来安全。现在是弱者威胁强者，而只有情报工作而非军事力量才能提供第一道和最后一道防线。美国能否保护自己，取决于自己能否适应性地调整在不同时间、为应对不同敌人而建立起来的情报机构。"[①] 显然，"9·11"后，美国在惨痛的教训面前意识到了外部安全威胁的变化，进而针对国家情报工作进行了适应性地改革。本次调整与改革的主题即为"一体化"，重点和关键在于通过立法改革情报界的领导体制、完善国家情报战略指导体系，进而使各情报机构能够在统一的领导与协调下，共同应对以恐怖主义为代表的极端非对称威胁。纵观此次改革历程，我们发现其改革工作已经取得阶段性成效，并突出地呈现出以下三个方面的特点。

一、重视情报作为国家安全第一道防线的作用，确保其因应威胁变化

自 1947 年建立起现代意义上的情报体系以来，美国就非常重视情报工作，历界总统对其可谓是情有独钟。许多总统每天早上起来

① Amy B. Zegart, *Spying Blind: The CIA, the FBI, and the Origins of* 9/11, Princeton and Oxford: Princeton University Press, 2007, p. 197.

的第一件事就是阅读情报界提交的《总统每日简报》，聆听全世界的脉搏和心跳。老布什总统回忆他在椭圆形办公室的日子时就曾表示："从上任的第一天起，我就把阅读《总统每日简报》当作是一天之中的重要事情。在阅读简报时，我需要中央情报局的情报汇报人和布伦特①或他的副手在场。这样一来，当我想了解特定问题时，我就可以让中央情报局的人给我提供更多的信息，或者当我在阅读的过程中想到一些政策方面的问题时，我也可以让布伦特就我感兴趣的事情进行后续研究。中央情报局的人会用笔记下我提出的问题，大约一天之内，我就能够得到答复或一份详细的说明。"② 1991 年 11 月 12 日，在为即将成为中央情报主任的罗伯特·盖茨举办的宣誓仪式上，老布什总统不无感慨地说："情报工作无论在现在还是在将来都是美国的第一道防线，它能使我们在蒙受损失之前避开潜在威胁，是帮助我们提前发现机遇的工具。"③

随着冷战的终结，虽然有相当一部分人认为情报已无用武之地，呼吁削减情报经费，但是作为知情人士的决策层还是坚守着第一道防线不可丢的信念，坚定地认为情报已成为作战的核心要素，始终保持着异常清醒的认识。1995 年 7 月 14 日，克林顿在视察中央情报局时就曾指出："今天，由于冷战的结束，一些人认为我们应该而且能够从世界事务中抽身，我们不像从前那样需要情报了，我们应该大量地削减情报经费。还有一些人甚至敦促我们裁撤中央情报局。我认为这些观点大错特错。我认为，在和平时期大量地削减情报经

① 布伦特·斯考克罗夫特，老布什的国家安全事务助理。

② Richard L. Russell, *Sharpening Strategic Intelligence: Why The CIA Gets It Wrong, And What Needs To Be Done To Get It Right*, New York: Cambridge University Press, 2007, pp. 16 – 17.

③ 原文为："Intelligence is and always will be our first line of defense, enabling us to ward off emerging threats whenever possible before any damage is done. It can also be a means of anticipating opportunities." *President George Bush, Swearing – in Ceremony of Robert Gates as DCI*, 12 *November* 1991. https: //www. cia. gov/library/center – for – the – study – of – intelligence/csi – publications/books – and – monographs/our – first – line – of – defense – presidential – reflections – on – us – intelligence/bush. html.

费，就好比一个人在感到身体状况良好时取消自己的医疗保险。”[①] 1996年1月19日，在“阿斯平－布朗委员会”举办的听证会上，美国前国防部长弗兰克·卡路西（Frank Carlucci）更是强调：“对于美国来说，如果军事力量可以被看作是‘治疗性药物’的话，情报就是‘预防性药物’。在恐怖分子发动袭击之前知晓其计划，并阻止其活动要比事后进行报复性打击要好得多。同样道理，事先获悉一国拥有大规模杀伤性武器计划的情况，以及地区争端在到达对峙阶段之前的情况，都将有利于美国事先采取预防性措施。与此同时，情报对于军事部门来说变得愈发重要。情报曾被称之为‘力量倍增器’（Force Multiplier），在20世纪80年代我还是副国防部长时，我曾使用这一论断，以使情报预算的增长速度快于整体国防预算的增长速度，到了80年代末，我同样使用这一论断，以使情报预算的削减程度小于整体国防预算的削减程度。时至今日，情报已经不止是力量倍增器，更是国防部作战行动不可或缺的组成部分。”[②] 2010年，美国前国防部长唐纳德·拉姆斯菲尔德（Donald Rumsfeld）也曾在回忆录中明确表示：“如果有什么能让我夜里睡不着，我知道那一定是我对美国情报质量的担忧。美国在国家安全上所面临的最大挑战就是改进我们的情报能力，这样我们才能更多地了解人们的想法和他们会如何表现，以及他们的行为可能发生怎样的变化。我们需要有能力破获敌人的阴谋并掌握他们的动机。我认为我们在这方面知道得越多，就越能够在敌人发起袭击之前改变他们的行为，而

① Central Intelligence Agency Center for the Study of Intelligence, *Our First Line of Defense: Presidential Reflections on US Intelligence: William J. Clinton*, 1993－2001. https://www.cia.gov/library/center－for－the－study－of－intelligence/csi－publications/books－and－monographs/our－first－line－of－defense－presidential－reflections－on－us－intelligence/clinton.html.

② *Testimony of Frank Carlucci*, *Hearing of the Commission on the Roles and Capabilities of the United States Intelligence Community*, January 19, 1996. http://www.fas.org/irp/commission/testcarl.htm.

不是一味地等待，在袭击发起后再采取行动。”①

正是由于美国决策层敏锐地察觉到了情报在冷战后将扮演愈发重要的角色，并是应对以恐怖主义为代表的非传统安全威胁的关键，关于推动情报改革、提升情报工作效率和针对性的提议始终没有间断过。受此影响，整个20世纪90年代，美国对《1947年国家安全法》的修订频率和内容修改幅度超过了此前的任何时期。中央情报局情报研究中心的历史研究学者迈克·华纳就曾在《中央情报：起源与发展》一书中指出，“众议院常设情报特别委员会编纂的《情报法律汇编》（Compilation of Intelligence Laws）收录有修订《1947年国家安全法》中情报条款的几乎所有法案，1990年时此类修订法案只有22页，到了2000年，其迅速增加到了48页，而在1980年以前，此类修订法案可谓是凤毛麟角。”② 而到了2004年，《2004年情报改革与防恐法》对《1947年国家安全法》做了一次最彻底的修订，以一体化为主旨的国家情报改革进程取得了突破性的进展。

二、以调查研究为改革先导，以法律法规为改革遵循

从历史上看，美国非常重视针对情报工作的调查与研究。前国家情报主任麦康奈尔曾指出：“美国首次对情报界进行审查与评估是在1946年，从1946年到2006年，美国对情报界共进行了40次调查研究，也就是说每18个月就会有人对情报界进行一次评估。”③ 在此

① 唐纳德·拉姆斯菲尔德：《已知与未知：拉姆斯菲尔德回忆录》，魏骍译，华文出版社，2013年版，第209页。

② Michael Warner (ed.), *Central Intelligence: Origin and Evolution*, Washington, D. C.: Central Intelligence Agency Center for the Study of Intelligence, 2001. p. 11. https://www.cia.gov/library/center-for-the-study-of-intelligence/csi-publications/books-and-monographs/Origin_and_Evolution.pdf.

③ Office of the Director of National Intelligence and National Defense Intelligence College, *Intelligence Strategy: New Challenges and Opportunities*, Washington, D. C.: National Defense Intelligence College Press, October 2008, p. 19.

次国家情报改革的过程中，美国开展情报调查的频率要高于历史上其他时期，而且经常会对内、对外发布内容详尽的情报调查报告，以向决策层和普通民众全面揭示美国国家情报工作存在的问题，寻求最优化的解决方案，进而推动改革共识进入法律条文。

首先，整个20世纪90年代，面对外部安全威胁的显著变化，美国多个情报调查委员会陆续开展情报调查与研究，并将改革建议写入法律。只是进入法律的改革建议比较保守，并未引发整个国家情报领导与管理体制的根本变革。

1992年，国会两院情报委员会开始研究冷战后的国家安全环境对情报界构成的挑战，随后即联合发出“伯恩－麦克迪提议”，建议设立一个有权力掌控整个情报界的国家情报主任。虽然这一颇为激进的改革提议并未得到认可，但是国会还是认识到了加强中央情报主任的情报控制权的必要性，因而《1992年情报组织法》[①] 小幅修订了《1947年国家安全法》的部分内容，该法首次以法律文本的形式给情报界下了定义，并明确指出中央情报主任既是中央情报局局长，总统首席情报顾问，同时也是整个情报界的首脑，他既负责拟定情报搜集与分析的总体需求与重点，同时也对情报界内各机构的预算及重要人事安排拥有审批权。

1995年，受“艾姆斯间谍案”的影响，国会及外部情报专家至少组织了6次情报调查与研究：

1. 乔治敦大学外交研究所的情报调查与研究，发布调查报告《未来情报工作清单》（1995年）；

2. “阿斯平－布朗委员会”的情报调查与研究，发布调查报告《为21世纪做准备：美国情报界评估》（1996年）；

3. 众议院常设情报特别委员会的情报调查与研究，发布调查报告《IC21：21世纪的情报界》（1996年）；

---

① 《1993财年情报授权法》的一部分。

4. 外交关系委员会独立调查组的情报调查与研究，发布调查报告《让情报更智能：美国情报工作的未来》（1996 年）；

5. 情报研究协会情报改革工作组的情报调查与研究，发布调查报告《美国情报工作的未来》（1996 年）；

6. 二十世纪基金会未来美国情报工作调查组的情报调查与研究，发布调查报告《从冷战走来》（1996 年）。①

几乎所有的调查报告都认为，应“增加集权程度并强化中央情报主任的权力”。② 此后，《1996 年情报革新与改革法》③ 小幅修订了《1947 年国家安全法》的部分内容。该法规定增设一名负责情报界管理事务的中央情报副主任，三名分别负责搜集、分析与生产、管理事务的中央情报主任助理。这种情报界高层人事安排上的改变在某种程度上有助于中央情报主任更加有效地管理情报界。

其次，进入 21 世纪后，特别是受“9・11”事件的影响，美国先后组织了 4 次大规模的情报调查与研究，并将改革建议写入法律，进而引发情报界领导与管理体制的根本性变革。

1. 国会联合情报调查委员会的情报调查与研究。2002 年 12 月 20 日，两个情报委员会分别向各自所属议院正式提交长达 858 页的保密版调查报告——《关于“9・11”恐怖袭击事件前后情报界情报活动的联合调查报告》，并于 2003 年 7 月 24 日对外公布报告全文。

2. 参议院情报特别委员会的情报调查与研究。2004 年 7 月 9

① Michael Warner (ed.), *Central Intelligence: Origin and Evolution*, Washington, D. C.: Central Intelligence Agency Center for the Study of Intelligence, 2001, p. 13. https://www.cia.gov/library/center-for-the-study-of-intelligence/csi-publications/books-and-monographs/Origin_and_Evolution.pdf.

② Michael Warner (ed.), *Central Intelligence: Origin and Evolution*, Washington, D. C.: Central Intelligence Agency Center for the Study of Intelligence, 2001, p. 13. https://www.cia.gov/library/center-for-the-study-of-intelligence/csi-publications/books-and-monographs/Origin_and_Evolution.pdf.

③ 《1997 财年情报授权法》的一部分。

日，委员会发布长达511页的调查报告——《美国情报界对伊拉克的战前情报评估》。

3.“9·11”委员会的情报调查与研究。2004年7月22日，委员会发布长达567页的调查报告——《“9·11”委员会报告》。

4. 美国大规模杀伤性武器情报能力调查委员会的情报调查与研究。2005年3月31日，委员会发布长达601页的调查报告——《美国大规模杀伤性武器情报能力调查委员会致总统的报告》。

多数调查与研究都认为中央情报主任相对有限的权力影响整个情报工作的有效开展，并普遍赞同设立权力更大的国家情报主任一职。因此，《2004年国家安全情报改革法》① 大幅修订了《1947年国家安全法》。该法规定设立国家情报主任一职，取代中央情报主任作为情报界的首脑。

综上所述，美国在推进国家情报改革的过程中，特别重视调查研究的先期跟进，而调查报告中的相关建议经过决策层的研究之后，就会进入情报法律，使改革共识真正得到确认与固化。这种情报改革方式有助于使问题更加清晰而明确地暴露出来，有助于使多种改革方案得到全面的探讨和优化，有助于为后续的改革落地提供强有力的法律支撑。

三、集中关注“设计缺陷”，着力解决历史顽疾

情报改革研究学者艾米·萨格特曾指出，美国情报界存在“设计缺陷”（Flawed by Design），即组织机构方面存在的问题是情报界与生俱来的历史顽疾。而这一问题可以追溯到二战结束后，美国情报界初创时期。

二战结束后，杜鲁门任总统曾对参与起草《1947年国家安全

① 《2004年情报改革和防止恐怖主义法》的一部分。

法》的克拉克·克利福德（Clark Clifford）[①] 律师说："我们从二战中得到了两大教训。第一个教训是我们再也不能没有一个永久性的情报机构了。政府的不同部门每天都会得到大量的信息，但是没有一个机构能够集中处理和研究所有信息。如果我们能够在一个地方处理所有信息的话，珍珠港就会拥有一个处于高度戒备状态的海军基地。然而，信息从未被集中研究过。第二个教训是我们绝对不能在海军部和陆军部互相竞争的状态下参与下一场战争。如果陆军或海军打击敌人的时间能和他们之间互相争斗的时间一样长的话，战争将会更早结束。"[②]

由此可见，杜鲁门总统希望借助《1947 年国家安全法》解决其所担心的两大问题——情报力量的整合及军事力量的整合。然而，在国会的讨论中，军事力量的整合问题更加吸引军事委员会和其他议员们的注意，有关设立中央情报局以整合情报力量的条款很少受到关注。艾米·萨格特曾对《1947 年国家安全法》辩论结果进行过统计，结果显示，在众议院军事委员会对该法案的 700 页讨论记录中，只有 29 页与中央情报局有关。[③] 而另外一位情报研究学者哈里·豪·兰森（Harry Howe Ransom）也在这个问题上持有相同的看法，他认为，国会的主要精力都集中在该法案中军事力量的整合问题上，关于中央情报局条款的讨论记录很"仓促、草率"。[④] 因此，《1947 年国家安全法》在很大程度上解决了军事力量的整合问题，却没有很好地解决情报力量的整合问题。

---

① 克拉克·克利福德是杜鲁门任总统时期的一名律师，最初在白宫地图室（罗斯福总统的战时作战指挥中心）工作。

② Melanie M. H. Gutjahr, *The Intelligence Archipelago: the Community's Struggle to Reform in the Globalized Era*, Washington, D. C.: Joint Military Intelligence College, 2005, p. 17.

③ Amy B. Zegart, *Flawed by Design: The Evolution of the CIA, JCS and NSC*, Stanford, California: Stanford University Press, 1999, p. 182.

④ Harry Howe Ransom, "Congress and the Intelligence Agencies", *Proceedings of the Academy of Political Science*, Vol. 32, No. 1 (1975), p. 156.

特别需要注意的是，该法还对中央情报主任及其领导下的中央情报局的管理与协调职能做出了具体而明确的限制，并指出“政府各部门及其他机构可继续搜集、评估、关联和分析部门情报”。这就导致中央情报主任无法像国防部长管控军队那样管控情报力量，正如中央情报局情报研究中心的历史研究学者迈克·华纳（Michael Warner）所言：“中央情报主任面对的是自相矛盾的权力规定：他们可以协调情报，但是绝对不能控制情报。……正是因为存在这种强调协调而非控制的倾向，中央情报局从未真正成为总统及国会所设想的美国情报工作的整合者。中央情报主任从未成为情报界的管理者，他所管辖的中央情报局从未获得相应权力来‘审查’（Inspect）各部门情报机构的行动计划，或在有争议的情报分析问题上设法取得整个情报界的共识，而且中央情报局也从未获得负责美国政府内所有隐蔽行动的权力。”① 此外，这种制度上的安排事实上还默认了这样一个具有讽刺意味的事实，部门情报机构对中央情报主任及中央情报局拥有最终裁判权，因为由各行政部门最高领导组成的国家安全委员会直接监管着它们。② 因此，美国官方在此后所提出的“情报界”（Intelligence Community）的概念，只是中央情报局和隶属于各行政部门的情报机构的“松散的机构联合”（Loose Confederation of Agencies），美国情报体制所存在的“设计缺陷”并未得到很好地解决。

“9·11”后，美国着力推动国家情报一体化改革，实际上是为了完成《1947 年国家安全法》未竟的事业，弥补当初在情报体制设计上留下的缺陷，进而实现杜鲁门总统设计初衷。而改革的核心举

---

① Michael Warner (ed.), *Central Intelligence: Origin and Evolution*, Washington, D. C.: Central Intelligence Agency Center for the Study of Intelligence, 2001. pp. 7 – 8. https://www.cia.gov/library/center – for – the – study – of – intelligence/csi – publications/books – and – monographs/Origin_ and_ Evolution.pdf.

② Amy B. Zegart, *Flawed by Design: The Evolution of the CIA, JCS and NSC*, Stanford, California: Stanford University Press, 1999, p. 188.

措正是着眼于中央情报主任的职位设计，即用国家情报主任取代中央情报主任，并使其脱离现实情报生产，专注于统筹协调整个情报界的工作。树立起情报界首脑的权威之后，情报界就不再只是中央情报局和隶属于各行政部门的情报机构的松散联合，而是国家情报主任管理下的一家“情报企业”（Intelligence Enterprise）。而这家拥有 16 个情报机构的情报企业正在朝着全面一体化的方向发展，原本封闭的情报信息、控制命令等开始跨越组织机构界限而流动，各机构之间开始增进沟通、合作与协调，并致力于从整体上提升情报界的生产力、灵活性和应变能力。

附　　录

附录一　美国情报界的组织机构

一、美国情报界组织机构图①

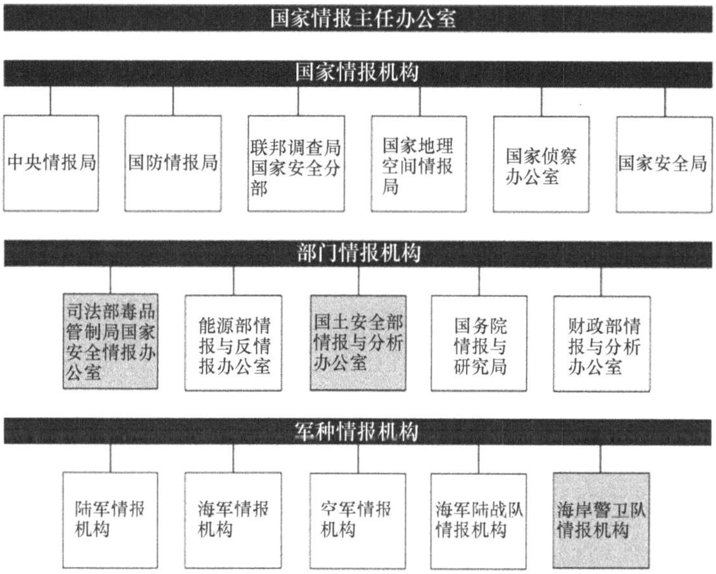

注：阴影标示的情报机构系“9·11”后新增加的机构——海岸警卫队情报机构（2001 年 12 月 28 日加入情报界）、国土安全部情报与分析办公室（2002 年 11 月 25 日加入情报界，当时名称为“国土安全部信息分析与基础设施保护局”）、司法部毒品管制局国家安全情报办公室（2006 年 2 月 17 日加入情报界）。

① Office of the Director of National Intelligence, *U. S. National Intelligence: An Overview* 2013, Washington, D. C.: Government Printing Office, 2013, p. 3.

二、美国各情报机构成立时间及组建方式①

机构名称	成立时间	组建方式	
		组建依据	法规名称
中央情报局	1947年9月18日	法律	《1947年国家安全法》(Public Law 80－253)
能源部情报与反情报办公室②	1977年8月4日		《1977年能源部法》(Public Law 95－91)
国防部国家地理空间情报局③	1996年10月1日		《1997财年国防授权法》(Public Law 104－201)
国土安全部海岸警卫队情报局	2001年12月28日		《2002财年情报授权法》(Public Law 107－108)
国土安全部情报与分析办公室	2002年11月25日		《2002年国土安全部法》(Public Law 107－296)
财政部情报与分析办公室	2003年12月13日		《2004财年情报授权法》(Public Law 108－177)⑤
司法部联邦调查局情报处④	2004年12月17日		《2004年情报改革与防恐法》(Public Law 108－458)

① Michael E. DeVine, Heidi M. Peters, *U. S. Intelligence Community Elements: Establishment Provisions*, Washington, D. C.: Congressional Research Service, June 27, 2018. https://fas. org/sgp/crs/intel/IF10527. pdf.

② 2006年，能源部将其“情报办公室”和“反情报办公室”合并为一个机构。

③ 1996年，美国依据《1997财年国防授权法》(Public Law 104－201)成立了“国家图像与测绘局”。2003年，美国依据《2004财年国防授权法》(Public Law 108－136)将“国家图像与测绘局”更名为“国家地理空间情报局”。

④ 《2004年情报改革与防恐法》(Public Law 108－458)规定，在联邦调查局内组建“情报处”(Directorate of Intelligence)。2005年，该处被整合进了新组建的“国家安全处”(National Security Branch)。2014年，联邦调查局在“国家安全处”之外，新组建了“情报处”(Intelligence Branch)，整合了原情报处的相关职能。

⑤ 依据该法还在财政部反恐与经济情报办公室内设立了一个主管职位，即负责情报与分析事务的助理秘书。

续表

机构名称	成立时间	组建方式	
		组建依据	法规名称
海军情报办公室	1882 年 3 月 23 日	国防部指令	海军部长第 292 号命令
陆军军事信息处	1889 年 4 月 12 日		战争部秘密指令
海军陆战队情报处	1939 年 4 月 21 日		海军陆战队总部第 1－1939 号备忘录
陆军航空兵参谋部情报处①	1941 年 6 月 20 日		陆军第 95－5 号规定
国防部国防情报局	1961 年 8 月 1 日		国防部第 5105.21 号指令
国防部国家侦察办公室	1961 年 9 月 6 日		国防部第 5105.23 号指令
国务院情报与研究局	1945 年 10 月 1 日	行政命令	总统第 9621 号行政命令②
国防部国家安全局	1952 年 12 月 29 日		国家安全委员会第 9 号情报指令
司法部毒品管制局国家安全情报办公室	2006 年 2 月 17 日		国家情报主任与司法部长共同协商后形成的联合决议③

① 该处组建之时，空军尚未独立成军。1947 年 11 月 4 日，新组建的空军将情报处划归负责作战的副参谋长办公室。1957 年 7 月 1 日，空军在其参谋部组建了独立的情报处。

② 依据该行政命令，美国“战略情报局”（Office of Strategic Services）的“研究与分析处”（Research and Analysis Branch）被划归国务院管辖，在该处基础上，国务院成立了情报与研究局。

③ 1973 年 7 月 6 日，毒品管制局依据总统第 11727 号行政命令成立。2006 年 2 月 17 日，国家情报主任与司法部长发布联合声明，在毒品管制局内组建国家安全情报办公室，使其成为情报界的一名新成员。

附录二　美国情报界的预算构成

《2004 年情报改革与防恐法》将“国家对外情报计划”更名为“国家情报计划”（National Intelligence Program）。2005 年 9 月 1 日，代理国防部副部长（Acting Deputy Secretary of Defense）签署了一份名为“建立军事情报计划”（Establishment of the Military Intelligence Program）的备忘录，正式将“联合军事情报计划”和“战术情报及相关活动”合并为“军事情报计划”（Military Intelligence Program）。[①] 自此，美国的情报预算从之前的三个组成部分转变为两个组成部分——“国家情报计划”和“军事情报计划”。[②] 两者分别由国家情报主任和负责情报事务的国防部副部长负责拟定，只是在拟定任何一项情报计划时，双方都必须互相咨询意见，进行必要的协调和沟通。

在“国家情报计划”内，有多项资助不同情报工作的计划，每一项具体计划都有一个负责人，即“计划主管”（Program Manager）。“计划主管”的主要职责是根据国家情报主任发布的相关指令和政策，管理整个情报界的特定国家情报资源（包括人员和资金）。“计划主管”所管理的资金可能涉及多个部门情报机构，其需要从整体上进行最优化的设计和管理。第 104 号情报界指令《国家情报计划预算的制定、说明、执行和绩效评估》具体规定了“计划主管”的相关职责。[③]

在“军事情报计划”内，有多项资助不同情报工作的计划，每

---

① Jeffrey T. Richelson, *The US Intelligence Community (Fifth Edition)*, Colorado: Westview Press, 2008, p. 486.

② 2008 年 11 月 14 日，国防部副部长戈登·英格兰（Gordon England）正式发布了名为“军事情报计划”的第 5205.12 号国防部指令，详细规定了“军事情报计划”的具体内容及相关政策。

③ *Intelligence Community Directive* 104: *National Intelligence Program Budget Formulation, Execution, and Performance Evaluation*, April 30, 2013. http://www.dni.gov/files/documents/ICD/ICD%20104.pdf.

一项具体计划都有一个负责人，即“组成主管”（Component Manager）。“组成主管”的主要职责是根据负责情报事务的国防部副部长发布的相关指令和政策，管理整个情报界与战术、军种活动相关的军事情报资源。第5205.12号国防部指令《军事情报计划》具体规定了“组成主管”的相关职责。①

一、美国情报界预算分类表②

类别	名称	负责人
国家情报计划	中央情报局计划（Central Intelligence Agency Program）	中央情报局副局长
	中央情报局退休及伤残系统（CIA Retirement and Disability System）	中央情报局副局长
	情报界管理账户（Intelligence Community Management Account）	国家情报主任办公室
	能源部情报计划（Department of Energy NIP）	能源部情报与反情报办公室主任
	国土安全部情报计划（Department of Homeland Security NIP）	负责情报与分析事务的国土安全部副部长 负责情报与犯罪调查事务的海岸警卫队副司令
	司法部情报计划（Department of Justice NIP）	联邦调查局国家安全处处长 毒品管制局国家安全情报办公室主任
	国务院情报计划（Department of State NIP）	负责情报与研究事务的助理国务卿
	财政部情报计划（Department of Treasury NIP）	主管情报与分析办公室的助理财政部长

① *Department of Defense Directive* 5205.12: *Military Intelligence Program*, November 14, 2008, Incorporating Change 1, Effective May 10, 2018. https://fas.org/irp/doddir/dod/d5205_12.pdf.

② Michael E. DeVine, *Intelligence Community Spending: Trends and Issues*, Washington, D.C.: Congressional Research Service, June 18, 2018, pp.15 – 17. https://fas.org/sgp/crs/intel/R44381.pdf.

续表

类别	名称	负责人
国家情报计划	综合密码计划（Consolidated Cryptographic Program）	国家安全局局长
	总体国防情报计划（General Defense Intelligence Program）	国防情报局局长
	国家地理空间情报计划（National Geospatial – Intelligence Program）	国家地理空间情报局局长
	国家侦察计划（National Reconnaissance Program）	国家侦察办公室主任
	特种侦察计划（Specialized Reconnaissance Program）	保密
军事情报计划	空军情报计划（Air Force MIP）	负责情报、监视与侦察事务的空军副参谋长
	陆军情报计划（Army MIP）	负责情报事务的陆军副参谋长
	海军情报计划（Navy MIP）	负责信息优势事务的海军作战部副部长
	海军陆战队情报计划（Marine Corps MIP）	海军陆战队情报处处长
	国防情报局情报计划（Defense Intelligence Agency MIP）	国防情报局局长
	国家地理空间情报局情报计划（National Geospatial – Intelligence Agency MIP）	国家地理空间情报局局长
	国家侦察办公室情报计划（National Reconnaissance Office MIP）	国家侦察办公室主任
	国家安全局情报计划（National Security Agency MIP）	国家安全局局长
	国防部长办公室情报计划（Office of the Secretary of Defense MIP）	负责情报事务的国防部副部长
	特种作战司令部情报计划（Special Operations Command MIP）	特种作战司令部情报部部长

二、美国情报预算来源及拨付方式表[①]

情报机构	预算来源		拨付方式
	国家情报计划	军事情报计划	
中央情报局	√		国防部拨款
国家安全局	√	√	
国防情报局	√	√	
国家地理空间情报局	√	√	
国家侦察办公室	√	√	
陆军情报机构		√	
海军情报机构		√	
空军情报机构		√	
海军陆战队情报机构		√	
海岸警卫队情报机构	√		国土安全部拨款
国土安全部情报机构	√		
联邦调查局	√		司法部拨款
毒品管制局	√		
国务院情报与研究局	√		国务院拨款
能源部情报机构	√		能源部拨款
财政部情报机构	√		财政部拨款

整个冷战期间，无论是美国政府还是国会都不曾公布过其情报预算，这种情况一直持续到1997年。1997年10月15日，中央情报主任首次公开宣布，1997财年美国的情报预算总额为266亿美元；[②]1998年3月20日，中央情报主任再次公开宣布，1998财年美国的

① Richard A. Best Jr., *The Intelligence Appropriations Process: Issues for Congress*, Washington, D.C.: Congressional Research Service, December 16, 2011, p. 3. http://www.fas.org/sgp/crs/intel/R42061.pdf.

② Central Intelligence Agency Press Release No. 13－97, *Statement of the Director of Central Intelligence Regarding the Disclosure of the Aggregate Intelligence Budget for Fiscal Year* 1997, October 15, 1997.

情报预算总额为267亿美元。[①] 此后，中央情报主任再未公布过总的情报预算数额。然而，关于公布情报预算数额的呼声并未就此中断，“9·11”委员会在其最终调查报告中明确建议：“拨付给国家情报计划及其组成机构的资金总额不应再继续保密下去了，国会应该通过一个单独的情报拨款法，解释几百亿美元的情报资金在各项情报工作中的大致分配情况。”[②] 这一建议显然起到了极大的推动作用，2007年通过的《落实“9·11”委员会建议法》明文规定：“从2007财年开始，每个财年结束后的30天内，国家情报主任都应向公众公开刚刚结束的那一财年国会拨付给‘国家情报计划’的总金额。”[③] 然而，外界只能了解情报预算的总体金额，并不了解其主要用途。

2010年10月7日，正式生效实施的《2010财年情报授权法》第364条款规定：“总统在向国会申报政府年度总预算时，应向公众发布该财政年度‘国家情报计划’的申报预算金额。”[④] 根据法律规定，2011年2月，美国首次公开发布国家情报计划的“申报预算”金额；2012年2月，美国首次公开发布军事情报计划的“申报预算”金额。至此，公众能够通过公开渠道了解美国情报预算的两类金额：一是“申报预算”（Budget Requested）金额，即每个财政年度开始之前，政府向国会提交的预算申请草案拟定的预算金额；二是“拨付预算”（Budget Appropriated）金额，即每个财政年度结束

---

① Central Intelligence Agency Press Release No. 03 – 98, *Statement by the Director of Central Intelligence Regarding the Disclosure of the Aggregate Intelligence Budget for Fiscal Year* 1998, March 20, 1998. http://www.cia.gov/cia/public_affairs/press_release/1998/ps032098.html.

② National Commission on Terrorist Attacks Upon the United States, *The* 9/11 *Commission Report: Final Report of the National Commission on Terrorist Attacks Upon the United States*, Washington, D. C.: Government Printing Office, 2004, p. 416.

③ Public Law No. 110 – 53: Implementing Recommendations of the 9/11 Commission Act of 2007, August 3, 2007. http://www.intelligence.senate.gov/laws/pl11053.pdf.

④ Public Law 111 – 259: Intelligence Authorization Act for Fiscal Year 2010, October 7, 2010. SEC. 364. National Intelligence Program Budget. http://www.intelligence.senate.gov/pdfs111th/111259.pdf.

后统计得出的，国会实际拨付给情报界的预算金额。两类情报预算金额并不完全一致，稍有差别。

三、美国情报预算金额表（单位：亿美元）[①]

财政年度	国家情报计划		军事情报计划		合计
	申报预算	拨付预算	申报预算	拨付预算	
2019	599	尚未公布	212	尚未公布	尚未公布
2018	577	尚未公布	207	尚未公布	尚未公布
2017	549	546	185	184	730
2016	539	530	179	177	707
2015	504	503	166	165	668
2014	522	505	146	174	679
2013	526	490	192	186	676
2012	550	539	未公布	215	754
2011	未公布	546	未公布	240	786
2010	未公布	531	未公布	270	801
2009	未公布	498	未公布	264	762
2008	未公布	475	未公布	229	704
2007	未公布	435	未公布	200	635
2006	未公布	409	未公布	未公布	未公布

① U. S. Intelligence Community Budget. https://www.dni.gov/index.php/what-we-do/ic-budget.

四、美国情报预算与国防预算比例示意图（1997－2018 财年）①

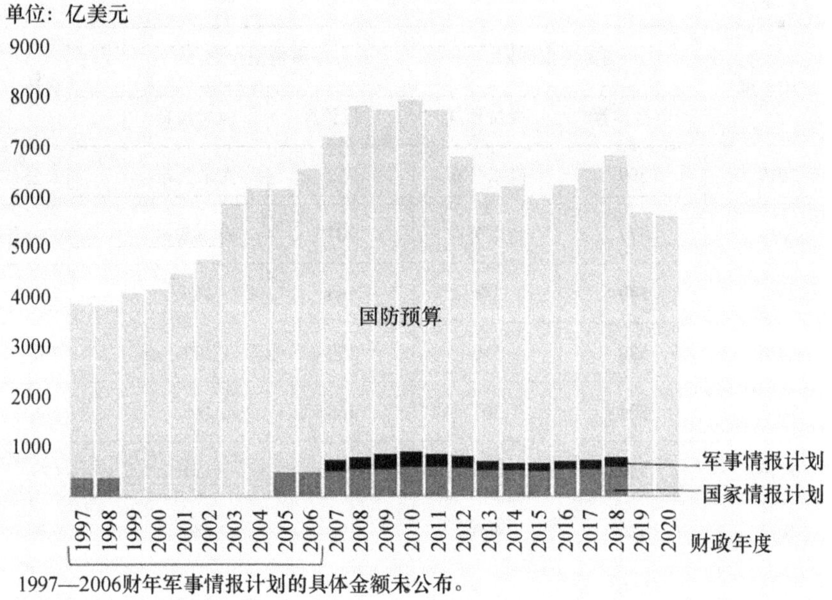

2013 年 8 月 29 日，据《华盛顿邮报》报道，美国国家安全局技术承包商雇员、前中央情报局工作人员爱德华·斯诺登（Edward Snowden）向其透露了国家情报主任向国会提交的 2013 财年“国家情报计划”申请的部分电子文件。② 从这份被称之为“黑色预算”（Black Budget）的文件中，我们可以大体看出“国家情报计划”在不同情报子计划中的分配比例。

① Michael E. DeVine, *Intelligence Community Spending: Trends and Issues*, Washington, D. C.: Congressional Research Service, June 18, 2018, p. 10. https://fas.org/sgp/crs/intel/R44381.pdf.

② Barton Gellman and Greg Miller, *U. S. Spy Network's Successes, Failures and Objectives Detailed in 'Black Budget' Summary*, August 29, 2013. http://www.washingtonpost.com/world/national-security/black-budget-summary-details-us-spy-networks-successes-failures-and-objectives/2013/08/29/7e57bb78-10ab-11e3-8cdd-bcdc09410972_story.html.

五、美国国家情报计划分配比例示意图（2013 财年）①

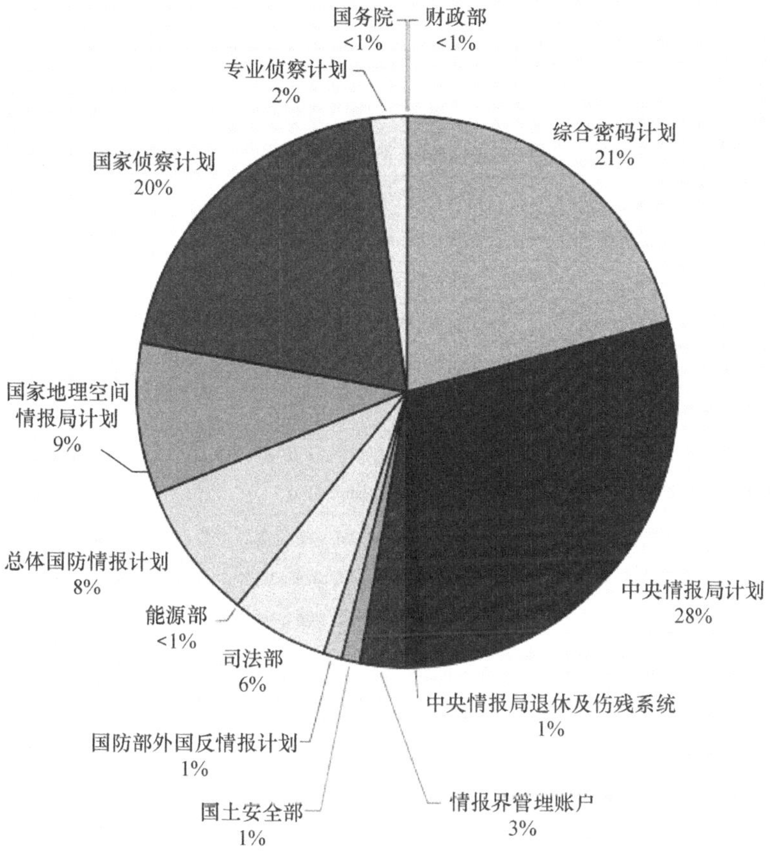

注：图中显示的 2013 财年“国家情报计划”申请总额为 526 亿美元。其中，中央情报局退休及伤残系统（CIA Retirement and Disability System，CIARDS）用于补贴未能获得政府退休补贴的中央情报局退休人员；情报界管理账户（Intelligence Community Management Account，CMA）用于辅助国家情报主任工作的参谋人员的日常开销。

① Office of the Director of National Intelligence, *FY* 2013 *Congressional Budget Justification Volume I National Intelligence Program Summary*, February 2012, p. 72. http://s3.documentcloud.org/documents/781537/cbjb-fy13-v1-extract.pdf.

附录三　美国情报界的管理职位

一、中央情报主任①

职务	姓名	任期
第一任中央情报主任 （第一任中央情报组组长）	西德尼·威廉·索尔斯 （Sidney William Souers）	1946年1月23日 至1946年6月10日
第二任中央情报主任 （第二任中央情报组组长）	霍伊特·桑福德·范登堡 （Hoyt Sanford Vandenberg）	1946年6月10日 至1947年5月1日
第三任中央情报主任 （中央情报局第一任局长）	罗斯科·亨利·希伦科特 （Roscoe Henry Hillenkoetter）	1947年5月1日 至1950年10月7日
第四任中央情报主任 （中央情报局第二任局长）	沃尔特·比德尔·史密斯 （Walter Bedell Smith）	1950年10月7日 至1953年2月9日②
第五任中央情报主任 （中央情报局第三任局长）	艾伦·威尔什·杜勒斯 （Allen Welsh Dulles）	1953年2月26日 至1961年11月29日
第六任中央情报主任 （中央情报局第四任局长）	约翰·亚历克斯·麦科恩 （John Alex McCone）	1961年11月29日 至1965年4月28日
第七任中央情报主任 （中央情报局第五任局长）	威廉·弗朗西斯·雷伯恩 （William Francis Raborn Jr.）	1965年4月28日 至1966年6月30日
第八任中央情报主任 （中央情报局第六任局长）	理查德·麦加拉·赫尔姆斯 （Richard McGarrah Helms）	1966年6月30日 至1973年2月2日
第九任中央情报主任 （中央情报局第七任局长）	詹姆斯·罗德尼·施莱辛格 （James Rodney Schlesinger）	1973年2月2日 至1973年7月2日③

① Douglas F. Garthoff, *Directors of Central Intelligence as Leaders of the U. S. Intelligence Community 1946–2005*, Washington, D. C.: Central Intelligence Agency Center for the Study of Intelligence, 2005, p. 2. https://www.cia.gov/library/center-for-the-study-of-intelligence/csi-publications/books-and-monographs/directors-of-central-intelligence-as-leaders-of-the-u-s-intelligence-community/dci_leaders.pdf.

② 1953年2月9日至26日由时任中央情报副主任艾伦·威尔什·杜勒斯代理中央情报主任一职。

③ 1973年7月2日至9月4日由时任中央情报副主任弗农·沃尔特斯（Vernon Walters）代理中央情报主任一职。

续表

职务	姓名	任期
第十任中央情报主任（中央情报局第八任局长）	威廉·伊根·科尔比（William Egan Colby）	1973年9月4日至1976年1月30日
第十一任中央情报主任（中央情报局第九任局长）	乔治·赫伯特·沃克·布什（George Herbert Walker Bush）	1976年1月30日至1977年1月20日①
第十二任中央情报主任（中央情报局第十任局长）	斯坦斯菲尔德·特纳（Stansfield Turner）	1977年3月9日至1981年1月20日②
第十三任中央情报主任（中央情报局第十一任局长）	威廉·约瑟夫·凯西（William Joseph Casey）	1981年1月28日至1987年1月29日③
第十四任中央情报主任（中央情报局第十二任局长）	威廉·赫奇科克·韦伯斯特（William Hedgcock Webster）	1987年5月26日至1991年8月31日④
第十五任中央情报主任（中央情报局第十三任局长）	罗伯特·迈克·盖茨（Robert Michael Gates）	1991年11月6日至1993年1月20日⑤
第十六任中央情报主任（中央情报局第十四任局长）	詹姆斯·伍尔西（R. James Woolsey）	1993年2月5日至1995年1月10日⑥
第十七任中央情报主任（中央情报局第十五任局长）	约翰·多伊奇（John Mark Deutch）	1995年5月10日至1996年12月15日⑦

① 1977年1月20日至3月9日由时任中央情报副主任亨利·诺奇斯（E. Henry Knoche）代理中央情报主任一职。

② 1981年1月20日至28日由时任中央情报副主任弗兰克·卡卢契（Frank Carlucci）代理中央情报主任一职。

③ 1986年12月18日至1987年5月26日由时任中央情报副主任罗伯特·盖茨代理中央情报主任一职。

④ 1991年8月31日至11月6日由时任中央情报副主任理查德·克尔（Richard Kerr）代理中央情报主任一职。

⑤ 1993年1月20日至2月5日由时任中央情报副主任威廉·斯塔德曼（William Studeman）代理中央情报主任一职。

⑥ 1995年1月10日至5月10日由时任中央情报副主任威廉·斯塔德曼代理中央情报主任一职。

⑦ 1996年12月15日至1997年7月11日由时任中央情报副主任乔治·特尼特代理中央情报主任一职。

续表

职务	姓名	任期
第十八任中央情报主任（中央情报局第十六任局长）	乔治·约翰·特尼特（George John Tenet）	1997 年 7 月 11 日至 2004 年 7 月 11 日①
第十九任中央情报主任（中央情报局第十七任局长）	波特·戈斯（Porter Johnston Goss）	2004 年 9 月 24 日至 2005 年 4 月 21 日②

二、中央情报主任任职年限示意图③

1946年至2005年中央情报主任的任职年限

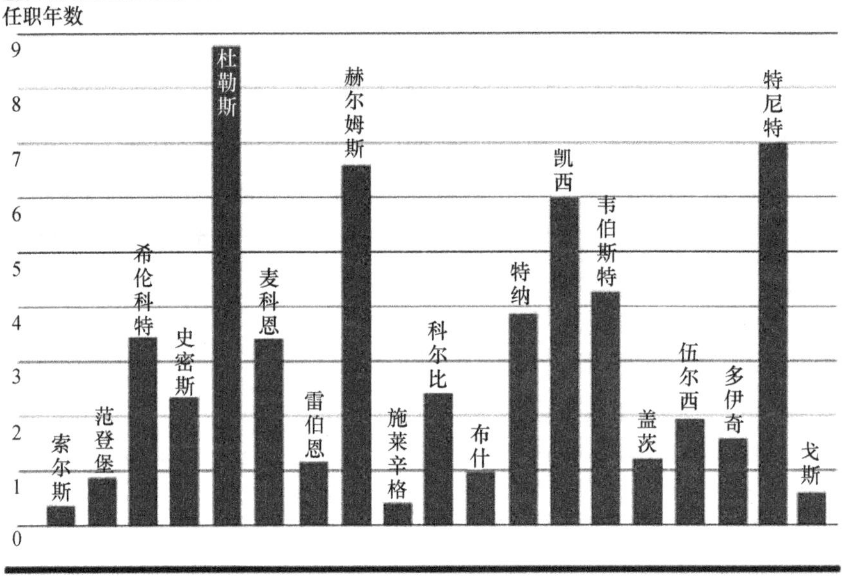

① 2004 年 7 月 11 日至 9 月 24 日由时任中央情报副主任约翰·迈克劳克林（John McLaughlin）代理中央情报主任一职。

② 2005 年 4 月 21 日至 2006 年 5 月 26 日期间，波特·戈斯只担任中央情报局局长。

③ Douglas F. Garthoff, *Directors of Central Intelligence as Leaders of the U. S. Intelligence Community 1946 – 2005*, Washington, D. C.: Central Intelligence Agency Center for the Study of Intelligence, 2005, p. 290. https://www.cia.gov/library/center-for-the-study-of-intelligence/csi-publications/books-and-monographs/directors-of-central-intelligence-as-leaders-of-the-u-s-intelligence-community/dci_leaders.pdf.

三、国家情报主任

职务	姓名	任期
第一任国家情报主任	约翰·内格罗蓬特（John D. Negroponte）	2005年4月21日至2007年2月13日
第二任国家情报主任	约翰·麦康奈尔（John M. McConnell）	2007年2月13日至2009年1月28日
第三任国家情报主任	丹尼斯·布莱尔（Dennis C. Blair）	2009年1月28日至2010年5月28日①
第四任国家情报主任	詹姆斯·克拉珀（James R. Clapper）	2010年8月5日至2017年3月16日
第五任国家情报主任	丹尼尔·科茨（Daniel R. Coats）	2017年3月16日至今

四、情报界管理岗位的头衔设置②

机构名称	负责人	其他头衔
国家情报主任办公室	国家情报主任	1. 总统与国家安全委员会的“首席情报顾问” 2. “情报界管理者” 3. “计划执行官”（管理整个“国家情报计划”）
中央情报局	中央情报局局长	1. “职能主管”（管理人力情报与公开来源情报） 2. “计划主管”（管理“国家情报计划”中的“中央情报局计划”“中央情报局退休及伤残系统”）

① 2010年5月28日至8月5日由时任国家情报副主任大卫·冈珀特（David C. Gompert）代理国家情报主任一职。

② 表中相关头衔的中英文表述：“首席情报顾问”（Principal Intelligence Advisor）、“情报界管理者”（IC Community Manager）、“计划主管”（Program Manager）、“职能主管”（Functional Manager）、“组成主管”（Component Manager）、“国家情报主管”（National Intelligence Manager）、“计划执行官”（Program Executive）、“联合职能组成司令”（Joint Functional Component Commander）。Anne Daugherty Miles, *Intelligence Community Programs, Management, and Enduring Issues*, Washington, D. C.: Congressional Research Service, November 8, 2016, pp. 62 – 64. https://fas.org/sgp/crs/intel/R44681.pdf.

续表

机构名称	负责人	其他头衔
能源部情报与反情报办公室	情报与反情报办公室主任	“计划主管”（管理“国家情报计划”中的“能源部情报计划”）
国土安全部情报与分析办公室	负责情报与分析事务的国土安全部副部长	“计划主管”（管理“国家情报计划”中的“国土安全部情报与分析计划”，以及“国土安全部情报计划”。）
国土安全部海岸警卫队情报处	负责情报与犯罪调查事务的海岸警卫队副司令	“计划主管”（管理“国家情报计划”中的“国土安全部海岸警卫队情报计划”）
司法部毒品管制局国家安全情报办公室	国家安全情报办公室主任	“计划主管”（管理“国家情报计划”中的“司法部毒品管制局情报计划”）
司法部联邦调查局国家安全处	国家安全处处长	“计划主管”（管理“国家情报计划”中的“司法部联邦调查局情报计划”）
国务院情报与研究局	负责情报与研究事务的助理国务卿	“计划主管”（管理“国家情报计划”中的“国务院情报与研究局情报计划”）
财政部情报与分析办公室	主管情报与分析事务的助理财政部长	1. “计划主管”（管理“国家情报计划”中的“财政部情报计划”） 2. “国家情报主管”（负责威胁融资与跨国有组织犯罪事务）
负责情报事务的国防部副部长办公室	负责情报事务的国防部副部长（国防情报主任）	“计划执行官”（管理整个“军事情报计划”）
国防情报局	国防情报局局长	1. “职能主管”（管理测量与特征情报） 2. “计划主管”（管理“国家情报计划”中的“总体国防情报计划”） 3. “组成主管”（管理“军事情报计划”中的“国防情报局情报计划”） 4. “联合职能组成司令”（负责情报、监视与侦察事务）

续表

机构名称	负责人	其他头衔
国家地理空间情报局	国家地理空间情报局局长	1. “职能主管”（管理地理空间情报） 2. “计划主管”（管理“国家情报计划”中的“国家地理空间情报计划”） 3. “组成主管”（管理“军事情报计划”中的“国家地理空间情报局情报计划”）
国家侦察办公室	国家侦察办公室主任	1. “计划主管”（管理“国家情报计划”中的“国家侦察计划”） 2. “组成主管”（管理“军事情报计划”中的“国家侦察办公室情报计划”）
国家安全局	国家安全局局长	1. “职能主管”（管理信号情报） 2. “计划主管”（管理“国家情报计划”中的“综合密码计划”） 3. “组成主管”（管理“军事情报计划”中的“国家安全局情报计划”） 4. “网络司令部司令” 5. “中央安全署署长”
空军情报机构	负责情报、监视与侦察事务的空军副参谋长	“组成主管”（管理“军事情报计划”中的“空军情报计划”）
陆军情报机构	负责情报事务的陆军副参谋长	“组成主管”（管理“军事情报计划”中的“陆军情报计划”）
海军情报机构	负责信息优势事务的海军作战部副部长	“组成主管”（管理“军事情报计划”中的“海军情报计划”）
海军陆战队情报机构	海军陆战队情报处处长	“组成主管”（管理“军事情报计划”中的“海军陆战队情报计划”）
特种作战司令部	特种作战司令部司令	“组成主管”（管理“军事情报计划”中的“特种作战司令部情报计划”）

附录四　美国情报界的指令体系

一、情报界指令体系的类型及编号规则

类型	编号规则
情报界指令	英文代号为 ICD，其后编号为三位数，例如 200，201，202。百位上的数字代表该指令所属的专题，其余两位数字代表该类别下不同指令的数字序号。
情报界政策备忘录	英文代号为 ICPM，其后编号为三组数字，例如 2005 - 100 - 1，2005 - 100 - 2。这三组数字依次是年份号、专题号、数字序号。(2009 年 1 月 16 日后停止发布)
情报界政策指导	英文代号为 ICPG，其后编号为带小数点的四位数，例如 201. 1。小数点前的三位数字代表其所附属的情报界指令的编号，小数点后的数字是其自身的数字序号。
情报界标准	英文代号为 ICS，其后编号为带小数点的四位数，例如 705. 1。小数点前的三位数字代表其所附属的情报界指令的编号，小数点后的数字是其自身的数字序号。
国家情报主任行政函	未公开

二、情报界指令及情报界政策指导

编号	名称	发布时间
ICD 2005 - 1	情报界指令系统；中央情报主任指令的现状；对国家情报常务副主任的授权（System of Intelligence Community Directives; Status of Director of Central Intelligence Directives; Delegation to the Principal Deputy Director of National Intelligence）	2005 年 4 月 21 日
ICD 1	情报界领导政策指令（Policy Directive for Intelligence Community Leadership）	2006 年 5 月 1 日

续表

编号	名称	发布时间
ICD 101	情报界政策系统（Intelligence Community Policy System）	2009年1月16日
ICPG 101. 1	情报界指令与政策指导（Intelligence Community Directives and Policy Guidance）	2009年1月16日
ICPG 101. 2	情报界标准（Intelligence Community Standards）	2009年1月16日
ICD 102	为司法部长在搜集、控制、分发关于美国人的信息方面提供的指导方针制定说明性原则和提出修订建议的流程（Process for Developing Interpretive Principles and Proposing Amendments to Attorney General Guidelines Governing the Collection, Retention, and Dissemination of Information Regarding U. S. Persons）	2007年11月19日
ICD 103	情报业界训练计划（Intelligence Enterprise Exercise Program）	2008年7月14日
ICD 104	国家情报计划预算的制定、说明、执行和绩效评估（National Intelligence Program Budget Formulation and Justification, Execution, and Performance Evaluation）	2013年4月30日
ICD 106	情报界战略业界管理（Intelligence Community Strategic Enterprise Management）	2008年11月20日①
ICD 107	公民自由与隐私（Civil Liberties and Privacy）	2012年8月31日
ICPG 107. 1	关于分发情报报告中美国公民身份的验证请求（Requests for Identities of U. S. Persons in Disseminated Intelligence Reports）	2018年1月11日

① 被ICD 116取代并作废。

续表

编号	名称	发布时间
ICD 108	情报界历史计划（Intelligence Community History Programs）	2007年8月29日
ICD 109	独立费用评估（Independent Cost Estimates）	2010年4月26日
ICD 110	情报界就业机会平等与不同（Intelligence Community Equal Employment Opportunity and Diversity）	2009年7月1日
ICD 111	职责评估（Accountability Reviews）	2011年8月4日
ICD 112	国会告知（Congressional Notification）	2011年11月16日
ICD 113	功能主管（Functional Managers）	2009年5月19日
ICD 114	总审计长接触情报信息（Comptroller General Access to Intelligence Community Information）	2011年6月30日
ICD 115	情报界能力需求流程（Intelligence Community Capability Requirements Process）	2012年12月21日
ICD 116	情报计划、规划、预算和评估系统（Intelligence Planning, Programming, Budgeting, and Evaluation System）	2011年9月14日
ICD 117	外部就业（Outside Employment）	2013年6月9日
ICD 118	情报界持续性计划（IC Continuity Program）	2013年11月12日
ICD 119	媒体接触（Media Contacts）	2017年10月31日
ICD 120	情报界保护（IC Whistleblower Protection）	2016年4月29日
ICD 121	管理情报界信息环境（Managing the IC Information Environment）	2017年1月19日
ICD 122	共同关心的服务（Services of Common Concern）	2018年5月29日
ICD 190	关键信息（Critical Information）	2015年2月3日
ICD 191	警告职责（Duty to Warn）	2015年7月21日
ICD 200	管理、融合和对情报界分析工作的监督（Management, Integration, and Oversight of Intelligence Community Analysis）	2007年1月8日

续表

编号	名称	发布时间
ICD 201	国家对外情报预警系统（National Foreign Intelligence Warning System）	2006 年 6 月 6 日
ICD 202	国家情报委员会（National Intelligence Board）	2007 年 7 月 16 日
ICD 203	分析标准（Analytic Standards）	2007 年 6 月 21 日
ICD 204	国家情报优先框架的角色与责任（Roles and Responsibilities for the National Intelligence Priorities Framework）	2007 年 9 月 13 日
ICD 205	分析服务范围（Analytic Outreach）	2008 年 7 月 16 日
ICD 206	分发分析产品的情报来源需求（Sourcing Requirements for Disseminated Analytic Products）	2007 年 10 月 17 日
ICD 207	国家情报委员会（National Intelligence Council）	2008 年 6 月 9 日
ICD 208	为了实现最大效用而书写（Write for Maximum Utility）	2008 年 12 月 17 日
ICD 209	“易撕线”① 的生产与分发（Tearline Production and Dissemination）	2012 年 9 月 6 日
ICD 300	情报搜集与隐蔽行动的管理、整合和监督（Management, Integration, and Oversight of Intelligence Collection and Covert Action）	2006 年 10 月 3 日
ICD 301	国家公开来源业界（National Open Source Enterprise）	2006 年 7 月 11 日
ICD 302	文件与媒体的加工（Document and Media Exploitation）	2007 年 7 月 6 日
ICD 304	人力情报（Human Intelligence）	2008 年 3 月 6 日

① “易撕线”指的是秘密情报报告或产品的一部分，该部分不包括情报来源、情报获取手段等敏感性的秘密信息，因此比原始情报报告更易获得。

续表

编号	名称	发布时间
ICD 310	美国境外隐蔽人力情报活动与基于人力情报的反情报工作的协调（Coord of Clandestine Human and Human - enabled FI and CI outside the U. S.）	2016 年 6 月 27 日
ICD 311	美国境内隐蔽人力情报活动与基于人力情报的反情报工作的协调（Coord of Clandestine Human and Human - enabled FI and CI inside the U. S.）	2016 年 6 月 27 日
ICD402	国家情报主任的代表（DNI Representatives）	2012 年 9 月 4 日
ICD403	对外披露秘密国家情报（Foreign Disclosure and Release of Classified National Intelligence）	2013 年 3 月 13 日
ICPG403. 1	对外披露秘密国家情报的标准（Criteria for Foreign Disclosure and Release of Classified National Intelligence）	2013 年 3 月 13 日
ICPG403. 2	需跨机构协调、通知及国家情报主任批准的对外披露情报的程序（Procedures for Foreign Disclosure and Release Requiring Interagency Coordination, Notification, and DNI Approval）	2014 年 8 月 8 日
ICPG403. 3	紧急对外披露情报的标准及条件（Criteria and Conditions for Emergency Foreign Disclosure and Release）	2014 年 4 月 29 日
ICPG403. 4	向外国高级官员披露情报之前的跨机构协调程序（Procedures for Interagency Coordination Prior to Foreign Disclosure and Release to Senior Foreign Officials）	2014 年 10 月 25 日
ICD404	行政部门的情报用户（Executive Branch Intelligence Customers）	2013 年 7 月 22 日

续表

编号	名称	发布时间
ICPG404. 1	联邦伙伴接入情报界信息技术系统（Federal Partner Access to IC Information Technology Systems）	2017年6月16日
ICD 500	国家情报主任首席信息官（DNI Chief Information Officer）	2008年8月7日
ICPG 500. 2	基于属性的授权与访问管理（Attribute – Based Authorization and Access Management）	2010年11月23日
ICD 501	情报界内信息的发现、分发或检索（Discovery and Dissemination or Retrieval of Information Within the Intelligence Community）	2009年1月21日
ICPG 501. 1	信息不被发现（Exemption of Information From Discovery）	2009年5月26日
ICPG 501. 2	保密审查委员会和信息共享的争议解决流程（Sensitive Review Board and Information Sharing Dispute Resolution Process）	2009年5月26日
ICPG 501. 3	信息的后续使用（Subsequent Use of Information）	2010年5月20日
ICD 502	情报界信息环境的一体化防护（Integrated Defense of the Intelligence Community Information Environment）	2011年3月11日
ICD 503	情报界信息技术系统安全：风险管理、认证与授权（Intelligence Community Information Technology Systems Security: Risk Management, Certification and Accreditation）	2008年9月15日
ICD 601	人力资本：情报界联合任职委任（Human Capital – Joint Intelligence Community Duty Assignments）	2006年5月16日①

① 2009年9月4日重新修订。

续表

编号	名称	发布时间
ICPG 601.1	情报界文职人员联合任职计划实施指导（Intelligence Community Civilian Joint Duty Program Implementing Instructions）	2007年6月25日①
ICD 602	人力资本：情报界关键岗位报酬（Human Capital – Intelligence Community Critical Pay Positions）	2006年8月16日
ICD 610	情报界员工能力目录（Competency Directories for the Intelligence Community Workforce）	2008年9月1日②
ICD 612	情报界核心合同工作人员（Intelligence Community Core Contract Personnel）	2009年10月30日
ICD 623	高水平专家的任命（Appointment of Highly Qualified Experts）	2008年10月16日
ICD 630	情报界外语能力（Intelligence Community Foreign Language Capability）	2012年5月14日
ICD 650	国家情报文职工资计划：指导原则与框架（National Intelligence Civilian Compensation Program：Guiding Principles and Framework）	2008年4月28日
ICD 651	情报界文职员工绩效管理系统需求（Performance Management System Requirements for the Intelligence Community Civilian Workforce）	2007年11月28日③
ICD 652	情报界文职员工职业结构（Occupational Structure for the Intelligence Community Civilian Workforce）	2008年4月28日

① 2009年9月4日重新修订。

② 2010年10月4日重新修订。

③ 2012年4月4日更新。

续表

编号	名称	发布时间
ICD 653	情报界文职员工工资标准的制定与管理政策（Pay – Setting and Administration Policies for the Intelligence Community Civilian Workforce）	2008 年 5 月 14 日
ICD 654	情报界文职员工的绩效工资（Performance – Based Pay for the Intelligence Community Civilian Workforce）	2008 年 4 月 28 日
ICD 655	国家情报奖励计划（National Intelligence Awards Program）	2007 年 5 月 23 日①
ICD 656	情报界高级文职官员的绩效管理系统需求（Performance Management System Requirements for Intelligence Community Senior Civilian Officers）	2008 年 4 月 28 日②
ICD 660	情报界文职人员联合任职计划（Intelligence Community Civilian Joint Duty Program）	2013 年 2 月 11 日
ICPG660. 1	情报界文职人员联合任职计划实施指南（Intelligence Community Civilian Joint Duty Program Implementation Guidance）	2015 年 7 月 24 日
ICD 700	国家情报的保护（Protection of National Intelligence）	2012 年 6 月 7 日
ICPG 700. 1	安全词汇表（Security Glossary）	未知
ICPG 700. 2	安全管理（Security Governance）	未知
ICD 701	未经授权泄露机密信息的安全政策指令（Security Policy Directive for Unauthorized Disclosures of Classified Information）	2007 年 3 月 14 日
ICD 702	技术监视的反制措施（Technical Surveillance Countermeasures）	2008 年 2 月 18 日

① 2012 年 2 月 9 日重新修订。

② 2012 年 4 月 4 日重新修订。

续表

编号	名称	发布时间
ICPG 702.1	技术监视的反制措施（TSCM）	未知
ICD 703	保护敏感隔离信息及其来源与方法（Protection of SCI and Sources & Methods）	未知
ICPG 703.1	持续报告（Continuing Reporting）	未知
ICPG 703.2	敏感隔离信息的管理（SCI Management）	未知
ICPG 703.3	无－标题50（Non－Title 50）	未知
ICPG 703.4	外国伙伴（Foreign Partners）	未知
ICPG 703.5	分发控制（Dissemination Controls）	未知
ICPG 703.6	风险管理（Risk Management）	未知
ICD 704	判断是否有资格访问敏感隔离信息和其他访问受控计划信息的人员安全标准与程序（Personnel Security Standards and Procedures Governing Eligibility for Access to Sensitive Compartmented Information and Other Controlled Access Program Information）	2008年10月1日
ICPG 704.1	判断是否有资格访问敏感隔离信息和其他访问受控计划信息的人员安全调查标准与程序（Personnel Security Investigative Standards and Procedures Governing Eligibility for Access to Sensitive Compartmented Information and Other Controlled Access Program Information）	2008年10月2日
ICPG 704.2	判断是否有资格访问敏感隔离信息和其他访问受控计划信息的人员安全裁定指导方针（Personnel Security Adjudicative Guidelines for Determining Eligibility for Access to Sensitive Compartmented Information and Other Controlled Access Program Information）	2008年10月2日

续表

编号	名称	发布时间
ICPG 704.3	禁止或撤销对敏感隔离信息和其他访问受控计划信息的访问以及上诉流程（Denial or Revocation of Access to Sensitive Compartmented Information, Other Controlled Access Program Information, and Appeals Processes）	2008年10月2日
ICPG 704.4	人员安全许可与访问判定的互易性（Reciprocity of Personnel Security Clearance and Access Determinations）	2008年10月2日
ICPG 704.5	情报界人员安全数据库的分散“城堡”（Intelligence Community Personnel Security Database Scattered Castles）	2008年10月2日
ICPG 704.6	人员安全审查中的测谎（Conduct of Polygraph Examinations for Personnel Security Vetting）	2015年2月4日
ICD 705	敏感隔离信息设施（Sensitive Compartmented Information Facilities）	2010年5月26日
ICD 706	访问受控计划监督委员会（Controlled Access Program Oversight Committee）	未知
ICPG 706.1	访问受控计划的管理（CAP Governance/Management）	未知
ICD 707	安全评估中心（Center for Security Evaluation）	2008年10月17日
ICPG 707.1	安全评估中心建设安全审查委员会（Center for Security Evaluation Construction Security Review Board）	2008年6月12日
ICD 708	电子设备辐射泄密的管控（TEMPEST）	未知
ICD 709	情报界雇员流动性的互易性（Reciprocity for Intelligence Community Employee Mobility）	2009年6月10日

续表

编号	名称	发布时间
ICD 710	分类管理与控制标记系统（Classification Management and Control Markings System）	2013年6月21日
ICPG710.1	分发控制的实际应用：生产者控制（Application of Dissemination Controls：Originator Control）	2012年7月25日
ICPG710.2/403.5	分发控制的实际应用：对外披露情报的标记（Application for Dissemination Controls：Foreign Disclosure and Release Markings）	2014年3月20日
ICD 731	供应链风险管理（Supply Chain Risk Management）	2013年12月7日
ICD 732	损伤评估（Damage Assessments）	2014年6月27日
ICD 750	反情报计划（Counterintelligence Programs）	2013年7月5日
ICD 801	采购（Acquisition）	2006年8月15日①
ICPG 801.1	采购（Acquisition）	2007年7月12日
ICPG 801.2	合同与采购政策（Contracting and Procurement Policy）	2008年9月20日
ICPG 801.3	采购人员（Acquisition Workforce）	2011年10月21日
ICD 900	任务管理（Mission Management）	2006年12月21日
ICPG900.2	危机管理（Crisis Management）	2014年12月23日
ICPG900.3	任务态势变化报告（Mission Posture Change Reporting）	2016年4月15日
ICD 901	计划管理态势调整通知（Program Management Posture Adjustment Notification）	2008年6月23日
ICD 902	全球海上与空中情报融合（Global Maritime and Air Intelligence Integration）	2009年1月14日
ICD 906	受控访问计划（Controlled Access Programs）	2015年10月17日
ICPG906.1	简历管理（Portfolio Management）	2017年12月15日

① 2009年8月16日重新修订。

三、情报界政策备忘录

编号	名称	发布时间
ICPM 2005 – 100 – 1	负责管理事务的国家情报副主任的权力、角色与责任（Authorities, Roles, and Responsibilities of the Deputy Director of National Intelligence for Management）	2005 年 11 月 9 日
ICPM 2005 – 100 – 2	国家情报主任任务主管（Director of National Intelligence Mission Managers）	2005 年 11 月 15 日
ICPM 2005 – 100 – 3	向国会报告情报活动（Reporting of Intelligence Activities to Congress）	2006 年 1 月 10 日
ICPM 2005 – 200 – 1	负责分析事务的国家情报副主任的权力、角色与责任（Authorities, Roles, and Responsibilities of the Deputy Director of National Intelligence for Analysis）	2005 年 11 月 9 日
ICPM 2005 – 300 – 1	负责搜集事务的国家情报副主任的权力、角色与责任（Authorities, Roles, and Responsibilities of the Deputy Director of National Intelligence for Collection）	2005 年 11 月 9 日
ICPM 2005 – 400 – 1	负责用户反馈事务的国家情报副主任的权力、角色与责任（Authorities, Roles, and Responsibilities of the Deputy Director of National Intelligence for Customer Outcomes）	2005 年 11 月 9 日
ICPM 2005 – 700 – 1	情报界对第 6/9 号中央情报主任指令的更新（Intelligence Community Update to Director of Central Intelligence DCID 6/9）	2005 年 12 月 1 日
ICPM 2005 – 800 – 1	负责科技事务的国家情报副主任的权力、角色与责任（Authorities, Roles, and Responsibilities of the Deputy Director of National Intelligence for Science and Technology）	2006 年 1 月 3 日

续表

编号	名称	发布时间
ICPM 2005－900－2	国家情报主任国家反扩散中心（DNI National Counterproliferation Center）	2005年11月21日
ICPM 2006－100－1	情报界政策流程（The Intelligence Community Policy Process）	2006年4月25日
ICPM 2006－200－2	国家情报主任办公室情报分析监察专员的角色（Role of The Office of the Director of National Intelligence Analytic Ombudsman）	2006年5月8日
ICPM 2006－600－1	国家情报预备队（National Intelligence Reserve Corps）	2006年1月29日
ICPM 2006－700－3	情报界对第6/4号中央情报主任指令的附录C的修订（Intelligence Community Modifications To Annex C of DCID 6/4）	2006年7月12日
ICPM 2006－700－4	情报界对第6/4号中央情报主任指令的附录A中标准C的修订（Intelligence Community Modifications to DCID 6/4，Annex A Standard C）	2006年7月12日
ICPM 2006－700－5	情报界对第6/4号中央情报主任指令的附录F的修订（Intelligence Community Modifications to DCID 6/4，Annex F）	2006年7月12日
ICPM 2006－700－6	情报界对第6/4号中央情报主任指令的修订，关于“为使无问题人员能够持续访问敏感隔离信息而快速处理其安全事件和过期单一范围背景调查”。（Intelligence Community Modifications to DCID 6/4，Pertaining to Expeditious Handling of Issue－Free Personnel Security Cases and Out－Of－Date Single Scope Background Investigations for Continued and Renewed SCI Access）	2006年7月21日
ICPM 2006－700－7	情报界对第6/9号中央情报主任指令的修订（Intelligence Community Modifications to DCID 6/9）	2006年7月12日

续表

编号	名称	发布时间
ICPM 2006－700－8	情报界对第6/1号中央情报主任指令附录的修订（Intelligence Community Modifications to DCID 6/1 Supplement）	2006年7月12日
ICPM 2006－700－10	情报界对第6/11号中央情报主任指令的更新（Intelligence Community Update to DCID 6/11）	2007年1月12日
ICPM 2007－200－2	为履行情报界“有责任提供”的承诺而准备情报（Preparing Intelligence to Meet the Intelligence Community's " Responsibility to Provide"）	2007年12月11日
ICPM 2007－500－1	未经评估的关于国内威胁的“易撕线”报告（Unevaluated Domestic Threat Tearline Reports）	2007年11月19日
ICPM 2007－500－3	情报信息共享（Intelligence Information Sharing）	2007年12月22日
ICPM 2008－500－2	美国与英联邦国家的安全电话通信系统（Connection of United States and Commonwealth Secure Telephone Systems）	2008年9月24日

附录五　美国情报界的人才培养

“9·11”前，美国情报界的人才培养工作过于零散和封闭，而且重视情报技能训练、轻视情报职业教育的倾向非常明显。大多数情报机构都有自己的培训机构，不同情报机构负责培训各自需要的、特定情报门类（Discipline－Specific）的情报人才。例如，国家安全局下设的国家密码学校负责培训各军种的密码情报人才，国家地理空间情报下设的国家地理空间情报学院负责培训地理空间情报人才。这些培训机构一方面采用不同的训练标准和教学内容、拒绝共享自己的教学资源，另一方面还非常重视根据本单位的工作需要组织特定情报技能训练，这就导致参训人员仅能适应本单位特定领域的情报工作，普遍缺乏宏观的战略视野和完备的职业素养。“9·11”后，前国家安全局局长威廉·奥德姆（William Odom）更是在提交给国会联合情报调查委员会的报告中强调指出：“情报界的教育与训练体系非常零散，它缺乏三个关键要素：一是在情报工作有哪些功能、基本流程是什么的问题上，情报界的领导与管理人员并未形成基本共识；二是经常忽视如何管理整个情报界范围内的情报教学资源的问题；三是不重视对高级领导及参谋人员的情报教育与培训。”[1]

为加强情报界教育训练的战略规划、统一教育训练标准，《2004年情报改革与防恐法》明确规定，国家情报主任应改革情报教育方式，推动“跨情报门类的教育”（Cross－Disciplinary Education）和“联合训练”（Joint Training）。[2] 2005年，美国大规模杀伤性武器情报能力调查委员会也在其调查报告中建议，在情报界现有教育训练

① U. S. Senate Select Committee on Intelligence and House Permanent Select Committee on Intelligence, *Report of the Joint Inquiry into the Terrorist Attacks of September* 11, 2001, Washington, D. C.: Government Printing Office, December 20, 2002, p. 341.

② Public Law No. 108－458: Intelligence Reform and Terrorism Prevention Act of 2004, Sec. 1042.

资源的基础上成立一个“国家情报大学”（National Intelligence University），由其制定统一的课程标准、合理利用相关教育训练资源，并为整个情报界提供各个层次的培训科目（包括基础入门训练和高级职业教育）。[①]

2006年，《情报界人力资本五年战略规划》明确指出，为统一情报界的训练、教育及职业发展标准，应将情报界不同的训练机构和教育院校整合到一个共同的、虚拟的“屋顶”之下，即建立一个“国家情报大学”。国家情报大学是一个国家情报主任办公室直接管理的情报教育训练网络，成员包括情报界不同的教育训练院校。一方面，国家情报大学将统一协调各成员院校的课程设置和教学大纲，调整不同层次的单一学科及跨学科情报教育训练计划，以满足情报界内特定行业的共同需求。另一方面，国家情报大学将与成员院校合作，共同制定情报培训课程和教学大纲的统一标准；此类标准用于评估各成员院校的教学质量，以确保不同院校教授的每门课程都达到最高的教学标准。[②] 2007年12月6日，国家情报常务副主任唐纳德·克尔（Donald Kerr）表示，国家情报大学已经正式组建，并开始向所有情报机构的工作人员提供联合情报教育训练，以使他们能够理解合作与一体化才是情报工作需要坚持的根本原则。国家情报大学已经形成了一个运行完善的管理体系，其能够将情报界所有的教育训练资源汇编成一个完整的目录，进而为其制定整个情报界的教育训练计划提供基本参照。[③]

然而，初期的国家情报大学只是一个虚拟的情报教育训练网络，

---

① The Commission on the Intelligence Capabilities of the United States Regarding Weapons of Mass Destruction, *Report to the President of the United States*, Washington, D. C.: Government Printing Office, March 31, 2005, p. 325.

② Office of the Director of National Intelligence, *The US Intelligence Community's Five Year Strategic Human Capital Plan*, Washington, D. C.: Government Printing Office, June 22, 2006, pp. 22 – 23.

③ Donald Kerr, *500 Day Plan Hearing before the Intelligence Community Management Subcommittee of the House Permanent Select Committee on Intelligence*, December 6, 2007, p. 7. http://www.dni.gov/files/documents/Newsroom/Testimonies/20071206_ testimony. pdf.

没有实体化的校园和配套基础设施，在实际运行过程中暴露出了许多问题。为使国家情报大学能够更好地为情报界提供情报教育训练服务，国家情报主任詹姆斯·克拉珀决定推动国家情报大学的实体化。他认为，国家情报大学应建立在一个情报教学科研历史悠久且实力强劲、拥有情报学术学位授权资质的情报学院的基础之上，而国防情报局下辖的“国防情报学院”符合这些条件。因此，2010 年 12 月 16 日，克拉珀向时任国防部长罗伯特·盖茨发出了一份备忘录，强调情报教育训练乃是推动情报工作发展的“力量倍增器”(Force Multiplier)，因而建议在“国防情报学院”的基础上组建新的“国家情报大学”，以为整个情报界的发展提供强大动力支持。①经过双方的沟通与协调，盖茨最终同意了克拉珀的改革建议。2011 年 2 月 9 日，负责情报事务的国防部副部长发布国防部第 3305. 01 号指令，“国防情报学院”正式更名为“国家情报大学”。② 目前，实体化后的“国家情报大学”是全美高等院校当中唯一一所能够在“绝密及敏感信息”（Top Secret/Sensitive Compartmentalized Information）领域开展教学与科研的情报类院校，也已成为整个情报界的教育培训中心和学术研究中心。

一、国家情报大学的历史沿革

二战后，为了适应情报工作专业化、职业化的发展要求，美军各军种纷纷开始建立专门的情报学校，培养本军种的情报人才。1946 年 6 月 30 日，美国“海军情报学校” （Naval Intelligence School）在华盛顿阿那卡斯提亚（Anacostia）海军基地成立并开始招

① Max Cacas, “Writing a New Spy School Syllabus: The National Intelligence University Prepares for Its Fifth Decade with a Shift in Focus and a Change in Venue”, *Signal*, vol. 67, no. 2, October 2012, p. 56.

② Department of Defense, *DoD Instruction Number* 3305. 01: *National Intelligence University*, December 22, 2006, Incorporating Change 1, February 9, 2011. http://fas.org/irp/doddir/dod/i3305_01. pdf.

收第一批学员，包括41名海军军官与5名海军陆战队军官。1946年12月，位于五角大楼的“陆军战略情报学校”（Army Strategic Intelligence School）开始开设一个为期10周的情报培训班，后来延长到4个月。随着《国家安全法》批准设立独立的空军军种，美国陆军战略情报学校也开始招收来自空军情报机构的学员。

1961年8月，美国国防情报局成立，全面负责国防部情报资源的整合、训练以及情报工作人员的培训。在“整合资源，节约成本”宗旨的指引下，1962年2月27日，国防部长办公厅签署备忘录，决定将海军情报学校与陆军战略情报学校合并，成立“国防情报学校”（Defense Intelligence School），隶属于国防情报局。成立之初，国防部即明确了国防情报学校的主要任务：一是对挑选的军官、国防部重要文职人员进行培训，以便他们在国家或国际安全机构指挥决策岗位上发挥更大的作用；二是对国防部相关军职、文职人员进行培训，以使他们胜任大使馆武官的工作；三是对国防部情报机构的军职及文职人员进行职业培训。

随着美军情报工作的不断发展及其对高层次情报人才需求的日益旺盛，国防情报学校原有的人才培养模式受到了极大挑战。1968年4月16日，学校监事会决定，学校在为军事情报部门服务的同时，也应该同样服务于情报界的文职人员，吸纳优秀的文职教员。此外，从学术认证的角度出发，学校当局应该争取获得情报学学士学位（Bachelor of Science in Intelligence，BSI）授予权。1973年，国防情报局新任局长批准了学校的学位计划，随后的国会立法草案也批准给予国防情报学校学位授予权。1973年9月10日，战略情报学硕士（Master of Science of Strategic Intelligence，MSSI）学位试点班开始招生。1980年10月14日，国会通过《1981财年情报授权法》，正式授予国防情报学校战略情报学硕士学位授予权。[①] 1983年，该校获得美国“中部诸州高等教育委员会”（Middle States Commission

① *Public Law* 96－450：*Intelligence Authorization Act of Fiscal Year* 1981，October 14，1980. http：//www. intelligence. senate. gov/laws/pl96－450. pdf.

on Higher Education）的地区认证，并于同年更名为“国防情报学院”（Defense Intelligence College）。1984 年，国防情报学院迁至波林空军基地，与“国防情报分析中心”（Defense Intelligence Analysis Center）同驻一地。更名之后，除了之前的大使馆武官培训及情报机构工作人员的培训外，学院开始开展学位教育，并承担与情报任务相关的、意义重大的学术研究工作。①

20 世纪 80 年代末 90 年代初，随着苏联解体、冷战结束，美国认为其最大的敌人不复存在。为收获所谓“和平红利”，政府开始大规模缩减国防经费，军队开始裁员，情报界也不例外。在这种趋势的冲击下，国防情报学院被缩编成了一个专门机构，仅从事情报的教育和研究，而其他的所有训练科目都移交给了国防情报局的其他机构。随着海湾战争的爆发和新军事革命的深入展开，为适应冷战后全新的国家安全环境，情报界开始注重情报的联合。1993 年，国防情报学院改名为“联合军事情报学院”（Joint Military Intelligence College）。其任务也更加明确，即专门从事联合情报教育与研究。为寻求发展，学院开始尝试与其他机构及部门合作。1990 年，国防情报学院与国家安全局合作，并为其开设课程。1993 年，预备役情报专业研究生课程开课。1994 年，战略情报学学士周六班开讲。1996 年又增加了晚班。1997 年，国会正式授予联合军事情报学院“情报学学士学位”授予权。1999 年，参谋培训班开始授课。

进入 21 世纪，美国开始推动“军事转型”。“9·11”事件的爆发使美国政府再次将注意力转向情报界。《2004 年情报改革与预防恐怖主义法》《美国国防战略》《四年防务评估报告》以及《国家情报战略》的出炉，《国家安全法》的修订，国家情报主任办公室的成立，都标志着情报界正处在一个重要的转折时期。情报界面临的任务更加繁重，除了传统的对敌对国家情况的了解，来自文化与宗教冲突、失败国家与面临失败的国家（Failed and Failing Nation

---

① National Intelligence University, *2015 – 2016 Catalog* , September 2015, pp. 4 – 5. http://ni-u.edu/wp/wp-content/uploads/2015/09/NIU_Catalog_2015-16.pdf.

States)、非国家行为体、大规模杀伤性武器的扩散以及全球恐怖主义的威胁都对情报工作提出了新的挑战，情报教育与训练的重要地位也日益凸显。国防部意识到，自己应该有一个专门从事情报高等教育及科研的机构，以更好地为情报界和国防建设服务。

基于此，2006 年 12 月 22 日，国防部第 3305. 01 号指令规定，联合军事情报学院更名为“国防情报学院”（National Defense Intelligence College)，其任务为：一是通过教育与科研活动培养军职及文职专业情报力量，以便他们能熟练高效地致力于外国、军事及国内情报的搜集整合工作，有效保护美国本土与海外利益。二是高度重视教育与科研，以满足美国国防部作战及和平时期的情报需求。三是提供各种学术计划与教育课程，包括授予本科生及研究生学位、促进相关情报研究、制定学习标准，以提高学员的专业情报能力。四是担任美国国防部情报事务学术对外拓展方面的主要联系人。五是对情报、国防政策与计划、本土防御及安全领域的军职与文职人员进行职业培训。六是继续扩展学位授予计划课程，加强国际计划及研究，加大针对联邦、公共及私立大学与学院的学术对外拓展力度，以提高学院的地位。

为落实国防部第 3305. 01 号指令关于情报教育训练人才培养方面的要求，国防情报学院与国防情报局、负责情报事务的国防部副部长以及国家情报主任人力资源办公室共同合作，于 2010 年 11 月 1 日组建安东尼 · G · 奥丁格科技情报学院（Anthony G. Oettinger School of Science and Technology Intelligence)。此举既能够满足国防部的需求，又能够满足负责情报事务的国防部副部长在名为“科技情报战略指导”备忘录中的要求。2011 年 2 月 9 日，负责情报事务的国防部副部长重新修订并发布了国防部第 3305. 01 号指令，正式将“国防情报学院”更名为“国家情报大学”。2011 年 8 月，国家情报主任在一次公开的集会上正式对外公布了国家情报大学的更名情况，以及职责使命的拓展。2012 年，教育部与国会授予国家情报大学“科技情报学硕士学位”授予权。同年 10 月，国家情报大学凭借其在情报界的重要学术研究地位，成功入选 C4ISR 杂志评出的当年军事领域的 25 项重大突破。[①]

二、国家情报大学的使命、愿景、价值理念

（一）使命

通过整体整合、背景关联的方式推动情报专业教学，以促进动态教学、合作学习、原创性研究、学术交流、分析类问题的解决、严谨的研究方法、互相协作的流程、终生学习。

（二）愿景

情报界的学术生涯中心，培养今天的情报界领导者，以应对未来的挑战。

（三）价值理念

学术自由：国家情报大学坚持这样一种原则，即所有学生、教职员工、其他工作人员都有探讨重大、有争议问题的学术自由，这是大学完成教书育人、创造与传播知识的必要前提条件。

合作：国家情报大学崇尚“协商众议”（Collegiality）精神，只有通过共同合作才能完成任务。学生、教职员工、其他工作人员必须培养相应的性格、信念来领导合作，必须拥有相应的能力去追随合作。

多样化：国家情报大学坚持认为，不同的背景和经历能够增强我们的能力，壮大我们的人才队伍，培育我们多样化的思维方式。

正直：国家情报大学坚守一种特殊的公众信任。我们认真管理各类资源，包括财务资源和人力资源。我们不但要讲正确的话，而且要做正确的事，对我们自己负责，对全体美国人民负责。

学习：国家情报大学的学生、教职员工、其他工作人员都要秉持一种持续学习的文化理念。每一项挑战都是一次重要机遇，让我

---

① *NIU Named one of* 2012*'s Biggest Breakthroughs by C4ISR Journal.* www. ni – u. edu/news/C4ISR _ Journal. html.

们得以成长进步；每一次互动都是一次重要机遇，让我们得以收获新知。[①]

三、国家情报大学的组织机构及人员构成

（一）组织机构

国家情报大学的主校区位于马里兰州的贝塞斯达市（Bethesda，MD）国防情报局的“国防情报分析中心”（Defense Intelligence Analysis Center），内设战略情报学院（College of Strategic Intelligence）、科技情报学校（School of Science and Technology Intelligence）、战略情报研究中心（Center for Strategic Intelligence Research）、国际交流中心（Center for International Engagement）、约翰·休斯图书馆（John T. Hughes Library）等机构。此外，国家情报大学还设有一个“国家情报出版社”（National Intelligence Press）和四个“学术中心”（Academic Center）：国家安全局学术中心[②]、国家地理空间情报局学术中心[③]、联邦调查局学术中心[④]、南部学术中心[⑤]，以及欧洲学术中心[⑥]。

（二）人员构成

2017－2018 学年，国家情报大学共招录 665 名学生（每个班平

---

① National Intelligence University，2018 － 2019 *Catalog*，May 2018，pp. 1 － 2. http：//ni － u. edu/wp/wp － content/uploads/2018/05/2018 － 19 － catalog_ c. pdf.

② 1991 年设立，位于马里兰州的米德堡（Fort Meade）、佐治亚州的戈登堡（Fort Gordon）。

③ 2004 年设立，位于密苏里州的圣路易斯市（St. Louis，MO）、俄亥俄州的代顿市（Dayton，OH）。

④ 2014 年设立，位于弗吉尼亚州的匡蒂科市（Quantico，VA），即联邦调查局学院所在地。

⑤ 2012 年设立，位于佛罗里达州坦帕市（Tampa，FL）的麦克迪尔空军基地（MacDill Air Force Base），同时也是美国中央司令部“地区联合情报训练与教学设施”（Regional Joint Intelligence Training and Education Facility，RJITEF）。此外，其在北卡罗来纳州的布拉格堡（Fort Bragg，NC）、佛罗里达州的迈阿密市（Miami，FL）设有学术点。

⑥ 位于英国的莫尔斯沃斯市（Molesworth），同时在德国的拉姆施泰因空军基地（Ramstein Air Force Base）、斯图加特市（Stuttgart）设有学术点。*National Intelligence University Locations*，2018. http：//ni － u. edu/wp/about － niu/locations/

均有13名学生），其中全日制学生163名，在职学生405名，仅撰写论文学生97名。此外，欧洲学术中心有26名学生，联邦调查局学术中心有25名学生、南部学术中心有30名学生。国家情报大学拥有教职员工88人，其中全职员工77人（包括政府、军方人员及合同工），兼职员工11人。①

四、国家情报大学的人才培养工作

国家情报大学拥有“战略情报学硕士学位”（Master of Science of Strategic Intelligence，MSSI）②、“科技情报学硕士学位”（Master of Science and Technology Intelligence，MSTI）③、“情报学学士学位”（Bachelor of Science in Intelligence，BSI）④以及特定领域的“情报研究资格证书”（Certificate of Intelligence Studies，CIS）的授予权，不同情报机构的学员可以根据需要参加相应学位或资格证书的课程学习。

（一）战略情报学硕士研究生教育

国家情报大学对战略情报学硕士研究生的能力素质要求包括：理解、分析和评估美国国家安全决策者所面临的全球安全环境；理解情报界在国家安全战略的制定和落实方面所扮演的角色和承担的责任；描述、应用和评估情报界的全部战略实力和局限；在识别、分析和评估国家安全威胁与机遇方面，具备批判性和创造性思考的能力；应用正确的领导和管理原则，以应对国家安全和情报工作面临的挑战；能够理解并展示出自己具备在一个联合和跨机构的环境中开展有效沟通和协同工作的能力。

为获得战略情报学硕士学位，研究生学员需选择4门核心课程

① *National Intelligence University at a Glance*，2018. http：//ni－u. edu/wp/about－niu/at－a－glance/

② 1980年10月，国会授予国防情报学校“战略情报学硕士”学位授予权。

③ 2012年，教育部与国会授予国家情报大学“科技情报学硕士学位”授予权。

④ 1997年，国会授予联合军事情报学院“情报学学士学位”授予权。

（共12学分）、1门必修课程（3学分）、4门论文写作课程（7学分）、4门专题研究类课程（12学分）、3门选修课程（9学分），通过全部课程考试，并获得43个学分。2017－2018学年，战略情报学硕士研究生的毕业率为65%。[①]

战略情报学硕士学位课程表（2018－2019学年）[②]

课程类别	课程名称
核心课程	1. 情报推理与分析 2. 情报界的领导与管理 3. 情报搜集 4. 情报与国家安全政策
必修课程	分析全球战略环境
论文写作课程	1. 论文研究方法与设计 2. 论文开题报告 3. 论文研究 4. 论文完成
非专题研究类课程	1. 国家战略：理论与情报考虑 2. 反情报 3. 情报与国家安全法律 4. 保卫国土安全的情报工作

① *National Intelligence University at a Glance*, 2018. http://ni-u.edu/wp/about-niu/at-a-glance/

② 除论文写作课程之外，每门课程均为3学分。论文写作课程的具体学分分配为：论文研究方法与设计（3学分），论文开题报告（2学分），论文研究（1学分），论文完成（1学分）。National Intelligence University, 2018－2019 *Catalog*, May 2018, pp. 21－32. http://ni-u.edu/wp/wp-content/uploads/2018/05/2018-19-catalog_c.pdf.

续表

课程类别	课程名称	
专题研究类课程	搜集、分析与反情报专题	1. 搜集与分析专题：（1）应用情报搜集；（2）高级情报分析方法；（3）比较情报；（4）服务于战略预警的应用情报搜集与分析。 1. 反情报专题：（1）反情报；（2）比较情报；（3）中国的情报与信息作战；（4）俄罗斯情报工作。
	地区安全与情报专题	1. 中国与东亚研究专题：（1）中国与东亚情报研究导论；（2）中国与东亚的国家战略与对外政策；（3）中国与东亚的军事力量与战略；（4）中国与东亚的情报工作。 2. 欧亚大陆研究专题：（1）俄罗斯：地缘战略情报问题；（2）中亚：地缘战略情报问题；（3）周边国家；（4）俄罗斯的外交政策。 3. 更广范围的中东地区专题：（1）更广范围的中东地区战略安全与情报环境；（2）伊朗：战略安全与情报问题；（3）近东：战略安全与情报问题；（4）阿拉伯半岛与北非：战略安全与情报问题。
	情报界的领导与管理专题	1. 战略决策分析与方法 2. 情报资源管理：流程、政治与资金 3. 职业道德规范 4. 情报与国家安全法律
	跨国威胁专题	恐怖主义专题： 1. 国家战略：理论与情报考虑； 2. 恐怖主义的根源； 3. 跨国威胁环境； 4. 反恐怖主义威胁
	国防情报专题	1. 国家战略：理论与情报考虑 2. 非对称战争：未来的战略 3. 联合战役计划与情报 4. 维持和平与稳定行动 5. 与国际伙伴的合作 6. 战略危机演习

续表

课程类别	课程名称	
选修课程	搜集、分析与反情报专题	1. 信号情报资源、方法与行动 2. 密码环境中的跨国问题 3. 当前的密码问题 4. 作战能力分析 5. 地理空间情报：战略导论 6. 人力情报 7. 反情报
	地区安全与情报专题	1. 伊斯兰主义：战略安全问题 2. 非洲：地缘战略情报挑战 3. 东北亚：地缘战略情报问题 4. 南亚情报问题 5. 未来的中国 6. 欧洲：情报伙伴与分析主题 7. 朝鲜：地缘战略情报问题 8. 拉美：地缘战略情报问题 9. 社交分析 10. 高加索地区 11. 俄罗斯情报工作 12. 冲突分析基础 13. 指导阅读
	情报界的领导与管理专题	1. 美国情报工作的起源与发展 2. 隐蔽行动
	跨国威胁专题	1. 经济与情报 2. 情报在反毒品行动中扮演的角色 3. 保护国土安全的情报工作 4. 国内情报预警的前沿处置
	国防情报专题	情报与特种作战

（二）科技情报学硕士研究生教育

国家情报大学对科技情报学硕士研究生的能力素质要求包括：在个人和组织机构层面理解国家情报职业的基本原则；分析科学所

处的全球环境，以及这种环境对世界问题和事件的复杂性、变化性、相互依赖性的影响；塑造情报界的未来，并秉持一个科技情报专业人士应有的价值取向和道德准则；了解整个科技情报业界；通过了解全球科技环境中文化、社会、环境的适应性变化，分析创新性、适应性、基于威胁地使用技术手段的作用；对比分析不同的科技情报需求，并从中寻找到一个恰当的平衡点，例如当前行动与未来冲突，传统战争和非常规战争，时间性情报需求和内容性情报需求，战术问题和战略问题。

为获得科技情报学硕士学位，研究生学员需选择4门核心课程（共12学分）、1门必修课程（3学分）、4门论文写作课程（7学分）、7门专题研究类课程（21学分），通过全部课程考试，并获得43个学分。2017－2018学年，科技情报学硕士研究生的毕业率为66%。①

科技情报学硕士学位课程表（2018－2019学年）②

课程类别	课程名称
核心课程	1. 情报推理与分析 2. 情报界的领导与管理 3. 情报搜集 4. 情报与国家安全政策
必修课程	科技情报
论文写作课程	1. 论文研究方法与设计 2. 论文开题报告 3. 论文研究 4. 论文完成

① *National Intelligence University at a Glance*, 2018. http://ni－u.edu/wp/about－niu/at－a－glance/

② National Intelligence University, 2018－2019 *Catalog*, May 2018, pp. 41－45. http://ni－u.edu/wp/wp－content/uploads/2018/05/2018－19－catalog_c.pdf.

续表

课程类别	课程名称	
专题研究类课程	大规模杀伤性武器专题	1. 战略危机演习 2. 先进常规与非常规武器 3. 大规模杀伤性武器恐怖主义 4. 大规模杀伤性武器：反扩散 5. 生物威胁 SG6. 核威胁 7. 化学与爆炸物威胁 8. 科技情报空间与导弹系统
	网络情报与数据分析专题	1. 数据分析 2. 战略危机演习 3. 网络情报 4. 网络威胁 5. 社交网络与情报 6. 网络作战环境－交战：数据科学应用 7. 高级网络情报
	新兴技术与地缘战略资源专题	1. 战略危机演习 2. 先进科学与技术 3. 先进常规与非常规武器 4. 技术经济学 5. 技术转让案例研究 6. 关键基础设施的弱点评估 7. 情报与变化中的全球资源环境 8. 身份情报 9. 电力系统及其分布
	信息与影响性情报专题	1. 战略危机演习 2. 拒止与欺骗导论：历史、概念、问题与启示 3. 拒止与欺骗：心理/文化视角与国家安全决策 4. 拒止与欺骗：对手、组织、活动与反制措施 5. 拒止与欺骗：技艺、工具与方法 6. 身份情报 7. 战略情报与信息力量 8. 宣传、劝说与影响 9. 先进信息力量研讨组

（三）情报学本科教育

国家情报大学的情报学学士教育仅在本科第4年开展，对象是已完成3年其他专业本科学习、有志于从事国家情报工作的学生。国家情报大学对此类学员的能力素质要求包括：能够通过书面形式有效地表达自己的观点，具备独立学习的能力，能够使用多种技术工具，能够搜集和评价各种来源的信息，具备批判性、独立性和创造性思考的能力，能够应对复杂和模糊不明的挑战。

为获得情报学学士学位，学员需完成9门核心课程、7门选修课程，通过全部课程考试，并获得57个学分。2017－2018学年，获得情报学学士学位的本科生的毕业率为100%。[①]

情报学本科课程表（2018－2019学年）[②]

课程类别	课程名称
核心课程	1. 全球化与情报 2. 情报分析 3. 搜集资产与能力 4. 情报与国家安全战略 5. “拱顶石”项目的研究与设计 6. 科学、技术与情报 7. 分析方法 8. 分析人员与搜集人员的一体化 9. “拱顶石”项目的一体化

① *National Intelligence University at a Glance*, 2018. http：//ni－u. edu/wp/about－niu/at－a－glance/

② 除核心课程中的《“拱顶石”项目的一体化》为12学分之外，其他课程均为3学分。National Intelligence University, 2018－2019 *Catalog*, May 2018, pp. 36－37. http：//ni－u. edu/wp/wp－content/uploads/2018/05/2018－19－catalog_ c. pdf.

续表

课程类别	课程名称
选修课程	1. 情报：建立稳定与和平 2. 拒止与欺骗导论 3. 信息作战 4. 国土安全与情报 5. 大规模杀伤性武器的扩散 6. 非洲：情报问题 7. 中东：情报问题 8. 欧亚大陆：情报问题 9. 南亚：情报问题 10. 东亚：情报问题 11. 拉美：情报问题 12. 特别情报课题 13. 反情报 14. 毒品情报 15. 欧洲：情报问题 16. 跨国安全威胁

（四）情报研究资格证书教育

国家情报大学会不定期地开设特定领域的“情报研究资格证书”课程，设置此类课程并颁发相应证书的目的是，为那些不参加研究生学位教育的本科学员提供深入学习的机会，使他们能够在国家情报大学开展深入的、研究生层面的情报研究，进而掌握研究特定情报课题的能力。在全面评估学员的录取情况、教学空间、师资富余空间等因素的基础上，国家情报大学会不定期的开设不同类别的情报研究资格证书课程。在开设此类教学课程的过程中，国家情报大学特别注重培养学员的合作意识和习惯，即引导学员在合作解决特定情报问题的过程中了解不同情报机构的工作方式，理解整个情报界在国家战略制定过程中扮演的角色和发挥的作用。国家情报大学校长大卫·埃利森（David Ellison）就曾指出：“当我坐下来与学员交流时，我发现学员几乎每次都会说，他们从这所大学中获得的最宝贵的东西是来自不同情报机构的学员能够坐在同一间教室里共同研究情报问题。”①

情报研究资格证书课程表（2018－2019 学年）②

证书类别	课程名称
非洲：战略情报研究	1. 非洲：情报与国家安全战略 2. 地区冲突及其原因 3. 非洲：冲突管理与挑战 4. 非洲：地缘战略情报问题
中国：情报问题	1. 中国情报研究导论 2. 中国的国家战略与对外政策 3. 中国的军事实力与战略 4. 中国的情报与信息作战
反情报	1. 中国的情报与信息作战 2. 比较情报 3. 反情报 4. 俄罗斯情报工作
欧亚大陆	1. 俄罗斯：地缘战略情报问题 2. 中亚：地缘战略情报问题 3. 周边国家 4. 俄罗斯的外交政策
情报界的领导与管理	1. 领导与情报 2. 领导、情报与国家安全决策 3. 国家安全法律与道德 4. 组织管理与调整

① Max Cacas, “Writing a New Spy School Syllabus: The National Intelligence University Prepares for Its Fifth Decade with a Shift in Focus and a Change in Venue”, *Signal*, vol. 67, no. 2, October 2012, p. 57.

② National Intelligence University, 2018 – 2019 *Catalog*, May 2018, pp. 33 – 35. http://ni－u. edu/wp/wp－content/uploads/2018/05/2018－19－catalog_ c. pdf.

续表

证书类别	课程名称
战略预警分析	1. 预警情报的历史 2. 战略预警的挑战 3. 预警理论与方法 4. 拒止与欺骗
国内情报	1. 保卫国内安全的情报工作 2. 反恐怖主义威胁 3. 国内情报预警的前沿处置 4. 关键基础设施的弱点评估

附录六　美国的情报调查（1991 至 2001 年）

据不完全统计，1991 年至 2001 年期间，美国先后组织了 15 次情报调查，其中 12 次情报调查公开发布了最终调查报告，3 次情报调查出于保密考虑并未公开发布调查报告。① 从公开发布的调查报告中可以看出，12 次公开情报调查均发现了冷战后外部安全形势发生的巨大变化，以及陈旧的情报体制在应对此类变化时所暴露出的诸多问题，因而反复建议决策层推动情报改革。

全面梳理 12 份公开发布的情报调查报告后可以发现，12 次情报调查共提出了 340 项情报改革建议。而在这 340 项情报改革建议中，有 84% 的建议达成了惊人的一致，它们共同指出了情报界存在的 4 个方面的问题：

一是缺乏协调和团队意识。外交关系委员会就认为，情报界的组织机构和领导体系在结构上是非常古怪的，中央情报主任理应为整个情报界设定战略目标，并协调各机构的工作，但是实际上他却无法对除中央情报局之外的其他情报机构施加影响。

二是在设定情报工作优先事项方面未能投入足够精力。“21 世纪国家安全调查委员会”就认为，美国并没有建立一个有效的工作流程来设定情报工作的优先次序，这就导致情报工作不断在国家、地区和功能性挑战等领域来回摇摆。

三是人力情报能力匮乏。众议院常设情报特别委员会就认为，人力情报比技术情报更能胜任应对跨国恐怖主义等威胁的任务，但是情报界在人力情报力量建设方面的投入却非常少。

四是缺乏情报人员和信息共享。美国情报界角色与能力委员会

① Eleanor Hill, Joint Inquiry Staff Director, *Joint Inquiry Staff Statement*: *Proposals for Reform within the Intelligence Community*, October 3, 2002. http://www.fas.org/irp/congress/2002_hr/100302hill.html.

就认为，冷战后情报界削减了很多情报工作岗位，并没有保留关键岗位的情报人才，而且联邦调查局与中央情报局之间互不共享情报信息。

然而，这 340 项情报改革建议中，只有 35 项改革建议被完全采纳，30 项改革建议被部分采纳，7 项改革建议被不同程度地采纳，而占绝大多数的 268 项改革建议未被采纳。①

表 1　美国情报调查统计表（1991 至 2001 年）②

序号	调查报告发布时间	情报调查发起方	情报改革建议数量
1	1993 年 1995 年	国家绩效评估委员会（第一阶段） 国家绩效评估委员会（第二阶段）	35
2	1996 年	美国情报界角色与能力委员会	39
3	1996 年	外交关系委员会	29
4	1996 年	众议院常设情报特别委员会	75
5	1996 年	20 世纪基金会美国未来情报工作委员会	18
6	1997 年	国家公共政策研究所	34
7	1998 年	联邦调查局战略计划 1998 – 2003	60
8	1999 年	情报界在印度核试验问题上的工作情况调查委员会	保密

① Amy B. Zegart, "An Empirical Analysis of Failed Intelligence Reforms Before September 11", *Political Science Quarterly*, vol. 121, no. 1, 2006, p. 52.

② 本表系笔者根据国会联合情报调查委员会发布的阶段性调查报告以及美国情报研究学者艾米·萨格特的学术研究成果综合整理而成。参见 Amy B. Zegart, "An Empirical Analysis of Failed Intelligence Reforms Before September 11", *Political Science Quarterly*, vol. 121, no. 1, 2006, p. 46. Eleanor Hill, Joint Inquiry Staff Director, *Joint Inquiry Staff Statement: Proposals for Reform within the Intelligence Community*, October 3, 2002. http://www.fas.org/irp/congress/2002_hr/100302hill.html. Amy B. Zegart, *Spying Blind: The CIA, the FBI, and the Origins of* 9/11, Princeton and Oxford: Princeton University Press, 2007, pp. 199 – 201.

续表

序号	调查报告发布时间	情报调查发起方	情报改革建议数量
9	1999 年	弹道导弹威胁评估委员会	保密
10	1999 年	联邦政府打击大规模杀伤性武器扩散组织机构评估委员会	57
11	1999 年 2000 年	评估国内应对拥有大规模杀伤性武器的恐怖主义的能力的咨询小组（第一阶段调查） 评估国内应对拥有大规模杀伤性武器的恐怖主义的能力的咨询小组（第二阶段调查）	60
12	2000 年	联邦执法工作进展调查委员会	21
13	2000 年	关于恐怖主义的国家委员会	36
14	2001 年	21 世纪国家安全调查委员会（第三阶段调查）	50
15	2001 年	斯考克罗夫特情报调查委员会	保密

表 2　美国情报改革建议共识表（1991 至 2001 年）①

共同发现的问题	改革建议数量	占总建议数量的比例
缺乏协调和团队意识	94	28%
在设定情报工作优先事项方面未能投入足够精力	56	16%
人力情报能力匮乏	31	9%
缺乏情报人员和信息共享	106	31%
合计	287	84%

① Amy B. Zegart, *Spying Blind: The CIA, the FBI, and the Origins of* 9/11, Princeton and Oxford: Princeton University Press, 2007, p. 39.

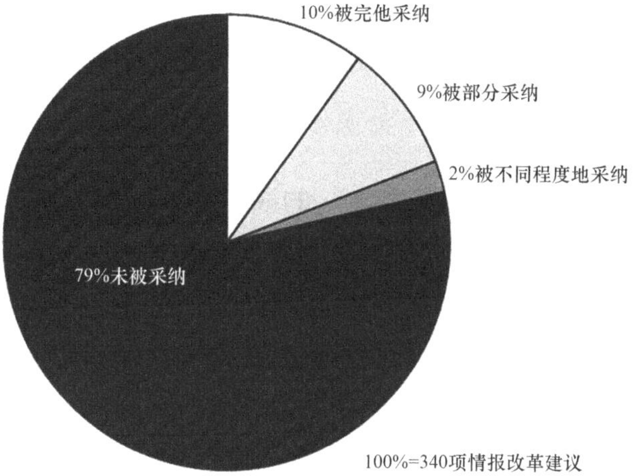

图 1　美国情报改革建议采纳比例示意图（1991 至 2001 年）①

① Amy B. Zegart, *Spying Blind: The CIA, the FBI, and the Origins of* 9/11. Princeton and Oxford: Princeton University Press, 2007, p. 36.

附录七　美国重大情报调查概览

一、“阿斯平－布朗委员会”的情报调查

（一）“阿斯平-布朗委员会”的成员

成员姓名	职业
莱斯·阿斯平（Les Aspin）	委员会主席，总统对外情报顾问委员会主席。①
哈罗德·布朗（Harold Brown）	委员会主席，华平投资集团创始合作伙伴。
沃伦·鲁德曼（Warren B. Rudman）	委员会副主席，参议员，总统对外情报顾问委员会副主席。
佐伊·贝尔德（Zoë Baird）	伊特纳（Aetna）寿险公司首席法律顾问，总统对外情报顾问委员会成员。
安·卡拉克里斯蒂（Ann Z. Caracristi）	前国家安全局副局长，总统对外情报顾问委员会成员。
安东尼·哈灵顿（Anthony S. Harrington）	总统对外情报顾问委员会成员，总统情报监督委员会主席。
卢·艾伦（Lew Allen）	前空军参谋长，前国家安全局局长，总统对外情报顾问委员会成员。
史蒂芬·弗里德曼（Stephen Friedman）	前高盛公司（Goldman Sachs & Co）董事长
罗伯特·赫尔曼（Robert J. Hermann）	前国家侦察办公室主任，总统对外情报顾问委员会成员。
保罗·沃尔福威茨（Paul D. Wolfowitz）	前负责政策事务的副国防部长
诺曼·迪克斯（Norman D. Dicks）	众议院常设情报特别委员会少数党资深成员
托尼·科尔霍（Tony Coelho）	前众议员
詹姆斯·埃克森（J. James Exon）	参议院军事委员会成员
威奇·福勒（Wyche Fowler, Jr.）	前参议员
波特·戈斯（Porter J. Goss）	众议院常设情报特别委员会成员
约翰·华纳（John Warner）	参议院规则与管理委员会主席，前参议院情报特别委员会副主席。
罗伯特·珀斯利（Robert E. Pursley）	退役空军中将，前驻日美军司令
大卫·杜赫斯特（David H. Dewhurst）	前中央情报局隐蔽行动官员

① 1995年2月3日至5月21日（因病去逝）担任“阿斯平－布朗委员会”主席。

（二）“阿斯平-布朗委员会”的授权调查范围

《1995 财年情报授权法》规定了“阿斯平－布朗委员会”的 19 项审查任务：

1. 在支援国防与外交部门方面，情报界的角色与任务应该是什么，这些应如何与战术情报活动联系起来。

2. 美国情报界的角色与任务是否应超越传统意义上的为国防与外交部门提供服务的范畴，如果是这样的话，哪些领域应被确认为可以实施情报搜集与分析活动，此类领域是否应该包括经济、环境、健康等问题。

3. 应该继续赋予情报界各机构何种职能，这些情报机构应该在未来保持何种能力。

4. 情报界现有的组织管理架构是否为他们完成任务提供了最优化的结构。

5. 指导情报搜集装备采购和情报搜集能力维护的现有原则和战略是否应继续保留，政府应保留何种情报搜集能力以应对未来突发事件。

6. 如果情报分析工作继续保持目前的组织架构和运行方式，那么其能否为政府通过其他途径获得的信息增添足够多的新价值，以证明其延续现状的合理性，如果能够做到的话，需要投入多少资源。

7. 现行的分散式情报分析系统是否造成了严重的资源浪费或任务重叠，如果是这样的话，应采取何种措施以弥补这种不足。

8. 现行的为各情报机构分配资源以促使其完成任务的安排是否合理。

9. 现行的协调各情报机构搜集、分析及其他活动的框架是否为协调工作提供了一种最优化的结构。

10. 各情报机构现行的人事政策和实践是否能够培养出最好的工作人员以满足情报用户的需求。

11. 支撑情报活动的资金是否应继续作为国防预算的一部分，

或是由总统和国会决定列为一个单独的国防预算计划。

12. 目前在情报搜集、分析、隐蔽行动等领域的资源投入水平是否与美国的需求严重不符。

13. 是否还有一些多余或重叠的情报活动或领域存在严重的资源浪费、重复建设或管理不善的现象。

14. 如果可以的话，美国的情报活动预算应在多大程度上向公众公开。

15. 如果可以的话，美国情报界应在多大程度上搜集私营商业活动的信息，以及此类信息应以何种形式控制和分发。

16. 反情报政策和实践是否能确保各情报机构的雇员在安全问题上敏感，情报机构自身是否拥有适当的权力和能力解决发现的安全问题。

17. 与其他国家的情报机构相比，美国情报界在规模、任务、能力和资源方面的特点。

18. 是否应继续维持美国与其他国家在情报合作领域的现行合作协议，是否应调整协议内容以增加各国的分摊经费份额。

19. 现行的与多国机构共享情报以支援共同目标的安排是否恰当。

（三）“阿斯平 - 布朗委员会”举办的听证会①

时间	地点	证人
1995年3月16日	华盛顿哥伦比亚特区	负责情报界事务的中央情报执行主任理查德·哈弗（Richard L. Haver），中央情报副主任威廉·斯塔德曼（William O. Studeman）海军上将。

① Commission on the Roles and Capabilities of the United States Intelligence Community, *Preparing for the 21st Century: An Appraisal of U. S. Intelligence* (*Appendix C*), Washington, D. C.: Government Printing Office, 1996, p. c-1~c-7.

续表

时间	地点	证人
1995年3月17日	华盛顿哥伦比亚特区	国防情报局局长詹姆斯·克拉珀（James R. Clapper）空军中将，国家安全局副局长威廉·克罗韦尔（William p. Crowell），中央图像办公室副主任布莱塔·杜拉（Brett Dula）空军少将，联邦调查局局长路易斯·弗里（Louis J. Freeh），负责情报与研究事务的助理国务卿托比·盖提（Toby T. Gati），负责情报与安全事务的副助理国防部长基恩·霍尔（Keith R. Hall），国家侦察办公室主任杰弗里·哈里斯（Jeffrey K. Harris），中央情报局执行局长利奥·黑兹尔伍德（Leo Hazlewood）。
1995年4月6日	华盛顿哥伦比亚特区	国家图片判读中心主任南希·博恩（Nancy Bone），中央图像办公室主任安妮特·克里吉尔（Annette Krygiel），国防情报局国家军事情报搜集中心主任约翰·莱德（John A. Leide）陆军少将，国家安全局局长约翰·麦康奈尔（John M. McConnell）海军中将，中央情报局负责行动的副局长休·普莱斯（Hugh E. Price）。
1995年4月7日	华盛顿哥伦比亚特区	国防情报局国家军事情报生产中心主任乔安·邓普西（Joan Dempsey），负责情报与研究事务的助理国务卿托比·盖提（Toby T. Gati），国家侦察办公室主任杰弗里·哈里斯（Jeffrey K. Harris），国防情报局国家军事情报搜集中心主任约翰·莱德（John A. Leide）陆军少将，中央情报局情报界公开来源计划办公室主任约瑟夫·马科维茨（Joseph Markowitz），中央情报局负责情报事务的副局长道格拉斯·麦克伊钦（Douglas J. MacEachin），国家情报委员会主席克里斯廷·威廉斯（Christine Williams）。
1995年4月18日	马萨诸塞州坎布里奇市	哈佛大学教授格雷厄姆·艾利森（Graham T. Allison, Jr.）、迈克·德希（Michael C. Desch）、塞缪尔·亨廷顿（Samuel p. Huntington）、欧内斯特·梅（Ernest R. May）、安东尼·奥廷格（Anthony G. Oettinger）、理查德·派普斯（Richard Pipes）、史蒂文·罗森（Steven p. Rosen）、菲利普·泽利考（Philip Zelikow），布兰德斯大学教授罗伯特·阿特（Robert Art），麻省理工学院教授哈维·萨波尔斯基（Harvey M. Sapolsky）。

续表

时间	地点	证人
1995年4月20日	威斯康星州密尔沃基市	威斯康星州蓝十字与蓝盾协会政府计划部主席提姆·卡伦（Tim Cullen），威斯康星州电力公司副总裁克里斯廷·克劳斯（Kristine M. Krause），百力通公司执行副总裁詹姆斯·威尔（James A. Wier），菲士达公司副总裁约翰·英苓（John Yingling）。
1995年5月5日	弗吉尼亚州威廉斯堡市	国防情报局局长詹姆斯·克拉珀（James R. Clapper）空军中将，中央情报局执行局长利奥·黑兹尔伍德（Leo Hazlewood）。
1995年5月6日	弗吉尼亚州威廉斯堡市	前中央情报主任罗伯特·盖茨（Robert M. Gates）
1995年6月1日	华盛顿哥伦比亚特区	负责国际安全事务的助理国防部长小约瑟夫·奈（Joseph S. Nye, Jr.），国防部长威廉·佩里（William J. Perry），总统前国家安全事务助理布伦特·斯考克罗夫特（Brent Scowcroft）。
1995年6月2日	华盛顿哥伦比亚特区	国防部长哈罗德·布朗（Ronald H. Brown），巡回大使罗伯特·加路西（Robert L. Gallucci），美国商务代表米奇·坎特（Mickey Kantor），参联会副主席威廉·欧文斯（William A. Owens）。
1995年7月14日	华盛顿哥伦比亚特区	前中央情报主任理查德·赫尔姆斯（Richard M. Helms）、威廉·韦伯斯特（William H. Webster）、詹姆斯·伍尔西（R. James Woolsey），中央情报局负责情报事务的副局长道格拉斯·麦克伊钦（Douglas J. MacEachin），前中央情报副主任约翰·麦克马洪（John N. McMahon）。
1995年8月3日	华盛顿哥伦比亚特区	大卫·萨尔诺夫研究中心副主任拉里·考克斯（Larry Cox），兰德公司高级物理学家理查德·亨德利（Richard O. Hundley），总统国家安全事务助理安东尼·莱克（Anthony Lake），公开来源解决方案集团主席罗伯特·斯蒂尔（Robert D. Steele）。
1995年8月4日	华盛顿哥伦比亚特区	洛克希德·马丁公司的米诺鲁·阿拉奇（Minoru Sam Araki）、詹姆斯·博基尼斯（James W. Boginis）、威廉·阿舍尔（William R. Usher），前中央情报主任约翰·多伊奇（John M. Deutch），休斯航天通信公司的肯·小林（Ken K. Kobayashi），锡奥科尔公司的泰德尔·麦考伊（Tidal W. McCoy），全球视野团体的伦道夫·弗尔森（Randolph Pherson），中央情报局负责行动/反情报事务的副局长助理保罗·雷蒙德（Paul J. Redmond, Jr.），作家杰弗里·里彻逊（Jeffrey T. Richelson）、大卫·怀斯（David Wise），国家反情报中心主任迈克·韦格斯派克（Michael J. Waguespack）。

续表

时间	地点	证人
1995 年 9 月 16 日	弗吉尼亚州利斯堡市	兰德公司的大卫・朱（David S. C. Chu）、阿诺德・坎特（Arnold Kanter）、约翰・施拉德（John Y. Schrader）。
1995 年 10 月 12 日	华盛顿哥伦比亚特区	空军负责情报事务的助理参谋长鲍恩・巴拉德（Bowen Ballard）少将，中央情报局行动处的理查德・卡德尔（Richard D. Calder），代理负责情报与安全事务的副助理国防部长杰里米・克拉克（Jeremy Clark），海军情报主任迈克・克拉默（Michael W. Cramer）少将，国家侦察办公室系统应用办公室主任丹尼斯・菲茨杰拉德（Dennis Fitzgerald），参联会情报部主任帕特里克・休斯（Patrick M. Hughes）陆军少将，陆军负责情报事务的副参谋长保罗・梅诺尔（Paul E. Menoher），国防情报局局长肯尼思・米尼汉（Kenneth Minihan）中将，海军陆战队情报主任大卫・里奇万（David Richwine）少将。
1995 年 11 月 9 日	华盛顿哥伦比亚特区	中央情报局艾姆斯间谍案损害评估小组的尤金・阿姆斯特朗（Eugene Armstrong）、劳埃德・弗尔德曼（Lloyd Feldman），负责军事情报支援事务的中央情报主任助理丹尼斯・布莱尔（Dennis C. Blair），国家情报委员会主席理查德・库珀（Richard N. Cooper），中央情报局前情报分析员杰克・戴维斯（Jack Davis），乔治敦大学教授阿兰・古德曼（Allan E. Goodman），国家情报委员会负责评估事务的副主席约翰・迈克劳克林（John E. McLaughlin）。
1996 年 1 月 19 日	华盛顿哥伦比亚特区	前司法部长威廉・巴尔（William p. Barr），前中央情报副主任弗兰克・卡卢契（Frank C. Carlucci），前大使汉克・科恩（Hank Cohen），外交关系委员会国家安全项目主任理查德・哈斯（Richard N. Haass），前国家安全局局长鲍伯・英曼（Bob R. Inman），前驻华大使詹姆斯・利利（James R. Lilley），哈佛大学教授小约瑟夫・奈（Joseph S. Nye, Jr.）。
1996 年 2 月 2 日	华盛顿哥伦比亚特区	前中央情报主任约翰・多伊奇（John M. Deutch）

（四）“阿斯平 - 布朗委员会”的调查报告目录

献词
前言
综合摘要
序言
第一章　维持情报能力的必要性
第二章　情报的角色
第三章　提供政策指导的必要性
第四章　协调应对全球犯罪的必要性
第五章　情报界组织机构的设置
第六章　中央情报局
第七章　制定一个有效的预算结构与流程的必要性
第八章　改进情报分析
第九章　合理精简与重建情报界的必要性
第十章　军事情报
第十一章　空间侦察与管理技术搜集工作
第十二章　国际合作
第十三章　情报费用
第十四章　责任与监督
结语
参议员约翰·沃纳的补充意见
致谢
附录 A　美国情报界的演变——历史性的回顾
附录 B　情报界综述
附录 C　证人列表
附录 D　访谈列表
附录 E　授权立法
附录 F　法定调查事项对照目录
附录 G　个人传记信息

（五）“阿斯平 - 布朗委员会”的调查结论及主要改革建议

1. 调查结论

委员会认为美国需要维持一个强大的情报能力。美国的情报工作已经为维护国家安全做出了至关重要的贡献，并将继续如此，支援外交工作和国防建设。虽然冷战时期超级大国之间的对抗已经消失，但是美国的情报工作仍然需要扮演重要的角色，承担重要的任务。

与此同时，美国的情报工作能够得到进一步的完善：

（1）情报必须更加贴近它的服务对象。情报机构需要得到决策层更好的指导，此类指导包括情报机构需要扮演何种角色以及搜集和分析何种信息。决策者需要在更大范围内知晓情报机构能够提供什么样的情报，并更多地参与到情报力量的使用之中。情报工作必须与政府的其他职能更紧密的融合起来，例如与执法机构，以实现共同目的。

（2）情报机构应在运转过程中更加紧密地组成一个“情报界”。目前的情报组织机构设置并不能提供有效的中央指导。权力是分散的，行政管理上的障碍经常阻止或限制不同情报机构间开展合作。

（3）情报工作能够而且应该更高效地运转起来。在某些情况下，组织制度本身造就了低效率。为情报工作分配资源的流程存在严重缺陷。目前急需应用现代管理经验。部分情报机构发现其工作人员不是按照该机构目前的需求而配备的，但是自身又缺乏改变此类现状的能力。各情报机构中独立的人事及管理系统造就了新的低效率的情况。同时，工作人员薪金的不断增长挤压了情报机构对新技术和倡议的投入资金。

（4）提供给决策层的情报的质量和可用性应得到改进。情报生产者需要与情报消费者建立起更加直接的关系，更好地利用政府外所能获得的专业知识和能力，并采取更多的措施改善情报产品的质量和时效性。我们需要对情报机构生产的情报产品做出独立的评估。

（5）通过扩大的国际合作，美国应利用其在情报领域的领先优势，促进其日益广泛的政治和军事利益，共享情报能力及由此产生的费用。

（6）必须恢复公众对情报工作的信心。只有情报界赢得其所服务的政府决策者及国会代表的信任与支持，这一目标才能最终实现。而且，那些负责指导和监督情报活动的人也能够在适当的情况下引导公众对情报活动的认可与支持。①

2. 主要改革建议②

（1）委员会认为美国需要继续维持一个强大的情报能力。美国的情报工作已经为维护国家安全做出了至关重要的贡献，并将继续如此。情报界的表现能够得到改进，情报界能够变得更加有效率。但是它必须被保留。

（2）委员会认为开展隐蔽行动的能力应该得到保留。当不能使用军事手段且仅靠外交手段无法解决问题的时候，总统需要这种能力、只有当完成重要且可识别的对外政策目标必须需要这种能力，以及有无可辩驳的原因证明不能暴露美国的参与之时，才能实施隐蔽行动。

（3）委员会建议国家安全委员会建立一个双层结构。应建立一个“对外情报委员会”，由总统国家安全事务助理担任主席，其成员包括中央情报主任、国防部副部长、副国务卿。该委员会应至少每半年召开一次会议，并在主要情报议题上提供广泛的政策指导。该委员会下设“情报消费者分委员会”，其成员包括主要的情报消费者和生产者的代表。该分委员会应经常召开会议，为情报搜集和分析工作提供指导，并定期评估情报机构的表现以满足政府的情报需求。

（4）委员会建议在国家安全委员会内成立一个单独的“全球犯

---

① Commission on the Roles and Capabilities of the United States Intelligence Community, *Preparing for the 21st Century: An Appraisal of U. S. Intelligence* (*Executive Summary*), Washington, D. C. : Government Printing Office, 1996, p. xv – xvi.

② “阿斯平－布朗委员会”的改革建议分散于各章之中，其中最为关键的改革建议被收录进了调查报告的“综合摘要”部分。

罪委员会”，由总统国家安全事务助理担任主席，其成员至少应包括国务卿、国防部长、司法部长、中央情报主任。该委员会应制定并协调适当的战略以应对全球犯罪对国家安全的威胁。为使此类战略能够有效地发挥作用，情报与执法之间的关系也必须从根本上得到改善。为此，委员会建议：第一，总统应指定司法部长为执法界的发言人及协调人，以规划出国家执法部门对全球犯罪的应对举措；第二，应发布一份行政命令，用以规范和明确情报机构为执法目的而搜集海外外国人的相关信息的权力；第三，应扩大情报界与执法界之间共享相关信息的范围；第四，协调情报机构与执法机构在海外活动的工作应得到改进。

（5）为了给中央情报主任更多的时间去管理情报界，委员会建议目前的中央情报副主任应被两个新的副职代替：一个负责情报界事务，另一个负责中央情报局的日常管理工作。两名中央情报副主任都应由总统提名，并需得到参议院的认可。

（6）为了在中央情报局的管理问题上保持连贯性，委员会建议负责中央情报局的中央情报副主任的任期应固定为六年，每两年可以由总统重新任命。

（7）委员会建议拨付给国家情报工作的预算应重新调整。相似的情报计划应被统一放置于直接向中央情报主任负责的情报门类主管那里。例如，所有的信号情报活动都应被置于国家安全局局长这一情报门类主管的管理之下。

（8）委员会建议情报生产者采取更加系统的方式建立其与情报消费者的关系。应识别出谁是关键的情报消费者，并单独咨询他们的意见，以了解他们希望得到何种类型的情报支援。情报生产者应向决策高层的参谋队伍中提供情报分析人员。

（9）委员会建议情报分析人员的技巧和专业能力应得到更加广泛的发展，应更多地利用情报界的外部专家。应更多的利用公开渠道得到的大量信息。目前正在进行的情报生产者与消费者之间的电子联系系统的建设应被当作优先考虑事项。

（10）委员会建议目前生产情报评估的国家情报委员会应进行重组，最终转变成一个“国家评估中心”（National Assessment Center）。该机构仍然受中央情报主任的领导，但是其办公地点应在中央情报局之外，以利用更广泛的信息和专业能力。

（11）委员会建议目前由国防人力情报署的现役军官负责的人力情报招募工作转交中央情报局。

（12）委员会赞同近期由中央情报主任和国防部长共同提出的关于建立国家图像与测绘局的建议。

（13）委员会建议总统或其指定的代表公布本财年内用于情报活动的总开销，以及下一财年的情报预算申请。除此之外，更多的细节不应公布。①

二、国会联合情报调查委员会的情报调查

（一）国会联合情报调查委员会的成员

第107届国会（2002－2003年）参议院情报特别委员会成员

民主党	主席	鲍勃·格雷厄姆（Bob Graham）	佛罗里达州
	成员	卡尔·莱文（Carl Levin）	密歇根州
		约翰·洛克菲勒（John D. Rockefeller）	西弗吉尼亚州
		黛安娜·范斯坦（Dianne Feinstein）	加利福尼亚州
		罗恩·威登（Ron Wyden）	俄勒冈州
		理查德·德宾（Richard J. Durbin）	伊利诺伊州
		埃文·贝赫（Evan Bayh）	印地安那州
		约翰·爱德华兹（John Edwards）	北卡罗来纳州
		芭芭拉·米库尔斯基（Barbara Mikulski）	马里兰州

① Commission on the Roles and Capabilities of the United States Intelligence Community, *Preparing for the 21st Century: An Appraisal of U. S. Intelligence (Executive Summary)*, Washington, D. C.: Government Printing Office, 1996, p. xvii－xxv.

续表

共和党	副主席	理查德·谢尔比（Richard C. Shelby）	亚拉巴马州
	成员	乔恩·凯尔（Jon Kyl）	亚利桑那州
		詹姆斯·英霍夫（James M. Inhofe）	俄克拉何马州
		奥林·哈奇（Orrin Hatch）	犹他州
		帕特·罗伯茨（Pat Roberts）	堪萨斯州
		迈克·德温（Mike DeWine）	俄亥俄州
		佛瑞德·汤普森（Fred Thompson）	田纳西州
		理查德·卢格（Richard Lugar）	印地安那州

第107届国会（2002－2003年）众议院常设情报特别委员会成员

共和党	主席	波特·戈斯（Porter J. Goss）	佛罗里达州
	成员	杜格·贝里特（Doug Bereuter）	内布拉斯加州
		迈克·卡赛尔（Michael N. Castle）	特拉华州
		舍伍德·贝勒特（Sherwood L. Boehlert）	纽约州
		吉姆·吉本斯（Jim Gibbons）	内华达州
		雷·拉霍德（Ray LaHood）	伊利诺伊州
		兰迪·坎宁安（Randy Cunningham）	加利福尼亚州
		彼得·霍克斯塔（Peter Hoekstra）	密歇根州
		理查德·波尔（Richard Burr）	北卡罗来纳州
		萨克斯比·钱布利斯（Saxby Chambliss）	佐治亚州
		特里·埃弗雷特（Terry Everett）	亚拉巴马州
民主党	资深众议员	南希·佩洛西（Nancy Pelosi）	加利福尼亚州
	成员	桑福德·毕晓普（Sanford D. Bishop）	佐治亚州
		简·哈曼（Jane Harman）	加利福尼亚州
		加里·康迪特（Gary A. Condit）	加利福尼亚州
		提姆·罗默（Tim Roemer）	印地安那州
		西尔维斯特·雷耶斯（Silvestre Reyes）	得克萨斯州
		伦纳德·鲍斯韦尔（Leonard L. Boswell）	艾奥瓦州
		柯林·彼得森（Collin C. Peterson）	明尼苏达州
		巴德·克拉默（Bud Cramer）	亚拉巴马州

（二）国会联合情报调查委员会举办的听证会（2002年）[①]

时间	听证会类型	主题或参加人员
6月4日	闭门	业务会议
6月5日	闭门	威胁的演变
6月6日	闭门	威胁的演变
6月11日	闭门	前负责安全保卫、基础设施保护、反恐事务的国家协调员理查德·克拉克（Richard Clarke）
6月12日	闭门	"9·11"事件前的情报界；把飞机用作武器。
6月18日	闭门	国家安全局局长迈克·海登（Michael Hayden）中将，联邦调查局局长罗伯特·米勒（Robert Mueller），中央情报主任乔治·特尼特（George Tenet）
6月19日	闭门	同上
7月16日	闭门	技术搜集
7月18日	闭门	技术搜集
7月23日	闭门	财政计划
7月25日	闭门	分析与语言
9月12日	闭门	隐蔽行动
9月18日	公开	"9·11"事件受害者家庭代表
9月19日	公开	副国务卿理查德·阿米蒂奇（Richard Armitage），总统前国家安全事务助理塞缪尔·伯杰（Samuel Berger）、布伦特·斯考克罗夫特（Brent Scowcroft）及安东尼·莱克（Anthony Lake），副国防部长保罗·沃尔福威茨（Paul Wolfowitz）。
9月20日	公开	劫机犯
9月24日	公开	穆萨维（Moussaoui）与凤凰城的电子通信

① U. S. Senate Select Committee on Intelligence and House Permanent Select Committee on Intelligence, *Report of the Joint Inquiry into the Terrorist Attacks of September* 11, 2001 (*Appendix: Joint Inquiry Hearings*). Washington, D. C.: Government Printing Office, December 20, 2002. http://www.gpoaccess.gov/serialset/creports/pdf/fullreport.pdf. 2002 *Congressional Hearings*. http://www.fas.org/irp/congress/2002_hr/index.html.

续表

时间	听证会类型	主题或参加人员
9月26日	闭门	穆萨维（Moussaoui）与凤凰城的电子通信；中央情报局反恐中心前主任科弗·布莱克（Cofer Black），联邦调查局负责反恐与反情报事务的执行局长助理戴尔·沃森（Dale Watson）。
9月26日	公开	对恐怖威胁的反应
10月1日	公开	信息共享；总审计署审计长大卫·沃克（David M. Walker），“评估国内应对恐怖主义（涉及大规模杀伤性武器）能力咨询委员会”主席詹姆斯·吉尔莫（James Gilmore III），国务院反恐协调员弗朗西斯·泰勒（Francis Taylor），运输安全局负责情报事务的副局长助理克劳狄·曼诺（Claudio Manno），移民与归化局负责调查事务的助理专员约瑟夫·格林尼（Joseph Greene），国防情报局代理局长洛威尔·雅各比（Lowell E. Jacoby）海军少将，马里兰州巴尔的摩市警察局局长爱德华·诺里斯（Edward Norris）。
10月3日	公开	重组情报界的建议；前众议员李·汉密尔顿（Lee Hamilton），前国家安全局局长威廉·奥多姆（Gen. William Odom），普林斯顿大学伍德罗·威尔逊学院公众与国际事务讲师弗雷德里克·希茨（Frederick Hitz）。
10月8日	公开	汲取的教训；前参议员沃伦·鲁德曼（Warren Rudman），联邦调查局局长路易斯·弗里（Louis Freeh），中央情报局反恐中心副主任保罗·皮勒（Paul Pillar），纽约市南区前检察官玛丽·怀特（Mary Jo White），国防情报局前分析人员基·法利斯（Kie C. Fallis）。
10月9日	闭门	联邦调查局/中央情报局的问题
10月10日	闭门	联邦调查局/中央情报局的问题；联邦调查局局长罗伯特·米勒，中央情报主任乔治·特尼特。
10月17日	公开	国家安全局局长迈克·海登，联邦调查局局长罗伯特·米勒，中央情报主任乔治·特尼特，国家图像与测绘局局长詹姆斯·克拉珀（James R. Clapper, Jr.）退役空军中将，国防情报局代理局长洛威尔·雅各比（Lowell E. Jacoby）海军少将。
12月10日	闭门	业务会议

（三）国会联合情报调查委员会的最终调查报告目录

第九章 情报界外部专家的观点
第十章 信息共享
第十一章 技术缺陷
第十二章 针对恐怖分子通信的技术搜集
第十三章 人力情报搜集
第十四章 对炭疽袭击的联合调查的总结
第四部分 与某些敏感性国家安全事务相关的调查结论、讨论和记叙
术语及关键人名词汇表
联合调查成员的补充意见
附录
初步调查范围
补充调查规则
联合调查听证会
参加听证会的证人名单
采访的个人名单
情报界内部的反恐机构
恐怖分子威胁的演变及美国的应对（1983 -2001 年）
挑选过的恐怖主义年代表（1982 -2001 年）
在两名“9·11”劫机犯、凤凰城的电子通信、针对穆萨维的调查的问题上，中央情报局/联邦调查局的失误
凤凰城的电子通信
与穆萨维相关的联邦调查局驻外行动官员的笔记、驻外办公室与总部之间的电子邮件通信
总审计办公室：对美国遭受炭疽袭击的分析
反恐中心监视名单指导原则（1999 年 12 月）
在法庭的联合调查
联合调查遇到的访问受限情况

（四）国会联合情报调查委员会的调查结论及主要改革建议

1. 调查结论

（1）事实结论

第一，虽然情报界搜集了大量与本·拉登及其恐怖活动相关的大量有价值的情报，但是没有情报能够指出2001年9月11日当天的袭击时间、地点和攻击性质。然而，情报界的确得到了一些明确与“9·11”恐怖袭击相关的信息，特别是当寻求此类信息的共同点的时候就更为清晰了。

第二，2001年的夏季与春季期间，情报界收到了急剧增加的信息，此类信息显示本·拉登和“基地”组织企图在不久的将来攻击美国的利益。

第三，从1998年开始一直持续到2001年夏，情报界收到了少量但相对稳定的情报报告，这些报告指出了恐怖分子在美国国内制造恐怖袭击的可能性。然而，我们得到的证词及采访结果确认了这样一个事实，在2001年的夏季与春季期间，虽然有情报显示本·拉登计划并意图在美国国内制造恐怖袭击事件，但是情报界普遍认为此类袭击最有可能针对美国的海外利益。

第四，至少从1994年开始一直到2001年夏，情报界收到的信息显示，恐怖分子除了思考其他袭击手段之外，正在思考将飞机用作武器。此类信息并没有引发情报界针对这一威胁做出任何特别情报评估，或是引发美国政府针对这一威胁的集体反应。

第五，虽然情报界在2001年9月11日之前就已收到与恐怖袭击相关的信息，而且在事后看来这些信息非常重要，但是情报界经常未能集中关注此类信息，也没有从恐怖袭击可能性的角度去评估此类信息的共同点。情报界也未能提出足够的倡议去应对新的跨国威胁。一些重要的信息被淹没在大量的数据之中，并被忽视了，也有一些重要信息在当时没有被认为具有潜在的重要性，因此并没有得到分发，而在搜集到与劫机者直接相关的信息之前，一些重要信息还需要外国政府更多的行动起来。由于以上各种原因，情报界未能充分利用其所获得的潜在重要的信息。

（2）系统结论

第一，“9·11”前，情报界既没有做好组织上及装备上的准备，也没有做出适当的调整，以应对全球恐怖分子集中关注袭击美国国内目标所形成的挑战。美国的对外情报及对内情报工作之间存在着搜集领域覆盖上的盲区。美国的对外情报机构未能适当关注国内可能遭受恐怖袭击的问题。中央情报局未能将恐怖嫌犯列入观察清单，这反映出其对保护美国本土免受恐怖主义威胁的工作流程缺乏重视。因此，中央情报局的雇员未能将米德哈和哈兹米列入恐怖嫌犯观察清单。美国国内的反恐工作缺少有效的对内情报力量。联邦调查局无法有效识别和监视“基地”组织及其他国际恐怖主义组织在美国国内的活动。总之，随着国际恐怖分子在美国国内形成的直接威胁日益增加，以上这些问题使美国显得愈发脆弱。

第二，2001 年 9 月 11 日前，无论是整个美国政府，还是情报界，都没有形成一个综合性的反恐战略，以打击本·拉登所构成的威胁。而且，中央情报主任也不情愿或无能力整合情报界所有的资源去打击日益增长的威胁。

第三，冷战结束至 2001 年 9 月 11 日期间，情报界的整体预算下降了或保持金额不变，而情报界内的反恐预算却在显著地增加。即便如此，不断累积的情报优先处理事项，繁琐的情报需求处理流程，整体下降的情报界总预算，对附加拨款的依赖，这些都使得在情报界内有效分配资源以应对日益发展的恐怖主义威胁变得困难重重。情报界预算实践和程序上的诸多问题让情报资源与需求处理流程中的低效率现象变得更加严重。

第四，虽然技术仍然是美国最大的优势，但是这种优势并没有在支援美国反恐工作上得到充分的发挥和有效地利用。目前这一领域持续存在的问题包括，情报界内各机构之间缺乏合作，不愿开发和应用新技术，联邦调查局所依赖的技术系统早已过时且不能满足工作需求，缺少一个集中的反恐数据库。

第五，“9·11”前，情报界对“基地”组织的了解是有限的，这是因为情报分析工作并未集中关注“基地”组织，而且相关情报分析的质量也存在不足，尤其在战略分析领域。情报分析成果和情报分析人员并没有得到经常性的使用，因为情报界内某些岗位的人认为，对于反恐任务来说，行动人员比分析人员更重要。反恐情报分析的质量不稳定，许多分析人员缺乏经验，无法胜任工作，没有经过训练，且无法接触到关键信息。其结果是，针对本·拉登的创造性的主动分析严重缺乏，从单个信息片断中发现其在整体事件之中的重要价值的持续分析能力严重缺乏。这些分析能力的缺陷严重削弱了美国决策者了解全部威胁性质，并在充分了解情况的基础上做出决策的能力。

第六，“9·11”前，情报界面临着翻译其所搜集的大量外语反恐情报的挑战，但是它并没有做好准备。情报界内的各机构都有过这样的一些经历，翻译材料大量积压，语言专家和具备外语能力的行动官员的缺乏，在重要的恐怖主义相关语言保障领域长期维持着仅仅30%的战备水平。

第七，“9·11”前，情报界生产重要和及时的反恐信号情报的能力受到了以下种种限制：国家安全局未能积极解决现代通信技术上的问题，情报界内部各机构之间的冲突持续不断，国家安全局在搜集与国内活动相关的情报的问题上显得异常谨慎，国家安全局与联邦调查局在恐怖分子袭击美国国内目标的可能性的问题上缺乏合作。

第八，国家安全局内计划管理专长与经验的持续减少阻碍了它对反恐斗争的贡献。为解决现代情报搜集、分析与信息共享中存在的问题，国家安全局及时提供了技术解决方案，而这些持续提供的解决方案是多种结果的混合。

第九，目前，美国政府中没有任何一个机构可以从所有渠道整合所有与恐怖主义相关的信息。虽然中央情报局的反恐中心管理着海外的情报活动并能够接触到情报界内部的大部分信息，但是它不能从所有渠道（国内及国外）搜集与恐怖主义相关的信息。“9·

11”前，情报界内部各机构间未能适当地共享相关的反恐信息。这种交流上的障碍是由多种原因引起的，其中包括不同情报机构拥有不同的任务、法律权限及文化。信息无法得到充分共享的现象不仅存在于情报界内部各机构之间，还存在于单个机构内部，以及情报机构与执法机构之间。

第十，“9·11”前，信息共享领域存在的严重问题还存在于情报界与相关非情报界机构之间。这其中包括其他联邦政府机构，以及州及地方政府机构。缺乏沟通与合作不仅使非情报机构、而且也使情报机构无法接触到潜在的有价值的信息，以向本·拉登开战。

第十一，“9·11”前，情报界未能有效地发展并使用人力情报人员渗透到“基地”组织内部。正是由于缺乏可靠的、知识渊博的人力情报人员，情报界获得相关情报以在“9·11”前采取行动的能力受到了严重限制。自己单独掌握的反恐人力情报资源的缺乏至少部分是因为美国过于依赖与其有合作关系的外国情报机构。

第十二，2001 年夏季期间，当情报界为一场即将到来的“基地”组织的袭击而打足精神时，联邦调查局依据《对外情报监视法》中的相关规定提出监视申请时遇到了困难，而在申请过程中，对美国国内“基地”组织嫌犯的申请监视范围被层层缩小。联邦调查局总部及驻外办公室中的工作人员普遍认为，依据《对外情报监视法》中的相关规定提出监视申请的过程漫长且充满困难，而这种普遍看法进一步增加了联邦调查局申请上的困难。

第十三，因保密等原因删除。

第十四，美国军方的高级官员不愿使用军方资产在阿富汗开展进攻性的反恐活动，或支援及参与到“9·11”前中央情报局针对“基地”组织而开展的活动中。这种不情愿的部分原因在于，军方认为情报界无法提供其所需要的情报以支援军事行动。“9·11”前，虽然军方确实参与了打击本·拉登恐怖网络的某项反恐行动，但是军方关注的重点主要是保护部队的安全。

第十五，情报界严重依赖外国情报及执法机构来搜集反恐情报及开展其他反恐活动。该结果是多种情报因素的混合，不同的外国情报机构在搜集本·拉登及“基地”组织的情报的问题上拥有能力和意愿上的差别。情报界有时未能适当地协调其与外国情报机构的关系，无论是在情报界内部，还是在更广泛的美国政府的对外联络和外交政策上。这种对外国机构的依赖还导致了美国未能关注发展专属自己的人力情报力量。

第十六，“9·11”事件劫机者的活动资金主要由海外汇款至他们的个人账户。“9·11”前，美国政府范围内没有一个协调一致的战略，用以指导监视恐怖分子的资金流动，并切断他们的金融资助网络。部分政府机构也不愿意监视恐怖分子的资金流动，并切断他们的金融资助网络。因此，美国政府无法有效切断本·拉登的恐怖活动的资金支持。

（3）相关结论

第十七，从1998年到2001年夏季，尽管有情报报告显示本·拉登的恐怖网络企图在美国国内制造恐怖袭击，美国政府并没有在国内全面采取防御性的措施。

第十八，1996年到2001年9月期间，美国政府所采取的反恐战略未能成功地让阿富汗不被本·拉登的恐怖网络用作庇护所和训练基地。为打击“基地”组织，很多手段都使用了，执法部门经常作为领导性的机构，因为其他手段被认为不适合或无法出成效。虽然有许多成功的起诉案例，但是执法部门单独依靠自己来消除本·拉登庇护所的努力并不合适。美国坚持遵守法律并接受国际行为规范，但本·拉登和“基地”组织无视规则，并在阿富汗为其提供的庇护所中壮大起来。

第十九，“9·11”前，情报界和美国政府耗尽全力防止本·拉登及其恐怖网络针对美国发动恐怖袭击，但是缺乏得到警告的、经过动员的和虔诚的美国公众的支持。虽然2001年春季和秋季有情报显示恐怖袭击的威胁已迫在眉睫，但是美国政府普遍认为类似“9·11”事件的袭击不会出现在国内。因此，没有充分告知美国民众威胁的现实性和严重性。①

2. 主要改革建议

自从《1947 年国家安全法》设立中央情报主任和中央情报局以来，有许多独立调查委员会、专家及通过立法创制而组建的调查组都曾对美国情报界的发展和表现进行过调查。虽然在过去这些调查提出了许多改革提议，但是一些最为重要的改革提议并没有得到落实，尤其在情报组织和结构领域。参众两院情报委员会相信，2001 年 9 月 11 日发生的悲惨事件为强化情报界的领导并进行建设性的改变提供了一个独特且不可抗拒的改革授权。正因如此，再加上本次联合调查所取得的成果，参众两院情报委员会得出了以下建议：

（1）国会应修订《1947 年国家安全法》，设立一个法定的国家情报主任，其应成为总统的首席情报顾问，并在管理、预算和人事方面全面负责，以使整个情报界作为一个整体而运转。

国家情报主任应是一个内阁级别的职务，由总统提名，并需得到参议院的认可。国会和总统应共同确保国家情报主任能够有效地行使权力。

为了确保情报界能够得到集中且连贯的领导，国会应确保国家情报主任不能兼任中央情报局局长，或其他特定情报机构的领导。

（2）考虑到情报和反恐工作急需清晰的指导，目前国家安全委员会审查并更新情报优先事项的工作应加快进度。总统应采取行动以建立起清晰、连贯、通用的情报优先事项，并在情报界内强力执行。一旦建立，就应该至少每年对这些优先事项进行审查和更新，以确保情报资源的分配能够反映并有效解决持续发展的安全威胁。最后，应每年向参众两院的情报委员会报告情报界优先工作事项的设立，并解释具体情况。

---

① U. S. Senate Select Committee on Intelligence and House Permanent Select Committee on Intelligence, *Report of the Joint Inquiry into the Terrorist Attacks of September* 11, 2001, Washington, D. C.: Government Printing Office, December 20, 2002, xi – xix. http://www.gpoaccess.gov/serialset/creports/pdf/fullreport.pdf.

（3）国家安全委员会应联合国家情报主任，并与国土安全部部长、国务卿、国防部长共同磋商，准备一份在国内外打击恐怖主义的整个政府范围内的战略供总统批准，这一战略应涵盖大规模杀伤性武器及相关技术的扩散而推动的恐怖主义威胁的增长，并识别和整合外交政策、经济、军事、情报、执法力量，在规划指导反恐战争胜利的蓝图时，上述力量是重要考虑因素。

作为反恐战略的一部分，国家情报主任应制定情报界相应的战略，该战略应能够明确特定的计划、预算和行动方案，以应对本·拉登和“基地”组织、黎巴嫩真主党、哈马斯以及其他重要的恐怖组织所形成的威胁。

（4）应在国家情报委员会中设立一个负责恐怖主义事务的国家情报官的职位，并让一位高度胜任该职位的个人负责为国会和行政部门中的决策者准备恐怖主义情报评估，以协助制定情报界的战略分析与评估计划。

（5）国会和政府应确保在国土安全部内成立一个有效的全源恐怖主义信息融合中心，该中心应能够显著地提高反恐情报分析的关注度和质量，并促进相关情报信息在情报界内外的及时分发。

（6）由于历史上联邦调查局负责对内情报的职责反复显现出缺点，而目前国土安全又面临着如此严峻的直接威胁，联邦调查局应强化和改进其对内情报能力，并全面而迅速地尽快推进改革。

（7）国会和政府应仔细考虑如何才能最好地构建和管理美国的对内情报能力。国会应审查对内情报权力的作用范围，以评估其在国内反恐与保护公民隐私和宪法规定的其他权力两个方面的适当性。该审查应包括依据《对外情报监视法》的授权而搜查和监视的特定人群的范围是否应扩大。

由于国会情报及司法委员会具有监督权，他们应尽快考虑与政府协商，是否联邦调查局应继续履行美国政府的对内情报职能，或者需要重新立法以解决这一问题，其中包括考虑创立一个新的机构以履行此类职能的可能性。

国会应要求新的国家情报主任、司法部长及国土安全部部长定期向总统和国会报告以下内容：

• 自2001年9月11日以来，为有效地开展对内情报计划，包括以上建议中的计划，联邦调查局落实改革的进展情况；

• 其他民主国家在组织对内情报行动时的经验；

• 在美国建立一个新的对内情报机构的特定方式，而且要认识到在加强国家安全的同时保护公民自由权利的必要性；

• 在如何满足国家对有效的对内情报能力的需求，包括立法需求方面，提出建议。

（8）司法部长和联邦调查局局长应采取必要的行动以确保：

• 在利用《对外情报监视法》以应对恐怖威胁方面，司法部的情报政策与审查办公室及其他组织机构向联邦调查局及情报界的其他成员提供全面而深入的培训；

• 联邦调查局应定期向局内的适当人员及情报界通报依据《对外情报监视法》的授权而开展的搜查和监视的结果，这些结果有可能有助于开展应对恐怖威胁的情报分析和行动；

• 联邦调查局制定并落实一项使用《对外情报监视法》的授权来应对国际恐怖组织威胁的计划，其中包括这些国际恐怖组织在何种程度上得到了外国政府的资金援助或支持。

（9）参众两院的情报及司法委员会应持续彻底审查《对外情报监视法》及其执行情况，尤其是《爱国者法》对其修订后发生的改变以及美国对外情报审查法庭的后续决定的执行情况，以决定这些法律条款是否能够适当地应对目前及新兴的恐怖威胁。一旦审查发现问题，这些委员会就应该提交相应的立法建议。

（10）国家安全局局长应于2003年6月30日向国家情报主任、国防部长及参众两院情报委员会提交一份详细的计划，其中包括：

• 描述解决信号情报所面临的技术挑战的解决方案；

• 每季度进行一次审查，审查内容包括工作目标，准备提交的情报产品，情报资金水平，每一项技术发展项目的计划；

- 确保对情报计划开支的严格审计；
- 在目前法律所规定的职权范围内，使国家安全局与中央情报局、联邦调查局成为反恐战争上的全面合作伙伴，合作内容包括全面整合三家情报机构的搜集与分析力量；
- 提交为实现上述目标而需要通过立法手段来解决的建议。

在评估这一份计划时，参众两院的情报委员会应考虑国家安全局局长是否可以是文官，而且该职务的任期是否可以延长。

（11）由于情报界的雇员仍然是其最大的资源，国家情报主任应确保落实相关措施，以加强具备情报专业技能的人员得到招募和发展，这是确保反恐工作胜利的必需。

（12）应采取措施增加国家对情报工作的投入。

（13）在与司法部协商的基础上，国务院应审查包括引渡和互助条约在内的双边及多边条约所需要的修订程度，并于2003年6月30日向总统及国会提交报告。这一审查应解决目前违反引渡条款的范围应拓展到多大程度这样的问题，例如将签证和移民欺诈均列入违反引渡条款有可能对恐怖分子及其支持者特别有效。

（14）在认识到情报对于国家反恐工作的重要性的基础上，国会应保持对情报界进行有力的、有根据的、建设性的监督。为实现这一目标，“9·11”委员会应研究并提出建议，以使国会改进其对情报界的监督工作，其中包括：

- 改变预算流程；
- 改变国会情报委员会的人员构成制度；
- 是否应将监督权力交给一个两院联合的委员会，或保持目前的分散在参众两院的现状；
- 关于保密的决定在多大程度上损害了国会的监督职能；
- 国会监督应如何做才能有助于情报界发展并适应情报工作领域的变化以及满足决策者的需求。

（15）总统应审查并考虑修订关于国家安全情报信息保密的行政命令、政策和程序，努力使情报界之外的更多的联邦机构，州及地方政府能够得到相关信息，这对于反恐斗争及美国公众来说是至关重要的。此外，总统及各行政机构的领导应确保秘密信息免遭未经授权的泄露的政策和程序能够得到全面的理解、执行和有力的落实。

国会也应审查关于国家安全情报信息保密的法律、政策和程序，以避免此类信息遭遇未经授权的泄露。在众多事情中，国会应考虑过度保密在过去得到了多大程度上的应用，而新兴的威胁环境又在多大程度上增加了实时共享敏感信息的必要性。在与国防部长、国务卿、国土安全部部长、司法部长协商的基础上，国家情报主任应向参众两院情报委员会提交一份审查报告，其中应提出一种新的、更为现实的改革建议，以改变目前设定敏感和秘密信息的流程和结构。这份报告应包括防止将保密流程作为保护机构自身利益的改革建议。

（16）反恐工作需要工作人员拥有责任感、紧迫感和勤奋精神，制定责任标准对于开发人员的此类精神至关重要。由于情报界内没有非常努力认定“9·11”事件的责任，中央情报主任及其他情报机构的领导应制定相关措施以确保在情报界内落实责任制度。

（17）政府应于2003年6月30日向参众两院情报委员会提交一份审查报告，报告应说明在消除参与反恐工作的情报机构与执法机构之间不恰当和过时的障碍方面取得了什么样的进展，还需要做些什么工作以减少此类障碍，以及还需要什么样的立法建议。尤其需要注意的是，现行的法律和政策对于情报搜集和信息共享方面有诸多限制，该报告应明确目前正在采取什么手段来确保情报界内关于此类法律和政策的范围和限制的看法准确且有根据。

（18）国会和政府应确保全面建立一个负责协调和整合所有与恐怖分子相关的监视系统的国家监视中心；提高警戒程度并使所有的相关政府机构及私营部门都能够利用该中心；确保从所有相关搜集单位持续获得的全面的恐怖分子的姓名信息能够进入该中心。

（19）情报界，尤其是联邦调查局和中央情报局应该积极地应对这样一个可能性，即外国政府正在为以美国及其利益为攻击目标的恐怖活动提供支援或直接参与其中。国家支持的恐怖主义让在美国国内成功实施更具有杀伤力的袭击的可能性大大增加。这个问题必须从整个国家的角度去考虑，而不应该局限于地理或个别事件的范围。联邦调查局和中央情报局应积极和彻底地解决本次联合调查所发现的与他们相关的问题。

情报界应全面知会参众两院情报委员会有关上述改革工作的重要情况，可以通过常规报告的形式，如需要的话也可通过附加通信的形式。而委员会也应对情报界在这一关键领域的工作实施持续而有力的监督。[①]

三、“9·11”委员会的情报调查

（一）“9·11”委员会的成员

成员姓名	职业
托马斯·基恩（Thomas H. Kean）	委员会主席，德鲁大学校长。
李·汉密尔顿（Lee H. Hamilton）	委员会副主席，伍德罗·威尔逊国际学者中心主任。
理查德·本·韦尼斯特（Richard Ben－Veniste）	纽约与华盛顿地区的职业律师
鲍勃·凯瑞（Bob Kerrey）	纽约市新学院大学校长
弗里德·菲尔丁（Fred F. Fielding）	华盛顿卫理律师事务所创始人、律师
约翰·雷曼（John F. Lehman）	雷曼投资公司董事会主席
杰米·戈里克（Jamie S. Gorelick）	威凯平和而德律师事务所创始人、律师
蒂姆斯·罗默（Timothy J. Roemer）	乔治·梅森大学国家政策中心主任
斯莱德·戈登（Slade Gorton）	普盖茨律师事务所法律顾问
詹姆斯·汤普森（James R. Thompson）	温斯顿律师事务所主席

① Recommendations, pp. 1－16.

（二）“9·11”委员会举办的公开听证会①

标题	地点	主题	时间	分议题	证人
第一次公开听证会	纽约市亚历山大·汉密尔顿海关大楼	与受害者家庭成员进行公开对话，让其知晓本次调查的目标和优先工作事项，并了解目前调查工作的进度。	2003年3月31日	恐怖袭击的经历	康托尔菲茨杰拉德公司在“9·11”事件中的生还者哈里·韦泽尔（Harry Waizer），纽约和新泽西州港务局警察处的大卫·李姆（David Lim），纽约市消防局的退役人员李·艾尔皮（Lee Ielpi），陆军中校布赖恩·波德威尔（Brian Birdwell），退役陆军人士克雷格·辛考克（Craig Sincock）。
				遇难者代表	史蒂芬·普什（Stephen Push）、玛丽·法切特（Mary Fetchet）、明迪·克林伯格（Mindy Kleinberg）、阿里逊·瓦德罕（Allison Vadhan）。
				袭击者、情报与反恐政策	乔治敦大学的丹尼尔·拜曼（Daniel Byman），胡佛研究所的亚伯拉罕·索法尔（Abraham D. Sofaer），兰德公司的马格努斯·兰斯托普（Magnus Ranstorp）。

① National Commission on Terrorist Attacks Upon the United States, *The 9/11 Commission Report: Final Report of the National Commission on Terrorist Attacks Upon the United States*, Washington, D. C.: Government Printing Office, 2004, pp. 439 – 447. http://www.9-11commission.gov/report/911Report.pdf. *Public Hearings of the National Commission on Terrorist Attacks Upon the United States.* http://govinfo.library.unt.edu/911/hearings/index.htm.

续表

标题	地点	主题	时间	分议题	证人
第一次公开听证会	纽约市亚历山大·汉密尔顿海关大楼	与受害者家庭成员进行公开对话，让其知晓本次调查的目标和优先工作事项，并了解目前调查工作的进度。	2003 年 4 月 1 日	边界、资金与运输安全	司法部的格伦·法因（Glenn Fine），博伊斯席勒 & 弗累克斯纳律师事务所的李·沃尔斯基（Lee Wolosky），总审计办公室的杰拉尔德·迪林哈姆（Gerald Dillingham）。
				执法、对内情报与国土安全	兰德公司的迈克·沃姆斯（Michael Wermuth），作家史蒂文·布里尔（Steven Brill），马克基金会的佐伊·贝尔德（Zoë Baird），国土安全研究所的兰迪·拉森（Randy Larsen）。
				对袭击的直接反应	阿灵顿县消防局的肖恩·凯莱（Shawn Kelley），美国公民工程师协会的威廉·贝克（William Baker），纽约城市设计与建设局的肯·霍尔敦（Ken Holden）。
第二次公开听证会	华盛顿国会山哈特大楼	国会监督与航空安全	2003 年 5 月 22 日	国会监督	众议员南希·佩洛西（Nancy Pelosi），参议员约翰·麦凯恩（John McCain）、约瑟夫·利伯曼（Joseph Lieberman）。
				情报监督与联合调查	参议员鲍勃·格雷厄姆（Bob Graham）、理查德·谢尔比（Richard Shelby），众议员波特·戈斯（Porter Goss）、简·哈曼（Jane Harman）。

续表

标题	地点	主题	时间	分议题	证人
第二次公开听证会	华盛顿国会山哈特大楼	国会监督与航空安全	2003年5月22日	受影响的选民	参议员查尔斯·舒默（Charles Schumer）、希拉里·克林顿（Hillary Rodham Clinton）、乔恩·科尔津（Jon Corzine）、弗兰克·劳滕伯格（Frank Lautenberg），众议员杰罗德·纳德勒（Jerrold Nadler）、克里斯托弗·沙斯（Christopher Shays）。
				系统的状况："9·11"当天的民航安全	联邦航空局前局长简·贾维（Jane Garvey），交通部总监察长肯尼思·麦德（Kenneth Mead），美国空中运输协会的詹姆斯·梅（James May），运输安全局民航安全监察员博格丹·扎克维克（Bogdan Dzakovic）。
			2003年5月23日	2001年9月11日：袭击与反应	交通部部长诺曼·峰田（Norman Mineta），空军第1军军长克雷格·迈克金利（Craig McKinley）少将，联邦航空局负责民航安全事务的前副局长迈克·加那万（Mike Canavan）。
				改革民航安全工作：下一步计划	运输安全局副局长史蒂芬·麦克黑尔（Stephen McHale），联邦航空局负责民航安全事务的前副局长斯蒂尔（O. K. Steele），交通部前总监察长玛丽·希沃（Mary Schiavo）。

续表

标题	地点	主题	时间	分议题	证人
第三次公开听证会	华盛顿国会山罗素大楼	恐怖主义、“基地”组织与穆斯林世界	2003 年 7 月 9 日	“基地”组织	国防与战略研究所的罗汉·关那拉特那（Rohan Gunaratna），和平研究所的马蒙·范迪（Mamoun Fandy），宾夕法尼亚大学的马克·沙格曼（Marc Sageman）。
				国家与恐怖主义	美国企业研究所的劳里·麦罗里（Laurie Mylroie），国防大学的朱迪思·雅普赫（Judith Yaphe），乔治·华盛顿大学中东研究所的穆哈夫·乔加提（Murhaf Jouejati），路易斯安那州立大学的马克·加希罗斯基（Mark Gasiorowski）。
				穆斯林世界内部的挑战	外交关系协会的雷切尔·布朗森（Rachel Bronson），调查计划的史蒂文·爱默生（Steven Emerson），巴黎政治研究所的吉莱斯·开普尔（Gilles Kepel），华盛顿近东政策研究所的丹尼斯·罗斯（Dennis Ross）。
第四次公开听证会	华盛顿国会山罗素大楼	情报与反恐战争	2003 年 10 月 14 日	美国情报工作的领导	前中央情报主任詹姆斯·施莱辛格（James R. Schlesinger）、约翰·多伊奇（John M. Deutch）。
				情报与国家安全政策	布鲁金斯研究所及前国家安全事务副顾问詹姆斯·施坦贝格（James B. Steinberg）

续表

标题	地点	主题	时间	分议题	证人
第四次公开听证会	华盛顿国会山罗素大楼	情报与反恐战争	2003 年 10 月 14 日	跨国威胁的警报	前中央情报副主任查德·克尔（Richard Kerr），中央情报局负责预警的前国家情报官玛丽·麦卡锡（Mary O. McCarthy），众议院国土安全特别委员会的约翰·加农（John Gannon）。
第五次公开听证会	新泽西州麦迪逊市德鲁大学	突发事件的预先准备工作	2003 年 11 月 19 日	新泽西州公共及私营企业之间的关系	新泽西州州长詹姆斯·麦克格雷维（James E. McGreevey）
				私营部门的准备工作所面临的挑战	丘伯公司的约翰·德格南（John Degnan）
				“9·11”家庭成员提出的摩天大楼的安全问题	“摩天大楼安全运动”的莫尼卡·加布里埃尔（Monica Gabrielle）、萨利·雷根哈德（Sally Regenhard）
				“9·11”以来公众及私人倡议	国土安全部首都地区协调办公室主任迈克尔·伯恩（Michael F. Byrne），俄克拉何马州预防恐怖主义国家纪念馆的丹尼斯·赖默尔（Dennis J. Reimer），危机与持续协调国家中心的理查德·安德鲁斯（Richard A. Andrews）。
				私营部门在“9·11”事件中的经历	国际信托公司的威廉·云（William Y. Yun）

续表

标题	地点	主题	时间	分议题	证人
第五次公开听证会	新泽西州麦迪逊市德鲁大学	突发事件的预先准备工作	2003 年 11 月 19 日	突发事件管理和商业持续性的标准	约翰·杰伊刑事司法学院的格伦·考伯特（Glenn Corbett），总审计办公室的兰德尔·伊姆（Randall Yim）。
				私营部门准备工作的未来战略	大纽约安全委员会的威廉·雷赤（William G. Raisch），布鲁金斯研究所的彼得·奥斯扎格（Peter R. Orszag），洛克菲勒集团发展公司的詹姆斯·哈维瑞斯（James Haviaris），瑞格律师事务所的托马斯·萨斯曼（Thomas Susman）。
第六次公开听证会	华盛顿国会山罗素大楼	安全与自由	2003 年 12 月 8 日	美国国内的情报搜集	前司法部副部长拉里·汤普森（Larry D. Thompson）、菲利普·海曼（Philip B. Heymann），纽约大学法律学院的史蒂芬·舒霍夫尔（Stephen J. Schulhofer）。
				保护隐私，防止恐怖主义	国防部前总顾问朱迪思·米勒（Judith A. Miller），国家安全局前总顾问斯图尔特·贝克（Stewart A. Baker），电子隐私信息中心的马克·罗坦伯格（Marc Rotenberg）。
				预防性拘留：使用移民法和敌方战斗人员的称号以打击恐怖主义	天普大学的简·廷（Jan Ting），加利福尼亚大学洛杉矶分校的哈里德·麦德哈特·阿布·阿尔·法德尔（Khaled Medhat Abou El Fadl），司法部前总顾问大卫·马丁（David Martin）。

续表

标题	地点	主题	时间	分议题	证人
第六次公开听证会	华盛顿国会山罗素大楼	安全与自由	2003 年 12 月 8 日	政府机构与对内情报	前司法部长威廉·巴尔（William p. Barr），前国防部副部长约翰·哈姆里（John J. Hamre），中央情报局负责行动事务的前副局长约翰·麦克格里芬（John MacGaffin）。
第七次公开听证会	华盛顿国会山哈特大楼	边界、运输与风险管理	2004 年 1 月 26 日	“9·11”前的边界安全系统	国务院负责领事事务的前助理国务卿玛丽·瑞安（Mary A. Ryan），司法部移民与归化局的多丽丝·迈斯纳（Doris Meissner）。
				佛罗里达州的一次事故	国土安全部负责海关与边界保护事务的监察员乔斯·梅兰德兹－佩里兹（Jose E. Melendez－Perez）
				目前的签证与监视列表	国务院负责领事事务的前助理国务卿莫拉·哈提（Maura Harty），中央情报局恐怖分子威胁融合中心的罗素·特拉弗斯（Russell E. Travers），联邦调查局恐怖分子甄别中心主任唐娜·布切拉（Donna A. Bucella）。
				边界对“9·11”事件的反应	司法部移民与归化局前专员詹姆斯·齐格拉（James Ziglar），国土安全部负责海关与边界保护事务的专员罗伯特·邦纳（Robert C. Bonner），国防部负责国土防务事务的副助理国防部长彼得·维加（Peter F. Verga）。

续表

标题	地点	主题	时间	分议题	证人
第七次公开听证会	华盛顿国会山哈特大楼	边界、运输与风险管理	2004年1月27日	“9·11”事件的航空安全：管理者	联邦航空局前局长简·加维（Jane F. Garvey），联邦航空局负责民航安全事务的前副局长卡塞·弗林（Cathal L. Flynn），运输安全局负责情报事务的助理局长克劳狄奥·曼诺（Claudio Manno）。
				“9·11”事件的航空安全：航线	美国联合航空公司前副总裁埃德蒙·索利第（Edmond L. Solliday）、前首席行动官安德鲁·斯图德特（Andrew p. Studdert），美利坚航空公司首席执行官杰勒德·阿佩（Gerard J. Arpey）、前副总裁蒂莫西·阿赫恩（Timothy J. Ahern）
				空中的勇敢行动	美利坚航空公司的尼迪亚·刚扎勒兹（Nydia Gonzalez）
				“9·11”后的风险管理	国土安全部副部长詹姆斯·罗伊（James M. Loy）
第八次公开听证会	华盛顿国会山哈特大楼	反恐政策	2004年3月23日	外交	前国务卿马德琳·奥尔布赖特（Madeleine K. Albright），国务卿科林·鲍威尔（Colin L. Powell）。
				军事	前国防部长威廉·科恩（William S. Cohen），国防部长唐纳德·拉姆斯菲尔德（Donald H. Rumsfeld）。

续表

标题	地点	主题	时间	分议题	证人
第八次公开听证会	华盛顿国会山哈特大楼	反恐政策	2004 年 3 月 24 日	情报政策	中央情报主任乔治·特尼特（George J. Tenet）
				国家政策协调	前总统国家安全事务助理塞缪尔·伯杰（Samuel R. Berger），国家安全委员会前反恐协调员理查德·克拉克（Richard A. Clarke），前副国务卿理查德·阿米蒂奇（Richard L. Armitage）。
第九次公开听证会	华盛顿国会山哈特大楼	听取赖斯的专题报告	2004 年 4 月 8 日	听取赖斯的专题报告	总统国家安全事务助理康多莉扎·赖斯（Condoleezza Rice）
第十次公开听证会	华盛顿国会山哈特大楼	执法界与情报界	2004 年 4 月 13 日	“9·11”前美国国内的执法、反恐与情报搜集工作	前联邦调查局局长路易斯·弗里（Louis J. Freeh），前司法部长珍妮特·雷诺（Janet Reno）。
				2001 年的威胁与反应	联邦调查局前代理局长托马斯·皮卡德（Thomas J. Pickard），中央情报局反恐中心前主任科弗·布莱克（J. Cofer Black），司法部长约翰·阿什克罗夫特（John Ashcroft）。
			2004 年 4 月 14 日	情报界的表现	中央情报主任乔治·特尼特（George J. Tenet）

续表

标题	地点	主题	时间	分议题	证人
第十次公开听证会	华盛顿国会山哈特大楼	执法界与情报界	2004 年 4 月 14 日	预防未来发生在美国国内的袭击	中央情报局恐怖分子威胁融合中心主任约翰·布伦南（John O. Brennan），国土安全部负责信息分析事务的助理部长帕特里克·休斯（Patrick M. Hughes），联邦调查局负责反恐与反情报事务的执行助理局长约翰·皮斯托尔（John S. Pistole），中央情报局负责行动事务的副局长詹姆斯·帕维特（James L. Pavitt）。
				“9·11”后联邦调查局的领导及倡议	联邦调查局局长罗伯特·米勒（Robert S. Mueller III）、负责情报事务的执行助理局长莫林·巴金斯基（Maureen Baginski）。
第十一次公开听证会	纽约市新学院大学	紧急事件的应对	2004 年 5 月 18 日	针对紧急事件的准备工作及应对	纽约和新泽西州港务局世贸中心主任阿兰·雷斯（Alan Reiss）、警察处前处长约瑟夫·莫里斯（Joseph Morris），纽约市警察局前专员伯纳德·柯瑞克（Bernard B. Kerik）、雷蒙德·凯利（Raymond W. Kelly），纽约市消防局前专员托马斯·埃森（Thomas Von Essen）、尼古拉斯·斯考佩塔（Nicholas Scoppetta），纽约市紧急事件管理办公室前主任理查德·希雷尔（Richard Sheirer）、主任约瑟夫·布鲁诺（Joseph F. Bruno）。

续表

标题	地点	主题	时间	分议题	证人
第十一次公开听证会	纽约市新学院大学	紧急事件的应对	2004年5月19日	危机管理	纽约市前市长鲁道夫·朱利安尼（Rudolph W. Giuliani），作家丹尼斯·史密斯（Dennis Smith），纽约市紧急事件管理办公室前专员杰罗姆·豪尔（Jerome M. Hauer），阿灵顿县消防局局长爱德华·普劳特（Edward p. Plaugher），纽约市市长迈克·布隆伯格（Michael R. Bloomberg），国土安全部部长托马斯·里奇（Thomas J. Ridge）。
第十二次公开听证会	华盛顿国家运输安全委员会会议中心	“9·11”阴谋与国家危机管理	2004年6月16日	“基地”组织	联邦调查局特别探员玛丽·多兰（Mary Deborah Doran），伊利诺伊州北部地区检查官帕特里克·菲茨杰拉德（Patrick J. Fitzgerald），中央情报局的部分官员。
				“9·11”阴谋概述	联邦调查局特别探员杰奎琳·玛格丽（Jacqueline Maguire）、詹姆斯·菲茨杰拉德（James N. Fitzgerald）、亚当·德鲁克（Adam B. Drucker），中央情报局的部分官员。

续表

标题	地点	主题	时间	分议题	证人
第十二次公开听证会	华盛顿国家运输安全委员会会议中心	“9·11”阴谋与国家危机管理	2004年6月17日	针对“9·11”事件的军事反应	参联会主席理查德·梅耶斯（Richard B. Myers）空军上将，国家军事指挥中心负责行动事务的副主任查尔斯·雷第格（Charles Joseph Leidig）海军上将，北美空天防御司令部兼北方总部司令拉尔夫·埃伯哈特（Ralph E. Eberhart）空军上将，北美空天防御司令部美国大陆防区前司令拉里·阿诺德（Larry Arnold）退役空军少将。
				联邦航空局对“9·11”事件的反应	联邦航空局前代理副局长蒙特·贝尔格（Monte R. Belger）、负责空中交通管制的前副局长杰夫·格里菲斯（Jeff Griffith）、空中交通管制系统指挥中心前设施管理主任约翰·怀特（John S. White），纽约终点雷达进场控制处业务经理本尼迪克特·斯林尼（Benedict Sliney）。

（三）“9·11”委员会的调查报告目录

做好恐怖袭击的预防和准备工作

第十三章　如何行动？——改组政府的一套不同方法

统一国内、国外工作

统一情报界的工作

统一信息共享工作

统一国会的工作

改组美国的国内防务部门

附录 A：常用缩略语

附录 B：人名表

附录 C：听证会

注释

（四）“9·11”委员会的调查结论、发现情报界存在的主要问题及主要改革建议

1. 调查结论

“9·11”袭击事件暴露了四个方面的失败之处：想像力、政策、能力和管理。

（1）想像力

至关重要的问题是：我们必须找到一种将想像力的发挥日常化，甚至将其纳入官僚组织内部的方式。要做到这一点，仅仅靠找到一位能够联想到恐怖分子可以将飞机作为武器的专家是不够的。实际上，既然“基地”和其他恐怖组织已经利用交通工具（即汽车炸弹）作为武器，发动自杀式袭击，那么，思路再往前延伸一步，想到恐怖分子还可能利用船只（如“科尔”号遇袭事件）或飞机等其他交通工具发动袭击，也并非难事。

（2）政策

“9·11”袭击从策划到实施的全过程再次让我们清楚地看到，机构庞大、效率低下的美国政府是怎样经常低估日益严重的威胁的。本·拉登和“基地”培养的恐怖主义势力不同于美国政府以往遇到的任何一种。对恐怖分子个人的行为进行审判并对责任人进行惩罚，是目前应对恐怖主义行为的机制，制裁、报复、震慑和宣战是应对敌对政府的机制。“基地”的行为不属于上述任何一类。虽然“基地”的犯罪行为在规模上接近战争行为，但这一组织本身却是一个组织分散、分布广泛、神秘莫测的集团，它不具备美国政府可随时威胁、占领或摧毁的领土、公民和财产。

（3）能力

“9·11”之前，美国力图利用她在冷战结束前后利用和发挥过的政府机构和各项能力来解决“基地”问题。这样的能力是不够的，但美国政府没有对其进行扩展或革新。……我们看到，政府机构有时自然而然地把最艰巨的工作推到自己的职责范围之外，从而使自己能胜任工作。他们总是被动地工作，不对看似无可争辩的事实提出质疑，认为要查明并解决威胁防御体系中的薄弱环节将会花费巨资，造成巨大争议或打乱现有工作步骤。

（4）管理

政府无力改进其处理问题的方式以迎接21世纪的新挑战。各个机构就像是医院的专科医生，每人都让病人接受各种检查，观察症状并开出药方。缺少的是一位能确保这些专科医生整体协作的主治医师。①

2. 情报界存在的主要问题

（1）组织结构上的障碍导致联合情报工作无法正常展开

国家情报工作没有围绕联合任务展开，而仍然由不同情报机构搜集不同门类的情报。一体化的全源情报分析无比重要，因为只有这种分析才能“把分散的点连起来”。但是现在，没有一家情报机构能够掌握全部相关信息。相较而言，在组织美国的国防工作时，1986年的《戈德华特－尼科尔斯国防部改组法》提出了联合司令部

① National Commission on Terrorist Attacks Upon the United States, *The* 9/11 *Commission Report*: *Final Report of the National Commission on Terrorist Attacks Upon the United States*, Washington, D. C.: Government Printing Office, 2004, pp. 339 – 360. http://www.9 – 11commission.gov/report/911Report.pdf.

计划，联合司令部由此建立了起来。陆、海、空和海军陆战队4个军种分别组织、训练、武装各自的人员和作战单位来执行任务，然后将其交由联合司令部司令（如中央司令部的司令）调遣。《戈德华特－尼科尔斯国防部改组法》还规定，军官在晋升之前，必须到其他军种服役。国防部的作风为之一变，人们的普遍思维方式由从各自所属的军种出发，转为从多军种“联合”的角度出发，作战行动的一体化程度也得到了提高。

（2）国内、国外情报工作缺乏统一的标准和惯例

情报界首脑应该能够汇总国内、国外搜集的信息，确保所有情报工作都能遵循一套共同的质量标准，这些情报工作包括情报搜集、处理（如翻译）、上报、共享和分析。设立一套共同的情报人员标准有助于培养一批专业人士，使他们能超越自己所属机构的思维局限，并在联合行动中有更好的表现。

（3）国家级情报机构的管理权分散

虽然中央情报局曾经是美国国家情报能力的“核心”，但冷战之后，它很少能影响到国防部下属的3家国家级情报机构（国家安全局、国家地理空间情报局和国家侦察办公室）使用图像和信号情报的能力。1991年海湾战争的经验之一是，国家情报系统（特别是卫星侦察系统）在精确打击作战中具有重要价值。海湾战争之后，国防部也将上述情报机构纳入军方的整体转型方案之中。国会在“9·11”事件之后增设了专门负责情报事务的国防部副部长一职，以协调推动军事情报转型工作。这些事件产生了意想不到的后果：国防部对技术系统愈发依赖，从而削弱了中央情报主任在分配和使用这些技术侦察资源方面的影响力。

（4）缺乏确定工作重点和调配资源的能力

各情报机构主要是按照情报门类或情报搜集方式来组织的，但是情报搜集的工作重点却是国家性的。因为中央情报主任必须决定如何调配资源，所以他（或她）应具备指挥不同部门、重新配置资源的权力。

（5）任务过多

中央情报主任目前至少有3项工作，分别是：管理中央情报局；管理松散结合起来的情报界；担任政府的首席情报分析员，筛选证据并直接向总统汇报，担任总统的主要情报顾问。最近几任中央情报主任都没能同时做好这3项工作，而通常情况下，其中不尽人意的方面是对情报界的管理。即便对表现最好的中央情报主任来说，这项工作也充满困难，因为他（或她）目前掌握的权力太小。而且，因为同时要做这么多工作，中央情报主任连手中现有的权力都没有充分利用起来。

（6）过于复杂和隐秘

几十年来，情报机构不断增加，情报界的规章制度也不断出台，几乎已经到了公众无法了解的程度。目前，情报界中的情报机构已经有15家。情报界及中央情报主任的职责已经成了非常神秘的事情，只有内行人经过长时间的研究之后方可理解。公众连最基本的信息都一无所知，比如政府对情报界的实际拨款金额、资金在情报机构间的分配，以及其重要成员等。①

3. 主要改革建议②

（1）统一国内外工作

我们建议在现有的恐怖威胁信息融合中心的基础上成立国家反恐中心。国家反恐中心的工作人员将来自各个机构，它将打破国家政府机构旧的组织模式，成为联合行动计划和联合情报工作的中心。国家反恐中心的负责人有权对中心工作人员的表现进行评估。

（2）统一情报界的工作

中央情报主任的职位应由国家情报主任取代，其主要职责包括：

---

① National Commission on Terrorist Attacks Upon the United States, *The 9/11 Commission Report: Final Report of the National Commission on Terrorist Attacks Upon the United States*, Washington, D. C.: Government Printing Office, 2004, pp. 408 – 410.

② "9·11"委员会共提出了41条具体的改革建议，其中5条主要改革建议特别值得关注。

A. 监督负责美国政府范围内不同方面工作的各国家情报中心；B. 管理国家情报计划，并监督该计划所涉及到的情报机构。

中央情报局局长应加强以下工作：（a）重建中央情报局的情报分析能力；（b）建立人力情报能力，以改革秘密行动工作；（c）制定更强大的语言计划，在采用高标准的同时，提供充足的物质刺激；（d）在招募行动人员时，重新强调人员构成的多样性，以使这些人能更容易地融入外国城市；（e）在行动层面确保人力情报和信号情报搜集工作的密切配合；（f）强调在单边和联合行动之间保持更好的平衡。

指挥及执行准军事行动（无论是秘密的还是隐蔽的）的领导权应交给国防部。特种作战司令部原本负责的训练、指挥及执行此类准军事行动的能力应得到强化。

最后，为了解决我们之前所描述的情报界内过度保密和复杂的问题，应该向公众披露国家情报计划的财政拨款总额以及对每个相关情报机构的拨款数额。国会应针对情报工作通过一个单独的情报拨款法，用以解释数百亿美元的情报资金在各项情报工作中的大致分配情况。

（3）统一信息共享工作

信息操作程序应能够激励信息共享，以在保密和信息共享之间维持更好的平衡。

总统应该带领政府各部门，实现主要国家安全机构的信息革命。他应协调解决相关的法律、政策和技术问题，以建立一个“可信赖的信息网络”。

（4）统一国会的工作

目前，国会监督情报和反恐工作的职能存在障碍。国会应解决这个问题。我们研究了多种方案：一种方案是参照联合原子能委员会的旧模式建立一个联合情报委员会，另一种方案是在参众两院均建立一个同时拥有授权和拨款权的情报委员会。

国会应当设立一个专门负责监督和评估国土安全工作的机

构。国会领导最能够判定哪个委员会有权监督这一机构及其履职情况。但是我们认为，国会应在参众两院各选择一个委员会，而且该委员会应该是一个常设委员会，其工作人员应由无党派人士组成。

一场灾难性的袭击可能在几乎没有或完全没有预警的情况下发生，因此我们应缩短任命国家安全官员所需的时间，以尽可能地降低新老政府更替对国家安全决策造成的干扰。我们认为国家安全官员的任命过程可以大大简化，以使过渡工作更有效率，新任官员也能尽快肩负起新的责任。

（5）在美国国内组织防卫工作

联邦调查局应成立一个由探员、分析人员、语言学家和监控专家组成的专业化综合国家安全队伍。联邦调查局应招募、训练、奖励和保留上述专门人才，以确保在局内培育出一种以丰富的情报和国家安全工作专业技能为底蕴的机构文化。

国防部及其监督委员会应当定期评估北方司令部在保卫美国本土免受军事威胁方面的战略及计划的适当性。

国土安全部及其监督委员会应定期评估国家面临的威胁类型，以确定：（a）政府制定的保护美国关键基础设施的计划以及此类计划的进展的适当性；（b）政府是否已经做好准备，以应对其所可能面临的各类威胁。①

① National Commission on Terrorist Attacks Upon the United States, *The 9/11 Commission Report: Final Report of the National Commission on Terrorist Attacks Upon the United States*, Washington, D. C.: Government Printing Office, 2004, pp. 400 - 428. http://www.9-11commission.gov/report/911Report.pdf.

四、美国关于大规模杀伤性武器情报能力委员会的情报调查

（一）美国关于大规模杀伤性武器情报能力委员会的成员

成员姓名	职业
查尔斯·罗布（Charles S. Robb）	委员会主席，乔治·梅森大学法律与公共政策专业教授。
劳伦斯·西尔伯曼（Laurence H. Silberman）	委员会副主席，哥伦比亚特区法院的高级巡回审判法官
理查德·莱文（Richard C. Levin）	经济学教授
约翰·麦凯恩（John McCain）	资深参议员
亨利·罗文（Henry S. Rowen）	胡佛研究所高级研究员
沃特·斯洛科姆比（Walter B. Slocombe）	华盛顿卡普林 & 德赖斯代尔律师事务所律师
威廉·斯塔德曼（William O. Studeman）	退役海军上将
查尔斯·韦斯特（Charles M. Vest）	杜邦公司、国际商业机器公司和卡弗里基金会董事
帕特丽夏·沃尔德（Patricia Wald）	国际人道主义法律专家
劳埃德·卡特勒（Lloyd Cutler）	威凯平和而德律师事务所创始人、律师

（二）美国关于大规模杀伤性武器情报能力委员会举办的主要听证会[①]

时间	证人	主题
2004 年 5 月 26 日	伊拉克调查组的前任和现任官员，国家情报委员会的代表。	美国发起伊拉克自由行动前后伊拉克的大规模杀伤性武器计划

① 会议地点均为弗吉尼亚州阿灵顿县美国关于大规模杀伤性武器情报能力委员会的办公室内。统计信息源自该委员会发布的官方声明。http：//govinfo. library. unt. edu/wmd/pr. html.

续表

时间	证人	主题
2004年6月23日	中央情报局行动处和国防情报局人力情报处的代表，情报界的高级分析人员代表。	美国当前在搜集大规模杀伤性武器相关情报方面的人力情报能力及改进此类能力的意见；情报分析人员对情报界人力情报搜集能力的看法。
2004年6月24日	中央情报局反恐中心与恐怖威胁信息融合中心的代表	情报界在发现恐怖分子获得并使用大规模杀伤性武器方面所具备的情报能力
2004年7月14日	国家安全局的代表及情报界部分高级情报分析人员	美国目前针对大规模杀伤性武器扩散国及跨国恐怖组织的信号情报搜集能力；情报分析人员眼中的国家安全局目前的情报搜集能力和信息共享实践。
2004年7月15日	国务院情报与研究局	隐蔽行动在情报界中所扮演的角色和发挥的作用
2004年8月24日	“9·11”委员会主席托马斯·基恩与副主席李·汉密尔顿、前中央情报主任威廉·韦伯斯特、联邦调查局局长罗伯特·米勒、负责情报事务的国防部副部长史蒂夫·坎博恩	目前关于情报界的改革建议可能会从哪些方面影响美国评估和应对大规模杀伤性武器及其他威胁的能力
2004年8月25日	前中央情报主任詹姆斯·伍尔西、詹姆斯·施莱辛格	在重组情报界等问题上的看法
2004年9月29日	负责政策事务的国防部副部长道格拉斯·费思（Douglas Feith）和前中央情报主任约翰·多伊奇	谈论内容保密
2004年9月30日	前参议员、总统对外情报顾问委员会成员沃伦·鲁德曼（Warren Rudman）	情报拒止与欺骗的方法与技巧，情报界存在的问题及情报改革建议。
2004年10月20日至21日	联邦调查局局长罗伯特·米勒与前中央情报主任乔治·特尼特	如何让情报界更好地应对大规模杀伤性武器的威胁，以及情报界的改革问题。
2004年12月16日	国务卿科林·鲍威尔	关于情报界的看法和意见

续表

时间	证人	主题
2004 年 12 月 17 日	副国防安全事务助理史蒂芬·哈德利（Stephen Hadley）	情报与政策方面的一系列问题
2005 年 1 月 12 日至 13 日	美国战略司令部司令詹姆斯·卡特赖特（James E. Cartwright）海军陆战队上将	战略司令部内的情报支援需求和倡议
2005 年 2 月 2 日至 3 日	前代理中央情报主任约翰·迈克劳克林（John McLaughlin），In-Q-Tel 公司首席执行官吉尔曼·路易（Gilman Louie），哈佛大学约翰·肯尼迪政府学院贝尔福科学与国际事务研究中心主任格雷厄姆·阿里逊（Graham T. Allison），负责情报事务的国防部副部长助理威廉·博伊金（William G. Boykin）中将。	比较宽泛的情报议题；如何解决情报界内部分析工作未来可能面临的挑战；美国面临的大规模杀伤性武器威胁；国防部的情报支援需求与倡议。
2005 年 2 月 15 日	前国务卿马德琳·奥尔布赖特（Madeline Albright）	情报界对决策者的支援，未来美国情报工作面临的挑战。
2005 年 2 月 17 日	中央情报主任波特·戈斯（Porter Goss）	目前存在的情报问题
2005 年 2 月 18 日	国务康多莉扎·赖斯（Condoleezza Rice）	谈论内容保密

（三）美国关于大规模杀伤性武器情报能力委员会的调查报告

目录

生物战
化学战
投送系统
政府决策
情报界生产出错误战前评估的原因
第二章　利比亚
引言
将美国的情报评估与在利比亚的调查结果进行对比分析
成功的基础
展望
结论
第三章　阿富汗的“基地”组织
引言
情报对比：对“基地”组织在阿富汗的大规模杀伤性武器计划拍照前后
对新威胁的醒悟：搜集的不足与分析的不确定性
结论
第四章　恐怖主义：管理今天的威胁
引言
从“夏日威胁”之时起出现的系统缺陷
自“9·11”恐怖袭击以来的显著改善
信息共享：仍有很大的改进空间
反恐预警与分析：机构间的争斗
在应对拥有大规模杀伤性武器的恐怖主义威胁时无法管理情报界的资源
结论
第五章　伊朗和朝鲜：监控核武器的开发
第二部分　展望
第二部分引言

结论

补充说明　未来的情报挑战

附录

附录 A　授权行政命令

附录 B　调查结论和改革建议清单

附录 C　情报界入门

附录 D　常用缩略语

附录 E　委员个人信息及全体工作人员名单

（四）美国关于大规模杀伤性武器情报能力委员会的调查结论及主要改革建议

1. 调查结论

针对伊拉克的大规模杀伤性武器问题，情报界在战前做出了许多情报评估，我们认为几乎所有的战前情报评估都是完全错误的。这是一次严重的情报失误。失误的主要原因在于，情报界未能搜集到关于伊拉克大规模杀伤性武器的优质情报，在分析其所搜集到的信息时存在严重错误，未能清楚地区别有多少情报分析是基于假设而非确凿的证据。有鉴于此，我们实在是无法承受如此重大的情报失误。

经过全面的调查，委员会没有发现情报界歪曲了关于伊拉克大规模杀伤性武器的证据。情报专家告诉总统的关于萨达姆的计划正是他们所相信的。他们只是弄错了。①

2. 主要改革建议②

（1）赋予国家情报主任权力和支持以使其权责相符

在提名外交官内格罗蓬特为国家情报主任时，总统在公开讲话中已经朝这个方向做出了努力。新的情报法律让国家情报主任负责

---

① The Commission on the Intelligence Capabilities of the United States Regarding Weapons of Mass Destruction, *Report to the President of the United States*, 2005. http://www.wmd.gov/report/wmd_report.pdf.

② 美国关于大规模杀伤性武器情报能力委员会向总统共提出了 74 条针对性极强的情报改革建议，其中有 4 条主要建议特别值得关注。

融合情报界内 15 家独立的情报机构。但是新的法律只是给了国家情报主任与过去相比相对更大的权力。国家情报主任无法正常履行使命，除非他将其在预算、计划、人事、设定优先事项等方面的法定权力运用到极限。而领导国防部内情报机构或中央情报局并不是件容易的事。他们是政府中最难对付的机构的一部分。迟早，他们会反过来领导国家情报主任。因此，只有总统坚定的支持才能让他们相信我们不会再回到从前。

（2）让联邦调查局重新回到情报界之中

联邦调查局是美国政府中最傲慢、最独立的机构之一。它正在朝着成为一个工作有效的情报机构而努力，但是如果始终坚持己见的话，它将无法实现这一目标。我们建议总统下令对该局进行一次组织机构上的改革，把它的全部情报力量汇聚一处，并交由国家情报主任来统一协调，就像国家情报主任对国防部情报机构的协调一样。如采纳这一建议，该局的反恐与反情报力量将变成一个单独的国家安全处。它将仍然接受司法部长的监督，并依据现行法律规定运行。《2004 年情报改革与防恐法》几乎就要实现这一目标了，但是在关键点上，该法通过模棱两可的表述回避了。没有国家情报主任的领导，联邦调查局很可能继续逃避有效融入情报界。

（3）向情报界提出更多的要求

情报界需要被推动。除非受到决策者的压力，甚至有时这种压力需要达到很不舒服的程度，否则情报界不会尽最大努力去工作。情报分析人员必须受到压力才能解释他们所不知道的；情报搜集机构必须受到压力才能解释清楚他们为何没有在关键问题上得到更好的信息。虽然决策者必须准备好相信不合胃口的情报，但是除非提出尖锐地质询以驱使情报界解释清楚他们是如何得出结论的，以及还有其他什么可能，否则就不应采纳重要的情报评估。这并不是“政治化”，而是情报流程必不可少的环节。而最后，只有情报界知道如何尽最大努力去做让人吃惊的事，决策者才能从情报界那里得到最好的情报，这一点非常重要。

（4）重新思考总统每日简报

伊拉克战争前，每天向总统提交的情报简报都是存在错误的。通过吸引眼球的标题和重复利用值得质疑的数据，这些情报简报夸大地指出伊拉克正在重建其大规模杀伤性武器计划。这些总统每日简报还有许多方面都是需要重新审视的，但是我们不愿依据范畴提建议，毕竟此类建议最终还得满足总统您的需求，而不是符合我们的理论。然而，在一个问题上，我们希望提出具体的建议：虽然国家情报主任必须对每日总统简报最终负责，但是我们不认为国家情报主任就应该准备、提交或甚至参与每一天的情报汇报。因为，如果国家情报主任被现实情报占据了时间，情报界的长期需求就会遭受损失。①

（五）政府落实美国关于大规模杀伤性武器情报能力委员会建议的行动计划②

建议类别	建议内容	是否采纳	落实方案	执行机构
加强美国情报界的领导和管理	（1）建议国家情报主任在情报参谋机构下设立“任务主管”，负责处理所有关于特别优先情报课题的事务，以便能够以任务为中心将情报资源配置于这些情报课题之上。	是	A. 在尽可能利用国家情报主任办公室现有结构的前提下，由国家情报主任以有效性为标准对其进行必要的理顺、调整。 B. 严格依照一套有限的且特别优先的情报课题设立任务主管，严格控制其数量。 C. 由负责搜集和分析的国家情报副主任同负责国家情报工作优先任务框架的副主任助理相互协作，解决目标开发、排定优先次序、搜集管理和情报生产等问题。	国家情报主任办公室

① The Commission on the Intelligence Capabilities of the United States Regarding Weapons of Mass Destruction, *Report to the President of the United States*, 2005. http://www.wmd.gov/report/wmd_report.pdf.

② *Bush Administration Actions to Implement WMD Commission Recommendations*, June 29, 2005. http://www.fas.org/irp/news/2005/06/wh062905-wmd.pdf.

续表

建议类别	建议内容	是否采纳	落实方案	执行机构
加强美国情报界的领导和管理	(2) 建议国家情报主任创建一套管理结构来有效地协调情报界的目标开发。这个新的目标开发程序将得到一个统一的、首尾相连的“搜集事业”的支持。	是	同上	国家情报主任办公室
	(3) 建议国家情报主任革新情报界的信息管理系统，推进真正、有效的信息共享。	是	A. 依据“国家安全委员会—国土安全委员会联合政策协调委员会”所颁布的信息共享政策，继续推进信息共享工作。 B. 由国家情报主任任命一位首席信息官，负责帮助协调和实施新的政策和程序、改进信息共享和信息安全、评估和监督信息技术的开发。	国家情报主任办公室
	(4) 建议国家情报主任利用手中的人力资源权力为情报界建立一个中央人力资源体系；创立一个统一的表现评估和奖励系统；创立一套更全面和更具创造性的激励机制；构建一个“联合”的人事流通体系；创建国家情报大学。	是	A. 由国家情报主任制定一套实施战略，以适应特殊的任务需求和业务程序。 B. 由国家情报主任制定一套创造性的奖励机制和“联合”人事流动体系。 C. 由首席人力资本官负责为情报界制定、协调和实施人力资源计划和战略。 D. 由高级训练和教育官负责创建和管理国家情报大学系统。	国家情报主任办公室

续表

建议类别	建议内容	是否采纳	落实方案	执行机构
加强美国情报界的领导和管理	(5) 建议国家情报主任用科技武装情报界，以便其在开发新技术的过程中发挥积极的作用。	是	A. 由国家情报科技委员会制定一套统一的情报界高级研究和开发计划。 B. 由国家情报主任任命一位负责科技的主任助理领导国家情报科技委员会，并指导该委员会开发新的搜集手段，以帮助各种情报搜集工作形成一个协作的系统。	国家情报主任办公室
	(6) 建议总统建立一个国家反扩散中心，该中心将是一个相对较小的（少于100人）机构，管理和协调整个情报界有关核、生物和化学武器的分析，尽管需要一个适用于整个政府范围的“战略行动计划”来应对扩散威胁，但该职责不应赋予国家反扩散中心。	是	A. 在国家情报主任办公室内成立国家反扩散中心，监督情报界内涉及大规模杀伤性武器的工作。 B. 国家情报主任为该中心任命一位主任，这位中心主任将直接隶属国家情报主任管理，并担任负责大规模杀伤性武器问题的任务主管。 C. 国家情报主任确保该中心依据美国政策制定战略情报搜集和分析计划。	国家情报主任办公室
	(7) 建议行政部门改进其情报监督机制，以确保情报改革顺利进行。为此，应将联合情报界委员会建设成一个常设的情报界“用户委员会”；并强化总统对外情报顾问委员会，使其在监督情报界改革进程的过程中发挥更有力的作用。	是	A. 授权联合情报界委员会就情报支援和情报改革过程中出现的严重问题，向情报界提供有价值的反馈。 B. 赋予总统对外情报顾问委员会监督改革工作的权力，以便为总统和国家情报主任提供有价值的建议。	国家安全委员会和国家情报主任办公室

续表

建议类别	建议内容	是否采纳	落实方案	执行机构
加强美国情报界的领导和管理	（8）总统应当建议国会采取措施改进其情报监督结构。	是	由政府向参众两院表明改革国会监督体制的必要性。	国会
	（9）情报界应当为自我检验改进内部程序，其中包括扩大使用正式的“经验汲取”研究。	是	A. 在负责分析的国家情报副主任的领导下，全面检验情报界目前的“经验汲取”计划和程序，以改进这些工作的有效性。 B. 加强情报界内部交流，并将所获经验融入教育和训练课程之中。 C. 与委员会的建议相一致，自我检验工作将关注于开发“最佳实践”。	国家情报主任办公室
整合和创新美国情报搜集工作	（1）国家情报主任应当在国家情报主任办公室内建立一个管理结构，将搜集作为一个统一的“搜集事业”进行管理。这个统一的事业将包括目标开发、搜集管理、数据管理、战略计划和投资以及发展新的搜集技术。	是	参见“加强美国情报界的领导和管理”落实方案第一条。	国家情报主任办公室
	（2）由任务主管担任主席的目标开发委员会应当制定搜集需求和战略，并评估搜集人员对这些需求的反应。	是	同上	国家情报主任办公室

续表

建议类别	建议内容	是否采纳	落实方案	执行机构
整合和创新美国情报搜集工作	(3) 应当通过在中央情报局行动处之外创建人力情报处，加强中央情报局对整个情报界的海外人力情报行动的管理和协调。	是	A. 改组中央情报局高级管理结构以实现《美国关于大规模杀伤性武器情报能力委员会调查报告》所描述的目标。 B. 改进中央情报局海外人力情报行动的能力。 C. 加强对中央情报局隐蔽行动的管理。 (更进一步的细节将在保密附件中提供)	中央情报局
	(4) 中央情报局应当管理一系列新的公开和秘密的人力情报能力。尤其是，应当设立一个独立于中央情报局行动处之外的“人力情报创新中心”，为人力情报搜集推进创新机制开发。	是	同上 (更进一步的细节将在保密附件中提供)	中央情报局
	(5) 中央情报局应当在推进情报界资产确认程序系统化和标准化的过程中发挥领导作用，并将这一程序整合进所有人力情报搜集活动之中。	是	A. 将中央情报局的资产确认程序作为模板，向整个情报界推广。 B. 由中央情报局和国防情报局的人力情报处分别领导开发一套有关秘密和公开来源的实施战略。 (更进一步的细节将在保密附件中提供)	中央情报局和国防情报局

续表

建议类别	建议内容	是否采纳	落实方案	执行机构
整合和创新美国情报搜集工作	(6) 情报界应当训练更多的人力情报行动人员和搜集人员，同时，对训练计划进行调整，教授人力情报搜集手段。	是	A. 由负责搜集的国家情报副主任评估目前的搜集计划和行动标准。并按照要求，开发和实施新计划，以培养更多、能力更强的搜集人员。 B. 中央情报局和联邦调查局继续依据2004年11月发布的总统行政命令采取行动、扩大和增强人力情报搜集能力。	国家情报主任办公室、中央情报局和国防情报局
	(7) 总统应当试着去修改《外国情报监视法》，以便在外国间谍不是美国人的情况下，扩大电子侦察的持续时间和书面申请的持续效力。	是	由司法部提出一项草案，在外国间谍不是美国人的情况下，不仅能够扩大电子侦察的持续时间和书面申请的持续效力，而且可以扩大人身搜查的持续时间。同时，尽快推动该草案得到国会批准。	司法部和国会
	(8) 国家情报主任应当任命一个实权人物负责管理和监督创新型技术，其中包括“测量与特征情报”的使用。	是	A. 由负责科技事务的国家情报主任助理在负责情报事务的国防部副部长的帮助下履行建议中的监督和管理职责。监督内容包括制定研发计划；支持国防部及其他部门和机构的工作；更新科技劳动力；确保最好的科技产品尽快得到普及；决定不同技术的投资水平。 B. 负责科技事务的国家情报主任助理的监督不仅包括高新技术的研发，而且包括指导利用这些技术的行动。	国家情报主任办公室

续表

建议类别	建议内容	是否采纳	落实方案	执行机构
整合和创新美国情报搜集工作	(9) 国家情报主任应当在中央情报局创建一个公开来源处，使用因特网和现代信息处理技术，极大提高公开来源情报对分析人员、搜集人员和情报用户的可用性。	是	A. 由国家情报主任办公室制定一项适用于整个情报界的公开来源计划。 B. 由负责搜集事务的国家情报副主任任命一位负责公开来源情报的副主任助理管理这项工作。	国家情报主任办公室
	(10) 需要采取措施大量减少由于解密信息而对搜集能力造成的破坏性损失。	是	A. 情报界需要紧密关注外交部解密所造成的影响， B. 在考虑解密时，解密单位必须考虑到解密工作对情报来源和手段可能造成的危害。	国家情报主任办公室
	(11) 国家情报主任应当确保情报界所有机构的监察长对其机构实施泄密调查；并在国家情报主任办公室内设立一个情报界监察长来对上述工作进行协调。	是	A. 情报界应当加大力度减少因泄密而对情报来源和手段造成的危害。但泄密调查应当由安全或反情报办公室来实施，而不是监察长办公室。 B. 设立一个跨机构监察长小组为减少有害泄密研究一个最佳机制，以便国家情报主任实施敏捷和彻底的泄密调查。 C. 加强国家情报主任与相关部门和机构的协调	国家情报主任办公室

续表

建议类别	建议内容	是否采纳	落实方案	执行机构
改进美国情报分析的质量	(1) 国家情报主任应当指派任务主管来确保分析部门能够充分解决有关特别优先情报课题的关键情报需求。	是	参见“加强美国情报界的领导和管理”落实方案第一条。	国家情报主任办公室
	(2) 国家情报主任应当创建一个小规模的、进行全源情报分析的骨干队伍（大约 50 人），这些人都是搜集和使用公开来源信息的专家。	是	参见“整合和创新美国情报搜集工作”落实方案第九条。	国家情报主任办公室
	(3) 国家情报主任应当在中央情报局公开来源处成立一个计划办公室，并在必要时，采办和开发信息技术，以便在不需要人工翻译和整编的前提下，对大量的数据进行加工和排定优先次序。	是	同上	国家情报主任办公室
	(4) 通过至少创立一个非营利性的“赞助研究的机构”，加强情报界与外部专家的联系和沟通。	是	依靠目前的情报界与研究机构、组织和公司的合作机制，情报界能够实现建议所提出的目标。目前，情报界已经在以下方面取得了不错的成效：就战略问题同情报界外部专家进行更深入地合作；利用情报界外部专家进行研究和选择性分析；通过国家安全委员会进行适当的信息交换。美国情报界应继续充分利用这些合作的机会。	国家情报主任办公室

续表

建议类别	建议内容	是否采纳	落实方案	执行机构
改进美国情报分析的质量	(5)情报界应当开发新的过滤和关联工具，帮助分析人员处理影响分析程序的大量信息，并将其整合进日常应用之中。而且，源自所有信息来源的数据应当在传递给情报分析人员之前就得到处理。	是	A. 各情报机构必须在“9·11”后所取得的成绩基础之上，继续深化改革。 B. 由国家情报科技委员会研究情报界在该领域的投资水平，以便对整个情报界的工作进行统一规划。	国家情报主任办公室
	(6)在国家情报委员会下，增设一个从事长期研究和分析的机构，该机构应当被用来帮助全源分析人员摆脱动态情报需求的压力，并作为跨机构计划的领导机构，领导进行深入分析。	是	A. 由国家情报主任和国家情报委员会研究和制定一套执行方案，其中包括在情报界产品中心建立一个从事长期研究和分析的单位。 B. 由负责分析事务的国家情报副主任全权负责所有相关计划的执行。	国家情报主任办公室和国家情报委员会
	(7)国家情报主任应当通过鼓励提出选择性假设，并创建一个负责独立分析的办公室，在情报界范围内鼓励多样性和独立的分析。	是	A. 对分析人员和单位进行必要的训练和指导，确保选择性和独立分析能够渗透进分析程序之中。 B. 向政府其他机构、研究机构和智库借鉴如何实施此类分析的“最佳实践”。	国家情报主任办公室

续表

建议类别	建议内容	是否采纳	落实方案	执行机构
改进美国情报分析的质量	(8) 情报界应当为训练分析人员制定一套适用于整个情报界的计划，而且分析人员和管理人员都必须将这个贯穿其整个职业生涯的训练作为优先考虑的事项。	是	A. 将某些机构的训练标准在情报界推广，使之成为整个情报界工作遵守的标准。 B. 将长期、持续的训练作为特别优先的考虑事项，并将其作为干部任用的一个关键考量要素。 C. 在负责管理事务的国家情报副主任之下任命一位高级训练官系统解决《美国关于大规模杀伤性武器情报能力委员会调查报告》所提的训练问题，评估和落实新的训练方法。	国家情报主任办公室
	(9) 情报界应当为训练管理人员制定一套适用于整个情报界的计划，该计划不仅适用于管理人员首次担任管理职务的时候，而且贯穿他们整个职业生涯。	是	对管理训练予以更多的关注将是有益的，而且也将得到落实。但是，这些训练应当适用于所有情报门类，不应只适用于分析领域。	国家情报主任办公室
	(10) 在情报成品中，应当为所有分析评估和结论做好来源注释，而且这些分析所使用的材料——只要根据安全规定可行的话——就应让情报用户轻松获得。	是	A. 情报界大部分分析机构已经建立了管理情报产品“来源注释”的程序。引用和支撑材料一般都能为情报用户和兄弟单位获得。科研机构应当将这一程序整合进数据管理工具和未来的信息技术系统之中。 B. 责令首席信息官解决《美国关于大规模杀伤性武器情报能力委员会调查报告》所提出的信息管理问题。	国家情报主任办公室

续表

建议类别	建议内容	是否采纳	落实方案	执行机构
改进美国情报分析的质量	（11）分析单位应当保存分析产品所使用素材的副本，以使读者不仅能够定位和评估分析人员使用的材料，而且能够轻松找出后来被修正的分析素材。	是	建设一个新型的信息技术系统，以使用户能够轻松找出后来被修正或否定的分析素材，并赋予分析人员权力对其进行访问。 （参见上一条方案）	国家情报主任办公室
	（12）国家情报主任应当为改进情报界的科技和武器分析能力制定和实施一套战略。	是	由负责科技事务的国家情报主任助理和负责分析事务的国家情报副主任制定一套政策，强化科技和武器分析能力。	国家情报主任办公室
	（13）国家情报主任应当通过确保情报用户——在他们满意的范围内——能够轻松找到他们感兴趣的产品、与相关材料进行联系以及与分析人员进行交流，以使情报产品对情报用户更加具有可用性。	是	A. 由国家情报主任采取措施改进情报用户对情报产品和分析人员的访问权。 B. 由负责用户需求的国家情报副主任评估用户的需求和满意水平。	国家情报主任办公室
	（14）应当对总统每日简报做出调整。国家情报主任不仅应当监督总统每日简报的生产程序，确保不同观点得到充分体现，还应充分整合和协调有关恐怖主义情报的报告，从而去除其中冗余和对总统工作无益的材料。	是	A. 确定用户情报需求、去除冗余和不重要的材料，以及确保不同观点得到体现，这些工作已经在国家情报主任办公室的指导下开始实施了。 B. 由负责分析事务的国家情报副主任辅助国家情报主任全面监督总统每日简报的制作程序。	国家情报主任办公室

续表

建议类别	建议内容	是否采纳	落实方案	执行机构
改进美国情报分析的质量	(15) 情报界应当扩大对非金钱激励方法的使用，以此来使分析人员牢记他们工作的重要性以及他们对国家安全做出的贡献。	是	由国家情报主任全面评估情报界目前的非金钱奖励计划，检查其是否得到情报界、美国政府或私人部门的贯彻，然后，同其他情报机构共同合作制定一套有效的、适用于整个情报界的非金钱奖励计划。	国家情报主任办公室
	(16) 对情报产品的检验应当常规化，并一直进行下去，而且，从“后见之明”中汲取的经验应当被整合进情报教育和训练计划之中。	是	由国家情报主任办公室制定一项计划确保以下目标得到实现：评估分析产品；从其能力和弱点中汲取教训；将这些教训整合进正式和非正式的训练之中；建立一套确保分析准确的监督程序。	国家情报主任办公室
加速美国情报界信息共享	(1)《2004 年情报改革与防恐法》对信息共享权力划分模糊，应当对此加以明确。特别是：第一，信息共享环境应该包括所有信息而不仅仅局限于反恐信息；第二，在有关信息共享的所有事务上，国家反恐中心主任服从国家情报主任管辖；第三，应当协调国家情报主任与信息共享环境项目主管之间的权力重叠——让信息共享环境项目主管隶属于国家情报主任是最具可行性的解决方案。	是	目前，情报界开展了一些澄清法定权力和信息共享责任的工作。与其他举措同步，美国总统已经赋予国家情报主任指导和管理信息共享项目主管的权力。	国家情报主任办公室和项目主管

续表

建议类别	建议内容	是否采纳	落实方案	执行机构
加速美国情报界信息共享	（2）国家情报主任应当将管理情报界信息共享、信息技术、信息安全的职责赋予一个直接隶属于国家情报主任或国家情报常务副主任的办公室。	是	A. 由国家情报主任设立一个单独的办公室管理有关情报界信息共享、信息技术和信息安全的惯例和政策。 B. 由国家情报主任办公室的首席信息官同该办公室一道确保信息共享职责得到充分履行。 C. 由首席信息官支援信息共享环境项目主管，为在情报界内外实现情报和信息的共享制定一套共同的标准和指南。	国家情报主任办公室
	（3）在设计信息共享环境时，国家情报主任应当尽最大可能地从情报界现有的网络建设中吸取经验，并以这些网络为基础构建信息共享环境。这些经验包括：第一，网络环境下“需要知道”所具有的局限性。第二，利用新方法对于保护情报来源和手段的重要意义。第三，生物测定学及其他的用户认证方法，配合用户活动审查工具能够改进问责和提高反情报能力。第四，系统范围内的数据加密可以降低遭受网络渗透的危险。第五，当用户无权获得敏感信息时，信息共享环境应当确保他们清楚了解信息是否存在，并创造条件使他们能够迅速与管理人员取得联系。	是	A. 在构建信息共享环境时，除了从情报界现有的网络建设中吸取教训，还应当向美国政府的其他机构和网络吸取经验。 B. 由信息共享环境任务主管同首席信息官一道，与美国政府内参与信息共享的部门展开合作，确保任务需求主导信息共享环境的设计，充分吸取建设经验，以及充分开发和利用高新技术支持现有的系统和网络。	国家情报主任办公室和项目主管

续表

建议类别	建议内容	是否采纳	落实方案	执行机构
	(4) 在情报界内制定一套清晰、一致的“美国人”制度是一项重要的制度职责。应当将这一重要职责从各搜集机构转移给国家情报主任。同时，这套制度将继续接受司法部长的评估和批准。	是	A. 由国家情报主任办公室同司法部一道，通过一个跨机构小组对“美国人”制度进行评估。 B. 尽管制定“美国人”制度应当接受国家情报主任和司法部的指导，但是，撤销搜集机构起草该制度的职责尚需进一步考虑和检验。	国家情报主任办公室和司法部
加速美国情报界信息共享	(5) 国家情报主任应当为情报界所有成员制定统一的信息管理政策、惯例和程序。	是	这一领域事物的概念化大部分源自于2004年秋天所颁布的第13356号行政命令。目前，情报界各机构已经认可：信息应当以一种一致、可以确认的方式加以转移。并且，共同的安全和操作标记也得到了明确规定。另外，为确保恐怖主义信息分发不受生产者或生产部门控制，情报界已经展开了一场高级政策讨论。国家情报主任将在此基础之上继续开展工作。	国家情报主任办公室和项目主管
	(6) 信息共享环境的所有用户应当登记在一个目录之下，该目录将识别每位用户的技术、证明书和职责。信息共享环境应确保用户能够利用网络内的所有专家来完成某一特殊任务。同时，还必须根据用户对敏感数据的使用权限，对信息共享环境内的所有数据进行分类。	是	A. 建立一个关于分析人员和技术专家的全面在线目录，方便信息共享环境用户的使用是一个不错的想法。但是，在详细设计和落实的过程中，必须考虑安全和反情报问题。 B. 与跨机构程序相协调，由信息共享环境项目主管对该服务的详细用途进行界定。	国家情报主任办公室和项目主管

续表

建议类别	建议内容	是否采纳	落实方案	执行机构
加速美国情报界信息共享	（7）国家情报主任应当提出一套标准来简化和改进信息分级系统，并在以网络为中心的信息共享环境中加以实施。	是	A. 由情报界搜集和安全部门负责简化分级系统的工作。 B. 数据管理系统仍按照目前流行的分级指南进行工作。	国家情报主任办公室
	（8）建议以一些并行的行动来确保信息共享环境顺利落实：第一，标准的搜集。首席信息官应当为信息共享环境引入表现标准，并实现标准搜集的自动化。这些标准应当包括录入信息共享环境数据的数量和来源、关于每条信息被访问的次数和访问人员的数据、对使用协调工具和通讯渠道的调查等。这些表现数据有助于界定“里程碑”和决定奖惩。第二，自我强制的“里程碑”。“里程碑”应当包括特殊的且可以计量的表现标准，以及对能否达到这些标准进行的奖励和惩罚。国家情报主任应授权首席信息官使用国家情报主任的预算、任务分配和人事权来惩罚表现不佳的机构。第三，奖励机制。如果分析产品得到广泛使用和称赞，国家情报主任应当确保搜集人员和分析人员获得尊重和金钱奖励，用户要对报告或分析产品的价值发表评论或进行评估，并且将定期的用户调查作为一种评估机制。第四，训练。国家情报主任应当通过扩大对分析人员、管理人员和信息共享环境其他用户的训练，改进对所有信息共享环境用户的训练。	是	必须采取措施增强信息共享环境成功的可能性，这些方法可能包括标准、训练、“里程碑”和奖励计划。这些已经被其他机构和关注信息共享的商业论坛认定是有益的。然而，由于某些特殊的建议可能是不合适或不公平的，因此，需要由信息共享环境项目主管与相关部门和机构协调，研究如何更好地落实这些工作。	国家情报主任办公室和项目主管

续表

建议类别	建议内容	是否采纳	落实方案	执行机构
强化美国对内情报工作	(1) 为了确保联邦调查局的情报单位服从国家情报主任，以及充分利用联邦调查局的情报能力，建议在联邦调查局内成立一个新的国家安全处，隶属在局长行政助理管辖之下。该处将包括联邦调查局的反恐司、反情报司和情报处三个单位，并在服从司法部长管理的同时，接受国家情报主任的协调和预算管理。	是	总统已经发布总统令授权司法部长落实此项建议。由司法部长按照总统令的指示设立国家安全处。	司法部
	(2) 国家情报主任应当确保情报界拥有有效机制阻止机构冲突，并鼓励美国情报机构之间实现协调。	是	国家情报主任已经批准了一份由中央情报局和联邦调查局起草的理解备忘录草案，以促进这些机构在进行情报活动时进行协调和合作。国家情报主任将把这一机制扩大使用，以确保美国内外的所有情报行动都能得到有效协调。	国家情报主任办公室
	(3) 司法部的国家安全部门——情报政策和评估办公室、反恐怖主义处和反间谍处应当置于负责国家安全的司法部长助理的管辖之下。	是	由总统向司法部长发布指令实施这项建议，并通过立法设立负责安全的司法部长助理一职。	司法部和国会

续表

建议类别	建议内容	是否采纳	落实方案	执行机构
强化美国对内情报工作	（4）由于第113－01号财政部指令仍适用于国土安全部内的一些部门，因此，国土安全部长应当将其废除。	是	由国土安全部长发布一条新的国土安全部政策，用以评估和批准情报界提出的、超出“常规信息交换”范围之外的协助、支援或服务请求。该政策将废除第113－01号财政部指令。出台这份新指令的目标在于理顺国土安全部与情报界的合作，以及对司法部的非常规支援进行监督。	国土安全部
增强美国反情报能力	（1）国家反情报执行官应当成为国家情报主任负责反情报事务的任务主管，为政府内的所有反情报工作提供战略指导。	是	由国家反情报执行官对反情报的权力和义务做出分配。	国家情报主任办公室和国家反情报执行官
	（2）为了提高美国技术反情报能力，国家反情报执行官应与相关机构紧密合作保护美国的信息基础设施。	是	A. 加强国家反情报执行官同已经为保护信息基础设施投入大量资源的机构合作。 B. 由国家反情报执行官为跨机构评估制定一套行动计划，确保能够将所有适用的资源投入到反情报问题之上。（更进一步的细节将在保密附件中提供）	国家情报主任办公室和国家反情报执行官
	（3）中央情报局应当建立一种新能力，专门致力于在海外实施积极的反情报行动。	是	由反情报中心依照中央情报局制定的战略行动计划，率先采取行动，切实构建这种能力。（更进一步的细节将在保密附件中提供）	中央情报局

续表

建议类别	建议内容	是否采纳	落实方案	执行机构
增强美国反情报能力	(4) 应当赋予国防部的反情报业务机构以行动和调查的权力，以便在整个国防部协调和实施反情报行动。	需进一步研究	把国防部反情报业务机构的权力从管理、战略计划和协调扩大到对国防部内反情报部门进行任务分配。但是，是否赋予反情报业务机构调查或额外行动的权力此时还尚需进一步评估。	国防部
	(5) 联邦调查局应当将反情报处、反恐怖主义处和情报处合并为国家安全处，新成立的国家安全处将隶属联邦调查局长的行政助理管辖，并接受国家情报主任的协调和预算管理。	是	参见“强化美国对内情报工作”落实方案第一条。	司法部
增强美国反扩散情报反应能力	(1) 国家情报主任应当提出一项适用于整个情报界的国家生物防御倡议，具体包括创建一个生物科学顾问小组；制定一项为生物学家和卫生专家提供政府服务的计划、一项用于生物防御专业和情报专业的博士后奖学金计划以及一项用于生物武器相关专业的研究生奖学金计划。	是	卫生与公共服务部、商务部、国土安全部已经制定和实施了一项战略用于改进情报界、国防部门和生物医学科技单位之间的合作，并正将此机制正式化，以帮助情报界能够从参与这些学科的专家那里获得持续和实时的帮助。	国家情报主任办公室、卫生与公共服务部和国土安全部

续表

建议类别	建议内容	是否采纳	落实方案	执行机构
增强美国反扩散情报反应能力	(2) 国家情报主任应当利用联合情报界委员会成立一个生物武器工作小组。该工作组将作为包括国土安全部的国家生物防御和反制中心、全国卫生研究所、疾病控制中心、农业部等机构在内的生物防御机构的主要协调场所。	是	以国土安全生物防御政策协调委员会已取得的成果为基础，在美国疾病控制中心、全国卫生研究所和美国农业部等机构内，建立起情报界与政府专家和科学家进行联系的纽带。	国家情报主任办公室
	(3) 国家情报主任应当在国家反扩散中心内设立一位常务副主任专门负责生物武器。这位副主任将向负责反扩散事务的任务主管负责，以确保生物武器定位战略能够得到全面落实。同时，他还将对搜集工作中的技术创新进行指导。	是	与成立国家反扩散中心一同实施，在国家反扩散中心内设立一个职位，开发、管理和指导一个针对生物战的、全面的定位和搜集战略。	国家情报主任办公室
	(4) 国家安全委员会应当设立一个跨机构特别工作组，并在90天之内制定一项反生物武器	是	将去年签署的生物防御国家计划作为反生物武器计划，指导情报界工作。同时，为了确保跨机构	国家安全委员会

续表

建议类别	建议内容	是否采纳	落实方案	执行机构
增强美国反扩散情报反应能力	计划，以充分利用包括执法机构、国土安全部、卫生与公共服务部、商务部和国务院等部门在内的相关国家机构。	是	行动顺利执行及识别政策的缺陷，国家安全扩散战略政策协调委员会和国土安全生物防御政策协调委员会将每月正式集会一次。	
	（5）国务院应当积极帮助其他国家将生物武器研发定性为犯罪行为，并在联合国安理会第1540号决议的框架下制定生物研究安全条例。同时，执法和情报机构应当与他国警察部门共享有关生物武器的信息。	是	A. 以目前生物武器专家组正在进行的工作为基础，加强美国对外国政府活动的参与。 B. 国务院已经制定了一项扩大双边和多边联系的计划，并定期就工作进展情况向国家安全扩散战略政策协调委员会和国土安全生物防御政策协调委员会报告。	国务院
	（6）美国政府应继续积极参与设计和实施国际检查和管制检查体制。美国政府应当考虑：扩大目前生物研究安全条例的适用范围，将与美国有商业关系的外国机构包含进来；使用扩大责任、减少专利保护或予以更繁重和昂贵的调查来强制企业服从安全措施。	是	A. 由国务院与卫生与公共服务部制定一项实施计划，确保由美国政府资助但在外国实验室进行的研究符合国际接受的生物研究安全和病菌安全标准（如果国际社会还未形成此类标准，则确保符合美国的相关标准）。 B. 加强联邦政府的作用，以帮助各州起草有关生物研究安全和病菌安全的法律和条例。	国务院及卫生与公共服务部
	（7）总统应当建立反扩散联合跨机构特别工作组实施反扩散行动，发现、监督和移交可疑扩散目标，协调跨机构和国家间的反扩散行动。	是	以国家反扩散中心作为实施反扩散行动的核心机构，并同相关机构密切合作，以扩大对禁止和相关活动的指导及日常情报支援。 （更进一步的细节将在保密附件中提供）	国家情报主任办公室

续表

建议类别	建议内容	是否采纳	落实方案	执行机构
增强美国反扩散情报反应能力	(8) 国家情报主任应当指定国家反扩散中心作为情报界的领导机构处理与禁止行动相关的问题，同时，他还应指导该中心为反扩散联合跨机构特别工作组、国家安全委员会和其他用户提供全源情报支援。	需进一步研究	以国家反扩散中心作为情报界的战略核心机构，确保情报参与禁止扩散的行动。但是，对这一建议中细节内容的落实还需在成立国家反扩散中心的大背景下进一步予以讨论。	国家情报主任办公室
	(9) 总统应该仿效第27号总统令——《支援反毒品行动的跨机构决策程序》，通过颁布一项国家安全总统指令，为反扩散行动建立一套实时的跨机构决策程序。	是	加速政府研究一套监督决策的机制，并在必要时，调整跨机构程序，以便能够在机会出现时，做出迅速反应。 （更进一步的细节将在保密附件中提供）	国家安全委员会
	(10) 国务院应当就签订“双边登船附加协议”尽快与他国进行谈判，以帮助情报界和其他用户可以更好地标记、跟踪和定位扩散目标。	是	A. 以第41号国家安全总统指令作为行动指导。 B. 推动美国政府在国际海上组织内采取行动，以便在《海上生命安全公约》的规定下，制定一套定位报告义务标准。	国务院
	(11) 国家情报主任应确保海关和边境保护局掌握最新的恐怖主义和扩散情报，同时，海关和边境保护局应确保反恐中心和反扩散中心对其数据库拥有实时访问权。	是	情报界与海关和边境保护局以及国防部之间更好地进行信息共享是积极的和必须的。目前，已经制定了一套落实计划，用以解决该建议所涉及的技术、相关法律、信息隐私和国内民主方面的问题。	国家情报主任办公室和国土安全部

续表

建议类别	建议内容	是否采纳	落实方案	执行机构
增强美国反扩散情报反应能力	（12）国家情报主任和国土安全部长应制定一项研究和开发计划，研发新式传感器，从而可以更容易地发现核相关材料。该工作将作为在美国边境为执法部门提供情报支援的边境防务举措之一部分。	是	A. 推进国家情报主任与国土安全部和能源部就制定科技计划紧密合作，以实质改进美国针对越境敌对核材料的防御能力。这种合作将在以下两个层面展开：系统层面——将新式的和现有的传感器整合进一体化的进攻、传感和预警设施；部门层面——包括创新型传感器、数据处理系统、软件及其他正在形成中的关键技术。 B. 强化情报界的支援能力，使之更好地将有关敌人核武器能力和意图、且可行的情报提供给国土安全部和能源部，以提高这些机构反核工作的有效性。 C. 在国土安全部、情报界、能源部和国防部的实验室内开发特殊类型的传感器，以满足特殊任务的需要。	国家情报主任办公室、能源部、中央情报局和国防部
	（13）保密	是	保密	保密
	（14）保密	是	保密	保密
	（15）总统应当扩大第13224号行政命令的使用范围，使之不再仅限于恐怖主义，从而确保财政部能够阻断个人或机构资产对扩散活动的财政支持。	是	总统已经签署了一项行政命令来对此建议加以落实。	财政部

续表

建议类别	建议内容	是否采纳	落实方案	执行机构
增强美国反扩散情报反应能力	（16）为了确保财政部能够将参与扩散的外国商业机构认定为“首要的洗钱公司”，总统应当建议国会对《美国爱国者法》的 S. 311 条款进行修正。	是	同上	财政部
	国家情报主任应当负责约束那些造成伊拉克战争前出现评估失误的情报机构。	需进一步研究	国家情报主任正在评估对情报改革的必要性。该评估将考虑情报界成员的调查结论和建议。国家情报主任将通过包括改变机构的角色和职责在内的所有行动，解决任何得到普遍承认的缺陷，其中包括那些导致伊拉克情报失误的缺陷。	国家情报主任办公室

参考文献

一、中文文献

(一) 国内著作

1. 北京太平洋国际战略研究所：《应对危机——美国国家安全决策机制》，时事出版社，2001 年版。

2. 楚树龙，荣予：《美国政府和政治》，清华大学出版社，2012 年版。

3. 高金虎：《美国战略情报与决策体制研究》，陕西师范大学出版社，2004 年版。

4. 高金虎：《军事情报学》，江苏人民出版社，2016 年版。

5. 高金虎：《中西情报史》，江苏人民出版社，2017 年版。

6. 高元新：《美国情报文化研究——从思维行动到决策的透视》，军事谊文出版社，2008 年版。

7. 纪真：《总统与情报：从罗斯福到小布什》，军事科学出版社，2008 年版。

8. 李宝山、刘志伟编著：《集成管理——高科技时代的管理创新》，中国人民大学出版社，1998 年版。

9. 李弼程等编著：《信息融合技术及其应用》，国防工业出版社，2010 年版。

10. 李景龙：《美国情报分析理论发展研究》，军事科学出版社，2014 年版。

11. 李志东主编：《2014 年世界重要安全文件汇编》，时事出版社，2015 年版。

12. 李星煜：《美国情报观的争论与发展》，军事科学出版社，2016 年版。

13. 刘杰：《当代美国政治》（修订版），社会科学文献出版社，2011 年版。

14. 刘强等：《情报工作与国家生存发展——基于西方主要国家的历史考察与思考》，时事出版社，2014 年版。

15. 刘宗和、高金虎：《第二次世界大战情报史》，解放军出版社，2009 年版。

16. 刘宗和、高金虎主编：《外国情报体制研究》，军事科学出版社，2003 年版。

17. 祁长松主编：《美国情报首脑全传》，中国社会科学出版社，2006 年版。

18. 情报与国家安全课题组：《情报与国家安全——进入 21 世纪的各国情报机构》，时事出版社，2002 年版。

19. 任国军、孙园园：《美军联合情报体制研究》，军事科学出版社，2016 年版。

20. 任国军：《美军联合作战情报支援研究》，军事科学出版社，2010 年版。

21. 申华：《美国国家情报管理制度研究》，军事科学出版社，2010 年版。

22. 沈志华、杨奎松主编：《美国对华情报解密档案（1948 - 1976）》（第八卷），东方出版中心，2009 年版。

23. 田实：《美国中央情报局局长》，军事科学出版社，2008 年。

24. 徐维源：《美国中央情报局：从罗斯福到小布什》，学林出版社，2002 年版。

25. 许嘉：《美国战略思维研究》，军事科学出版社，2003 年版。

26. 许嘉等：《美国国际关系理论研究》，时事出版社，2008 年版。

27. 闫晋中：《军事情报学》（修订版），时事出版社，2003

年版。

28. 阎学通、孙学峰：《国际关系研究实用方法》，人民出版社，2001 年版。

29. 于群主编：《新冷战史研究——美国的心理宣传战和情报战》，上海三联书店，2009 年版。

30. 张长军：《美国情报失误研究》，军事科学出版社，2006 年版。

31. 张长军：《战略突袭预警研究》，军事科学出版社，2010 年版。

32. 张晓军主编：《美国军事情报理论著作评介》，时事出版社，2005 年版。

33. 张晓军等：《美国军事情报理论研究》，军事科学出版社，2007 年版。

34. 张晓军主编：《军事情报学》，军事科学出版社，2001 年版。

35. 张晓军、任国军：《美国军事情报理论著作评介（第二辑）》，时事出版社，2010 年版。

36. 赵刚：《大数据：技术与应用实践指南》，电子工业出版社，2013 年版。

37. 周建明：《美国国家安全战略的基本逻辑：遏制战略解析》，社会科学出版社，2009 年版。

（二）中译本著作

1. 安东尼奥·门德兹，马尔科姆·麦康奈尔：《伪装大师——我在中央情报局的秘密生涯》，曹亮、曹爱菊译，国际文化出版公司，2002 年版。

2. 伯特·查普曼：《国家安全与情报政策研究：美国安全体系的起源、思维和架构》，徐雪峰、叶红婷译，金城出版社，2017 年版。

3. 布雷德利·F·史密斯：《美国战略情报局始末》，宋静存、李惠明、沈瀛、李培源译，国际文化出版公司，1988 年版。

4. 查尔斯·M·萨维奇:《第5代管理》，谢强华等译，珠海出版社，1998年版。

5. 戴维·罗特科普夫:《美国国家安全委员会内幕》，孙成昊、赵亦周译，商务印书馆，2013年版。

6. 蒂姆·韦纳:《中情局罪与罚》，杜默译，海天出版社，2009年版。

7. 哈里·杜鲁门:《杜鲁门回忆录》，李石译，东方出版社，2007年版。

8. 亨利·A·克伦普顿:《国家威胁:中情局谍战亲历》，王之光译，中信出版社，2014年版。

9. 杰弗里·里彻逊:《美国情报界》，郑云海、陈玉华、王捷译，时事出版社，1988年版。

10. 杰罗姆·克劳泽:《情报研究与分析入门》，辛昕等译，金城出版社，2016年版。

11. 卡尔·多伊奇:《国际关系分析》，周启朋等译，世界知识出版社，1992年版。

12. 凯瑟琳·弗森，伦道夫·弗森:《战略情报的批判性思维》，杨恩毅译，金城出版社，2016年版。

13. 罗伯特·M. 盖茨:《亲历者:五任美国总统赢得冷战的内幕》，刘海青、吴春玲译，江苏凤凰文艺出版社，2014年版。

14. 理查德·克拉克:《反击一切敌人:前白宫安全顾问揭露美国反恐战争内幕》，倪峰等译，经济日报出版社，2004年版。

15. 理查德·福肯瑞斯等:《美国的致命弱点》，许嘉等译，上海人民出版社，2005年版。

16. 罗德里·杰弗里斯-琼斯:《美国谍报史——从安全勤务局到中央情报局》，黄祖辕、王重光译，群众出版社，1985年版。

17. 马克·洛文塔尔:《情报:从秘密到政策》，杜效坤译，金城出版社，2015年版。

18. 马克斯·布特:《战争改变历史:1500年以来的军事技术、

战争与历史进程》，石祥译，上海科学技术文献出版社，2011 年版。

19. 迈克尔·华纳：《情报的兴衰：一部国际安全史》，黄日涵、邱培兵译，社会科学文献出版社，2016 年版。

20. 迈克·德龙，诺亚·卢克曼著：《我在指挥中央司令部——阿富汗和伊拉克战争真相》，张春波、潘守永译，东方出版社，2006 年版。

21. 迈克尔·莫雷尔，比尔·哈洛：《不完美风暴：美国中央情报局反恐 30 年》，朱邦芊译，中信出版社，2018 年版。

22. 美国“9·11”独立调查委员会：《“9·11”委员会报告》，史禺等译，世界知识出版社，2005 年版。

23. 米克·法瑞恩：《美国中央情报局大揭秘》，王玮译，光明日报出版社，2005 年版。

24. 帕特·霍尔特：《秘密情报与公共政策：保密、民主和决策》，赵金萍译，金城出版社，2017 年版。

25. 斯坦菲尔德·特纳：《读后销毁》，孙伊译，华中科技大学出版社，2014 年版。

26. 斯坦斯菲尔德·特纳：《秘密与民主——转变中的美国中央情报局》，褚律元译，时事出版社，1989 年版。

27. 唐纳德·拉姆斯菲尔德：《已知与未知：拉姆斯菲尔德回忆录》，魏骍译，华文出版社，2013 年版。

28. 托马斯·F·特罗伊：《历史的回顾——美国中央情报局的由来和发展》，狄奋、李航译，群众出版社，1987 年版。

29. 托马斯·鲍尔斯：《守口如瓶的人——理查德·赫尔姆斯和美国中央情报局》，黄祖辕等译，群众出版社，1985 年版。

30. 威廉·科尔比：《情报生涯三十年——美国中央情报局前局长科尔比回忆录》，纪晴译，群众出版社，1982 年版。

31. 维克托·马凯蒂，约翰·马克斯：《中央情报局与情报崇拜》，曹山等译，三联书店，1979 年版。

32. 谢尔曼·肯特：《战略情报：为美国世界政策服务》，刘微、肖皓元译，金城出版社，2012 年版。

33. 约书亚·瑞夫纳：《锁定真相：美国国家安全与情报战略》，张旸译，金城出版社，2016 年版。

34. 詹姆斯·班福德：《秘密机构：美国国家安全局揭秘》，艾波等译，世界知识出版社，2002 年版。

35. 詹姆斯·瑞森：《战争状态——中央情报局与布什政府的秘史》，何艳军、李芬译，东方出版社，2007 年版。

（三）期刊论文、学位论文

1. 石雯君、张艳：《美国情报“一体化”改革策略及其启示》，《情报探索》，2012 年第 8 期。

2. 惠朝阳、蓝军：《情报融合：Web2.0 时代的美国情报百科》，《情报杂志》，2010 年第 1 期。

3. 付瑞红：《美国国家情报战略的特征与演变趋势》，《南京政治学院学报》，2010 年第 2 期。

4. 王宇宏、金亚枫：《探析美国中央情报局的前身——战略情报局》，《军事历史》，2007 年第 5 期。

5. 夏征难：《美国大战略研究综述》，《中国军事科学》，2011 年第 2 期。

6. 张帆：《九一一事件前美国情报界未能进行“适应性变革”的原因探析》，《美国研究》，2006 年第 4 期。

7. 刘建华：《美国国家安全体制改革：历程、动力与特征》，《美国研究》，2015 年第 2 期。

8. 于淑杰：《世界主要国家安全战略核心要义和特点》，《外国军事学术》，2014 年第 8 期。

9. 孙江、李俊璇：《美国情报界“情报百科”解析》，《外国军事学术》，2009 年第 5 期。

10. 申华：《探析美国中央情报主任职位存在的不足》，《外国军事学术》，2010 年第 6 期。

11. 梁志：《美国中央情报局的由来及其职能的演变（1947 -

1991)》，华东师范大学博士后学位论文，2008 年版。

12. 邵辉：《情报与安全——美国国家情报体制改革评析》，复旦大学硕士学位论文，2007 年版。

13. 蔡晶晶：《美国 1947 年〈国家安全法〉研究》，吉林大学硕士学位论文，2009 年版。

二、英文文献

（一）著作

1. Amy B. Zegart, *Flawed by Design: The Evolution of the CIA, JCS and NSC*. Stanford, California: Stanford University Press, 1999.

2. Amy B. Zegart, *Spying Blind: The CIA, the FBI, and the Origins of* 9/11. Princeton and Oxford: Princeton University Press, 2007.

3. Arthur B. Darling, *The Central Intelligence Agency: An Instrument of Government, to* 1950. University Park and London: The Pennsylvania State University Press, 1990.

4. Arthur S. Hulnick, *Fixing the Spy Machine: Preparing American Intelligence for the Twenty – First Century*. Westport, CT: Praeger Publishers, 1999.

5. Baruch Fischhoff and Cherie Chauvin (ed.), *Intelligence Analysis: Behavioral and Social Scientific Foundations*. Washington, D. C.: The National Academies Press, 2011.

6. Bradley F. Smith, *The Shadow Warriors: OSS and the Origins of the CIA*. New York: Basic Books, Inc. 1983.

7. Bruce Berkowitz, *The New Face of War: How War Will Be Fought in the 21st Century*. New York: The Free Press, 2003.

8. Bruce D. Berkowitz and Allan E. Goodman, *Best Truth: Intelligence in the Information Age*. New Haven: Yale University Press, 2000.

9. Craig Eisendrath (ed.), *National Insecurity: U. S. Intelligence after the Cold War*. Philadelphia: Temple University Press, 2000.

10. Deborah G. Barger, *Toward a Revolution in Intelligence Affairs*. Santa Monica, CA: RAND Corporation, 2005.

11. Douglas F. Garthoff, *Directors of Central Intelligence as Leaders of the U. S. Intelligence Community* 1946 – 2005. Washington, D. C.: Central Intelligence Agency Center for the Study of Intelligence, 2005.

12. Frank J. Smist, *Congress Oversees the United States Intelligence Community* 1947 – 1994. Knoxville: The University of Tennessee Press, 1994.

13. Gregory F. Treverton and Wilhelm Agrell (ed.), *National Intelligence Systems: Current Research and Future Prospects*. Cambridge: Cambridge University Press, 2009.

14. Gregory F. Treverton, *Intelligence for an Age of Terror*. Cambridge University Press, 2009.

15. Gregory F. Treverton, *Reshaping National Intelligence for an Age of Information*. Cambridge: Cambridge University Press, 2001.

16. Harry Howe Ransom, *The Intelligence Establishment*. Cambridge, Massachusetts: Harvard University Press, 1970.

17. Heather Lehr Wagner, *The Central Intelligence Agency*. New York: Chelsea House Publishers, 2007.

18. J. Ransam Clark, *Intelligence and National Security: A Reference Handbook*. WestPort, Connecticut: Praeger Security International, 2007.

19. James Bamford, *The Puzzle Palace: A Report on America's Most Secret Agency*. New York: Penguin Books, 1983.

20. Jeffrcy T. Richelson, *The US Intelligence Community (Seventh Edition)*. Colorado: Westview Press, 2015.

21. Jeffrey T. Richelson, *The US Intelligence Community (Fifth Edition)*. Colorado: Westview Press, 2008.

22. Jeffrey T. Richelson, *The US Intelligence Community*. Cambridge, Massachusetts: Ballinger Publishing Company, 1985.

23. John D. Bansemer, *Intelligence Reform: A Question of Bal-*

ance. Maxwell Air Force Base, Alabama: Air University Press, 2006.

24. John M. Oseth, *Regulating U. S. Intelligence Operations: A Study in Definition of the National Interest.* Lexington, Kentucky: The University Press of Kentucky, 1985.

25. John Ranelagh, *The Agency: The Rise and Decline of the CIA.* New York: Simon and Schuster, Inc. 1987.

26. Joseph R. Cerami, Robert H. Dorff, Matthew H. Harber (ed.), *National Security Reform* 2010: *A Mid – Term Assessment.* Carlisle Barracks, Pennsylvania: U. S. Army War College Strategic Studies Institute, August 2011.

27. L. Britt Snider, *The Agency and the Hill: CIA's Relationship with Congress*, 1946 – 2004. Washington, D. C.: Central Intelligence Agency Center for the Study of Intelligence, 2008.

28. Len Scott and R. Gerald Hughes (eds.), *Intelligence, Crises and Security: Prospects and Retrospects.* London and New York: Routledge, 2008.

29. Loch K. Johnson (ed.), *Handbook of Intelligence Studies.* New York: Routledge, 2007.

30. Loch K. Johnson (ed.), *Strategic Intelligence.* WestPort, Connecticut: Praeger Security International, 2007.

31. Loch K. Johnson and James J. Wirtz, *Strategic Intelligence: Windows into a Secret World.* Los Angeles: Roxbury Publishing Company, 2004.

32. Loch K. Johnson, *America's Secret Power: The CIA in a Democratic Society.* New York: Oxford University Press, 1989.

33. Loch K. Johnson, *The Threat on the Horizon: An Inside Account of America's Search for Security after the Cold War.* Oxford: Oxford University Press, 2011.

34. Mark M. Lowenthal, *Intelligence: From Secrets to Policy (Fourth*

Edition) . Washington, D. C. : Congressional Quarterly Press, 2009.

35. Mark M. Lowenthal, *U. S. Intelligence: Evolution and Anatomy (Second Edition)* . Westport, Connecticut: Praeger Publishers, 1992.

36. MCMXLVII, *Profiles in Leadership: Directors of the Central Intelligence Agency and Its Predecessors.* Washington, D. C. : Central Intelligence Agency, 2013.

37. Melanie M. H. Gutjahr, *The Intelligence Archipelago: the Community's Struggle to Reform in the Globalized Era.* Washington, D. C. : Joint Military Intelligence College, 2005.

38. Melvin A. Goodman, *Failure of Intelligence: The Decline and Fall of the CIA.* Lanham, Maryland: Rowman and Littlefield Publishers, Inc. , 2008.

39. Michael Warner & J. KennethMcDonald, *US Intelligence Community Reform Studies Since* 1947. Washington, D. C. : Central Intelligence Agency Center for the Study of Intelligence, 2005.

40. Nathan Miller, *Spying for America: The Hidden History of U. S. Intelligence.* New York: Paragon House, 1989.

41. Paul R. Pillar, *Intelligence and U. S. Foreign Policy: Iraq*, 9/11, *and Misguided Reform.* New York: Columbia University Press, 2011.

42. Peter Berkowitz (ed.), *The Future of American Intelligence.* Stanford: Hoover Institution Press, 2005.

43. Peter Gill and Mark Phythian, *Intelligence in an Insecure World.* Cambridge: Polity Press, 2006.

44. Peter Gill, Stephen Marrin and Mark Phythian (eds.), *Intelligence Theory: Key Questions and Debates.* New York: Routledge, 2009.

45. Richard A. Posner, *Uncertain Shield: The U. S. Intelligence System in the Throes of Reform.* Lanham, Maryland: Rowman & Littlefield Publishers, Inc. 2006.

46. Richard K. Betts, *Enemies of Intelligence: Knowledge and Power in*

American National Security. New York: Columbia University Press, 2007.

47. Richard L. Russell, *Sharpening Strategic Intelligence: Why The CIA Gets It Wrong, And What Needs To Be Done To Get It Right*. New York: Cambridge University Press, 2007.

48. Roberta Wohlstetter, *Pearl Harbor: Warning and Decision*. California: Stanford University Press, 1962.

49. Roy Godson, Ernest R. May, and Gary Schmitt (eds.), *U. S. Intelligence at the Crossroads: Agendas for Reform*. Washington, D. C.: Brassey's, Inc., 1995.

50. Russell A. Miller (ed.), *US National Security, Intelligence and Democracy: From the Church Committee to the War on Terror*. London: Routledge, 2008.

51. Russell G. Swenson andCarolina Sancho Hirane (ed.), *Intelligence Management in the Americas*. Washington, D. C.: National Intelligence University, 2015.

52. Scott D. Breckinridge, *The CIA and The U. S. Intelligence System*. Boulder and London: Westview Press, 1986.

53. Stansfield Turner, *Secrecy and Democracy: The CIA in Transition*. New York: Harper and Row Publishers, 1985.

54. Thomas F. Troy, *Donovan and the CIA: A History of the Establishment of the Central Intelligence Agency*. Frederick, Maryland: University Publications of America, Inc. 1981.

55. Tim Weiner, *Legacy of Ashes: the History of the Central Intelligence Agency*. New York: Doubleday Broadway Publishing Group, 2007.

56. Twentieth Century Fund, Task Force on the Future ofU. S. Intelligence, *In From the Cold: The Report of the Twentieth Century Fund Task Force on the Future of U. S. Intelligence*. New York: The Twentieth Century Press, 1996.

57. Tyrus G. Fain, with Katharine C. Plant and Ross Milloy, *The In-*

telligence Community: *History*, *Organization*, *and Issues.* New York, London: R. R. Bowker Company, 1977.

58. Victor Marchetti and John D. Marks, *The CIA and the Cult of Intelligence.* New York: Dell Publishing Co., Inc., 1974.

59. Walter Laqueur, *The Uses and Limits of Intelligence.* New Brunswick and London: Transaction Publishers, 1993.

60. William E. Odom, *Fixing Intelligence*: *For A More Secure America.* New Haven: Yale University Press, 2003.

61. William J. Lahneman, *Keeping U. S. Intelligence Effective*: *the Need for A Revolution in Intelligence Affairs.* Lanham, Maryland: Scarecrow Press, Inc., 2011.

（二）期刊论文

1. Amy B. Zegart, "An Empirical Analysis of Failed Intelligence Reforms Before September 11", *Political Science Quarterly*, vol. 121, no. 1, 2006.

2. Amy B. Zegart, " September 11 and the Adaptation Failure ofU. S. Intelligence Agencies", *International Security*, vol. 29, no. 4, 2005.

3. Amy Zegart, "9/11 and the FBI: The Organizational Roots of Failure", *Intelligence and National Security*, vol. 22, no. 2, 2007.

4. Aris A. Pappas and James M. Simon, Jr., "The Intelligence Community: 2001 –2015", *Studies in Intelligence*, vol. 46, no. 1, March 2002.

5. Christopher A. Kojm, "Change and Continuity: The National Intelligence Council, 2009 –2014", *Studies in Intelligence*, vol. 59, no. 2, 2015.

6. David L. Boren, "The Intelligence Community: How Crucial?", *Foreign Affairs*, vol. 71, no. 3, 1992.

7. Eric Denece, "The Revolution in Intelligence Affairs: 1989 –2003", *International Journal of Intelligence and Counterintelligence*, vol. 27, no. 1, 2014.

8. Glen Hastedt, "Foreign Policy by Commission: Reforming the Intelligence Community", *Intelligence and National Security*, vol. 22, no. 4, August 2007.

9. Gregory F. Treverton, "Terrorism, Intelligence and Law Enforcement: Learning the Right Lessons", *Intelligence and National Security*, vol. 18, no. 4, 2003.

10. Harrison Donnelly, "Intelligence Integrator: Strategically Aligning the IC to the Nation's Highest Priorities", *Geospatial Intelligence Forum*, vol. 10, iss. 5, July/August 2012.

11. Harry Howe Ransom, "Congress and the Intelligence Agencies", *Proceedings of the Academy of Political Science*, vol. 32, no. 1, 1975.

12. "Intelligence Integrator: Strategically Aligning the IC to the Nation's Highest Priorities", *Geospatial Intelligence Forum*, vol. 10, iss. 5, 2012.

13. John A. Kringen, "Rethinking the Concept of Global Coverage in theUS Intelligence Community", *Studies in Intelligence*, vol. 59, no. 3, September 2015.

14. John H. Hedley, "The Intelligence Community: Is It Broken? How to Fix It?", *Studies in Intelligence*, vol. 39, no. 5, 1996.

15. Kelly McClanahan, "The Need for a Perception – Based Model for Comparing Intelligence Communities: An Historical Case Study", *American Intelligence Journal*, vol. 25, no. 2, winter 2007/2008.

16. Kristin Quinn, "A Global IntelligenceEnterprise: The Intelligence and Defense Communities Overhaul IT to Embrace Data Sharing, the Cloud, and Enterprise Business Processes", *Trajectory*, issue 1, 2016.

17. Kristin Quinn, "IC ITE Moves Forward", *Trajectory*, issue 4, 2013.

18. Kristin Quinn, "Journey to Integration: Interview with James Clapper and Robert Cardillo", *Trajectory*, issue 3, 2013.

19. Larry C. Kindsvater, "The Need to Reorganize the Intelligence Community", *Studies in Intelligence*, vol. 47, no. 1, March 2003.

20. Max Cacas, "Writing a NewSpy School Syllabus: The National Intelligence University Prepares for Its Fifth Decade with a Shift in Focus and a Change in Venue", *Signal*, vol. 67, no. 2, October 2012.

21. Mike McConnell, "Overhauling Intelligence", *Foreign Affairs*, vol. 86, no. 1, July /August 2007.

22. Patrick C. Neary, "The Post – 9/11 Intelligence Community: Intelligence Reform, 2001 – 2009: Requiescat in Pace?", *Studies in Intelligence*, vol. 54, no. 1, March 2010.

23. Philip Zelikow, "The Evolution of Intelligence Reform, 2002 – 2004", *Studies in Intelligence*, vol. 56, no. 3, September 2012.

24. Richard Betts, "Fixing Intelligence", *Foreign Affairs*, vol. 81, no. 1, January/February 2002.

25. Richard H. Immerman, "Transforming Analysis: The Intelligence Community's Best Kept Secret", *Intelligence and National Security*, vol. 26, no. 2, April 2011.

26. Stan Taylor; David Goldman, "Intelligence Reform: Will More Agencies, Money, and Personnel Help?", *Intelligence and National Security*, vol. 19, no. 3, 2004.

（三）学位论文

1. Adrienne Werner, *The Potential Transformative Impact of Web* 2.0 *Technology on the Intelligence Community*. Monterey, California: Naval Postgraduate School, December 2008.

2. Andrew R. Ries, *Consolidated National Intelligence Centers: the Potential Impact on the Efficiency and Effectiveness of America's National Intelligence Community*. Fort Leavenworth: U. S. Army Command and General Staff College, 2011.

3. Andrew W. Green, *It's Mine! Why the US Intelligence Community*

Does Not Share Information. Maxwell Air Force Base, Alabama: Air University, School of Advanced Air and Space Studies, July 2005.

4. Daniel B. Jones, *Why Efforts to Centralize the U. S. Intelligence Community Fail.* Maxwell Air Force Base, Alabama: Air University School of Advanced Air and Space Studies, June 2005.

5. David R. Johanson II, *The Long and Winding Road: Post – 9/11 Intelligence Reforms a Decade Later.* Monterey, California: Naval Postgraduate School, March 2013.

6. James A. Tindall, *Applying Network Theory to Develop a Dedicated National Intelligence Network.* Monterey, California: Naval Postgraduate School, September 2006.

7. Kenneth L. Caswell Jr. , *Establishment of the National Maritime Intelligence Center: Understanding the Foundations of Trust to Support a Collaborative Environment in Homeland Security.* Monterey, California: Naval Postgraduate School, March 2010.

8. Kevin A. McAninch, *Intelligence Campaign Planning: An Opportunity for the Army in Defense Intelligence Synchronization.* Fort Leavenworth, Kansas: U. S. Army Command and General Staff College, April 13, 2007.

9. Matthew A. Zahn, Wayne R. Lacey, *Building a Virtual Cultural Intelligence Community.* Monterey, California: Naval Postgraduate School, June 2007.

10. Peter L. Gomez, *Enhancing FBI Terrorism and Homeland Security Information Sharing With State, Local and Tribal Agencies.* Monterey, California: Naval Postgraduate School, September 2010.

11. Shane C. Saari, *Fusion Centers: Securing America's Heartland From Threats.* Monterey, California: Naval Postgraduate School, December 2010.

12. William T. Wilburn, *The Under Secretary of Defense for Intelli-*

gence: *Posturing Authorities to Complement Intelligence Community Reform*. Fort Leavenworth, Kansas: U. S. Army Command and General Staff College, June 10, 2011.

（四）研究报告

1. AFCEA Intelligence Committee, *The Intelligence Community*: *New Challenges*, *Sources*, *and Methods*. Armed Forces Communications and Electronics Association Intelligence Committee, October 2009.

2. Anne Daugherty Miles, *Intelligence Spending*: *In Brief*. Washington, D. C.: Congressional Research Service, February 26, 2016.

3. Best, Richard A. Jr. and Cumming, Alfred, *Director of National Intelligence Statutory Authorities*: *Status and Proposals*. Washington, D. C.: Congressional Research Service, January 15, 2009.

4. Deborah G. Barger, *Toward a Revolution in Intelligence Affairs*. Santa Monica, California: RAND Corporation, 2005

5. Gregory F. Treverton, *New Tools for Collaboration*: *The Experience of the U. S. Intelligence Community*. Washington, D. C.: Center for Strategic and International Studies, January 2016.

6. Gregory F. Treverton, *Reorganizing U. S. Domestic Intelligence*: *Assessing the Options*. Santa Monica, California: RAND Corporation, 2008.

7. John Rollins, *Fusion Centers*: *Issues and Options for Congress*. Washington, D. C.: Congressional Research Service, January 18, 2008.

8. Judith A. Johnston, Natasha Lander, Brian McInnis, *National Intelligence University's Role in Interagency Research*: *Recommendations from the Intelligence Community*. Santa Monica, California: RAND Corporation, 2013.

9. Marshall C. Erwin, *Intelligence Spending and Appropriations*: *Issues for Congress*. Washington, D. C.: Congressional Research Service, September 18, 2013.

10. Michael T. Flynn, Matt Pottinger, and Paul D. Batchelor, *Fixing*

Intel: *A Blueprint for Making Intelligence Relevant in Afghanistan.* Washington, D. C.: Center for a New American Security, January 2010.

11. RAND National Defense Research Institute, *Workforce Planning in the Intelligence Community*: *A Retrospective.* Santa Monica, California: RAND Corporation, 2013.

12. Richard A. Best Jr., *Intelligence Information*: *Need – to – Know vs. Need – to – Share.* Washington, D. C.: Congressional Research Service, June 6, 2011.

13. Richard A. Best, *Proposals for Intelligence Reorganization*, 1949 – 2004. Washington, D. C.: Congressional Research Service, September 24, 2004.

14. Richard A. Best, *The Intelligence Community and* 9/11: *Congressional Hearings and the Status of the Investigation.* Washington, D. C.: Congressional Research Service, January 16, 2003.

15. Stephen Daggett, *The U. S. Intelligence Budget*: *A Basic Overview.* Washington, D. C.: Congressional Research Service, September 24, 2004.

(五) 官方文件

1. Commission on the Roles and Capabilities of theUnited States Intelligence Community, *Preparing for the* 21*st Century*: *An Appraisal of U. S. Intelligence.* Washington, D. C.: Government Printing Office, 1996.

2. House of Representatives Permanent Select Committee on Intelligence, *IC*21: *Intelligence Community in the* 21*st Century.* Washington, D. C.: Government Printing Office, April 9, 1996.

3. U. S. Senate Select Committee on Intelligence and House Permanent Select Committee on Intelligence, *Report of the Joint Inquiry into the Terrorist Attacks of September* 11, 2001. Washington, D. C.: Government Printing Office, December 20, 2002.

4. National Commission on Terrorist Attacks Upon theUnited States,

The 9/11 Commission Report: Final Report of the National Commission on Terrorist Attacks Upon the United States. Washington, D. C.: Government Printing Office, 2004.

5. The Commission on the Intelligence Capabilities of theUnited States Regarding Weapons of Mass Destruction, *Report to the President of the United States*. Washington, D. C.: Government Printing Office, March 31, 2005.

6. White House, *National Security Strategy*. Washington, D. C.: Government Printing Office, May 2010.

7. White House, *National Security Strategy*. Washington, D. C.: Government Printing Office, February 2015.

8. Department of Defense, *The Department of Defense Cyber Strategy*. Washington, D. C.: Government Printing Office, April 2015.

9. The White House, *National Strategy for Information Sharing: Successes and Challenges in Improving Terrorism – Related Information Sharing*. Washington, D. C.: Government Printing Office, October 2007.

10. The White House, *National Strategy for Information Sharing and Safeguarding*. Washington, D. C.: Government Printing Office, December 19, 2012.

11. Office of the Director of National Intelligence, *The National Intelligence Strategy of the United States of America: Transformation Through Integration and Innovation*, October 2005. http://www.dni.gov/publications/NISOctober2005.pdf.

12. Office of the Director of National Intelligence, *The National Intelligence Strategy of the United States of America*, August 2009. http://www.dni.gov/reports/2009_ NIS.pdf.

13. Office of the Director of National Intelligence, *The National Intelligence Strategy of the United States of America*, September 2014. http://www.dni.gov/files/documents/2014_ NIS_ Publication.pdf.

14. Office of the National Counterintelligence Executive, *The National Counterintelligence Strategy of the United States*, March 2005. http: //www. ncix. gov/publications/policy/FinalCIStrategyforWebMarch21. pdf.

15. Office of the National Counterintelligence Executive, *The National Counterintelligence Strategy of the United States of America of* 2007, April 24, 2007. http: //www. ncix. gov/publications/policy/CIStrategy. pdf.

16. National Counterintelligence andSecurity Center, *The National Counterintelligence Strategy of the United States of America of* 2016, November 18, 2015. http: //www. odni. gov/files/documents/ncsc/National%20CI%20Strategy%202016_ Unclassified_ Final. pdf.

17. Office of the Director of National Intelligence, *The US Intelligence Community's Five Year Strategic Human Capital Plan*, June 22, 2006. http: //www. dni. gov/publications/
DNIHumanCapitalStrategicPlan18October2006. pdf.

18. Office of the Director of National Intelligence, *United States Intelligence Community Information Sharing Strategy*, February 22, 2008. http: //www. dni. gov/reports/IC_ Information_ Sharing_ Strategy. pdf.

19. Office of the Director of National Intelligence, *United States Intelligence Community Strategic Intent for Information Sharing* 2011 – 2015. Washington, D. C. : Government Printing Office, August 1, 2011.

20. Office of the Director of National Intelligence, *Vision* 2015: *A Globally Networked and Integrated Intelligence Enterprise*, July 2008. http: //www. dni. gov/publications/vision_ 2015. pdf.

21. Office of the Director of National Intelligence, *Analytic Transformation: Unleashing the Potential of a Community of Analysts*, September 1, 2008. http: //www. dni. gov/content/AT_ Digital 2020080923. pdf.

22. Office of the Intelligence Community Chief Information Officer,

Intelligence Community Information Technology Enterprise Strategy 2012 - 2017. Washington, D. C. : Government Printing Office, 2011.

23. Office of the Intelligence Community Chief Information Officer, *Intelligence Community Information Technology Enterprise Strategy* 2016 - 2020. Washington, D. C: Government Printing Office, 2014.

24. Office of the Director of National Intelligence, *IC IT Enterprise Fact Sheet.* http: //www. dni. gov/files/documents/IC% 20ITE% 20Fact% 20Sheet. pdf.

25. Office of the Director of National Intelligence, *United States Intelligence Community* 100 *Day Plan*: *Integration and Collaboration*, April 11, 2007. http: //www. dni. gov/100 - day - plan/100_ day_ plan. pdf.

26. Office of the Director of National Intelligence, *United States Intelligence Community* 500 *Day Plan*: *Integration and Collaboration*, October 10, 2007. http: //www. dni. gov/500 - day - plan. pdf.

27. Office of the Director of National Intelligence, *500 Day Plan Follow Up Report*: *Part II*, January 16, 2009. http: //www. fas. org/irp/dni/500 - day - follow - pt2. pdf.

28. Office of the Director of National Intelligence, *FY*2015 - 2019 *IC S&T Investment Landscape*: *Ensuring Future Capabilities Align to Mission Needs.* Washington, D. C. : Government Printing Office, February 2014.

29. Office of the Director of National Intelligence, *Industry Snapshot*: *Summary of Partner Responses to the FY*2015 - 2019 *IC S&T Investment Landscape.* Washington, D. C. : Government Printing Office, March 2015.

30. Office of the Director of National Intelligence, *FY*2016 - 2020 *Intelligence Community Science and Technology Strategic Plan*: *Managing Risk to Ensure Intelligence Advantage.* Washington, D. C. : Government Printing Office, May 2015.

31. U. S. Joint Chiefs of Staff, *Joint Publications* 2 - 0: *Joint Intelligence.* Washington, D. C. : Government Printing Office, June 22, 2007.

32. U. S. Joint Chiefs of Staff, *Joint Publications* 2 – 0: *Joint Intelligence.* Washington, D. C. : Government Printing Office, October 22, 2013.

33. U. S. Joint Chiefs of Staff, *Joint Publication* 2 – 01: *Joint and National Intelligence Support to Military Operations.* Washington, D. C. : Government Printing Office, July 5, 2017.

34. Public LawNo. 102 – 496: Intelligence Authorization Act for Fiscal Year 1993, October 24, 1992. http: //www. intelligence. senate. gov/laws/pl102 – 496. pdf.

35. Public LawNo. 104 – 293: Intelligence Authorization Act for Fiscal Year 1997, October 11, 1996. http: //www. intelligence. senate. gov/laws/pl104 – 293. pdf.

36. Public Law No. 108 – 458: Intelligence Reform and Terrorism Prevention Act of 2004. http: //www. intelligence. senate. gov/laws/pl 108 – 458. pdf.

37. Public Law No. 110 – 53: Implementing Recommendations of the 9/11 Commission Act of 2007, August 3, 2007. http: //www. intelligence. senate. gov/laws/pl11053. pdf.

38. The White House, *Executive Order* 13354: *National Counterterrorism Center*, August 27, 2004. http: //www. gpo. gov/fdsys/pkg/FR – 2004 – 09 – 01/pdf/04 – 20050. pdf.

39. The White House, *Executive Order* 13355: *Strengthened Management of the Intelligence Community*, August 27, 2004. http: //www. gpo. gov/fdsys/pkg/FR – 2004 – 09 – 01/pdf/04 – 20051. pdf.

40. The White House, *Executive Order* 13356: *Strengthening the Sharing of Terrorism Information to Protect Americans*, August 27, 2004. http: //www. gpo. gov/fdsys/pkg/FR – 2004 – 09 – 01/pdf/04 – 20052. pdf.

41. Department of Defense, *DoD Instruction Number* 3305. 01: *National Intelligence University*, February 9, 2011. http: //fas. org/irp/doddir/dod/i3305_ 01. pdf.

42. Office of the Director of National Intelligence, *The Inaugural Report of the Global Maritime and Air Communities of Interest Intelligence Enterprises*. Washington, D. C.: Government Printing Office, November 2009.

43. Central Intelligence Agency, Center for the Study of Intelligence, *The Creation of the Intelligence Community: Founding Documents*. Washington, D. C.: Government Printing Office, 2014.

44. Michael Warner (ed.), *Central Intelligence: Origin and Evolution*. Washington, D. C.: Central Intelligence Agency Center for the Study of Intelligence, 2001.

45. Office of the Director of National Intelligence, *Reforming Intelligence: The Passage of the Intelligence Reform and Terrorism Prevention Act of* 2004, February 2009. http://www.fas.org/irp/dni/reform.pdf.

46. Office of the Director of National Intelligence, *ODNI Fact Sheet: Leading an Integrated Intelligence Community that Operates as a Single Enterprise*, January 2010. http://www.dni.gov/press_releases/2010_Fact_Sheet.pdf.

47. National Counterintelligence and Security Center, *National Counterintelligence and Security Center Strategic Plan* 2018 – 2022. Washington, D. C.: Office of the Director of National Intelligence, 2017. https://www.dni.gov/files/NCSC/documents/Regulations/2018 – 2022 – NCSC – Strategic – Plan.pdf.

48. National Intelligence University, *2018 – 2019 Catalog*, May 2018. http://ni – u.edu/wp/wp – content/uploads/2018/05/2018 – 19 – catalog_c.pdf.

49. Anne Daugherty Miles, *Intelligence Community Programs, Management, and Enduring Issues*. Washington, D. C.: Congressional Research Service, November 8, 2016. https://fas.org/sgp/crs/intel/R44681.pdf.

50. Michael E. DeVine, *Intelligence Community Spending: Trends and Issues*. Washington, D. C.: Congressional Research Service, June

18, 2018. https://fas. org/sgp/crs/intel/R44381. pdf.

51. Michael E. DeVine, Heidi M. Peters, *U. S. Intelligence Community Elements: Establishment Provisions.* Washington, D. C.: Congressional Research Service, June 27, 2018. https://fas. org/sgp/crs/intel/IF10527. pdf.

52. U. S. Department of Homeland Security, *2016 National Network of Fusion Centers Final Report*, July 2017. https://www. dhs. gov/sites/default/files/publications/2016_ National_ Network_ of_ Fusion_ Centers_ Final_ Report_ 1. pdf.

53. House of Representatives, Homeland Security Committee, *Advancing the Homeland Security Information Sharing Environment: A Review of the National Network of Fusion Centers*, November 2017. https://homeland. house. gov/wp – content/uploads/2017/11/Committee – on – Homeland – Security – Fusion – Center – Report. pdf.

三、网络资源

1. 美国国家情报主任办公室：http://www. dni. gov
2. 美国中央情报局：http://www. cia. gov
3. 美国国家情报大学：http://www. ni – u. edu
4. 美国参议院情报特别委员会：http://www. intelligence. senate. gov
5. 美国众议院常设情报特别委员会：http://www. intelligence. house. gov
6. 美国情报界联合任职：https://www. icjointduty. gov
7. 美国信息共享环境：https://www. ise. gov
8. 美国国土安全部：http://www. dhs. gov
9. 美国国会研究署：http://www. crs. gov
10. 美国情报与国家安全联盟：http://www. insaonline. org
11. 美国武装力量通信与电子协会：http://www. afcea. org
12. 美国科学家联盟：http://www. fas. org

13. 美国兰德公司：http：//www. rand. org

14. 美国联邦数字系统：http：//www. gpo. gov/fdsys/search/home. action

15. 美国海军研究生院“卡尔霍恩”数据库：http：//calhoun. nps. edu

16. 美国乔治·华盛顿大学国家安全电子档案馆：http：//www. gwu. edu/ ~ nsarchiv

17. 美国国防部国防技术信息中心：http：//www. dtic. mil

18. 中国国防科技信息网：http：//www. dsti. net

后　　记

本书是在我博士学位论文的基础上修改而成。博士入学前，经张晓军教授指点，我开始对美国情报改革产生兴趣，并尝试梳理那些看似变化无常的改革现象，探究深藏其后的不变规律。论文撰写期间，我切实体会到了学术探索的孤独与艰辛，好在有兴趣牵引，虽屡屡加班写作到深夜，终会因为一些极小的发现而收获极大的成就感。博士毕业后，我持续跟踪美国国家情报一体化改革进程，陆续在论文中加入一些新的国内外研究成果及相关事实，进而形成了目前的书稿。

本书即将付梓之际，我要特别感谢我的导师许嘉教授。许教授学识渊博、治学严谨，每次与其探讨学术问题，导师都会一针见血地指出问题实质，并通过连环扣问的方式引导我思考解决问题的思路与方法。虽然每次都会被问得哑口无言，但事后细细回想，反复琢磨，总会从中学到很多。感谢张晓军教授，在博士论文的选题、开题、写作及答辩过程中，张教授均给予了极大的指导与帮助。感谢多年来诸位师长、亲友、同窗的关爱与帮助，感谢家人对我攻读学位的全力支持。博士研究生入学之际，我还孤身一人，本书成稿之际，我已身为人父。谨以此书献给我的女儿，愿她健康快乐、幸福常伴。

谢海星

2018 年 7 月于洛阳